Für meine Lehrer

INHALT

Übe dich darin, Gutes zu tun, das Bestand hat
und glücklich macht.
Kultiviere Großzügigkeit, ein friedvolles Leben
und den Geist grenzenloser Liebe.

ITIVUTTAKA 1,22

TEIL 1

Verkörperte Praxis

1

Geist und Leben

*Könnte man durch das Aufgeben eines kleineren Glücks
ein größeres Glück erfahren,
würde ein kluger Mensch zugunsten des größeren
auf das kleinere Glück verzichten.*

Dhammapada 290

Ich gehe oft in den Bergen wandern, und manchmal sieht sich dabei ein Freund weiter vorn nach mir um und spornt mich an weiterzugehen. Welch eine freundliche Geste: *Komm... pass auf, da ist es vereist und glatt... es ist nicht mehr weit, du schaffst das!* An solche Augenblicke habe ich beim Schreiben dieses Buchs häufig gedacht; darin geht es um das größtmögliche menschliche Potenzial, darum, so klug und stark, so glücklich und liebevoll zu sein, wie ein Mensch nur sein kann. Wenn wir uns dieses größtmögliche menschliche Potenzial als einen hohen Berg vorstellen, dann ist das *Erwachen* die wundervolle Reise, die uns auf den Gipfel des Bergs bringt. Viele Menschen haben es weit nach oben geschafft – die großen Weisen und Lehrmeister der Geschichte ebenso wie andere, von denen nie jemand gehört hat –, und hin und wieder stelle ich mir vor, wie sie sich mit einem herzerwärmenden Lächeln zu uns umdrehen und uns einladen, ihnen zu folgen.

Diejenigen, die diesen Berg bestiegen haben, entstammen verschiedenen Kulturen und weisen ganz unterschiedliche Persönlichkeiten auf, doch scheinen sie mir in sieben Aspekten einander durchaus ähnlich zu sein. Sie sind achtsam; sie sind voller Güte; sie führen auch in den schwierigsten Zeiten ein zufriedenes und emotional ausgeglichenes Leben; sie sind ganz und bleiben sich selbst treu; sie leben im Hier und Jetzt; sie fühlen sich mit allem verbunden und sie sind von einem Leuchten durchdrungen, das nicht ausschließlich das ihre zu sein scheint.

Sie haben vielleicht Ihre eigenen Beispiele inspirierender Menschen, Menschen, von denen Sie gehört haben, deren Werke Sie gelesen haben, deren Vorträge Sie besucht haben oder die Sie möglicherweise sogar schon getroffen haben. Diese Menschen dienen uns als Vorbild dessen, was möglich ist. Auch ich kenne solche Menschen. Sie sind bodenständig, humorvoll, realistisch und eine Stütze – weit entfernt vom karikaturenhaften Stereotyp exotischer Einsiedler, die Kryptisches verkünden. Sie haben kein Interesse daran, berühmt zu sein. Manche haben sich für einen spirituellen Weg entschieden, andere für einen weltlicheren. Ihr Erkennen ist echt und das Ergebnis des *Pfads*, den sie beschritten haben, nicht irgendeines einzigartigen Transformationserlebnisses, das dem Rest der Menschheit vorenthalten ist. Sie zeigen uns mit ihrem Beispiel, dass uns wundervolle Schritte auf diesem Pfad erwarten, dass die Pfade beschreitbar sind und vorwärts führen und dass unsere Bemühungen ebenso wie die ihren fruchtbar sein können.

Und das Erstaunliche daran ist, dass wir einige ihrer Eigenschaften bereits tief in unserem Inneren angelegt finden, auch wenn sie manchmal von Stress und Ablenkungen verdeckt sind. Diese Eigenschaften, diese Seinsweisen, sind nicht nur einigen wenigen vorbehalten – sie stehen uns allen als Möglichkeit zur Verfügung. Wie Sie sie erlangen, erfahren Sie mittels der sieben Stufen des Erwachens:

- Den Geist beruhigen
- Das Herz erwärmen
- In Fülle verweilen
- Ganzheit sein
- Jetztheit empfangen
- Sich der Allheit öffnen
- Zeitlosigkeit entdecken

Es gibt viele Traditionen, also viele Pfade, die den Berg des Erwachens hinaufführen. Dennoch sind die Schritte auf diesen Pfaden immer die gleichen: die der Ruhe, der Liebe, der Fülle, der Ganzheit, der Jetztheit, der Allheit und der Zeitlosigkeit. Wir befinden uns hier auf dem umfassendsten und vielleicht heiligsten Territorium, das es gibt. Es liegt letztlich jenseits der Wissenschaft und der Logik, und so können wir uns ihm nur mit vagen, bildhaften und poetischen Worten nähern.

Das Vollziehen dieser sieben Stufen stellt den Höhepunkt menschlicher Entwicklungsmöglichkeiten dar, den man auch als Erleuchtung oder volles Erwachen bezeichnen könnte. Derweil erweist sich auch schon das erste bloße Erahnen der Stufen als für den Alltag ausgesprochen nützlich. Im Umgang mit Stress bereitenden Herausforderungen etwa ist das Gefühl, bereits innerlich ruhig und glücklich zu sein und geliebt zu werden, ungemein beruhigend. Und ob nun für den Beginn des Pfads oder sein Ende – uns steht heute die bisher nicht gekannte Möglichkeit des »Reverse Engineering«, gewissermaßen der Nachkonstruktion des Erwachens zur Verfügung, die in nichts anderem gründet als in unserem eigenen Körper.

Hohe Ziele

Die Neurowissenschaft ist eine junge Wissenschaft. Trotzdem können wir mit ihr das Beispiel derer studieren, die es weit den Berg hinauf geschafft haben, und fragen: Wie geht das? Was muss im Körper geschehen, damit wir in unserer Mitte bleiben, auch wenn die Welt um uns herum zu bröckeln beginnt? Welche Veränderungen im Gehirn helfen uns dabei, mitfühlend und stark zu sein, wenn andere uns verletzen und drohen? Welche neurale Grundlage verhilft uns dazu, das Leben ohne Gier, Hass und Selbsttäuschung anzugehen?

Noch gibt es keine neurologisch definitiven Antworten auf diese Fragen. Wir wissen nicht alles. Aber wir wissen mehr als nichts, und neue Studienergebnisse können Schlaglichter auf förderliche Praktiken werfen und diese plausibel erklären. Sind die Studienergebnisse unklar, können wir immer noch auf den gesunden Menschenverstand sowie die Methoden der modernen Psychologie und kontemplativer Traditionen zurückgreifen.

Eine Sache, die mich bei den großen Lehrmeistern in der Geschichte der Menschheit immer am meisten angesprochen hat, ist ihre Einladung zum vollen Erwachen. Die Pfade, die sie vorgezeichnet haben, verlaufen von der staubigen Ebene über die Ausläufer der Berge bis schließlich zu ihren höchsten Gipfeln der Erleuchtung. Und sogar auf den frühen Stationen des Wegs findet sich viel Nützliches für unser tägliches Wohlbefinden und das, was wir bewirken können. Ich schreibe für Menschen wie mich, für »Alltagsmenschen« (nicht für Mönche) mit einem begrenzten Zeitbudget für Übungen, Menschen, die hier und jetzt nutzbare Werkzeuge brauchen. Ich meditiere zwar schon seit 1974 und sehne mich nach den Gipfeln, doch haben es viele Menschen viel weiter nach oben geschafft als ich, und einige von ihnen werden Ihnen in den Zitaten in diesem Buch begegnen. Mein Augenmerk liegt eher auf dem Prozess des Übens als auf dem letztendlichen Ziel, in der Hoffnung, dass Ihnen das auch auf Ihrem Weg nützlich sein kann. Dennoch: Das höchste Ziel besteht in einem vollständig befreiten Geist und Herz, größtmögliches Glück und freudvollster innerer Frieden inklusive.

Je weiter wir uns auf dem Pfad nach oben bewegen, desto steiler wird er und desto dünner wird die Luft. Da kann ein Wegweiser, ein »Reiseführer«, nicht schaden. Den finde ich häufig in der alles durchdringenden Geistesanalyse Buddhas. Meinen persönlichen Hintergrund bildet die Tradition des Theravada, die in weiten Teilen Südostasiens und zunehmend auch im Westen praktiziert wird; sie wird manchmal auch als Praxis bezeichnet, die sich an der Einsicht, am Vipassana, orientiert. Der Theravada stützt sich auf die älteste Aufzeichnung von Buddhas Lehrreden, den Pali-Kanon (Pali ist eine alte, mit dem Sanskrit verwandte Sprache). Zudem empfinde ich tiefen Respekt und großes Interesse dafür, wie sich der Buddhismus in seinen tibetischen, chinesischen, zen-buddhistischen und amitabha-buddhistischen Strömungen entwickelt hat.

Ich versuche mich keineswegs an einer Darstellung des Buddhismus als Ganzem, dafür ist die Tradition, die über einen so langen Zeitraum hinweg entstanden ist, viel zu reichhaltig und komplex. Stattdessen adaptiere ich Schlüsselideen und -methoden für die in diesem Buch dargelegten praktischen Zwecke. Dafür und für alles andere in diesem Buch hält Buddha selbst einen wunderbaren Rat bereit: *Komm und sieh selbst*, was glaubhaft klingt und sich auch morgen noch als nützlich erweist.

Aus der Perspektive des »Neurodharma«

Buddha brauchte kein MRT, um erleuchtet zu werden. Ebenso sind viele andere auf ihrem eigenen Pfad des Erwachens auch ohne fortgeschrittene Technologie weit vorangekommen. Nichtsdestotrotz hat die Wissenschaft 2500 Jahre nach Buddhas Wandeln auf den staubigen Straßen Nordindiens einiges über den menschlichen Körper und das Gehirn herausgefunden. Buddha und andere haben sich mit den *geistigen* Faktoren des Leidens und des Glücks beschäftigt – und in den vergangenen Jahrzehnten haben wir viel über die *neurale* Grundlage dieser geistigen Faktoren erfahren. Dieses neue Wissen zu ignorieren scheint im Gegensatz sowohl zur Wissenschaft als auch zum Buddhismus zu stehen.

> Das Dharma – das Bemühen, das Wesen der Realität zu verstehen – ist nicht auf den Buddhismus beschränkt. Das Dharma ist Wahrheit. Die einzige Wahl, die wir wirklich haben, ist die zwischen einem Leben in Bezug zur Wahrheit und einem Leben in Unwissenheit.
>
> ANGEL KYODO WILLIAMS

Wenn ich das Wort »Dharma« benutze, meine ich damit schlicht die Wahrheit der Dinge. Das beinhaltet sowohl die Art und Weise, wie die Dinge wirklich sind, als auch akkurate Beschreibungen dieser Dinge. Was immer die Wahrheit auch sein mag, sie ist nicht das Eigentum irgendeiner Tradition – die Wahrheit ist für alle da. Mit dem Begriff »Neurodharma« meine ich die Wahrheit des Geistes, die in der Wahrheit des Körpers gründet, insbesondere in seinem Nervensystem. Natürlich ist Neurodharma nicht der Buddhismus als Ganzes. Ebenso wenig ist Neurodharma für die buddhistische (oder eine andere) Praxis notwendig. Es ist lediglich hilfreich:

* zur Erkundung der sieben Seinsstufen, die die Essenz des Erwachens darstellen
* um etwas über die Grundlage dieser Stufen im eigenen Gehirn zu erfahren
* um dieses Wissen zum Kräftigen der Stufen in uns selbst zu nutzen.

Selbst das geringste Wissen über das Gehirn kann sehr nützlich sein. Es ist ein alberner Vergleich, aber ich stelle mir immer vor, wie jemand mit dem Auto unterwegs ist. Plötzlich quillt Dampf unter der Motorhaube hervor, wie wild fangen rote Lichter auf dem Armaturenbrett zu blinken an und der Fahrer ist gezwungen, rechts ranzufahren und anzuhalten. Weiß dieser dann nicht wenigstens in Grundzügen, wie ein Auto funktioniert, ist er ziemlich aufgeschmissen. Weiß er aber, dass ein Auto einen Kühler hat und welche Flüssigkeit dieser braucht, um den Motor zu kühlen, kann er etwas tun, um den Schaden zu beheben und das nächste Mal sogar zu verhindern. Das Auto ist unser Körper. Vor Tausenden von Jahren wusste kaum einer irgendetwas über ihn. Heute jedoch können wir aus dem Wissen über unseren neuralen »Motor« schöpfen, das wir über die Jahrhunderte hinweg gewonnen haben.

Für Anfänger ist dieses Wissen außerordentlich motivierend: Wenn man weiß, dass die Übungen tatsächlich das Gehirn verändern, wird man sie mit größerer Wahrscheinlichkeit weiter anwenden. Den Körper wirklich zu berücksichtigen kann auch ein Gefühl der Dankbarkeit für die körperlichen Vorgänge vermitteln, die zu diesem Augenblick der Erkenntnis geführt haben. Zu verstehen, was im Gehirn vor sich geht, während Erfahrungen den Geist durchwandern, schärft die Achtsamkeit und fördert die Erkenntnis. Man kann das vorübergehende Theater des Bewusstseins viel lockerer nehmen, wenn man weiß, dass dahinter viele winzige, rasche zelluläre und molekulare Vorgänge stecken … ohne jeglichen Cheftechniker im Hintergrund, der im richtigen Moment den richtigen Schalter umlegt. In ihrer Grundkonstruktion ähneln sich alle Gehirne mehr oder weniger. Die Perspektive des Neurodharma bietet einen allgemeinen Rahmen zum Verständnis der Vorstellungen und Instrumente der klinischen Psychologie, der persönlichen Entwicklung (ein weit gefasster Begriff für andere weltliche Denkansätze) und alter Weisheitslehren. Sie hilft uns dabei, Prioritäten zu setzen und wichtige Werkzeuge zu benutzen, die wir bereits besitzen.

Das Erforschen des vom Gehirn entwickelten *Negativity Bias* beispielsweise, unserer Neigung, negative Erfahrungen bevorzugt abzuspeichern – mehr dazu in Kapitel 3 –, hebt die Wichtigkeit emotional positiver Erfahrungen wie Freude und Güte umso deutlicher hervor. Das bessere Verständnis der neuralen »Hardware« kann uns sogar neue Zugänge zu unserer geistigen »Software« wie etwa dem Neurofeedback verschaffen. Zudem ermöglicht es uns die Übungspraxis individueller abzustimmen. Wenn Sie Ihr Temperament – vielleicht sind Sie leicht ablenkbar, vielleicht sind Sie ängstlich – als eine absolut normale Spielart des menschlichen Gehirns erachten, fällt es Ihnen leichter, sich so zu akzeptieren, wie Sie sind, und die Übungen zu finden, die am besten zu Ihnen passen.

Mit diesem Ansatz arbeiten wir uns gewissermaßen zurück: von wichtigen Erfahrungen wie dem Glücklichsein und der Zufriedenheit zu deren Ausgangsbasis im Gehirn. So lernen wir uns sowohl subjektiv als auch objektiv kennen, von innen nach außen und von außen nach innen, und die Schnittstelle dieser beiden Perspektiven ist das Neurodharma. Gleichzeitig können wir respektieren, was wir nicht wissen, und reine Gedankenspiele vermeiden. Ich versuche immer, mich an Buddhas Rat zu erinnern, sich vom »Dickicht der Ansichten« über theoretische Angelegenheiten fernzuhalten und sich stattdessen auf das ganz praktische *Wie* zu konzentrieren: Wie können wir das Leiden beenden und wahres Glück im Hier und Jetzt finden?

Ein Pfad, der vorwärts führt

Die sieben Themen dieses Buchs – den Geist beruhigen, das Herz erwärmen etc. – haben vielerlei Menschen vielerlei Traditionen auf vielerlei Weisen beschäftigt. Dabei geht es um äußerlich sicht- und erlebbare Erfahrungen, nicht um verborgene: Wir können achtsamer und liebevoller sein, weniger begehren, wir sind von Natur aus ganz, dieser Augenblick ist der einzige, der wirklich existiert, und jede Person ist mit allem verbunden. Diese Art, sein Leben zu führen, diese Art zu sein steht uns allen offen, und ihr Wesen lässt sich auch ohne jahrelanges hartes Training erfassen. Ich mache hier und da Vorschläge, wie Sie sie im Alltag umsetzen können, biete aber auch geführte Meditationen, die weiter in die Tiefe gehen. Sie können sie auch mit Tätigkeiten verbinden, die Sie ohnehin schon ausüben, etwa mit dem Spazierengehen. Um beispielsweise mehr Zufriedenheit und Güte zu entwickeln, brauchen Sie weder in puncto Wissenschaft noch in puncto Meditation spezielle Kenntnisse. Selbst zehn Minuten Üben am Tag können schon einen großen Unterschied machen – vorausgesetzt, Sie üben regelmäßig. Und wie bei allen anderen Dingen lautet auch hier die Devise: Je mehr Sie hineinstecken, desto größer ist der Lohn. Was mich sowohl zuversichtlich als auch hoffnungsfroh stimmt, ist die Tatsache, dass es sich hier um einen *Pfad* handelt, den wir, wenn wir wollen, Schritt für Schritt bewältigen können, nicht um eine Zauberlösung per Fingerschnipsen.

Es gibt also viel zu tun – es sei denn, Sie befinden sich bereits ganz oben auf dem Berg des Erwachens (was auf mich ganz bestimmt nicht zutrifft). Doch wie sollen wir es in Angriff nehmen?

Tun und sein

Der Antwort auf diese Frage kann man sich auf zwei verschiedene Weisen nähern. Die eine setzt auf einen *beständigen* Prozess, der darauf abzielt, das Unglücklichsein zu reduzieren und

Mitgefühl, Einsicht sowie Gelassenheit zu steigern. Die andere verweist auf eine *angeborene* Vollkommenheit, die sich naturgemäß nicht mehr verbessern lässt. Beide Herangehensweisen haben ihre Gültigkeit und stützen sich gegenseitig. Wir müssen heilen und wachsen; gleichzeitig können wir aber auch den Kontakt zu unserer tief in uns verwurzelten wahren Natur halten. Was den Geist betrifft, so dauert es eine Weile zu entdecken, wer wir wirklich sind. So heißt es auch: »Beständiges Üben… plötzliches Erwachen… beständiges Üben… plötzliches Erwachen…« Oder wie Milarepa, der tibetische Weise, sein lebenslanges Üben beschrieb: *Zuerst kam nichts, dann blieb nichts und am Ende ging nichts.* Unterdessen ist das Gefühl der inneren Wachheit und Gütigkeit inspirierend und ermutigend und lässt uns weitermachen, wenn es einmal langweilig oder schwierig wird.

Auf dem langen, steinigen Weg
werden Sonne und Mond
immer scheinen.

THICH NHAT HANH

Was das Gehirn betrifft, so dauert es eine Weile, in Nervenschaltkreise eingebettete Traumata und ganz normalen neurotischen Müll aufzuräumen. Glücklich zu werden und emotionale Intelligenz sowie ein liebevolles Herz zu entwickeln erfordert auch schrittweise körperliche Veränderungen. Zugleich pendelt sich das Gehirn, wenn wir nicht verunsichert oder gestresst sind, auf seinen natürlichen Ruhezustand ein. Darin erholt es sich von Aktivitätsausbrüchen und schüttet Neurotransmitter wie Serotonin und Oxytozin aus, die sich positiv auf unsere Stimmung und Freundlichkeit anderen gegenüber auswirken. Ruhe, Zufriedenheit und Fürsorglichkeit sind unsere neuropsychologische Heimat. Und egal wie viel Stress und Kummer wir auch bewältigen müssen: Wir können jederzeit nach Hause zurückkehren.

Sein lassen, loslassen, hereinlassen

Ein besseres Gefühl der Fülle, der Ganzheit sowie weiterer Aspekte des Erwachsens zu entwickeln bedarf dreierlei Arten der Übung. Erstens können Sie einfach *bei dem sein,* was auch immer Sie gerade erleben: Sie können es akzeptieren, spüren und vielleicht erkunden. Während Sie dabei sind, mag sich das Erlebte verändern, doch Sie versuchen nicht, es in die eine oder andere Richtung zu lenken. Zweitens können Sie Schmerzliches oder Schädliches *loslassen,* indem Sie beispielsweise Anspannungen im Körper verringern, Gefühlen Ausdruck verleihen, Gedanken, die nicht wahr oder hilfreich sind, in ihre Schranken verweisen oder sich von Begierden lösen, die Sie oder andere verletzen. Und drittens können Sie schließlich das *kultivieren,* was freudvoll oder nützlich ist: sich Tugenden oder Fähigkeiten aneignen und resilienter, dankbarer sowie mitfühlender werden. Kurzum: *sein lassen, loslassen, hereinlassen.* Vergleicht man den Geist mit einem Garten, dann können Sie ihn sich ansehen, Unkraut darin jäten und etwas darin anpflanzen.

Von den drei genannten Aspekten ist sein lassen der wichtigste. Er ist unser Ausgangspunkt und manchmal das Einzige, das wir tun können: den Sturm der Angst oder Wut möglichst so überstehen, dass wir es nicht noch schlimmer machen. Und mit fortschreitender Übung schaffen wir es zunehmend, einfach mit dem nächsten Moment zu verschmelzen, der entsteht, vergeht und sich in etwas anderes verwandelt. Doch damit hat das Üben noch kein Ende. Wir können nicht nur unseren Geist sein lassen, wir müssen auch mit ihm arbeiten. Ein Großteil des Edlen Achtfachen Pfads im Buddhismus etwa beinhaltet das Loslassen und das Hereinlassen, beispielsweise das Ersetzen »unkluger« durch kluge Worte. Die Arbeit mit dem Geist hat zwar auch so ihre

Tücken – etwa die fixe Idee, sich selbst »reparieren« zu können –, doch ist es nicht minder tückisch, sich *nicht* mit dem Geist zu beschäftigen. Ich kenne Menschen, die sehr gut im Beobachten des eigenen Geists sind … und zudem chronisch unglücklich sowie ungeschickt im Umgang mit ihren Mitmenschen. Wir sollten weder mit dem Geist arbeiten, um das Bei-ihm-Sein zu vermeiden, noch beim Geist sein, um die Arbeit mit ihm zu vermeiden. Das Seinlassen, das Loslassen und das Hereinlassen bilden eine natürliche Abfolge. Vielleicht wird Ihnen irgendwann einmal klar, dass Sie sich über irgendetwas geärgert haben, und dann betrachten Sie dieses Gefühl und lassen es so stehen. Später erscheint es Ihnen ganz normal, das Gefühl bewusst loszulassen; im Zuge dessen entspannen Sie Ihren Körper, lassen die Emotionen fließen und wenden sich von verdrießlichen Gedanken ab. Schließlich kann der Platz, den das Loslassen geschaffen hat, von Nützlicherem wie etwa Selbstmitgefühl ausgefüllt werden. Dabei werden Sie mit der Zeit eine innere Stärke entwickeln, die Sie noch vollständiger sein und loslassen lässt. Sie können das gleich jetzt ausprobieren und üben – mit der Meditation im Kasten unten, die auch Hinweise zu Erfahrungsübungen im Allgemeinen enthält.

SEIN LASSEN, LOSLASSEN, HEREINLASSEN

Die folgende Meditation und die anderen Übungen in diesem Buch bieten Ihnen verschiedene Möglichkeiten, sich mit Ihren Erfahrungen auseinanderzusetzen und Erfahrungen zu machen, die Ihnen nützlich sein könnten. Sie werden sich nicht von all meinen Vorschlägen angesprochen fühlen, weshalb ich Sie ausdrücklich dazu ermuntere, eigene Praktiken zu entwickeln, die für Sie funktionieren. Vielleicht möchten Sie Ihren Körper bewegen, um ein bestimmtes Gefühl zu erzeugen, sich auf bestimmte Bilder konzentrieren oder andere Wörter verwenden. Wichtig sind die *Erfahrungen*, die gemacht werden, nicht die Methoden, die uns den Weg zu ihnen ebnen. Fällt es Ihnen schwer, etwas Bestimmtes zu fühlen – etwa das Gefühl des Loslassens –, dann ist das ganz normal. Ich weiß genau, wie das ist. Es ist ebenfalls normal, wenn Gefühle der Frustration und der Selbstkritik aufkommen. Erkennen Sie diese Gefühle an –»ja, ich bin frustriert«,»ja, ich bin kritisch mit mir selbst« – und üben Sie dann weiter.

Fällt es Ihnen schwer, sich mit etwas Bestimmtem zu verbinden, machen Sie sich eine Notiz im Geiste und kommen Sie, wenn Sie mögen, später darauf zurück. Es bedarf der Zeit und der Wiederholung, die sieben Stufen, mit denen wir uns beschäftigen, zu erkunden – insbesondere in ihrer ganzen Tiefe. Das ähnelt tatsächlich dem Besteigen eines hohen Bergs. Es geht nur langsam voran, weil der Pfad sehr steil ist, nicht, weil Sie etwas »falsch« machen oder nicht »fit« genug sind! Erklimmen Sie den Berg in Ihrem eigenen Tempo und, wie ein Lehrer mir vor vielen Jahren einmal riet, gehen Sie dabei einfach immer weiter.

Sie können die folgende Übung wie eine Meditation durchführen. Sie können das Ganze aber auch etwas informeller gestalten, indem Sie sie im Alltag ausüben, wenn etwas – nennen wir es »das Problem« – Ihnen Stress bereitet oder Sie ärgert. Passen Sie die Übung ganz Ihren Bedürfnissen an und nehmen Sie sich so viel Zeit, wie Sie mögen.

Sein lassen

Suchen Sie sich etwas, das Ihnen dabei hilft, präsent zu bleiben, wie das Gefühl des Atmens. Lassen Sie sich einige Augenblicke Zeit, um sich immer mehr zu zentrieren. Lassen Sie Geräusche und Empfindungen, Gedanken und Gefühle Ihr Bewusstsein passieren. Erleben Sie, wie es ist, ganz bei einer Erfahrung zu sein, ohne sich ihr zu widersetzen oder an ihr festzuhalten.

Wenn Sie so weit sind, konzentrieren Sie sich auf das Problem, vor allem auf Ihre mit ihm verbundenen Erfahrungen. Seien Sie sich Ihrer Gedanken das Problem betreffend gewahr… der Emotionen das Problem betreffend… nennen Sie Letztere vielleicht beim Namen, ganz leise und nur für sich, etwa »Anspannung… Sorge… Ärger… Schwächung…« Akzeptieren Sie diese Gedanken und Gefühle, lassen Sie sie fließen, lassen Sie sie sein… Ob es nun angenehm oder schmerzhaft ist, versuchen Sie, das Erlebte so, wie es ist, anzunehmen. Droht etwas, Sie zu überwältigen, konzentrieren Sie sich auf das Atmen oder etwas anderes Beruhigendes, Tröstliches… Sie sind immer noch hier, es geht Ihnen gut… Seien Sie sich körperlicher Empfindungen das Problem betreffend gewahr… der Wünsche, Bedürfnisse und Pläne das Problem betreffend… Lassen Sie sie sein, lassen Sie sie fließen… Sie können auch tiefere Schichten erkunden, etwa die Verletzungen oder Ängste unter der Wut… jüngere Teile Ihrer selbst… Fühlen Sie alles… lassen Sie alles sein…

Loslassen

Wenn Sie so weit sind, wenden Sie sich dem Loslassen zu. Werden Sie sich jeglicher Anspannung in Ihrem Körper das Problem betreffend gewahr. Lassen Sie sie abklingen und weicher werden, entspannen Sie sich. Lassen Sie die Gefühle fließen… Vielleicht stellen Sie sich vor, dass sie jedes Mal beim Ausatmen wie eine kleine Wolke aus Ihnen herausströmen… Machen Sie sich unwahre, übertriebene und einschränkende Gedanken bewusst und lösen Sie sich von ihnen… lassen Sie los…

Werden Sie sich Begierden das Problem betreffend gewahr, etwa unrealistischer Ziele oder verständlicher Sehnsüchte, die jedoch schlicht nicht erfüllt werden können… und lassen Sie

sie Atemzug für Atemzug los... Sie können auch kontrapro-
duktive Formen des Kommunizierens und Handelns loslassen...
Lassen Sie sie Atemzug für Atemzug los... lassen Sie alles los...

Hereinlassen

Konzentrieren Sie sich nun auf das, was nützlich, klug oder
freudvoll sein könnte. Vielleicht würde es sich gut anfühlen,
sich etwas Tröstlichem oder Beruhigendem zu öffnen... oder
der Dankbarkeit, der Liebe, des Mitgefühls mit sich selbst...
Nehmen Sie es beim Einatmen in sich auf... lassen Sie Gutes in
sich hinein...
Vielleicht spüren Sie eine Weite in Ihrem Geist, wie der Himmel, der sich nach einem Gewitter öffnet... Vielleicht spüren
Sie, wie sich Ihr Körper lockert... Bleiben Sie bei diesen Erfahrungen... geben Sie sich ihnen hin...
Vielleicht heißen Sie ein Gefühl der Stärke oder Entschlossenheit willkommen... Vielleicht entdecken Sie Gedanken oder
Blickwinkel im Zusammenhang mit dem Problem, die richtig
und hilfreich sind... und öffnen sich der Intuition oder der
Stimme der inneren Weisheit... Vielleicht entsteht zunehmende Klarheit darüber, wie Sie in den kommenden Tagen
handeln möchten...
Lassen Sie alles Hilfreiche in sich hinein... all das Gute, das in
Ihnen nun seinen Platz einnimmt... Lassen Sie es sich ausbreiten... lassen Sie all das Gute in sich hinein...

Zum Gebrauch dieses Buchs

In diesem Buch geht es um das Kultivieren der sieben Seins-stufen, die das Wesen des Erwachens ausmachen. Und das ge-schieht durch *Üben:* durch das wiederholte Erleben, von der bloßen Ahnung bis zum vollständigen Eintauchen. Diese Stufen entstammen weder dem Bereich der Esoterik noch liegen sie außerhalb unserer Reichweite. Im Gegenteil: Sie gründen im eigenen Körper, sie sind unser Geburtsrecht.

Lass die Lehren in dich eindringen,
wie Musik in dein Ohr dringt
oder wie sich die Erde vom Regen durchdringen lässt.

THICH NHAT HANH

In diesem Kapitel und dem nächsten finden Sie Grundlegendes über das Gehirn und das Üben im Allgemeinen. Anschließend widmen wir uns den ersten drei Stufen – dem ruhigen Geist, der Liebe und der Fülle –, die eine natürliche Einheit bilden. Diese drei Stufen stellen fundamentale Aspekte des Erwachens dar; es ist überaus wichtig, sich mit ihnen zu beschäftigen, selbst wenn man bereits einige Erfahrung mit ihnen hat. Beim Verweilen in Fülle beispielsweise geht es darum, Frieden, Zufriedenheit und Liebe zu verinnerlichen – was an sich schon nicht wenig ist – und damit gleichzeitig das Begehren, das Verlangen, zu reduzie-ren, das so viel Leid verursacht und uns sowie anderen so sehr schadet.

Die nächsten drei Stufen – Ganzheit, Jetztheit und Allheit – bil-den ebenfalls eine Einheit. Sie gewähren Einblick in das Wesen all unserer Erfahrungen, das erstaunlicherweise dem Wesen je-des einzelnen Atoms im Universum entspricht. Diese Art von

Erkenntnis nimmt ihren Anfang meist auf intellektueller Ebene, was vollkommen in Ordnung ist; zu vielen tiefgehenden Lehren gehört zunächst ein umfassendes gedankliches Durchdringen. Wenn Ihnen im Laufe der Lektüre eine Vorstellung begegnet, die Ihnen nicht auf Anhieb verständlich ist, sollten Sie versuchen, sie auf Ihre eigenen Erfahrungen anzuwenden. Durch das Nachdenken werden Ihnen solche Vorstellungen nach und nach in Fleisch und Blut übergehen. Und sollte Ihnen ein später behandeltes Thema wie etwa die Allheit zu abstrakt erscheinen, können Sie einfach einige Kapitel zurückblättern, um Ihren gedanklichen Halt wiederzufinden.

Bei der letzten Stufe – Zeitlosigkeit – wollen wir das *Unbedingte* erkunden, im Unterschied zu Phänomenen wie Ereignissen und Emotionen, die durch ihre Ursachen »bedingt« sind. Ein Beispiel: Ein Wolkenbruch ereignet sich aufgrund von Bedingungen in der Erdatmosphäre, ein Wutausbruch beruht auf im Geist herrschenden Bedingungen. Dieses große Thema kann man auf dreierlei Arten angehen. Zunächst könnte man sich mit dem allmählichen »Ent-Konditionieren« unserer gewohnheitsmäßigen – und schmerzhaften und schädlichen – Reaktionen auf die Dinge beschäftigen. Daran anschließend könnten wir versuchen, innerhalb der ganz normalen Realität zu einem außergewöhnlichen Geisteszustand zu gelangen, in dem sich die gewohnten konditionierten, also bedingten Konstruktionen unserer Erfahrungen scheinbar auflösen. Und schließlich könnten wir uns mit etwas wahrhaft Transzendentalem beschäftigen, das außerhalb der bedingten ganz normalen Realität liegt. Das Kapitel »Zeitlosigkeit entdecken« umfasst alle drei Herangehensweisen – die tiefgehendste Übung von allen, der Sie sich natürlich ganz individuell nähern können.

Jedes dieser Themen könnte ein eigenes Buch füllen. Ich habe mich deshalb auf meiner Meinung nach entscheidende Aspekte für die persönliche Praxis konzentriert, insbesondere auf diejenigen, die durch relevante neurowissenschaftliche Erkenntnisse gestützt sind; auf Letztere gehe ich in den Anmerkungen noch einmal ausführlich ein. Darüber hinaus gibt es eine gewaltige Menge an Literatur zu den Themen, in der leidenschaftlich Meinungen vertreten werden, beispielsweise zur korrekten Übersetzung wichtiger Wörter. Die folgenden Kapitel spiegeln den Pfad wider, den ich beschritten habe – andere Denkansätze finden Sie in den Anmerkungen.

Ich schreibe aus der eingeschränkten Sichtweise eines hellhäutigen, der Mittelschicht angehörenden US-Amerikaners mittleren Alters, und es versteht sich im Grunde von selbst, dass es viele andere Möglichkeiten gibt, über den Stoff in diesem Buch zu sprechen und damit zu üben. Ich habe zwangsläufig wichtige Herangehensweisen an die tägliche Praxis ausgelassen, was jedoch nicht bedeutet, dass ich sie geringschätze. Sollten Sie Dinge aus anderen Veröffentlichungen von mir wiedererkennen, können Sie die Passagen entweder locker überfliegen oder sie mit frischem Blick lesen. Taucht ein Schlüsselbegriff erstmals auf, ist er *kursiv* gesetzt. Nicht übersetzte Zitatquellen – wie Dhammapada oder Itivuttaka – stammen aus dem Pali-Kanon. Die Kapitel enden jeweils mit dem Abschnitt »Bewährte Praxis«, der zusätzliche Empfehlungen für das alltägliche Leben enthält; eine Ausnahme bildet das letzte Kapitel, in dem es generell um die Anwendung des Erlernten geht.

In seiner Struktur ähnelt dieses Buch einem Retreat, es enthält neben den Darstellungen verschiedener Konzepte und Ideen auch geführte Meditationen. Die Konzepte und Ideen sind deshalb so wichtig, weil sie uns dabei helfen, uns selbst besser zu verstehen; sie bescheren uns Erkenntnisse, die uns von unnötigem Leiden und Konflikten befreien. Da dieses Verständnis ein sehr tief greifendes ist, bedarf es der Zeit und der Mühe. Das erste Mal habe ich vor mehr als 40 Jahren von vielen dieser Lehren gehört, und sie verblüffen und faszinieren mich noch heute. Ich habe immer noch an ihnen zu kauen.

Auch die Meditationen sind sehr wichtig, weshalb ich sie Ihnen wirklich nur wärmstens empfehlen kann. Sie könnten sie langsam laut lesen und sich Zeit dabei lassen, ein Gefühl für sie zu entwickeln. Sie können sie auch mit der eigenen Stimme gesprochen aufzeichnen. In den späteren Meditationen wiederhole ich die Grundanweisungen vom Anfang meist nicht; falls Sie das irritiert, schlagen Sie einfach in den vorderen Kapiteln nach. Je öfter Sie eine nützliche Erfahrung machen und je länger und tief empfundener diese Erfahrungen sind, desto effektiver bauen Sie den neuralen Nährboden auf, auf dem Glück, Liebe und innere Stärke gedeihen.

ZUM WEITERLESEN

Das Gehirn eines Buddha (Rick Hanson mit Richard Mendius)
Das verborgene Licht (hrsg. von Florence Caplow und. Susan Moon)
Mind in Life (Evan Thompson)
Realizing Awakened Consciousness (Richard P. Boyle)
Reflections on a Mountain Lake (Ani Tenzin Palmo)

Beim Üben werden Sie feststellen, dass Sie sich manchmal im Geiste um etwas bemühen – beispielsweise die Aufmerksamkeit zu wahren –, während Sie beobachten, was tatsächlich geschieht. Es ist normal, gelegentlich zu kämpfen zu haben; genau das ist der Grund, warum Üben so wichtig ist. Allerdings habe ich auch Lehrer erlebt, die ihre Schüler unterschätzen, und ich will es ihnen nicht gleichtun. Ich habe schon viele Freunde mit in die Berge genommen, und die Kernbotschaft ist praktisch dieselbe: *Komm doch mit, da, wohin wir gehen, ist es wirklich atemberaubend… hier ist unser Weg, ein guter Weg… wir müssen noch bis ganz da oben hinauf, wir sollten besser los.* Unser Tempo wird flott sein, doch sind wir bei Weitem nicht die Ersten, die diese Pfade beschreiten – haben Sie Vertrauen, Sie werden es schaffen. Auch ich habe sie beschritten – und bin hin und wieder vom Weg abgekommen! –, Sie werden von den Blessuren, die ich mir dabei geholt, und den Lektionen, die ich dabei gelernt habe, im Laufe dieses Buchs noch hören. Manchmal werden Sie langsamer werden und Atem schöpfen wollen, Sie werden nachdenken und die Aussicht genießen wollen. Bei mir war es jedenfalls so. Dass der Pfad an manchen Stellen steil ist, zeigt Ihnen nur, welch großartige Aussicht Sie an seinem Ende erwartet.

Passen Sie unterwegs auf sich auf. Wenn wir uns der Unmittelbarkeit des erlebten Augenblicks öffnen, steigen manchmal schmerzhafte Gedanken und Gefühle auf. Mit zunehmender Übung verschwimmen die Grenzen zwischen uns und den Dingen um uns herum, was durchaus Desorientierung hervorrufen kann. Je intensiver und weitläufiger Sie das Gebiet durchstreifen, desto wichtiger ist es, geerdet und mit inneren Ressourcen ausgestattet zu sein. Es ist absolut in Ordnung, das Tempo zu drosseln, innezuhalten und sich auf das Stabile, Tröstliche und Nährende zu konzentrieren. Manche Menschen fühlen sich von psychologischen Übungen wie der Achtsamkeit aus der Bahn geworfen, insbesondere dann, wenn Probleme wie Depressionen, Traumata, Dissoziationen oder psychotische Prozesse vorliegen. Achtsamkeit, Meditation und die anderen Praktiken in diesem Buch eignen sich nicht automatisch für jeden; sie heilen nicht automatisch jede Störung und sind ganz entschieden kein Ersatz für professionelle Hilfe.

Es handelt sich hierbei um einen Prozess, und bei diesem Prozess können Sie sich Zeit lassen. Lassen Sie ihn ganz natürlich auf sich einwirken … und sich dabei von ihm verändern. Lassen Sie sich von ihm mit auf eine Reise nehmen. Das Erwachen folgt seinen eigenen Rhythmen: Manchmal steigt der Weg langsam an, manchmal öffnet sich eine Hochebene, manchmal geht es bergab und manchmal erlebt man einen Durchbruch. Und die ganze Zeit über begleitet uns unser tiefstes Inneres, unsere wahre Natur, ob wir sie nun allmählich entdecken oder ob sie uns plötzlich offenbart wird: gewahr, weise, liebevoll und rein. Das ist Ihr wahres Zuhause, und darauf können Sie bauen.

Bewährte Praxis

In diesem Abschnitt finden Sie Empfehlungen, wie Sie die in diesem Kapitel vorgestellten Ideen und Methoden im täglichen Leben umsetzen können. (Mit »bewährter Praxis« meine ich Praxis im Allgemeinen – nicht eine bestimmte.) Die Empfehlungen sind nicht die einzige Möglichkeit, sich näher mit dem Stoff zu befassen; Sie werden sicher auch eigene Praktiken entwickeln.

Denken Sie dabei bitte auch an Dinge, die hier gänzlich unerwähnt bleiben, etwa an körperliche Aktivitäten, spirituelle oder religiöse Praktiken, Lehren und Methoden indigener Völker auf der ganzen Welt, an künstlerischen Selbstausdruck, einen Rückzug in die Natur, an Musik, an Gottesdienste.

Sehen Sie jeden Tag als Gelegenheit zum *Üben*. Sie haben die Chance, etwas über sich zu lernen, besser mit Ihren Reaktionen umzugehen, zu heilen und zu wachsen. Setzen Sie es sich schon beim Aufwachen zum Ziel, heute zu üben. Und schlafen Sie mit dem guten Gefühl ein, heute geübt zu haben.

Denken Sie an jemanden, den Sie respektieren. Vielleicht kennen Sie den Betreffenden oder die Betreffende persönlich, vielleicht haben Sie einen Vortrag besucht oder etwas von der Person gelesen. Denken Sie nun an etwas, das Sie an dieser Person bewundern, und versuchen Sie dann, diese Eigenschaft *in sich selbst* zu entdecken. Sie spüren sie vielleicht nicht besonders deutlich, aber sie ist da und Sie können sie weiterentwickeln. Konzentrieren Sie sich einen Tag oder länger darauf, diese Eigenschaft an sich zu erleben und nach ihr zu handeln. Wie fühlt sich das an? Probieren Sie das auch mit anderen Menschen und Eigenschaften, die Sie bewundern, aus.

Halten Sie dann und wann inne und machen Sie sich bewusst, dass das Leben im Allgemeinen und Ihr Körper sowie Ihr Gehirn im Besonderen für das Hören und Sehen, das Denken und Fühlen in diesem Augenblick verantwortlich sind. Wow! Bleiben Sie, wenn Sie mögen, eine Minute oder länger einfach bei dem, was Sie gerade erleben, ohne es irgendwie verändern zu wollen. Das ist die grundlegendste Übung: Wahrnehmungen, Gefühle und Gedanken so zu akzeptieren, wie sie sind, ihnen so wenig wie möglich hinzuzufügen und sie so fließen zu lassen, wie sie wollen. Alles in allem wird Ihr Tag zunehmend vom Gefühl des Einfach-sein-Lassens durchdrungen sein.

2

Der verzauberte Webstuhl

Unterschätze nicht dein gutes Handeln
Und denke nicht: »*Das hat ja keine Folgen für mich!*«
Tropfen für Tropfen füllt sich der Krug,
Und ebenso füllt sich randvoll mit Gutem der Weise.

DHAMMAPADA 122

In den Bäumen vor unserem Haus leben zwei Goldmantelziesel, und ich sehe ihnen liebend gern dabei zu, wie sie sich im Geäst gegenseitig jagen. Sie können uns nicht mitteilen, wie sie sich fühlen – hören und sehen können sie dagegen zweifelsohne. Das Jungtier erkennt seine Mutter am Geruch, später wird es die eigenen Jungen vehement verteidigen. Auf Zieselart machen die wunderschönen Geschöpfe vielerlei ganz ähnliche Erfahrungen wie wir. Und so überrascht es kaum, dass die nervliche Hardware, die uns Menschen das Hören und Sehen, das Lernen und Wollen ermöglicht, in ähnlicher Weise im nur zweieinhalb Zentimeter großen Gehirn eines Ziesels ebenfalls vorhanden ist. Das menschliche Gehirn ist viel größer und komplexer als das eines Goldmantelziesels. Es enthält rund 85 Milliarden Nervenzellen, die zu einem Netzwerk mit mehreren Hundert Billionen Schnittstellen zusammengeschlossen sind. Und trotzdem: Egal ob Ziesel oder Mensch, der aus dem Fenster sieht – die Erfahrungen, die wir machen, hängen davon ab, was das Gehirn tut. Die durchschnittliche Nervenzelle feuert viele Male pro Sekunde und setzt Neurotransmitter in winzige Kreuzungen, die sogenannten Synapsen, frei, von denen mehrere Tausend nicht breiter als ein einzelnes Haar wären. Während Sie dies lesen, pulsieren Millionen von Nervenzellen in Ihrem Kopf in einem gemeinsamen Rhythmus miteinander und produzieren dabei Wellen elektrischer Aktivität. Oder wie der Neurowissenschaftler Charles Sherrington es ausgedrückt hat: Der Teppich unserer Erfahrungen wird von einem verzauberten Webstuhl gewebt. Hin und wieder mögen wir uns unseres Körpers im Geist bewusst sein, immer jedoch wird unser Körper von geistigen Prozessen beherrscht.

Leiden und Glück

Woraus bestehen diese geistigen Prozesse, und wie können wir sie beeinflussen? Ich bin inmitten einer liebevollen Familie in einer amerikanischen Vorstadt aufgewachsen und verglichen mit anderen hatte ich sehr viel Glück. Und dennoch sind meine meisten Erinnerungen mit einem Gefühl der Traurigkeit verbunden, welches sowohl die Erwachsenen als auch die Kinder betraf. Nichts wirklich Schlimmes, aber viel Anspannung, Streitigkeiten, Sorgen und Druck. Als ich älter wurde, von zu Hause fortging, mich dem Human Potential Movement in den 1970er-Jahren anschloss und schließlich Psychologe wurde, begriff ich allmählich, dass das, was wie mein ganz persönliches privates Unglück schien, tatsächlich weitverbreitet war. Es nimmt verschiedene Gestalten an, vom intensiven Schmerz des Traumas bis hin zum unterschwelligen Gefühl der Unerfülltheit. Und zwischen diesen beiden Extremen findet sich eine beträchtliche Menge an Angst, Schmerz, Kummer, Frust und Wut.

Kurzum: Das Dasein ist leidvoll, wie schon Buddha als erste der Vier Edlen Wahrheiten der menschlichen Existenz konstatierte. Aber das ist nicht alles, was es im Leben gibt. Darüber hinaus gibt es Liebe und Freude, das Lachen mit Freunden und den Trost eines warmen Pullis an einem kalten Tag. Trotzdem muss sich jeder Mensch hin und wieder der Wahrheit des Leidens stellen, viele Menschen müssen dies sogar die ganze Zeit über tun. Tragischerweise sind wir für einen Großteil des Leids in unserem Leben selbst verantwortlich. Wir erzeugen es, wenn wir uns unnötig sorgen, uns grundlos selbst kritisieren oder eine bestimmte Situation wie ein Gespräch wieder und wieder durchkauen. Wir erzeugen es, wenn wir in Anwesenheit einer Autoritätsperson vor Ehrfurcht erstarren oder uns für einen verzeihbaren Fehler maßlos schämen. Das Leben birgt unvermeidbaren körperlichen und emotionalen Schmerz, und dann kommen wir und fügen dem Ganzen zusätzliches Leid hinzu. Daher auch der Spruch: Schmerz ist unvermeidlich, Leiden optional. Beispiele für unnötiges Leid wären, dass uns eine Krankheit peinlich ist oder dass wir zu viel trinken, um den Schmerz alter Wunden zu betäuben.

Dieses zusätzliche Leid ist kein Zufall. Es hat einen Ursprung: das »Begehren«, das Gefühl, dass etwas fehlt, dass etwas nicht stimmt, dass wir etwas unbedingt haben müssen. Ein Großteil dieses Begehrens sieht nicht gerade aus wie ein Drogenabhängiger auf der Suche nach dem nächsten Schuss. Es zeigt sich hingegen beispielsweise in Form des verbissenen Festhaltens am eigenen Standpunkt, des Strebens nach Zielen, die der Mühe nicht wert sind, und des Nicht-verzeihen-Könnens. Es besteht darin, Vergnügungen nachzujagen, Schmerz zu verdrängen und sich an Beziehungen zu klammern. Dies ist die zweite der Vier Edlen Wahrheiten Buddhas – doch glücklicherweise nicht die letzte. Denn weil wir für unser Leiden größtenteils selbst verantwortlich sind, sind wir auch diejenigen, die es beenden können. In dieser hoffnungsvollen Möglichkeit besteht die dritte der Vier Edlen Wahrheiten, deren vierte und nun tatsächlich letzte den Übungsweg beschreibt, der aus der Möglichkeit Wirklichkeit werden lässt.

Die Vier Edlen Wahrheiten beginnen mit einem unverstellten Blick auf die Gegebenheiten des Lebens, sei es nun im ländlichen Indien vor 2500 Jahren oder in den High-Tech-Metropolen der heutigen Zeit. Ich bin in Los Angeles und damit in seiner Unterhaltungs- und später teilweise in seiner Selbsthilfekultur aufgewachsen, weshalb mir ein geheucheltes Lächeln durchaus vertraut ist – »fake it till you make it«. Allerdings sollten wir ehrlich und stark genug sein, unsere Augen vor der Wahrheit unserer Erfahrungen nicht zu verschließen, die ganze Wahrheit zu sehen, inklusive Unzufriedenheit, Einsamkeit, Unbehagen und dem unerfüllten Sehnen nach einem verlässlichen, tiefgehenden Gefühl des Wohlbefindens. Einmal fragte ich den Lehrer Gil Fronsdal, wie er damit umgehe. Er dachte nach, lächelte und sagte: »Ich leide bewusst.« Und genau da beginnt das Üben: darin, sich dem Leid in sich selbst und anderen zu stellen.

Allerdings endet das Üben dort nicht. Buddha wird oft auch der Glückliche genannt. Wie wir noch sehen werden, sind ganzheitliche, freudige Erfahrungen wie Güte ausgesprochen hilfreiche Mittel, sowohl im Alltag als auch hinsichtlich des vollen Erwachens. Fällt das Leiden weg, bleibt nicht eine große Lücke übrig, sondern ein natürliches Gefühl von Dankbarkeit, Mitgefühl, Freiheit und innerem Frieden. Ich kenne Menschen, die auf dem Pfad der Erleuchtung ganz offensichtlich schon weit fortgeschritten sind, und sie alle sind geradeheraus, furchtlos, unendlich geduldig und offenherzig. Ob ihre Worte nun humorvoll oder ernst sind, leise oder leidenschaftlich – immer spürt man hinter ihnen eine unzerstörbare Stille. Diese Menschen bleiben mit der Welt verbunden und versuchen, sie besser zu machen, während sie gleichzeitig mit ihrem Innersten im Reinen sind.

Der natürliche Geist

Wie sind sie so geworden? Oder, relevanter: Wie können *wir* so werden? Auf diese Fragen liefert unser Körper einige Antworten. Der menschliche Körper ist das Ergebnis mehrerer Milliarden Jahre biologischer Evolution. Vor rund 650 Millionen Jahren tauchten die ersten vielzelligen Lebewesen in den Urmeeren auf. 50 Millionen Jahre später waren diese frühen Lebewesen so komplex geworden, dass zwischen ihrem sensorischen und motorischen System eine rasche Kommunikation stattfinden musste: »Das könnte Nahrung sein… schwimm dorthin.« So entwickelte sich allmählich ein Nervensystem. Und ob es sich nun um eine Urqualle oder den zeitgenössischen Menschen handelt – das Nervensystem ist so konstruiert, dass es *Informationen* verarbeiten kann.

Der »Geist«, wie ich ihn im Kontext dieses Buchs meine, besteht aus den Erfahrungen und Informationen, die vom Nervensystem repräsentiert werden. Das mag zunächst verwirrend erscheinen, doch sind wir überall von Beispielen dafür umgeben, dass Informationen von etwas Materiellem repräsentiert werden, darunter auch die Bedeutung der Schnörkel, die Sie in diesem Augenblick mit den Augen scannen (oder die Bedeutung der Geräusche, falls Sie ein Hörbuch vor sich haben). Oder wie es der Nobelpreisträger Eric Kandel ausgedrückt hat:

> Gehirnzellen verarbeiten Informationen auf ganz bestimmte Weise und kommunizieren auch auf eine bestimmte Weise miteinander …
> … Die elektrische Signalübertragung repräsentiert die Sprache des Geistes, das Mittel, mit dem Nervenzellen … untereinander kommunizieren …
> … Alle Lebewesen besitzen ein wie auch immer geartetes geistiges Leben, das die Architektur ihres jeweiligen Nervensystems widerspiegelt.

Nehmen wir den Geruch von Kaffee wahr oder fällt uns wieder ein, wohin wir den Autoschlüssel gelegt haben, dann ist an diesen Erfahrungen unser gesamter Körper beteiligt. Gleichzeitig ist Letzterer mit der übrigen Welt verbunden. Dennoch stellt das Nervensystem die unmittelbarste körperliche Grundlage für unsere Gedanken und Gefühle dar – insbesondere sein Hauptquartier, das Gehirn.

Wie genau das geschieht – wie Lichtmuster, die auf eine Netzhaut treffen, zu Nervenaktivitätsmustern werden, die Informationsmuster repräsentieren, aus denen der Anblick des Gesichts eines Freundes wird –, ist noch immer eine offene Frage. Gleichwohl konstatieren Tausende von Studien zum Menschen und zu anderen Lebewesen eine enge Verknüpfung zwischen dem, was wir fühlen, und dem, was das Gehirn tut. Was die *natürlichen* Prozesse in der Alltagsrealität betrifft, so hängen all unsere Erfahrungen von der Nervenaktivität ab.

Jede Empfindung, jeder Gedanke, jeder Wunsch und jeder Augenblick des Gewahrseins wird von drei Pfund tofuähnlichem Gewebe in unserem Kopf geformt. Unser Bewusstseinsstrom

beinhaltet einen Informationsstrom in einem Nervenaktivitätsstrom. Der Geist ist ein natürliches Phänomen, ein Phänomen,
das im Leben wurzelt. Die Hauptursachen sowohl für das Leiden als auch für das Beenden desselben wurzeln in unserem physischen Körper.

Geist verändert Gehirn verändert Geist

Forscher haben Verbindungen zwischen hilfreichen, ja sogar
transformierenden Erfahrungen und der ihnen zugrunde liegenden Nervenaktivität gefunden – und wir können diese Verbindungen zwischen Geist und Körper auf ganz praktische Weise
nutzen. In späteren Kapiteln werde ich beispielsweise erklären,
wie Sie neurale Faktoren des gegenwärtigen Gewahrseins, der
Stärke in der Ruhe und des Mitgefühls aktivieren können. Im
Laufe der Zeit können diese nützlichen *Geisteszustände* nach
und nach als positive *Persönlichkeitsmerkmale* in Ihr Nervensystem einprogrammiert werden.

Dieser Prozess der körperlichen Veränderung kann nur stattfinden, weil all unsere Erfahrungen Muster nervlicher Aktivität
beinhalten. Und Muster nervlicher Aktivität können bleibende
körperliche Spuren hinterlassen, vor allem wenn sie oft wiederholt werden. Dies bezeichnet man auch als *Neuroplastizität* – die
Fähigkeit des Nervensystems, von den Informationen, die durch
das Nervensystem fließen, verändert zu werden. (Die wichtigsten Mechanismen dieses Vorgangs finden Sie in nachfolgendem
Kasten.) Der Psychologe Donald Hebb hat es so formuliert:
*Neuronen, die gemeinsam feuern, verdrahten sich mit der Zeit
miteinander.* Das bedeutet, dass Sie Ihren Geist dazu benutzen
können, Ihr Gehirn zu verändern, damit dieses wiederum Ihren
Geist positiv verändert.

DIE MECHANISMEN
DER NEUROPLASTIZITÄT

Es steht seit Langem außer Frage, dass jede Art von Lernen – ob ein Kind nun laufen lernt oder ein Erwachsener lernt, geduldiger zu sein – mit Veränderungen im Gehirn einhergeht. Die Neuroplastizität ist also wahrlich keine brandneue Erkenntnis. Ausgesprochen aufschlussreich ist allerdings die jüngste Entdeckung, wie schnell, weitreichend und anhaltend diese neurale Umformung vonstattengeht. Dies geschieht in erster Linie folgendermaßen:

- Durch das Sensibilisieren (oder Desensibilisieren) bestehender synaptischer Verbindungen zwischen den Nervenzellen
- Durch das Erhöhen (oder Senken) der Erregbarkeit individueller Nervenzellen
- Durch das Verändern der Genexpression im Zellkern von Nervenzellen *(epigenetische* Effekte)
- Durch das Herstellen neuer Verbindungen zwischen einzelnen Nervenzellen
- Durch das Produzieren neuer Nervenzellen *(Neurogenese)* und deren Einweben in bereits bestehende Netzwerke
- Durch das Erhöhen (oder Mindern) der Aktivität in spezifischen Regionen
- Durch das Umformen bestimmter neuraler Netzwerke
- Durch das Verändern der *Gliazellen* im Gehirn, die neurale Netzwerke unterstützen
- Durch das Verändern des Flusses von Neurotransmittern wie Serotonin
- Durch das Erhöhen *neurotropher* Faktoren, Faktoren, die Nervenzellen dabei helfen zu überleben, zu wachsen und sich miteinander zu verbinden

- Durch rasche Veränderungen im *Hippocampus* und *Parietalkortex* während der ersten Stadien des Lernens
- Durch »Wiederholungsereignisse« im Hippocampus, die die anfängliche Kodierung verstärken
- Durch das Übertragen von Informationen aus dem Hippocampus in langfristige Lagerstätten in der *Hirnrinde*
- Durch ein Erhöhen der Koordination zwischen Hippocampus und Hirnrinde
- Durch die generelle *Festigung* der Lerninhalte auf Systemebene in der Hirnrinde
- Durch die Festigung der Lerninhalte während des Tief- und REM-Schlafs

Die Erkenntnis, dass der Geist im Leben wurzelt – also auf einer biologischen Grundlage beruht –, bedeutet nicht, dass wir uns oder andere als irgendeine Art von Roboter betrachten dürften. Ja, der Geist muss durch ein greifbares Nervensystem repräsentiert werden – aber nein, er lässt sich nicht auf eine Ansammlung von Zellen und elektrochemische Prozesse *reduzieren*. Der Geist ist viel mehr als die Summe seiner Teile.

Stellen Sie sich vor, wie Sie sich mit einer Freundin über ein lustiges Erlebnis mit ihrem Hund unterhalten. Beim Sprechen überfluten Informationen mit ihrer ganz eigenen Logik Ihr Nervensystem und nehmen dabei zugrunde liegende Nervenaktivitäten in Anspruch, um dargestellt zu werden. Nehmen wir an, Sie sprechen morgen noch einmal über dasselbe Ereignis – dann wird jede Information aus der vorherigen Unterhaltung durch ein anderes Muster neuraler Aktivität repräsentiert. Selbst etwas so Simples wie die Aussage: 2 + 2 = 4 wird morgen in anderen Nervenzellen als heute abgespeichert sein. Das bedeutet, dass viele unserer Erfahrungen *kausal* (also ursächlich) unabhängig von den zugrunde liegenden körperlichen Entsprechungen ablaufen, die sie repräsentieren. Der Geist hat seine eigene Kausalkraft.

Die geistige Aktivität und die neurale Aktivität beeinflussen sich gegenseitig. Ursachen fließen in beide Richtungen, vom Geist zum Gehirn ... und vom Gehirn zum Geist. Geist und Gehirn sind zwei verschiedene Aspekte eines einzigen Komplettsystems. Oder wie Dan Siegel, Experte für Interpersonelle Neurobiologie, es zusammenfasst: Der Geist nutzt das Gehirn, um den Geist zu erschaffen.

ZUM WEITERLESEN

Jenseits des Buddhismus (Stephen Batchelor)
The First Free Women (Matty Weingast)
Auf der Suche nach dem Gedächtnis (Eric Kandel)
A Path with Heart (Jack Kornfield)
Saltwater Buddha: A Surfer's Quest to Find Zen on the Sea (Jaimal Yogis)
Neue Gedanken – neues Gehirn (Sharon Begley)

Das Gehirn mit Meditation verändern

Lassen Sie uns einen Blick auf die gehirnverändernden Effekte der Achtsamkeit und der Meditation werfen. Nach nur dreitägiger Praxis üben *präfrontale* (hinter der Stirn liegende) Hirnregionen eine größere Top-down-Kontrolle über den *posterioren* (hinteren) *zingulären Kortex* (englisch: *posterior cingulate cortex*, PCC) aus. Das ist deshalb wichtig, weil der PCC ein Schlüsselbestandteil des *Default Mode Network* (»Ruhezustandsnetzwerk«) ist; dieses Netzwerk ist aktiv, wenn wir uns in Gedanken verlieren oder mit »selbstreferenzieller Verarbeitung« beschäftigt sind (Warum haben die mich so komisch angesehen? Was stimmt mit mir nicht? Wie soll ich mich das nächste Mal verhalten?). Folglich bedeutet eine größere Kontrolle über den PCC weniger gewohnheitsmäßiges Gedanken-schweifen-Lassen und weniger Hineinhorchen in sich selbst.

Menschen, die diesbezügliche Übungen über einen längeren Zeitraum von mehreren Monaten, beispielsweise im Rahmen der Achtsamkeitsbasierten Stressreduktion (englisch: *Mindfulness-Based Stress Reduction,* MBSR), durchführen, entwickeln eine größere Top-down-Kontrolle über die *Amygdala.* Die mandelförmige Region liegt nahe am Gehirnzentrum und überprüft ständig die Erfahrungen, die wir machen, hinsichtlich ihrer Relevanz für uns. Die Amygdala schlägt Alarm, wenn etwas schmerzhaft oder bedrohlich ist – vom wütenden Gesicht bis zu schlechten Untersuchungsergebnissen beim Arzt –, und löst neural-hormonelle Stressreaktionen aus; wer die Amygdala also besser kontrollieren kann, überreagiert weniger oft. Besagte Menschen entwickeln auch mehr Gewebe im Hippocampus, einem ganz in der Nähe liegenden Teil des Gehirns, der wie ein kleines Seepferdchen aussieht und uns dabei hilft, aus Erfahrungen zu lernen. Aktivität im Hippocampus sorgt für die Beruhigung der Amygdala, weshalb es auch nicht überrascht, dass Menschen nach einem Achtsamkeitstraining in Stresssituationen weniger *Kortisol,* ein Stresshormon, produzieren. Sie sind resilienter geworden.

Menschen, die viel Erfahrung mit Achtsamkeitsmeditationen haben und für gewöhnlich schon seit Jahren täglich üben, besitzen dickere Schichten von Nervengewebe im präfrontalen Kortex, der *Exekutivfunktionen* wie das Planen und die Selbstbeherrschung unterstützt. Zudem besitzen sie auch mehr Gewebe in der *Insula,* der Inselrinde, die bei der Eigenwahrnehmung und der Empathie für Gefühle anderer eine Rolle spielt. Gestärkt wird auch der *anteriore* (vordere) *zinguläre Kortex* dieser Menschen. Dieser wichtige Teil des Gehirns stärkt die Aufmerksamkeit und hilft uns beim Verfolgen unserer Ziele. Das *Corpus callosum,* der Balken, der rechte und linke Gehirnhälfte miteinander verbindet, nimmt ebenfalls an Gewebe zu, was zu einer besseren Aufnahme von Wörtern und Bildern führt, sowie Logik und Intuition fördert.

Und schließlich gibt es noch Meditierende mit Tausenden von Stunden lebenslanger Übung. Menschen, die etwa viel Erfahrung mit dem Praktizieren des tibetischen Buddhismus haben – einige von ihnen haben schon über 20 000 Stunden meditiert –, weisen vor dem Verspüren eines erwarteten Schmerzes eine ganz erstaunliche Ruhe auf und erholen sich danach meist auch ungewöhnlich schnell wieder. Darüber hinaus zeichnen sie sich durch ein außergewöhnlich hohes Maß an Gehirnwellenaktivität im Gammabereich aus: die rasche Synchronisierung (25 bis 100 Mal pro Sekunde) großer Areale kortikalen Raums, die mit verstärktem Lernen verbunden ist. Alles in allem findet bei diesen Menschen ein allmählicher Übergang von der absichtlichen Selbstkontrolle zu einem zunehmend natürlichen Zustand der Präsenz und des gelassenen Wohlbefindens sowohl während der Meditation als auch im Alltag statt.

Mittlerweile hat sich die Wissenschaft auch mit den Gehirnfunktionen von Menschen beschäftigt, die Transzendentale Meditation, christliche und islamische Gebetsrituale, Mitgefühlsmeditationen und ähnliche Übungen praktizieren. Wie es bei jedem neuen Forschungsfeld der Fall ist, wird sich auch dieses mit der Zeit verbessern. Dennoch bieten die Ergebnisse zahlreicher Studien schon jetzt Anlass zu großer Hoffnung. Selbst ein relativ kurzer Übungszeitraum kann Gehirnbereiche verändern, die für Aufmerksamkeit, Körperbewusstsein, die emotionale Selbstregulation und die Selbstwahrnehmung zuständig sind. Übungen über einen langen Zeitraum hinweg können das Gehirn entscheidend verändern. Und diese Veränderungen im Gehirn fördern Veränderungen im Geist und sorgen für eine größere Resilienz sowie ein größeres Wohlbefinden.

Die Entdeckungen bezüglich Achtsamkeit und Meditation finden ihr Echo in Studien zu anderen Arten des mentalen Trainings. Formelle Interventionen wie die Psychotherapie und Resilienzprogramme können das Gehirn ebenso anhaltend verändern wie informelle Übungen zu Dankbarkeit, Entspannung, Güte und positiven Emotionen. Es heißt, der Geist forme sich entsprechend der Grundlage, auf der er ruht. Und jüngeren Studien zufolge formt sich unser Gehirn nach dem, worauf unsere Aufmerksamkeit gerichtet ist. Wer wieder und wieder die Erfahrungen der Ruhe, der Liebe, der Fülle, der Ganzheit, der Jetztheit, der Allheit und der Zeitlosigkeit macht, webt diese Eigenschaften Schritt für Schritt ins eigene Nervensystem.

HILFREICHE QUELLEN IM INTERNET

- Access to Insight: Leseproben zum Theravada-Buddhismus: https://www.accesstoinsight.org/
- Deconstructing Yourself: https://deconstructingyourself.com/
- Dharma Seed: https://www.dharmaseed.org/
- Pariyatti: https://pariyatti.org/

Die sieben Stufen des Erwachens

Mit ihnen werden wir uns in den folgenden Kapiteln noch näher befassen, an dieser Stelle aber habe ich sie in einer einzigen Meditation für Sie zusammengestellt. Allgemeine Hinweise zum Umgang mit Erfahrungsübungen – darunter auch, dass Sie sich Zeit lassen sollten, da es sich hier um tief greifende und manchmal nicht leicht zu verstehende Themen handelt – finden Sie auf Seite 20 f. in Kapitel 1, zu Beginn der Übung »Sein lassen, loslassen, hereinlassen«. Suchen Sie sich für die folgende Meditation einen bequemen Ort, an dem Sie ungestört sind, und nehmen Sie sich mindestens 20 Minuten Zeit. Sollten Ihnen die späteren Schritte nicht zusagen, können Sie die ersten auch wiederholen.

Die Meditation

Suchen Sie sich eine Körperhaltung, die bequem ist, in der Sie aber gleichzeitig auch aufmerksam sind. Seien Sie sich Ihres Körpers gewahr und lassen Sie einfach los. Während Sie sich auf die einzelnen Themen dieser Meditation konzentrieren, lassen Sie andere Dinge wie Geräusche oder Gedanken durch Ihr Bewusstsein ziehen, ohne sie wegschieben oder ihnen folgen zu wollen.

Ruhe. *Wählen Sie ein Objekt für Ihre Aufmerksamkeit, beispielsweise die Empfindungen des Atmens oder ein Wort wie »Frieden«, und bleiben Sie dessen gewahr. Haben Sie beispielsweise den Atem gewählt, richten Sie Ihre Aufmerksamkeit auf den Beginn jedes Einatmens und bleiben mit Ihrer Aufmerksamkeit dann bei seinem vollständigen Verlauf. Anschließend tun Sie dasselbe mit dem Ausatmen, Atemzug für Atemzug. Lassen Sie Ihren Körper sich entspannen… Ihr Herz sich öffnen… fühlen Sie sich ruhiger und ruhiger… Bleiben Sie beim Objekt Ihrer Aufmerksamkeit… Finden Sie ein stabiles Gefühl der Gegenwart im Augenblick… Gewahrsein, weit und offen… Lassen Sie die Dinge Ihr Bewusstsein passieren… während Sie in stabiler Zentriertheit ruhen.*

Liebe. *Konzentrieren Sie sich mit einem zunehmend ruhigen Geist nun auf Ihr Mitgefühl und wählen Sie es als Objekt für Ihre Aufmerksamkeit. Seien Sie sich der Menschen oder Haustiere, die Sie lieben, gewahr… Konzentrieren Sie sich auf Gefühle des Mitleids und der Güte, die Sie ihnen gegenüber empfinden… Halten Sie es einfach, konzentrieren Sie sich auf die Gefühle selbst… Seien Sie sich der Wesen, von denen Sie geliebt werden, gewahr, auch wenn die Beziehung nicht perfekt ist, und konzentrieren Sie sich auf das Gefühl, geliebt zu werden… Fühlen Sie sich wertgeschätzt… gemocht… geliebt… Sollten andere Gedanken oder Gefühle in Ihnen aufsteigen, lassen Sie sie kommen und gehen, während Sie sich auf das schlichte Gefühl der*

Warmherzigkeit konzentrieren… Vielleicht fließt beim Atmen ein Gefühl der Liebe in Sie hinein und wieder hinaus… durch Brust und Herz hindurch… Sie sind ruhig und warmherzig… Sie ruhen in Liebe… Sie lassen sich in die Liebe hineinsinken, ebenso wie sie in Sie hineinsinkt.

Fülle. *Präsent und mit einem offenen Herz konzentrieren Sie sich nun auf das Gefühl des Genugseins in diesem Augenblick, so, wie er ist… Sie haben genügend Luft zum Atmen… Sie leben einfach, auch wenn es da Schmerz oder Sorgen gibt… Fühlen Sie sich so sicher, wie Sie nur können… sicher genug in diesem Augenblick… Lassen Sie Ängste los… Ärgernisse… finden Sie ein zunehmendes Gefühl des Friedens. Finden Sie auch Dankbarkeit für das, was Ihnen gegeben wurde… Konzentrieren Sie sich auf einfache Gefühle der Freude und anderer positiver Emotionen… Lassen Sie Enttäuschungen und Frustrierendes los… Lassen Sie jedweden Stress und jedwedes Getriebensein von sich abfallen… Ruhen Sie in dem zunehmenden Gefühl der Zufriedenheit… Streifen Sie auch wieder Gefühle der Warmherzigkeit… die Liebe fließt hinein und hinaus… Lindern Sie Verletzungen und lassen Sie sie los, vielleicht mit dem Ausatmen… Mildern Sie feindselige Gefühle und lassen Sie sie los… Lassen Sie das Festhalten an anderen von sich abfallen… Ruhen Sie im zunehmenden Gefühl der Liebe… Bleiben Sie noch ein wenig dabei, im allgemeinen Gefühl der Fülle zu ruhen… im Gefühl des Friedens, der Zufriedenheit und der Liebe.*

Ganzheit. *Seien Sie sich nun, da Sie in der Fülle ruhen, gewahr, wie sich das Atmen auf der linken Seite der Brust anfühlt… der rechten Seite… links und rechts zusammen… der Empfindungen in Ihrer Brust als Ganzes gewahr… viele Empfindungen als eine einzige Erfahrung… Dehnen Sie das Gewahrsein des Atmens nach und nach auch auf Bauch und Rücken aus… Kopf und Hüften… Arme und Beine… Ihres gesamten Körpers als einziges Erfahrungsfeld gewahr… beim Gefühl des ganzen*

Körpers, der atmet, bleibend... Während Sie sich Ihres gesamten Körpers gewahr bleiben, nehmen Sie Geräusche ins Gewahrsein mit auf... hören und atmen Sie. Nehmen Sie dann auch das Sehen ins Gewahrsein mit auf... Gefühle... und alles andere... Nehmen Sie alles, was Sie erleben, an... Öffnen Sie sich Ihrem ganzen Wesen... Nehmen Sie alle Teile Ihrer selbst an... alle Teile als einziges Ganzes... Öffnen Sie sich weiter, nehmen Sie auch das Gewahrsein in sich auf... alles von Ihnen als Ganzes... beim Ungeteiltsein bleibend.

Jetztheit. Während Sie bei der Ganzheit bleiben, verweilen Sie auch in der Gegenwart... Das Gefühl jedes einzelnen Atemaugenblicks verändert sich beständig... Bleiben Sie gegenwärtig, während Sie loslassen... Bleiben Sie aufmerksam, Erfahrungen verändern sich, Dinge geschehen... Sie müssen Ihnen nicht folgen... Sie müssen sie nicht ergründen... einfach sein... jetzt... Trost in der Gegenwart finden... das Gefühl, weiter zu sein, auch wenn sich beständig alles verändert... Seien Sie sich des beständigen Entstehens des nächsten Augenblicks gewahr... Seien Sie locker, es geht Ihnen gut... hier in der Gegenwart, während sie sich verändert... Empfangen Sie diesen Augenblick... Empfangen Sie das Jetzt... Ruhen Sie am äußersten Rand des Jetzt... und Jetzt.

Allheit. Als Ganzes im Jetzt bleibend... Atemluft fließt hinein und hinaus... Sauerstoff von grünen, gedeihenden Dingen einatmen... Kohlendioxid mit dem Ausatmen an sie abgeben... mit jedem Atemzug empfangen und geben... Das Empfangene wird ein Teil von Ihnen, das Gegebene wird ein Teil anderer Dinge... Diese Erkenntnisse wandeln sich zu Gefühlen des Verbundenseins... des Verwobenseins... mit Pflanzen... und Tieren... und Menschen... mit der Luft und mit dem Wasser... mit den Bergen und der ganzen Erde. All dies fließt in Sie hinein, und Sie fließen in es hinaus. Sie sind verbunden mit dem Mond und der Sonne und dem ganzen All, allen Sternen überall... Das, was jetzt in

*Geist und Körper geschieht, ist mit allem anderen verbunden...
Jeder Gedanke und jedes Ding ist eine Welle im Ozean der Allheit. Lassen Sie die Grenzen zwischen sich und allem anderen
verschwimmen... Spüren Sie die Allheit von allem... alle Erfahrungen sind davonziehende Wellen in der Allheit... die Allheit
bleibt... so friedvoll... nur die Allheit.*

Zeitlosigkeit. *Bleiben Sie... präsent... Öffnen Sie sich der Ahnung dessen, was vielleicht immer unbedingt ist... noch nicht geformt... immer kurz vor diesem Augenblick... Während Vorstellungen davon in Ihnen auftauchen, lassen Sie sie ziehen...
Lehnen Sie sich in das wortlose Gefühl dafür zurück, was vielleicht noch nicht bedingt ist... grundsätzlich anders als der gesamte bedingte Geist und die gesamte bedingte Materie. Eine
Ahnung, eine Andeutung, vielleicht ein Gefühl der Möglichkeit... Weite... Stille... beim Treffen des Bedingten auf das Unbedingte bleibend... Das Bedingte verändert sich beständig, das
Unbedingte entsteht nicht und vergeht nicht, es ist ewig und zeitlos... Lassen Sie ab vom Denken, versuchen Sie nicht, etwas zu
bewirken... für den Augenblick... Die Zeit vergeht in der Zeitlosigkeit.*

*Wenn Sie so weit sind, kehren Sie in das geerdete Gefühl des
jetzigen Augenblicks zurück... in Ihren Körper... an diesen
Ort... Vielleicht bewegen Sie Füße und Hände... Sie öffnen die
Augen... atmen vielleicht voller. Streifen Sie erneut Gefühle der
Fülle... der Warmherzigkeit... leben Sie von ihnen. Sie sind hier,
Sie atmen, es geht Ihnen gut... Sie sind in Frieden.*

Bewährte Praxis

Versuchen Sie innezuhalten, wenn etwas schmerzhaft, belastend oder ärgerlich ist – wenn Sie Leid empfinden –, und Ihre
Reaktionen darauf zu beobachten. Fragen Sie sich, ob Sie die
schwierigen Teile Ihres Lebens verharmlosen oder leugnen. Was

geschieht, wenn Sie Ihre Reaktionen einfach für sich benennen, etwa so: »Das erschöpft mich… es tut weh… ich bin ein wenig traurig… aua«? Versuchen Sie, neben dieser grundsätzlichen Anerkennung Gefühle der Selbstunterstützung und des Selbstmitgefühls zu spüren.

Seien Sie sich gewahr, wie Sie vielleicht selbst Leid in Ihren Alltag bringen, indem Sie möglicherweise Feindseligkeiten im Geist immer wieder aufwärmen oder sich über Nichtigkeiten aufregen. Es ist wirklich nützlich, sich damit zu beschäftigen, wie man selbst Leid produziert. Und wenn Sie sich dann dabei ertappen, halten Sie inne und versuchen, die bewusste Entscheidung zu treffen, es *nicht* zu tun. Befeuern und verstärken Sie dieses selbst erzeugte Leid nicht. Es dauert zwar eine Weile, alte Angewohnheiten abzulegen, doch wenn Sie diese bewusste Entscheidung wieder und wieder treffen, wird sich die alte schlechte Angewohnheit bald in eine neue gute verwandeln.

Überlegen Sie von Zeit zu Zeit, wie eine bestimmte Erfahrung Ihr Gehirn nach und nach verändern könnte, zum Guten oder zum Schlechten. Und wie könnte sie Ihre Herangehensweise an verschiedene Situationen verändern?

Erkunden Sie die sieben Stufen des Erwachens – Ruhe, Liebe, Fülle, Ganzheit, Jetztheit, Allheit und die Zeitlosigkeit – und versuchen Sie, ein deutliches Gespür für jede einzelne zu bekommen. Stellen Sie sich vor, dass Sie sich die Stufen bereits zu eigen gemacht haben, dass sie bereits ein Teil von Ihnen sind.

TEIL 2

Der unerschütterliche Kern

3

Den Geist beruhigen

Gehst du hinab zu einem Fluss, der über die Ufer tritt
und dessen Wasser aufgewühlt ist,
und wirst du durch die Strömung fortgerissen –
wie kannst du dann anderen dabei helfen, ihn zu überqueren?

SUTTA NIPĀTA 2,8

Ich begann gegen Ende meiner Collegezeit mit dem Meditieren und sehe mich noch heute, wie ich damals, mit langen Haaren, einer Brille mit Goldrand und einer Bambusflöte, manchmal in den Bergen von Südkalifornien saß. Ein bisschen albern, vielleicht, und doch geschah dabei etwas absolut Reelles, etwas Beruhigendes und Besänftigendes – ein Gefühl des ungetrübten Gewahrseins überkam mich, das meinen Kummer und meine Sorgen schwinden ließ.

In den darauffolgenden Jahrzehnten meditierte ich zwar unregelmäßig, bei Stress aber immer mit großem Erfolg. Die Meditation wurde zu einer Zuflucht für mich. Ich heiratete, erwarb einen akademischen Grad und wurde Vater. Und fand mich schließlich in einem Meditationsworkshop von Christina Feldman wieder. Sie bat uns, unsere tägliche Meditationspraxis zu beschreiben, und stellte, als wir fertig waren, eine Frage, die wie ein kleiner Blitz im Raum einschlug: »Ja, aber was ist mit *Konzentration?*«

Die Kraft der Konzentration

Damit meinte Christina die Beruhigung des Geistes. Die buddhistische Praxis etwa ruht auf drei Säulen: Tugend, Weisheit – und Konzentration. Letztere wird manchmal auch mit Sammlung oder Versenkung wiedergegeben. Die Konzentration festigt die Aufmerksamkeit und bündelt sie wie ein Laser auf einen Punkt hin, der die befreiende Erkenntnis fördert. Diesbezüglich habe ich bei einem Meditationsretreat einmal eine sehr anschauliche Parabel gehört: Ein Mann sitzt im Wald des Leids und erblickt in der Ferne den Berg des friedvollen Glücks. Um zu ihm zu gelangen, muss er nicht gleich den ganzen Wald abholzen, sondern sich nur einen Pfad durch ihn hindurch bahnen. Aber wie? Mit einer Rasierklinge? Nun, das würde ewig dauern. Mit einem schweren Stock? Der würde von den Bäumen einfach abprallen. Er könnte sich aber auch eine Machete basteln, diese würde die Vorzüge der Rasierklinge mit denen des Stocks vereinen. Mit einem solchen Werkzeug könnte der Mann es zum Berg schaffen. In dieser Parabel steht die Schärfe der Rasierklinge für die Einsicht oder die Erkenntnis und die Kraft des Stocks für die Konzentration.

Wie viele andere in Christina Feldmans Workshop hat man auch mich nie Konzentration gelehrt. Ohne diese Fähigkeit allerdings lässt man sich nur allzu leicht von diesem oder jenem ablenken. Und so waren auch meine Meditationen angenehm und entspannend … aber gleichzeitig diffus und oberflächlich. Zudem verpasste ich dadurch das, was Buddha *weise Konzentration* genannt hatte; diese besteht aus vier außergewöhnlichen Erfahrungen, den sogenannten *Jhanas:*

Jenseits sinnlicher Begierden, jenseits unzuträglicher Geisteszustände gehen wir ins erste Jhana ein und verweilen darin; dieses wird von gelenkter und gehaltener Aufmerksamkeit begleitet, in der Glückseligkeit und im Glück der Abgeschiedenheit.
Mit dem Abflauen der gelenkten und gehaltenen Aufmerksamkeit gehen wir ins zweite Jhana ein und verweilen darin; dieses ist von innerer Klarheit und der Fokussierung des Geistes auf einen Punkt ohne gelenkte und gehaltene Aufmerksamkeit geprägt, in der Glückseligkeit und im Glück der Konzentration.
Mit dem Verblassen der Glückseligkeit verweilen wir in Gleichmut und achtsam sowie vollständig gewahr, noch immer Glück im Körper fühlend, gehen wir ins dritte Jhana ein und verweilen darin; dieses führt die Edlen unter uns dazu zu sagen: »Jener, der gleichmütig und achtsam ist, verweilt angenehm.«
Mit dem Loslassen von Vergnügen und Schmerz und mit dem vorherigen Verschwinden von Euphorie und Verzweiflung gehen wir ins vierte Jhana ein und verweilen darin; dieses beinhaltet weder Schmerz noch Freude, nur die Reinheit der Achtsamkeit, die dem Gleichmut und der Gelassenheit geschuldet ist.

Wie deutlich wird, werden die Jhanas mit psychologischen, nicht mit mystischen Begriffen beschrieben. Es handelt sich bei ihnen zweifelsohne um ungewöhnliche Erfahrungen, gleichzeitig aber auch um einen der Standardschritte auf dem Edlen Achtfachen Pfad. Tatsächlich findet sich im Pali-Kanon die häufig wiederholte Beschreibung eines Prozesses des Erwachens, der mit den oben erwähnten vier »feinkörperlichen« Jhanas beginnt. Daran anschließend werden vier *wirklich* außergewöhnliche Geisteszustände – die »nichtkörperlichen« Jhanas – durchlaufen; in ihnen kommt es zum »Erlöschen« jeglichen gewöhnlichen Bewusstseins. Dies ermöglich das Erwachen des *nibbana* (ich verwende lieber das Pali-Wort und nicht das aus dem Sanskrit stammende »Nirwana«, da letzteres inzwischen nur allzu oft in belanglosen Alltagszusammenhängen – »die Mail ist wohl im Nirwana gelandet« – gebraucht wird). Das mag alles etwas abgehoben klingen, doch kenne ich persönlich mehrere sehr bodenständige Menschen, die sich in diesen Meditationen geübt und die beschriebenen Erfahrungen gemacht haben und tief greifend von ihnen beeinflusst wurden.

Christinas Frage und alles andere, was ich von ihr lernte, hoben meine Meditationspraxis auf eine neue Ebene. Meine Meditationen wurden konzentrierter, sie bekamen mehr »Fleisch« und trugen mehr Früchte. Es gelang mir, mit ungeheurer Intensität und Versenkung in die ersten drei Jhanas einzugehen. Natürlich birgt der Versuch, die Konzentration zu stärken, auch Fallstricke – so fühlt man sich bei mangelnden Fortschritten leicht frustriert –, doch ist es nicht minder »gefährlich«, eine der drei wichtigsten Säulen der Meditationspraxis vollkommen außer Acht zu lassen.

Meist erfährt man die Jhanas nur mithilfe kompetenter Lehrer und nach vielen Tagen des Übens. Und selbst wenn man nicht in die Jhanas eingeht, kann man lernen, den Geist auch im Alltag mehr zur Ruhe zu bringen. Wie das geht, erfahren Sie in diesem Kapitel.

Abschweifende Aufmerksamkeit

Ein ruhiger Geist ist nicht nur während der Meditation, sondern auch bei alltäglichen Aktivitäten wichtig. Wir sollten in der Lage sein, unsere Aufmerksamkeit auf Nützliches zu lenken, und sie von dem, was nicht förderlich ist, abzuziehen. Man könnte Aufmerksamkeit auch als eine Art Kombigerät aus Taschenlampe und Staubsauger bezeichnen: Sie beleuchtet, worauf sie gerichtet ist, und zieht Letzteres gleichzeitig ins Gehirn hinein.

Allerdings ist es gar nicht so leicht, Aufmerksamkeit über einen längeren Zeitraum hinweg aufrechtzuerhalten. Das liegt zum einen an den natürlichen Unterschieden im menschlichen Temperament. Am einen Ende der Temperamentsskala befinden sich die konzentrierten und umsichtigen »Schildkröten«, am anderen die leicht ablenkbaren und lebhaften »Hasen«, nicht zu vergessen die zahlreichen Abstufungen dazwischen. Unsere menschlichen und menschenähnlichen Vorfahren lebten mehrere Millionen Jahre lang in kleinen Jäger-und-Sammler-Gruppen zusammen und brauchten das gesamte Spektrum an Temperamenten, um mit sich verändernden Bedingungen und anderen Gruppen fertigzuwerden, mit denen sie um Nahrung und Schutz konkurrierten. Verschiedenartige Temperamente sind also etwas ganz Normales und keineswegs Anzeichen einer irgendwie gearteten

> Wir leben in der Vergesslichkeit, haben aber immer die Möglichkeit, unser Leben ganz zu leben. Wenn wir Wasser trinken, können wir uns gewahr sein, dass wir Wasser trinken. Wenn wir gehen, können wir uns gewahr sein, dass wir gehen. Die Achtsamkeit steht uns in jedem Augenblick zur Verfügung.
>
> THICH NHAT HANH

»Störung« – wenngleich es für ein Hasenkind sehr schwer sein kann, sich in einem Lehrplan zurechtzufinden, der für Schildkröten gemacht wurde. Nicht minder schwer tun sich Hasenmeditierende mit Methoden, die von Schildkröten in klösterlichen Schildkrötengehegen entwickelt wurden und darauf abzielen, Schildkrötenhaftigkeit hervorzubringen.

Unterdessen werden wir in der heutigen Kultur mit Ablenkungen geradezu bombardiert und dazu erzogen, stets dem verlockenden Neuen nachzujagen. Wir haben uns so sehr an die Reizflut gewöhnt, dass sich ein weniger dichter Reizstrom wie der Versuch anfühlt, durch einen Strohhalm zu atmen. Verständlicherweise suchen wir aufgrund der eigenen belastenden, schmerzhaften, ja sogar traumatischen Erfahrungen unsere Umgebung misstrauisch nach neuen Bedrohungen ab. Zudem können äußere Umstände wie ein aufreibender Job oder ein gesundheitliches Problem unsere Aufmerksamkeit an sich reißen. Kein Wunder also, dass unser Geist ein »Affengeist« ist – die Aufmerksamkeit wie ein in einem Turm gefangen gehaltener Schimpanse, der von einem Fenster zum anderen springt: Ich sehe was! Ich höre was! Ich schmecke was! Ich spüre was! Ich rieche was! Gedanken strömen auf mich ein!

Um damit besser umgehen zu können, empfiehlt es sich, bestimmte mentale/neurale Faktoren, die die Konzentration fördern, zu *kultivieren,* sie zu pflegen und auszubauen. Doch bevor wir uns mit diesen spezifischen Faktoren näher beschäftigen, möchte ich noch ein Wort zum Kultivieren selbst sagen. Die dazu benötigten Fähigkeiten werden Ihnen auch dabei helfen, die anderen, später im Buch erläuterten Aspekte des Erwachens zu entwickeln.

Die Kunst des Kultivierens

Als ich etwa 15 Jahre alt war, gab es einen Wendepunkt in meinem Leben. Zu dieser Zeit ging es mir schon seit einigen Jahren ziemlich schlecht: Ich war ängstlich, ungeschickt, verschlossen und unglücklich. Alles schien mir hoffnungslos. Bis ich eines Tages erkannte, dass ich jeden Tag etwas Gutes in mir wachsen lassen konnte, egal wie schlecht die Dinge auch gelaufen waren. Ich konnte versuchen, etwas besser mit den anderen Kindern reden zu können und etwas weniger Angst vor ihnen zu haben. Ich konnte versuchen, mich etwas besser aus Scherereien mit meinen Eltern herauszuhalten. Ich konnte versuchen, Schritt für Schritt glücklicher und stärker zu werden. Auf die Vergangenheit hatte ich keinen Einfluss mehr, und die Gegenwart war, wie sie war – doch ich konnte vom jetzigen Ausgangspunkt aus immer wachsen. Da war sie wieder, die Hoffnung! Es gab tatsächlich etwas, das ich tun konnte! Was ich da Tag für Tag in mir entwickelte, mochte am Anfang klein sein, läpperte sich aber mit der Zeit. *Lernen* ist die Mutter aller Stärken, denn auf ihr gedeihen alle anderen.

Zum Lernen gehört es, von der Vergangenheit zu genesen, sich von schlechten Angewohnheiten zu lösen und sich gute anzueignen, die Dinge auf eine neue Weise zu betrachten und sich in seiner Haut schlicht wohler zu fühlen. Beim Lernen geht es

> Die systematische Schulung des Geistes – die Kultivierung von Glück, die echte innere Wandlung durch das absichtliche Wählen positiver Geisteszustände und das Bekämpfen negativer Geisteszustände – wird durch die Struktur und Funktion des Gehirns erst ermöglicht.
>
> Dalai Lama und Howard Cutler

um *anhaltende* innere Veränderungen, mithilfe derer man äußeren Umständen oder inneren Reaktionen nicht mehr hilflos aus-
geliefert ist. Situationen und Beziehungen kommen und gehen,
Gedanken und Gefühle kommen und gehen, doch was auch passiert – auf das, was in unserem Inneren fortdauert, können wir
jederzeit zählen.

Das Lernen im Gehirn

Doch wie können wir das Gute, das in unserem Inneren fortdauert, wachsen lassen? Das ist im Wesentlichen ganz simpel. Jede
Art von nützlichem Lernen beinhaltet einen zweistufigen Vorgang:

1. Erfahre oder erlebe, was du gern entwickeln willst.
2. Wandle die Erfahrung oder das Erlebte in eine dauerhafte
   Veränderung in deinem Gehirn um.

Ich nenne die erste Stufe *Aktivierung* und die zweite Stufe *In-
stallierung*. Bei der *positiven Neuroplastizität* werden vorübergehende Zustände in dauerhafte *Merkmale* umgewandelt. Die
zweite Stufe ist absolut unerlässlich, denn *erleben ist nicht gleich
lernen*. Ohne eine Veränderung der Nervenstruktur oder -funk-
tion gibt es keine dauerhafte geistige Veränderung zum Besseren. Leider bewegen wir uns oft so schnell von einer Erfahrung
zur nächsten, dass der aktuelle Gedanke oder das aktuelle Gefühl
kaum eine Chance hat, eine bleibende Spur zu hinterlassen. Vielleicht gelingt das ja im Rahmen einer Therapie? Vielleicht färbt
dabei irgendetwas Gutes irgendwie auf die Menschen, denen wir
zu helfen versuchen, ab? Nun, das mag bei manchen funktionieren, wenn auch nicht besonders effizient, doch viele haben wenig
oder zumindest nicht dauerhaft etwas davon.
Infolgedessen fließen die meisten positiven Erfahrungen durch
das Gehirn wie Wasser durch ein Sieb und hinterlassen nichts
von Bedeutung. Da führen wir beispielsweise ein gutes Gespräch
mit einem Freund oder kommen in einer Meditation zur Ruhe,

und eine Stunde später ist es, als hätte das Gespräch oder die Meditation nie stattgefunden. Wenn das Erwachen mit dem Erklimmen eines Bergs vergleichbar ist, dann ist man in einigen Augenblicken vielleicht schon weit nach oben gekommen – doch kann man dort auch *bleiben*, hat man dort einen sicheren Halt? Oder rutscht man Stückchen für Stückchen wieder den Berg hinab?

Der Negativity Bias

Andererseits bleiben belastende Erfahrungen gern mal im Netz der Erinnerung hängen. Das liegt am sogenannten Negativity Bias oder Negativitätseffekt des Gehirns, den die Evolution unter harten Bedingungen hervorgebracht hat. Vereinfacht ausgedrückt brauchten unsere Vorfahren »Zuckerbrot«, wie Nahrung, während sie die Peitsche, beispielsweise Raubtiere, möglichst meiden mussten. Beides ist wichtig, doch selbst vor einer Million Jahre galt: Kriegst du heute kein Zuckerbrot, gibt's vielleicht morgen welches. Meidest du dagegen heute nicht jede einzelne Peitsche, gibt's – peng! – nie wieder Zuckerbrot. Folglich sucht das Gehirn geradezu nach schlechten Nachrichten, konzentriert sich übermäßig auf sie, reagiert übermäßig auf sie und verfrachtet das ganze Paket dann auf dem schnellsten Weg ins Gedächtnis, mitsamt aller emotionalen und somatischen Rückstände. Kortisol, das Hormon, das ärgerliche oder belastende Erfahrungen begleitet, sensibilisiert die Amygdala und schwächt den Hippocampus. Deshalb schrillen die Alarmglocken im Gehirn, und der Hippocampus hat Schwierigkeiten, sie abzustellen, was zusätzliche negative Erfahrungen fördert und in diesem Teufelskreis zu noch mehr Reaktionsfreudigkeit führt.

Was schmerzhafte, schädliche Erfahrungen angeht, kann man unser Gehirn mit einem Klettband vergleichen, wenn es aber um freudvolle, nützliche Erfahrungen geht, verhält es sich wie Teflon. Das war Millionen Jahre lang für unser Überleben förderlich, heute jedoch erzeugt es viel unnötiges Leid und viele unnötige Konflikte.

Zum Glück kann man den Negativity Bias ausgleichen – und zudem eine größere geistige Ruhe sowie andere wichtige innere Stärken kultivieren –, indem man sich auf die zweite notwendige Stufe des Lernens konzentriert: das Installieren. Dabei geht es nicht ums positive Denken. Sie werden immer noch Probleme, Ungerechtigkeit und Schmerz wahrnehmen. Allerdings öffnen Sie sich dem Nützlichen in Ihren Erfahrungen und nehmen es in sich auf. Wenn Sie sich auf diese Art und Weise innere Ressourcen aneignen, können Sie mit dem wirklich Harten im Leben besser umgehen. Und während Sie Ihr Inneres allmählich damit füllen, gibt es immer weniger Platz für das Begehren und das Leid, das es verursacht (mehr dazu in Kapitel 5). Im Laufe der Zeit wird Ihr Lernen Früchte tragen, und das aktive Kultivieren wird nachlassen, wie ein Floß, das davontreibt und nicht mehr gebraucht wird, da Sie sich bereits am anderen Ufer des Flusses befinden.

Sich selbst heilen

Vielleicht kann man aus Erfahrungen auch »zufällig lernen«, ohne sich bewusst darum zu bemühen. Fest steht dagegen, dass man die Wachstumskurve – die *Geschwindigkeit,* mit der man heilt und sich entwickelt – steiler machen kann, indem man sich auf einfache Art und Weise mit den Erfahrungen beschäftigt und so möglicherweise die neuralen Spuren, die die Erfahrungen hinterlassen, vertieft. Dafür steht Ihnen die im Folgenden kurz zusammengefasste Methode zur Verfügung.

AKTIVIERUNG

1. Machen Sie eine positive Erfahrung. Nehmen Sie nützliche und/oder erfreuliche Erfahrungen, die Sie bereits machen, bewusst wahr oder erzeugen Sie neue, indem Sie zum Beispiel Ihr Mitgefühl aktivieren.

INSTALLIERUNG

2. **Reichern Sie die Erfahrung an.** Bleiben Sie einen Atemzug lang oder länger bei der Erfahrung, intensivieren Sie sie, spüren Sie sie in Ihrem Körper, erkunden Sie, was frisch oder neu und/oder für Sie persönlich relevant an ihr ist.
3. **Nehmen Sie sie in sich auf.** Verinnerlichen Sie das Gefühl, mit dieser Erfahrung zu verschmelzen, und konzentrieren Sie sich auf das Angenehme oder Bedeutsame der Erfahrung.
4. **Verbinden Sie sie mit positivem oder negativem Material** (dieser Schritt ist optional): Konzentrieren Sie sich auf etwas Förderliches im Vordergrund des Bewusstseins, während sich etwas Schmerzhaftes oder Schädliches im Hintergrund befindet – ganz klein, aber dennoch vorhanden. Droht das Negative, sich in den Vordergrund zu drängen, lassen Sie es fallen und konzentrieren Sie sich ausschließlich auf das Positive. Dieser Schritt ist sehr wirkungsvoll, aber aus zwei Gründen optional: Zum einen können wir auch mit den ersten drei Schritten allein psychologische Ressourcen schaffen und zum anderen fühlen wir uns von dem negativen Material bisweilen überfordert.

Mit den oben genannten Schritten mobilisieren Sie verschiedene neurale Faktoren des sozialen, emotionalen und somatischen (körperlichen) Lernens, von denen ich drei besonders hervorheben möchte:

- *Bleiben Sie einen Atemzug lang oder länger bei der Erfahrung:* Je länger eine Erfahrung im *Arbeitsspeicher des Gedächtnisses* verbleibt, desto höher ist die Wahrscheinlichkeit, dass sie ins Langzeitgedächtnis überführt wird.
- *Spüren Sie sie in Ihrem Körper:* Amygdala und Hippocampus arbeiten eng zusammen. Somatisch und emotional reiche Erfahrungen stimulieren die Amygdala. Daraufhin sendet diese verstärkt Signale an den Hippocampus sowie an andere Teile des Gehirns, mit der Botschaft, dass die Erfahrung wichtig

und es wert ist, in eine dauerhafte Veränderung der Nervenstrukturen oder -funktionen umgewandelt zu werden.

- *Konzentrieren Sie sich auf das Angenehme oder Bedeutsame
  der Erfahrung:* Mit zunehmendem Belohnungsgefühl bei
  einer Erfahrung erhöht sich auch die Aktivität der beiden
  Neurotransmitter *Dopamin* und *Noradrenalin.* Sie markie-
  ren die Erfahrung beim Übergang ins Langzeitgedächtnis als
  schützenswert und vorrangig.

Sie können die Methode auf alles anwenden, was Sie kultivieren
wollen. Bei einer Meditation beispielsweise könnten Sie sich auf
das Gefühl der Ruhe konzentrieren, das sich in Ihnen ausbreitet.
Abgesehen davon, dass Sie mit der Methode bestimmte innere
Ressourcen schaffen, kann sie Ihrem Gehirn auch dazu verhelfen, Positivem gegenüber allgemein empfänglicher zu werden –
also Klettband für *gute* Erfahrungen und Teflon für schlechte.
Und während Sie das Gute in sich nähren, setzt dies möglicherweise positive Kreisläufe in Ihrem Arbeitsumfeld und in Ihren
Beziehungen in Gang. Oder wie ein altes Sprichwort sagt: Trag
einen grünen Zweig im Herzen, und bald wird sich ein singender
Vogel darauf niederlassen.

Wer fortdauernd auf heilsame Art und Weise denkt,
stärkt dadurch die Neigung des Geistes zum Heilsamen.

BHIKKHU ANĀLAYO

Den eigenen Platz finden

Meist werden Sie positive Erfahrungen nur relativ kurz bewusst verinnerlichen können, auch die Erfahrungen, die Sie während der Übungen in diesem Buch machen. Sie können die oben beschriebenen Schritte aber auch systematischer über mehrere Minuten hinweg oder länger durchlaufen. Wenden Sie dies doch einmal auf die Kultivierung des Gefühls an, verwurzelt und stabil zu sein – das ganz natürlich dazu beiträgt, den Geist zu beruhigen.

Um das Gefühl des Geerdetseins zu stärken, können Sie sich einer neurologisch sehr alten – und daher fundamentalen und ausgesprochen wirkungsvollen – Methode bedienen: Sie können sich gedanklich an einen bestimmten Ort versetzen. Vor rund 200 Millionen Jahren entwickelte sich bei den frühen Säugetieren allmählich ein Hippocampus, der über ein *Ortsgedächtnis* verfügte, das auch heute noch die Grundlage vieler unserer Lernprozesse bildet. Ob damals oder heute: Wir müssen wissen, wo Nahrung gut und wo sie schlecht riecht, wo wir einen Freund finden und wo wir einem Feind aus dem Weg gehen können. Wenn wir nicht wissen, wo wir uns in einer Situation oder einer Beziehung befinden, springt die Aufmerksamkeit unweigerlich hierhin und dorthin, was es ungleich schwerer macht, den Geist zu beruhigen. Fühlen wir uns hingegen an einem Ort etabliert, kann er uns unterstützen – auch Buddha soll in der Nacht seines Erwachens hinabgefasst und den Boden berührt haben. Das Gefühl des Geerdetseins bietet uns eine sichere Basis, von der aus wir uns ins Leben hinaus bewegen können.

SICH GEERDET FÜHLEN

Diese Meditation orientiert sich in ihrer Struktur an den vier zuvor beschriebenen Selbstheilungsschritten. Ich gehe bei jedem einzelnen Schritt ins Detail, doch selbstverständlich können Sie meine Vorschläge Ihren Bedürfnissen anpassen. Die Meditation ist eine Kultivierungsübung, keine Übung zur reinen Beobachtung des Geistes (was auch wichtig ist, aber hier geht es um etwas anderes). Sie versuchen dabei, verschiedene Erfahrungen zu machen, und manche werden Ihnen leichter, andere schwerer fallen. Das ist ganz normal; mit etwas Übung werden Sie bestimmte Erfahrungen mit der Zeit immer besser heraufbeschwören können.

1. **Machen:** *Suchen Sie sich gedanklich einen Ort, an dem Sie sich wohlfühlen, und werden Sie sich gewahr, wie es sich anfühlt, sich dort niederzulassen. Seien Sie sich der inneren Empfindungen des Atmens gewahr ... Luft, die durch Ihre Nase einströmt, den Hals hinab, in die Lunge hinein ... die Brust, die sich hebt und senkt ... Sie atmen – hier ... als dieser Körper ... an diesem Ort ... Seien Sie sich des stützenden Bodens unter Ihnen gewahr ... Können Sie ein Gefühl von Stabilität heraufbeschwören? ... Des Geerdetseins? ... Konzentrieren Sie sich bei dieser Meditation auf die Aspekte des Sich-geerdet-Fühlens.*

2. **Anreichern:** *Bleiben Sie so gut Sie können bei diesem Gefühl des Geerdetseins, Atemzug für Atemzug ... Wenn Sie so weit sind, intensivieren Sie das Gefühl, an einem bestimmten Ort verwurzelt zu sein, ganz bewusst, füllen Sie Ihr Bewusstsein mit diesem Gefühl ... Erkunden Sie verschiedene Aspekte des Sich-verwurzelt-Fühlens: Sehen Sie sich um und verorten Sie sich in dieser Umgebung ... Fahren Sie vielleicht mit den Füßen über den Boden, spüren Sie die Erde unter Ihren Füßen ... mit Gedanken wie: Dies ist mein Ort, es ist völlig in Ordnung, dass ich hier bin ... Seien Sie sich der Emotionen gewahr, die mit dem*

Geerdet- und Verwurzeltsein verbunden sind, etwa des Zur-Ruhe-Kommens, der Bestärkung, der Zuversicht... der Wünsche gewahr, die mit dem Geerdetsein verbunden sind... Vielleicht gefällt Ihnen das Gefühl oder Sie möchten es in Zukunft häufiger erleben... Nehmen Sie neue Aspekte des Sich-geerdet-Fühlens wahr, nähern Sie sich der Erfahrung mit Offenheit und Nichtwissen... Werden Sie sich gewahr, wie das Gefühl des Geerdetseins für Sie relevant und wichtig sein kann...

3. **Aufnehmen:** *Nehmen Sie das Gefühl der Erdung bewusst in sich auf, verschmelzen Sie mit ihm, während es mit Ihnen verschmilzt... Die Erfahrung breitet sich in Ihnen wie warmes Wasser in einem Schwamm aus... Lassen Sie es zu, geben Sie sich dem hin, lassen Sie es hinein... Werden Sie sich gewahr, was sich gut daran anfühlt, geerdet zu sein... was erfreulich oder bedeutsam daran ist...*

4. **Verbinden:** *Seien Sie sich, wenn Sie möchten – dieser Schritt ist optional –, im Hintergrund bestimmter Erinnerungen oder Gefühle gewahr: des Verunsichertseins, des Verlorenseins... doch halten Sie das starke Gefühl des Geerdetseins dabei stets im Vordergrund Ihres Bewusstseins. Dehnen Sie Ihr Gewahrsein auf diese beiden Dinge gleichzeitig aus... Sie erhalten das starke Gefühl des Geerdetseins aufrecht und lassen sich vom Gefühl des Verunsichertseins oder Verlorenseins nicht überwältigen... Vielleicht dehnt sich das Gefühl des Geerdetseins auf jegliche Ängstlichkeit oder Unsicherheit aus, es lindert und besänftigt sie... Verfangen Sie sich nicht in Gedanken oder Geschichten, seien Sie sich schlicht zweier Dinge gleichzeitig gewahr... und lassen Sie es zu oder fördern Sie es sogar sanft, dass das Gefühl des Geerdetseins das Gefühl der Verunsicherung oder des Verlorenseins lindert oder schließlich sogar ersetzt...*

Gegen Ende dieser Übung ruhen Sie allein im Gefühl des Geerdetseins... Sie atmen, an diesem Ort, geerdet und ruhig...

Fünf Arten, den Geist zu beruhigen

In diesem Unterkapitel beschäftigen wir uns mit fünf verschiedenen Möglichkeiten, den Geist zu beruhigen. Jede davon ist in Form einer Erfahrungsübung gehalten, deren neurale Grundlagen im Anschluss daran erläutert werden. Führen Sie die Übungen zunächst einzeln mit größeren Pausen dazwischen durch; wenn Sie möchten, können Sie sie anschließend nacheinander ohne Pausen durchführen. Mit der Zeit werden Sie wann immer Sie möchten auf diese Möglichkeiten, den Geist zu beruhigen, zurückgreifen können, nicht nur im Rahmen einer Meditation. Das Unterkapitel endet mit einer zusammenfassenden Übung, die alle fünf Möglichkeiten vereint und Ihnen die zusätzliche Herausforderung stellt, sich fünf Minuten lang ununterbrochen auf Ihren Atem zu konzentrieren.

ZUM WEITERLESEN

Buddha's Map (Doug Kraft)
The Experience of Insight (Joseph Goldstein)
The Little Book of Being (Diana Winston)
Mindfulness, Bliss, and Beyond (Ajahn Brahm)
Achtsamkeit (Joseph Goldstein)
The Mindful Geek (Michael Taft)
The Mind Illuminated (Culadasa)
Practicing the Jhānas (Stephen Snyder und Tina Rasmussen)
Satipatthana (Anālayo)

Grundlagen der Übungen

Bevor Sie mit dem Üben beginnen, ist es sicherlich hilfreich zu wissen, warum Sie die Übungen machen. Warum ist es beispielsweise wichtig für Sie, den Geist zu beruhigen? Warum sollten Sie mehr Mitgefühl entwickeln? Vielleicht kennen Sie selbst einige Gründe dafür, vielleicht haben Sie diesbezüglich auch nur ein unbestimmtes Gefühl. Ganz allgemein gesprochen ist es hilfreich zu wissen, warum Sie überhaupt üben (sollten). Stellen Sie sich bitte einmal die folgenden Fragen: Was hoffen Sie, in sich zu heilen? Was würden Sie gern hinter sich lassen? Was würden Sie gern in sich wachsen lassen? Sie können natürlich auch um anderer Menschen willen üben, nicht nur um Ihrer selbst willen. Diese Menschen während des Übens im Herzen zu tragen ist wirklich eine wundervolle Erfahrung. Können Ihre eigene Heilung und Ihr eigenes inneres Wachstum vielleicht ein Geschenk für andere sein, für diejenigen, mit denen Sie Ihr Leben verbringen, mit denen Sie arbeiten?

Für gewöhnlich empfiehlt es sich, während der Meditation einen spezifischen Gegenstand der Aufmerksamkeit zu wählen. Ich sehe diesen immer als Boje in einem warmen tropischen Gewässer, auf die man seinen Arm legt, mit der man in Kontakt bleibt, während die Wellen der Erfahrungen kommen und gehen, manchmal mit wunderschönen, seltsamen Kreaturen darin; sie wogen vorüber, tragen den Meditierenden aber nicht mit sich fort. Bei einer Übung in *konzentrierter Aufmerksamkeit* könnte dieser Gegenstand auch eine bestimmte Wahrnehmung, eine Emotion, ein Wort oder ein Bild sein, so etwas wie der Atem, das Mitgefühl, das Wort »Frieden« oder die Erinnerung an eine Bergwiese. Ich wähle hier im Allgemeinen den Atem als Gegenstand der Aufmerksamkeit. Sie können sich des Atems um Nase und Oberlippe herum gewahr sein, in der Luftröhre, in der Lunge, in der Brust, im Bauch oder im Körper als Ganzem. Beim *offenen Gewahrsein* ist der anhaltende Fluss der Erfahrungen der Gegenstand der Aufmerksamkeit: Sie lassen sie kommen und gehen, ohne sich von ihnen mitreißen zu lassen. Sie können sogar *als Gewahrsein verweilen* – dabei erleben Sie in erster Linie das Gewahrsein selbst.

Diese drei Arten der Meditation – konzentrierte Aufmerksamkeit, offenes Gewahrsein und als Gewahrsein verweilen – bilden eine natürliche Abfolge. Sie können sie entweder während einer einzelnen Meditation üben oder über einen längeren Zeitraum von Monaten oder Jahren hinweg. Im Allgemeinen empfehle ich, mit den Übungen in konzentrierter Aufmerksamkeit zu beginnen, die sich übrigens nicht nur für Anfänger eignen. Häufig werden diese Übungen dazu genutzt, sich in einen Zustand der tiefen meditativen Versenkung zu begeben. Sich auf einen spezifischen Gegenstand zu konzentrieren ist nicht schwer: Sie richten Ihre Aufmerksamkeit vollständig darauf, versenken sich zunehmend in Ihr Meditationsobjekt und lassen alles andere außer Acht. Sollte Ihr Geist abschweifen, lenken Sie ihn sanft zurück, sobald Sie dies bemerken. Natürlich werden sich Gedanken, Empfindungen und Bilder in Ihr Gewahrsein drängen, doch dann lösen Sie sich einfach von ihnen – weder füttern Sie sie noch folgen Sie ihnen. Mir persönlich gefällt die Anleitung zur konzentrierten Aufmerksamkeit, die ich einmal von Eugene Cash bekommen habe: »Widme dich dem Atem und sage dich von allem anderen los.«

Hilfreich ist es, einen Gegenstand zu wählen, der so »interessant« ist, dass Sie mit Ihrer Aufmerksamkeit mühelos bei ihm bleiben können. Das gilt besonders für die Hasentypen unter uns. Sich des Atems im ganzen Rumpf oder Körper gewahr zu sein ist sicherlich interessanter, als sich allein auf die Oberlippe zu konzentrieren. Eine Gehmeditation ist anregender als eine Meditation im Sitzen. Zudem hilfreich sind emotional reiche und lohnende Erfahrungen wie Dankbarkeit oder Güte. Der Meditationsgegenstand ist lediglich das Mittel zum Zweck einer für Sie förderlichen Meditation. Sie können das also eher locker sehen – Hauptsache, Ihr Mittel führt Sie auch zum vorgesehenen Zweck. Mit zunehmend beruhigtem Geist können Sie sich dann auch weniger anregende Gegenstände suchen, die Ihren »Aufmerksamkeitsmuskel« noch mehr trainieren.

Welchen Gegenstand Sie auch gewählt haben: Versuchen Sie, konstant achtsam bei ihm zu bleiben. Seien Sie sich gewahr, wie es sich anfühlt, die Aufmerksamkeit auf einen Gegenstand zu *lenken*, wie ein Scheinwerfer, der auf etwas gerichtet wird. Seien Sie sich auch gewahr, wie es sich anfühlt, mit der Aufmerksamkeit bei einem Gegenstand zu *bleiben*. Sie können beispielsweise Ihre Aufmerksamkeit auf den Beginn des Einatmens richten und dann mit ihr beim gesamten Verlauf des Einatmens bleiben. Ebenso verfahren Sie anschließend mit dem Ausatmen. Dann wieder mit dem Einatmen und so weiter ... Atemzug für Atemzug. Insbesondere wenn Sie sich die Beruhigung des Geistes und die Konzentration zum Ziel der Meditation gesetzt haben, ist es sinnvoll, schon die allerersten Anzeichen einer Ablenkung zu registrieren, sich schnell von dieser Ablenkung zu lösen und die Aufmerksamkeit wieder auf den Meditationsgegenstand zu lenken. Sie können Ihre Aufmerksamkeit sogar auf die Aufmerksamkeit lenken – das gehört dann in den Bereich der sogenannten *Metakognition*.

Ihr Gehirn greift beim Lenken, Halten und Überprüfen der Aufmerksamkeit – all das ist nebenbei bemerkt auch im Alltag sehr nützlich! – auf den anterioren zingulären Kortex und angeschlossene präfrontale Regionen zurück. Mit der Zeit wird Ihre Aufmerksamkeit immer stabiler werden und weniger bewusste Regulierung erfordern; gleichzeitig wird die Nervenaktivität in den genannten Bereichen abnehmen. Anders ausgedrückt: Je mehr Sie sich konzentrieren, desto leichter wird es Ihnen fallen. Und wie bei allen anderen Übungen dürfen Sie natürlich auch hier meine Vorschläge sehr gerne an Ihre individuellen Bedürfnisse anpassen.

Die Absicht festlegen

Suchen Sie sich eine Haltung, in der Sie es bequem haben, in der Sie gleichzeitig aber wachsam bleiben können. Werden Sie sich Ihres Körpers gewahr und wählen Sie den Gegenstand Ihrer Aufmerksamkeit. (Ich beziehe mich während der gesamten Übung auf den Atem.) Es ist ganz normal, wenn sich dieser Gegenstand in den Hintergrund Ihres Gewahrseins bewegt, während Sie sich auf die Möglichkeiten, Ihren Geist zu beruhigen, konzentrieren; versuchen Sie jedoch, mit ihm in Kontakt zu bleiben, wenn auch nur locker… Seien Sie sich gewahr, dass Sie einatmen, wenn Sie einatmen, und seien Sie sich gewahr, dass Sie ausatmen, wenn Sie ausatmen.

Legen Sie nun Ihre Absicht fest: Sie wollen Ihren Geist beruhigen. Geben Sie sich dafür zunächst eine gedankliche Anweisung, etwa: Sei aufmerksam… verweile beim Gegenstand deiner Aufmerksamkeit. Vielleicht entdecken Sie aber auch etwas Entschlosseneres in sich, das sich etwas zum Ziel setzt… Spüren Sie nach, wie sich diese Art von »Top-down-Absicht« für Sie anfühlt…

Stellen Sie sich als Nächstes sich selbst als jemanden vor, der einen sehr ruhigen, sehr stabilen Geist hat… Erzeugen Sie das Gefühl, bereits sehr präsent, sehr konzentriert zu sein… Lassen Sie sich von diesem Zustand tragen… Geben Sie sich Ihrer Absicht hin, sich konstant des Gegenstands Ihrer Aufmerksamkeit gewahr zu bleiben… Spüren Sie nach, wie sich diese Art von »Bottom-up-Absicht« für Sie anfühlt…

Lassen Sie nun zu, dass diese beiden Arten von Absicht miteinander verschmelzen. Entschließen Sie sich ganz entspannt dazu, sich Ihres Atems gewahr zu bleiben, Atemzug für Atemzug…

Bei *Top-down*-Absichten ist der präfrontale Kortex hinter der Stirn aktiv. Dieser Teil des Gehirns stellt die primäre Nervenbasis für die exekutiven Funktionen dar, etwa die bewusste Kontrolle von Aufmerksamkeit, Gefühlen und Handlungen. Diese Art der Absicht ist ausgesprochen nützlich, dafür aber mit Anstrengung verbunden und deshalb anfällig für die *Ermüdung der Willens-kraft:* Es ist ermüdend, sich immer wieder sagen zu müssen, was man tun soll. Darüber hinaus liegt die Belohnung für das Einhalten der Absicht in der Zukunft – auch das kann an der Motivation nagen. An *Bottom-up*-Absichten hingegen sind Emotionen und Empfindungen beteiligt; sie greifen auf ältere und deshalb grundlegendere Nervenstrukturen unterhalb der Hirnrinde zurück. Bei dieser Art der Absicht haben Sie einen sogenannten *Felt Sense* – eine gefühlte Wahrnehmung, eine körperlich spürbare Bedeutung, ein inneres Wissen –, wie es wäre, hätten Sie Ihre Absicht bereits in die Tat umgesetzt, und diesem Felt Sense geben Sie sich hin. Das bedeutet sofortige Belohnung und damit mehr Motivation. Statt gegen den Strom schwimmen zu müssen, können Sie sich hier einfach treiben lassen.

Den Körper lockern

Werden Sie sich Ihres Körpers gewahr… des Atmens gewahr… Gestatten Sie es dem Körper, zur Ruhe zu kommen… locker zu werden… Atmen Sie mehrmals ein und aus, wobei das Ausatmen länger ist als das Einatmen… Lassen Sie Ihren Atem natürlich fließen… Er wird weicher… leichter…
Wenn Ihnen das hilft, können Sie sich angenehme, entspannende Szenerien vorstellen, wie einen wunderschönen Strand… einen gemütlichen Sessel… die Gesellschaft Ruhe ausstrahlender Gefährten…
Erlauben Sie es Ihrem Körper, sich zu lockern… und zu beruhigen… und auszuruhen… Beim Einatmen wird Ihr Körper ganz ruhig… beim Ausatmen noch ruhiger… Atemzug für Atemzug, ruhig und präsent… Sie bleiben konstant präsent, mit ruhigem und ausgeruhtem Körper… gewahr, wie die Ruhe in Ihrem Körper die Ruhe in Ihrem Geist unterstützt…

Lockerung und Entspannung beruhigen das *sympathische Nervensystem* (kurz: Sympathikus) und reduzieren die Ausschüttung von mit diesem Nervensystem verbundenen Stresshormonen wie Kortisol und *Adrenalin*. Der Sympathikus hat sich entwickelt, damit wir Bedrohungen entweder bekämpfen oder vor ihnen flüchten können und damit wir günstige Gelegenheiten verfolgen können. Ist er sehr aktiv, springt unsere Aufmerksamkeit hin und her, was der Beruhigung des Geistes natürlich wenig förderlich ist. Das ist einer der Gründe, warum meditative Traditionen so viel Wert auf Stille sowie darauf legen, sich von belastenden Faktoren möglichst zu lösen.

Warum die Ausatmung verlängern? Weil sie in die Zuständigkeit des *parasympathischen Nervensystems* (kurz: Parasympathikus) fällt, das für Ruhe und Regeneration sorgt und die Herzfrequenz senkt. Eine längere Ausatmung ist dementsprechend entspannender. Parasympathikus und Sympathikus funktionieren wie eine Wippe: Ist der eine oben, ist der andere automatisch unten. Allgemein kann man sagen: Die Aktivität des Parasympathikus zu erhöhen senkt die Erregbarkeit des Sympathikus, der den Geist eher unruhig macht.

Warmherzig verweilen

Vergegenwärtigen Sie sich eine oder mehrere Personen, die Ihnen am Herzen liegen… Konzentrieren Sie sich dabei auf Gefühle der Fürsorge, weniger auf eventuell Kompliziertes an dieser Beziehung… vielleicht auf Mitgefühl, Freundlichkeit, sogar Liebe… Vergegenwärtigen Sie sich das Gefühl, mit jemandem zusammen zu sein, dem Sie am Herzen liegen… vielleicht ein Freund, ein Haustier oder ein Familienmitglied… Halten Sie es einfach, konzentrieren Sie sich auf das Gefühl, gemocht zu werden… wertgeschätzt zu werden… geliebt zu werden…

Atmen Sie warme Gefühle in die Herzgegend hinein und wieder hinaus… Beim Einatmen fließt Liebe ins Herz… Beim Ausatmen strömt Liebe aus dem Herz… Sie fühlen sich offenherzig… Sie sind sich gewahr, wie das Gefühl der Warmherzigkeit die Ruhe in Ihrem Geist unterstützt…

Warmherzige Gefühle sind von Natur aus tröstlich und beruhigend. Eine ihrer Quellen ist der Neurotransmitter *Oxytozin*, den der *Hypothalamus* freisetzt, wenn wir Liebe und Nähe zu anderen verspüren. Eine Oxytozinaktivität in der Amygdala kann einen hemmenden Effekt haben, die Amygdala also beruhigen. Erhöht sich der Oxytozinfluss im präfrontalen Kortex, nimmt das Gefühl der Ängstlichkeit normalerweise ab, und das wiederum ermöglicht eine stabilere Aufmerksamkeit.

Die Fürsorge für andere ist Teil der sogenannten *Tend-and-Befriend*-Reaktion (»sich kümmern und anschließen«), die Stress reduzieren und somit den Geist beruhigen kann. Und das Gefühl, jemand anderem am Herzen zu liegen, ist für gewöhnlich ein Zeichen von Schutz und Loyalität. Im Laufe der vielen Jahre, in denen unsere menschlichen und menschenähnlichen Vorfahren in kleinen Verbänden zusammenlebten, war das Verlassenwerden eine im Grunde tödliche Bedrohung. So kann heute das Gefühl, mit Fürsorge bedacht zu sein, unser Sicherheitsgefühl stärken – und dieses Sicherheitsgefühl steigert die Wirkung der nächsten Übung.

Sich sicherer fühlen

Fühlen Sie sich ruhig so sicher, wie Sie es tatsächlich sind ... in diesem Augenblick ... in diesem Augenblick ... Seien Sie sich des Schützenden um sich herum gewahr: stabile Wände, gutherzige Menschen ganz in der Nähe ... Sie können sich dieser Umgebung immer noch gewahr sein, selbst wenn Sie dabei unnötige Ängste loslassen ... Seien Sie sich der Stärken in Ihrem Inneren gewahr ... Sie fühlen sich immer ruhiger und stärker ...

Seien Sie sich jeglichen Unbehagens gewahr ... jeglicher unnötiger Ängste ... Können Sie all das loslassen? ... Beim Ausatmen lassen Sie die Angst los ... die Sorge ... Wie fühlt es sich an, sich sicherer zu fühlen? ... Sie streben nicht nach vollkommener Sicherheit, Sie fühlen sich lediglich so sicher, wie Sie es tatsächlich sind ... Sie befreien sich vom Bewachen ... von der Anspannung ... vom Weg-

stoßen ... sind offen für Bestätigung ... Erleichterung ... fühlen sich ruhiger ... friedlicher ... Sie sind sich gewahr, wie das Loslassen von Angst die Ruhe in Ihrem Geist unterstützt ...

Manchmal haben wir es mit echten Gefahren zu tun, doch die meiste Zeit bewerten wir Bedrohungen über – das ist Teil des Negativity Bias – und fühlen uns nicht so sicher, wie wir es wirklich sind. Wir fühlen uns deshalb schlecht, und früher oder später beeinträchtigt es unsere körperliche und geistige Gesundheit. Zudem schweift unsere Aufmerksamkeit verständlicherweise ab, wenn wir ängstlich sind – dann suchen wir die Welt inklusive unserer Beziehungen sowie Körper und Geist danach ab, was alles schiefgehen könnte. Sich darin zu üben, sich einigermaßen sicher zu fühlen, beruhigt das Stressreaktionssystem und hilft Ihnen dabei, beim Gegenstand Ihrer Aufmerksamkeit zu bleiben, statt nach einem sprungbereiten Tiger Ausschau zu halten.

Dankbar und froh sein

Vergegenwärtigen Sie sich etwas oder mehrere Dinge, für die Sie dankbar sind ... Freunde und geliebte Menschen, die Ihnen auf Ihrem Weg geholfen haben ... Dinge, die Ihnen gegeben wurden ... die Schönheit der Natur ... vielleicht das Geschenk des Lebens selbst ...

Sie sind offen für das Gefühl der Dankbarkeit ... und ähnliche Gefühle: Fröhlichkeit, Trost, vielleicht Glück ... Gibt es auch Gefühle der Traurigkeit oder der Frustration, ist das vollkommen in Ordnung ... Nehmen Sie sie einfach zur Kenntnis – und lenken Sie Ihre Aufmerksamkeit dann erneut auf die Dinge, für die Sie dankbar sind ...

Konzentrieren Sie sich auf Gefühle der Dankbarkeit und Fröhlichkeit, wählen Sie diese als Gegenstand Ihrer Aufmerksamkeit ... Versenken Sie sich in sie und nehmen Sie sie in sich auf ... Vielleicht sind Sie glücklich, wenn Sie mit anderen zusammen sind ... oder Sie freuen sich für andere ... ein warmherziges

Gefühl... Weder jagen Sie positiven Gefühlen nach noch versuchen Sie, sie zu fassen zu bekommen... Vielmehr öffnen Sie sich ihnen sanft, empfangen sie sanft... Sie sind sich gewahr, wie friedliches Wohlbefinden die Ruhe in Ihrem Geist unterstützt...

Auf das Gehirn übertragen bedeutet ein ruhiger Geist die *stabile* Aktivität in den neuralen Grundlagen des Arbeitsgedächtnisses, die die oberen-äußeren Regionen des präfrontalen Kortex umfassen. Sie besitzen eine Art Tor, das beeinflusst, was in ihnen geschieht. Ist dieses Tor geschlossen, bleiben wir auf eine Sache konzentriert. Öffnet sich das Tor, wird das Arbeitsgedächtnis von neuen Erfahrungen geflutet, die das, was vorher da war, verdrängen. Den Geist zu beruhigen bedeutet, dieses Tor im Gehirn zu kontrollieren.

»Bedient« wird das Tor von Dopamin, einem Neurotransmitter, der mit unseren Erwartungen und Belohnungserfahrungen verbunden ist. Eine anhaltende Dopaminaktivität zeigt an, dass etwas unsere Aufmerksamkeit verdient – was das Tor geschlossen hält, damit wir uns auf den Gegenstand unserer Aufmerksamkeit konzentrieren können. Die Dopaminaktivität sinkt, sobald die Dinge unsere Aufmerksamkeit weniger verdienen, was das Tor für ablenkende Reize öffnet. Um also das Tor geschlossen zu halten, ist es hilfreich, lohnende Erfahrungen zu machen, Erfahrungen, die unsere Aufmerksamkeit verdienen. Allerdings öffnen Dopaminfluten in Erwartung neuer Belohnungen das Tor ebenfalls; deshalb ist es besonders wichtig, ein *starkes* Gefühl der Dankbarkeit oder andere positive Emotionen zu entwickeln, da dann der Dopaminspiegel ohnehin schon sehr hoch ist – was eine zusätzliche Dopaminflut, die das Tor öffnen würde, weniger wahrscheinlicher macht.

Alle fünf Möglichkeiten in einer Übung

Suchen Sie sich eine Haltung, in der Sie es bequem haben, in der Sie gleichzeitig aber wachsam bleiben können ... Legen Sie Ihre Absicht fest: den Geist beruhigen ... den Körper lockern ... warmherzig verweilen ... sich sicherer fühlen ... dankbar und froh sein ...

Konzentrieren Sie sich auf die Empfindungen beim Atmen (oder einen anderen Gegenstand der Aufmerksamkeit) ... Lenken Sie Ihre Aufmerksamkeit auf jeden Atemzug und bleiben Sie mit Ihrer Aufmerksamkeit bei ihm ... Bleiben Sie sich konstant des Atems gewahr ... Schweift die Aufmerksamkeit ab, holen Sie sie sanft zurück ... Versenken Sie sich zunehmend in das Gefühl des Atmens ...

Und bleiben Sie nun fünf Minuten lang ununterbrochen in Kontakt mit dem Atmen ...

Spüren Sie nach Beenden der Übung nach, wie sich ein ruhigerer Geist anfühlt ... Öffnen Sie sich dem Gefühl der Ruhe ... ruhig ... Atemzug für Atemzug ...

Bewährte Praxis

Beobachten Sie eine Zeit lang, was Sie vom Gegenstand Ihrer Aufmerksamkeit ablenkt. Überlegen Sie anschließend, was Sie tun könnten, um äußere Ablenkungen auszuschalten, indem Sie beispielsweise jemanden, der Sie ständig in Ihrer Arbeit unterbricht, bitten, dies nur zu tun, wenn es wirklich wichtig ist. Überlegen Sie auch, wie Sie Ihren Geist weniger ablenkbar machen könnten, indem Sie beispielsweise erkennen, dass vieles von dem, was Sie ablenkt, Ihrer Aufmerksamkeit schlicht nicht wert ist.

Achten Sie darauf, wie sich der Negativity Bias in Ihnen und anderen äußert. Beobachten Sie Ihre Neigung, sich übermäßig auf Negatives zu konzentrieren und an Positivem allzu rasch vorüberzugehen. Seien Sie sich des Negativen durchaus gewahr, wenn dies angemessen ist, stellen Sie jedoch auch sicher, dass Sie das Positive um sich herum und in sich ebenfalls wahrnehmen. Suchen Sie sich jeden Tag Gelegenheiten, innezuhalten und eine positive Erfahrung zu verinnerlichen. Und damit meine ich nicht nur an Rosen schnuppern – so schön das auch ist! Damit meine ich auch Augenblicke, in denen Sie entschlossen ein Ziel verfolgen, sich umsorgt fühlen, sich vornehmen, mehr Sport zu treiben, oder einen besseren Weg gefunden haben, mit Ihrem Partner zu kommunizieren. Bleiben Sie einen Atemzug lang oder länger bei dieser Erfahrung, spüren Sie sie in Ihrem Körper und konzentrieren Sie sich auf das, was sich gut an ihr anfühlt. Das ist, als stillten Sie im Laufe des Tages Ihren Durst in einer kleinen Oase nach der anderen.

Setzen Sie es sich zum Ziel, mindestens eine Minute am Tag zu meditieren, vielleicht direkt vor dem Zubettgehen. Achten Sie jedoch darauf, dass es tatsächlich eine Minute oder vorzugsweise länger ist, und tun Sie es wirklich jeden Tag.

Bleiben Sie bei dieser Meditation zehn Atemzüge lang mit Ihrer Aufmerksamkeit beim Atem oder dem von Ihnen gewählten Gegenstand. Zählen Sie im Geist mit. Ehrgeizige probieren es mit 100 Atemzügen nacheinander; damit Sie dabei nicht durcheinanderkommen, könnten Sie nach jeweils zehn Atemzügen einen Finger ausstrecken.

Schaffen Sie sich in der Meditation Raum für emotional positive Erfahrungen wie etwa das Gefühl des Friedens, der Liebe oder des Glücklichseins. Jagen Sie diesen Erfahrungen jedoch nicht nach und klammern Sie sich auch nicht an sie; heißen Sie sie lediglich willkommen und verinnerlichen Sie sie. Auf diese Weise werden die Erfahrungen mit Ihrem Nervensystem verknüpft, und Ihr Geist kommt zur Ruhe.

4

Das Herz erwärmen

Mit Wohlwollen gegenüber dem gesamten Universum
kultiviere ein schrankenloses Herz: oben, unten und überall
unversperrt, ohne Feindseligkeit oder Hass.

<small>SUTTA NIPĀTA 1,8</small>

Vor rund 20 Jahren hatte ich das Glück, mich dem Vorstand des Spirit Rock Meditation Center anschließen zu dürfen und kurz darauf zu einem Vortrag des Dalai Lama dort eingeladen zu werden. Da er das Staatsoberhaupt Tibets ist, war er natürlich ständig von Security-Mitarbeitern umgeben; die bewaffneten Bodyguards lächelten und machten in der ausgelassenen Stimmung Witze. Es hatten sich Hunderte von Menschen versammelt – Tibeter ebenso wie Lehrer und Ordensmitglieder aus Europa und Amerika –, wir alle genossen die besondere Atmosphäre. Gemeinsam mit vielen anderen ging ich im Gänsemarsch in einen großen Raum, wo wir auf den Dalai Lama warteten. Einige Minuten später erschien er dann auch, Seite an Seite mit einem Übersetzer und einem weiteren Mann. Er sprach überwiegend Englisch, mit der üblichen Kombination aus Freundlichkeit, Direktheit und ruhiger Intelligenz. Damals fand ich den Vortrag großartig, doch ich kann mich inhaltlich an rein gar nichts erinnern. Woran ich mich allerdings erinnern kann, ist der andere Mann, der den Dalai Lama begleitete. Er trug einen grauen Anzug und machte einen bescheidenen Eindruck, wie er da am Rand im vorderen Teil des Raums stand und jeden lächelnd ansah.

Nach einer Weile beobachtete ich ihn genauer. Er stand ganz locker da, wie ein Tänzer, füllte seinen Anzug wie der Linebacker eines kleinen College-Footballteams aus, lächelte und lächelte und ließ die Augen immer wieder durch den Raum schweifen. Mir wurde klar, dass dies der persönliche Bodyguard des Dalai Lama war, quasi die letzte Verteidigungslinie. Er strahlte keinerlei Bedrohung aus, sondern im Gegenteil Zufriedenheit und Liebe. Dennoch bestand kein Zweifel daran, dass er seinen Job beherrschte. Und trotzdem stand er da, wünschte allen nur Gutes, die Hände entspannt an den Seiten, die Augen ständig in Bewegung.

Ich habe seither oft an diesen Mann gedacht. Für mich verkörperte er praktizierte Warmherzigkeit. Er hatte eine bestimmte Aufgabe gehabt, zu der im Bedarfsfall auch die Bereitschaft gehörte durchzugreifen. Aggressivität oder Feindseligkeit hatte er jedoch nicht ausgestrahlt. Das folgende Zitat beschreibt ihn recht gut:

Nenne nicht denjenigen, der viel spricht, weise.
Nenne denjenigen weise, der friedfertig, freundlich und furchtlos ist.

DHAMMAPADA 19,258

Allem Anschein nach konzentriert sich das Erwachen auf die innere Welt des Individuums, doch beziehen sich viele seiner wichtigsten Elemente auf die zwischenmenschliche Ebene. Auf dem buddhistischen Pfad beispielsweise beziehen sich rechtes Reden, rechtes Handeln und rechte Lebensweise in erster Linie auf unsere Beziehungen, und es wird großer Wert auf Mitgefühl, Güte und das Glück des anderen gelegt. Eines der Drei Juwelen ist die Gemeinschaft (die anderen beiden sind Buddha und das Dharma), und zum Ideal des Bodhisattva gehört das Üben zum Wohl anderer. Eine ähnliche Betonung von Liebe und Dienst am Nächsten habe ich auch in anderen Traditionen gefunden, darunter auch im säkularen Humanismus.

Doch wie können wir unser Herz erwärmen und Mitgefühl sowie Güte uns selbst und anderen gegenüber entwickeln? Dazu ist die Achtsamkeit unabdingbar, allein aber nicht ausreichend. Studien zur Achtsamkeitspraxis und zu ähnlichen Meditationsformen zufolge können diese Praktiken die Nervennetzwerke für Aufmerksamkeit, Eigenwahrnehmung und Selbstkontrolle verändern. Das ist sehr gut, stärkt aber nicht direkt die Schlüsselstellen der Nervengrundlage von Mitgefühl und Güte. Letzteres fällt in den Zuständigkeitsbereich zwar verwandter, aber doch anderer Netzwerke. Ein Beispiel: Angenehme soziale Erfahrungen aktivieren Gehirnregionen, die dabei helfen, Erfahrungen des körperlichen Wohlbefindens hervorzubringen. Sich großzügig, kooperativ und fair zu verhalten kann unsere neuralen Belohnungszentren stimulieren. Und sozialer Schmerz wie beispielsweise Zurückweisung oder Einsamkeit ist mit denselben Netzwerken verknüpft, die körperlichem Schmerz zugrunde liegen.

Wenn wir uns auf die Warmherzigkeit selbst konzentrieren, erleben wir sie im Geist auch am lebendigsten und entwickeln sie in unserem Nervensystem. Eine auf Mitgefühl fokussierte Meditation stimuliert spezifische Teile des Gehirns, die in einer Beziehung mit dem Gefühl der Verbundenheit, mit positiven Emotionen und mit Belohnung stehen, etwa den mittleren *orbitofrontalen Kortex,* der hinter dem Punkt liegt, an dem sich die Augenbrauen treffen. Menschen, die über einen langen Zeitraum hinweg Meditationen zum Thema der liebenden Güte praktiziert haben, weisen ähnliche neurologische Reaktionen auf das Gesicht eines Fremden wie auf das eigene auf, nach dem Motto: Du bist wie ich. Zudem entwickeln sie Nervengewebe an Schlüsselstellen des Hippocampus, die für die Empathie anderer gegenüber zuständig sind.

Weiterhin kann sich das, was *nicht* mitfühlend und gütig ist, also Schmerz, Feindseligkeit, Verachtung, in unserem Kopf festsetzen und wachsen. Unser Gehirn ist so konzipiert, dass es von unseren Erfahrungen geformt wird … vor allem von Erfahrungen aus der Kindheit … und vor allem wenn diese Erfahrungen schmerzhaft waren und mit anderen Menschen zu tun hatten. Die Spuren bleiben und werfen ihren Schatten auf unser Leben. Die physischen Veränderungen im Gehirn können durch die reine Beobachtung des Geistes nicht umgekehrt oder aufgehoben werden. Um zu heilen und neue Wege zu einem Miteinander zu finden, bedarf es der bewussten Übung.

Werfen wir also einen genaueren Blick darauf, wie wir Mitgefühl und Güte für andere und uns selbst kultivieren können.

Mitgefühl und Güte

Sehr einfach ausgedrückt bedeutet Mitgefühl den Wunsch, dass kein Lebewesen leidet, und Güte den Wunsch, dass jedes Lebewesen glücklich ist. Als Wünsche sind diese Emotionen eine Form des Verlangens. Und das wiederum wirft eine wichtige Frage auf, derer wir uns zuerst widmen sollten: *Ist Verlangen akzeptabel?*

Guter Wille

Buddha unterschied zwischen zwei Arten des Verlangens: zwischen dem gesunden Verlangen, das sich etwa in dem Versuch äußert, geduldiger und liebevoller zu sein, und dem ungesunden Verlangen – dem in Kapitel 2 erwähnten »Begehren« –, das so viel Leid verursacht. Diese Art von Verlangen ist beispielsweise dann aktiv, wenn wir vor Schmerzhaftem davonlaufen oder es bekämpfen, uns vom Vergnügen antreiben lassen oder süchtig danach werden oder fortwährend versuchen, andere zu beeindrucken.

Das Problem ist also nicht das Verlangen als solches, sondern:

- Können wir uns wünschen, was für uns und andere *förderlich* ist?
- Können wir dies mit *geeigneten Mitteln* verfolgen? Einem Kind das Lesen beizubringen ist beispielsweise ein positives Ziel; verfolgt man dies jedoch, indem man das Kind anschreit, ist dies sicherlich kein geeignetes Mittel.
- Können wir *mit dem, was geschieht, unseren Frieden machen?* Das *Mögen* – Freude an etwas haben, etwas vorziehen – und das *Wollen* – das Begehren – werden in verschiedenen Teilen des Gehirns verarbeitet. Somit ist es auch möglich, sich hohe Ziele zu setzen und ehrgeizig zu sein, ohne sich von Druck und Getriebensein auffressen zu lassen (dazu mehr im nächsten Kapitel). Natürlich können wir enttäuscht sein,

wenn wir ein bestimmtes Ziel nicht erreichen; wir können es aber auch akzeptieren – und uns auf die nächste Gelegenheit freuen.

Oder, kurz gesagt: Gesundes Verlangen ist das Verfolgen förderlicher (positiver) Ziele mit geeigneten Mitteln und gleichzeitiger Akzeptanz dessen, was auch immer geschieht. In diesem Sinn können wir uns sicherlich das Wohlergehen aller Lebewesen wünschen, ob es sich dabei nun um Katzen, Hunde, völlig Fremde auf der Straße, Freunde, Familie oder uns selbst handelt.

Eine süße Verpflichtung

Wundervollen Ausdruck findet dieses gesunde Verlangen im Metta-Sutta unten. Ich übersetze *metta* mit Güte; die Wurzel dieses Pali-Wortes ist »Freund«.

Mögen alle Wesen glücklich und sicher sein.
Mögen alle Wesen Zufriedenheit im Herzen tragen!

Niemand wird ausgelassen, seien sie nun schwach oder stark, gesehen oder ungesehen, nah oder fern, geboren oder noch nicht geboren:
Mögen alle Wesen glücklich sein.

Lasst uns einander nicht täuschen
oder irgendjemanden irgendwo verachten
oder in Zorn oder Groll einem anderen Leid wünschen.

Wie eine Mutter ihr Kind beschützen würde,
ihr einziges Kind, nämlich mit dem Leben,
so solltest auch du ein schrankenloses Herz pflegen
allen Wesen gegenüber.

Du solltest die Güte pflegen
gegenüber der ganzen Welt, mit schrankenlosem Herz:
oben, unten und überall,
unversperrt, ohne Feindseligkeit oder Hass.

Ob du nun stehst, gehst, sitzt oder liegst:
Solange du wach bist,
solltest du zu dieser Achtsamkeit entschlossen sein.
Dies ist ein himmlisches Verweilen, hier und jetzt.

Was für ein wunderschönes Bestreben! Und welch eine kraft-
volle Ermutigung, stets an sich zu arbeiten und zu wachsen.
Immer mehr Güte, Mitgefühl und Liebe zu entwickeln ist ein
lebenslanger Prozess.

Eine adelnde Entwicklung

Buddha hat uns Vier *Edle* Wahrheiten hinterlassen – »edel« im
Sinne von großartig und ehrenvoll. Genauer müssten sie jedoch
als Wahrheiten der Edlen übersetzt werden. Dieser Unterschied
ist wichtig, erhellend und auch für uns heute relevant. Buddha
vertrat die für seine Zeit sehr radikale Ansicht, dass es nicht die
Geburt, sondern bewusste Gedanken, Worte und Taten sind,
die aus einem Menschen einen wahrhaft edlen Menschen, einen
Menschen von Adel machen. Die »Wahrheiten« sind Wahrheiten
solcher edler Menschen, zu denen wir uns durch das, was in uns
selbst edel ist, hingezogen fühlen. Zusätzliche edle Eigenschaften
entwickeln wir durch das Üben. Deshalb nenne ich diese Wahrheiten gern die Vier *Adelnden* Wahrheiten.
Diesem Geist gemäß besteht eine der Möglichkeiten, das Beste
in uns selbst zu ehren und es weiter zu entwickeln, in der Kultivierung des Mitgefühls und der Güte. Sie können dies ganz
formlos tun, selbst mit Menschen, die Sie gar nicht kennen, indem Sie ihnen stumm Gutes wünschen, wenn Sie an ihnen vor-
beigehen. Etwas formeller können Sie sich in einer Meditation

teilweise oder ganz auf Warmherzigkeit konzentrieren. Wie wir im vorangegangenen Kapitel gesehen haben, wird das wiederholte »geistige Verweilen« auf derlei Erfahrungen – wenn Sie also einen Atemzug lang oder länger bei ihnen bleiben, sie in Ihrem Körper spüren und sich dessen gewahr sind, was erfreulich und bedeutsam an ihnen ist – Liebe und Güte im Laufe der Zeit fest in Ihrem Nervensystem verankern.

Zum Kultivieren von Mitgefühl und Güte gehört es mitunter, bewusst förderliche Gedanken, Gefühle und Absichten zu erzeugen. Es ist vollkommen in Ordnung, wenn Sie Ihren Geist eines guten Zwecks wegen hin und wieder in die richtige Richtung schubsen – ein Schlüsselaspekt von Resilienz, gesunden Beziehungen und spiritueller Praxis. Und wenn sich das Erzeugen einer Erfahrung für Sie so anfühlen sollte wie der Versuch, mit feuchtem Holz Feuer machen zu wollen, geben Sie sich einfach mit dem schlichten Gewahrsein des Atmens und des gegenwärtigen Augenblicks zufrieden – und versuchen Sie es später vielleicht noch einmal.

Gute Wünsche für jeden

In der Tradition des Theravada gibt es eine wundervolle Meditation, die vier Arten von guten Wünschen für fünf Arten von Menschen bereithält; die von mir abgewandelte Form dieser Meditation finden Sie im Kasten auf Seite 88 f. und ich kann sie Ihnen nur wärmstens ans Herz legen. Vielleicht können Sie sie sogar täglich praktizieren.

Die vier Wünsche für andere und für uns selbst sind: »*Sicherheit, Gesundheit, Zufriedenheit* und *Wohlbefinden*«. Man kann sie als stille Gedanken zum Ausdruck bringen, vielleicht im Rhythmus des Atems, oder schlicht als wortlose Gefühle und Haltungen empfinden. Suchen Sie sich dafür die Worte, die Sie tief in Ihrem Innersten berühren, auch ganz konkrete wie: »Mögen deine Schmerzen nachlassen … mögest du Arbeit finden … mögest du deinen Frieden mit diesem Verlust machen …«

Die fünf Arten von Menschen sind die folgenden: der *Wohltäter,* der *Freund,* eine *neutrale Person, man selbst* und *jemand, mit
dem man so seine Schwierigkeiten hat.* In der Regel stellen die
ersten drei keine Probleme dar, vor allem nicht der Wohltäter –
jemand, dem gegenüber man leicht Dankbarkeit und Herzens-
wärme empfindet. Logischerweise ist es da schon weniger leicht,
Menschen, »mit denen man so seine Schwierigkeiten hat«, Mitgefühl und Güte entgegenzubringen. Vielleicht ist es hilfreich,
mit jemandem anzufangen, der nur ein bisschen schwierig ist…
Anschließend können Sie die Meditation dann auch auf kompli-
ziertere Fälle ausdehnen.

> Glücklich leben wir allerdings, freundlich unter den
> Feindseligen.
> Mitten unter feindseligen Menschen leben wir frei
> von Hass.
>
> DHAMMAPADA 197

Es kann auch schwer sein, sich selbst Gutes zu wünschen. Vielleicht versuchen Sie es einmal damit, die Übung durchzuführen
und sich dabei gleichzeitig von jeglicher Selbstkritik zu lösen.
Mit der Zeit fühlen sich die Formulierungen durch die Wiederholung für Sie möglicherweise echter an. Und Stück für Stück,
Synapse für Synapse, verinnerlichen Sie die Erfahrungen und
entwickeln auf ihrer Grundlage Selbstakzeptanz und Selbstunterstützung.
So ruhen Sie im Alltag in zunehmendem Maße im Gefühl der
Freundlichkeit und Zuwendung… ruhen in Liebe… die Liebe
fließt in Sie hinein und strömt aus Ihnen heraus… von Liebe
gelebt.

EINE MEDITATION ZU MITGEFÜHL UND GÜTE

Suchen Sie sich eine Haltung, in der Sie es bequem habe und gleichzeitig wachsam bleiben können... Seien Sie sich Ihres Körpers gewahr... geerdet... hier... der Empfindungen des Atmens in Ihrer Brust gewahr... Stellen Sie sich vor, wie der Atem in Ihr Herz hineinfließt und wieder aus Ihrem Herzen hinausströmt... Sie können auch eine Hand auf Ihr Herz legen... Vergegenwärtigen Sie sich ein oder mehrere Wesen, in deren Gesellschaft Sie sich wohlfühlen... einen Freund, ein Familienmitglied, ein Haustier... ein Wesen, das Sie wertschätzt, Sie mag, Sie vielleicht sogar liebt... Konzentrieren Sie sich auf die guten Gefühle, die Sie in Gegenwart dieses Wesens haben... Schweift Ihre Aufmerksamkeit zu konkreten Situationen oder Problemen ab, lenken Sie sie sanft wieder darauf zurück, wie es sich anfühlt, mit jemandem zusammen zu sein, dem Sie am Herzen liegen... Öffnen Sie sich diesen Gefühlen, verinnerlichen Sie sie...

Wählen Sie nun einen Wohltäter, jemanden, den Sie wertschätzen. Halten Sie diesen in Ihrem Herzen und erkunden Sie die folgenden Sätze still für sich: »*Mögest du sicher sein... Mögest du gesund sein... Mögest du glücklich sein... Möge es dir gut ergehen.*« *Seien Sie sich warmherziger Gefühle gewahr... Sie können auch andere Worte wählen... oder einfach nur in wortloser Zuwendung und guten Wünschen verweilen...*

Probieren Sie dies nun mit einem Freund, mit jemandem, den Sie mögen oder vielleicht sogar lieben... »*Mögest du sicher sein... Mögest du gesund sein... Mögest du glücklich sein... Möge es dir gut ergehen.*«... *Lassen Sie Mitgefühl und Güte Ihr Gewahrsein füllen... Spüren Sie, wie sie sich in Ihnen ausbreiten...*

Probieren Sie dies nun mit einer neutralen Person, vielleicht mit einem Nachbarn, einem Kollegen oder einem Fremden auf der Straße… Entdecken Sie das Mitgefühl und die Güte für diesen Menschen in sich…»Mögest du sicher sein… Mögest du gesund sein… Mögest du glücklich sein… Möge es dir gut ergehen.«

Probieren Sie dies nun mit sich selbst…»Möge ich sicher sein… Möge ich gesund sein… Möge ich glücklich sein… Möge es mir gut ergehen.« Sie können sich auch mit Ihrem Namen ansprechen und sich vorstellen, dass Sie sich selbst gegenübersitzen… Spüren Sie, wie diese warmherzigen Wünsche mit Ihnen verschmelzen, wie Sie sie verinnerlichen.

Probieren Sie dies nun mit jemandem, mit dem Sie Schwierigkeiten haben, am Anfang mit jemandem, der Sie nicht sofort auf die Palme bringt. Vielleicht hilft es, wenn Sie sich den wahren Kern dieses Menschen hinter den Eigenschaften bewusst machen, die Sie schwierig finden, oder sich den Menschen vorstellen, wie er als Kind, wie er als Baby war. Wir können Mitgefühl und gute Wünsche für Menschen haben, mit denen wir nicht einer Meinung sind, die wir missbilligen… Versuchen Sie es mit diesen Wünschen:»Mögest du sicher sein… Mögest du gesund sein… Mögest du wahrhaft glücklich sein… Möge es dir gut ergehen.«

Verweilen Sie nun schlicht in Mitgefühl und Güte… Kleine Wellen des Mitgefühls und der Güte breiten sich in konzentrischen Kreisen um Sie als Mittelpunkt herum aus, zu niemand Bestimmtem hin… Verweilen Sie in Warm- und Gutherzigkeit… vielleicht in Liebe… Sie lassen sich in die Liebe hineinsinken, ebenso wie sie in Sie hineinsinkt…

Der Segen der Tadellosigkeit

Buddha war Vater, und sein Sohn Rahula übte als junger Mönch gemeinsam mit ihm. Wie es im Sutta steht, hörte Buddha eines Tages, wie Rahula, damals vielleicht sieben oder acht Jahre alt, absichtlich log. So sprach er mit seinem Sohn und sagte ihm, er solle stets überlegen, ob seine Taten gut seien und zu positiven Ergebnissen führten. Er wies Rahula an, sich dies vor, während und nach all seinen Gedanken, Worten und Taten zu überlegen. War eine Handlung gut und führte sie zu positiven Ergebnissen – bestens; war sie es nicht, sollte Rahula lieber darauf verzichten. (In dem Film in meinem Kopf ist diese Szene immer hochdramatisch, und der Komik halber stelle ich mir Robert De Niro als Buddha vor.)

> Um zu … tiefer Einsicht zu gelangen, bedarf es eines Geistes, der sowohl ruhig als auch formbar ist. Und um diesen Geisteszustand zu erreichen, müssen wir erst die Fähigkeit entwickeln, unseren Körper und unser Reden zu steuern, damit wir keine Konflikte erzeugen.
>
> TENZIN PALMO

Diese Säule des Übens – *sila* auf Pali, das normalerweise mit Abstand nehmen oder mit Sittlichkeit übersetzt wird, das ich allerdings mit Tugend übertrage – scheint zunächst nur eine Einstiegsbedingung zu sein: schnell mal eben die Punkte abhaken und dann zum »echten« Erwachen übergehen. Tatsächlich aber ist die gelebte Warmherzigkeit eine tiefgehende, unverzichtbare Praxis, die sich mit dem Schlimmsten in uns beschäftigt und das Beste in uns zum Vorschein bringen will. Das Richtige zu tun – auch wenn es schwer ist – fördert Achtsamkeit und Weisheit und schenkt uns den »Segen der Tadellosigkeit«: das Wissen, alles getan zu haben, was man tun konnte.

> Lass mich liebend, offen und gewahr sein in diesem Augenblick.
> Kann ich nicht liebend, offen und gewahr sein in diesem Augenblick, lass mich gütig sein.
> Kann ich nicht gütig sein, lass mich unvoreingenommen sein.
> Kann ich nicht unvoreingenommen sein, lass mich keinen Schaden verursachen.
> Wenn ich auch das nicht kann, lass mich möglichst geringen Schaden verursachen.
>
> LARRY YANG

Im Eifer des Gefechts ist das allerdings alles andere als leicht – vor allem dann nicht, wenn wir uns von Impulsivität oder Groll mitreißen lassen. Da ist es hilfreich, ein wenig über den *Vagusnerv-Komplex* zu wissen. Die beiden Äste des Vagusnervs haben ihren Ursprung im *Hirnstamm*. Der ältere von ihnen verläuft nach unten, um die inneren Organe wie das Herz und die Lunge zu regulieren. Dieser ältere Ast steht in Kontakt mit dem parasympathischen Nervensystem, das für Entspannung und Regeneration sorgt und beim Ausatmen die Herzfrequenz senkt. Der jüngere Ast verläuft nach oben zu Ohren, Augen und Gesicht; er ist ein Schlüsselbestandteil des sogenannten *Social-Engagement-Systems*, des Gehirnsystems, das für das soziale Miteinander zuständig ist. Da die beiden Äste Teil eines einzigen Nervennetzwerks sind, wirken sich Aktivitäten in einem Ast unweigerlich auf den anderen Ast aus. Das bedeutet zum einen, dass ein ruhigerer Körper uns dabei hilft, uns anderen gegenüber ruhiger und freundlicher zu verhalten. Andererseits führen aber auch Emotionen wie Mitgefühl und Liebe dazu, dass wir zentrierter und ausgeglichener sind und uns besser unter Kontrolle haben. Eine Übung, die Geerdetsein und Warmherzigkeit vereint, finden Sie im folgenden Kasten.

GEERDETE WARMHERZIGKEIT

Atmen Sie einige Male vollständig ein und aus und spüren Sie, wie sich Ihr Körper beruhigt... Wo auch immer Sie sich gerade befinden, spüren Sie den festen Halt, den Sie an diesem Ort haben. Dafür könnten Sie beispielsweise den Stuhl oder den Boden, auf dem Sie sitzen, berühren und sich daran erinnern, dass Sie dort, wo Sie sind, am richtigen Ort sind. Suchen Sie sich eine Haltung, die Ihnen entspannte Stabilität vermittelt... Präsenz... Würde... Sie sind ganz locker und stellen sich eine Linie vor, die vom Mittelpunkt der Erde durch Sie hindurch in den Himmel hinauf verläuft, sodass Sie sowohl verwurzelt sind als auch emporgehoben werden... Während Sie weiteratmen, fühlen Sie sich immer geerdeter.

Seien Sie sich der Empfindungen des Atmens in der Gegend Ihres Herzens gewahr... Spüren Sie ein schlichtes warmherziges Gefühl, vielleicht indem Sie sich einen Menschen vergegenwärtigen, der Ihnen am Herzen liegt... Seien Sie sich dieser warmen Gefühle neben den Empfindungen des Atmens in der Gegend Ihres Herzens gewahr. Zu warmherzigen Gefühlen könnten beispielsweise diese gehören... Mitgefühl... Freundschaft... Zufriedenheit... Loyalität... Liebe... die vielleicht von Ihnen ausgehend in alle Richtungen ausstrahlen.

Seien Sie sich sowohl des Geerdetseins als auch des Liebens gewahr... mit offenem Herzen geerdet... Seien Sie sich gewahr, wie es das Geerdetsein der Liebe ermöglicht, frei zu fließen... und wie das Lieben beruhigt und stärkt... Atemzug für Atemzug, geerdet und liebend...

> Da gibt es jene, die nicht erkennen, dass wir alle eines
> Tages sterben müssen.
> Diejenigen aber, die es erkennen, legen ihre Streitig-
> keiten bei.
>
> DHAMMAPADA 6

Anderen – und sich selbst – keinen Schaden zufügen

Warmherzig zu leben umfasst sicherlich auch den Versuch, anderen keinen Schaden zuzufügen. Dazu haben sich die folgenden praktischen Richtlinien des Edlen Achtfachen Pfads für mich und viele andere als hilfreich erwiesen.

- Das *rechte Reden* ist gut gemeint, wahr, förderlich, nicht barsch, dem Zeitpunkt angemessen und im Idealfall erwünscht.
- *Rechtes Handeln* vermeidet Töten, Stehlen, sexuelles Fehlverhalten und die Einnahme von Rauschmitteln.
- Die *rechte Lebensweise* vermeidet den Handel mit Waffen, Menschen sowie Fleisch, Alkohol und anderen Giften.

Niemandem Schaden zuzufügen bedeutet auch, *sich selbst* nicht zu schaden. Das allerdings scheint schwerer einzusehen zu sein und eine niedrigere Priorität zu haben. Dennoch sind Sie selbst das Wesen, dessen Leiden Sie am besten kennen und das Sie deshalb auch am effektivsten lindern können. Sie können das Ziel, niemandem Schaden zuzufügen, bei sich selbst ebenso klar und mit ebenso großer moralischer Kraft verfolgen wie bei anderen. Sie könnten beispielsweise »Stopp!« zu sich selbst sagen, bevor Sie etwas trinken, das Sie später vielleicht bereuen, ebenso wie Sie zu jemandem »Stopp!« sagen würden, der Sie andauernd unterbricht. Eine Übung dazu finden Sie im folgenden Kasten.

WIE WIR UNS SELBST VERLETZEN

Sie können diese Übung im Geiste durchführen, indem Sie die Antworten aufschreiben, Sie können sie aber auch im Gespräch mit einem Partner durchführen. Stellen Sie sich zunächst dieselbe zärtliche Fürsorge für sich selbst vor, wie Sie sie auch einem lieben und verletzlichen Freund gegenüber empfinden würden, und beginnen Sie dann mit der ersten Frage unten. Wenn Sie eine Antwort auf die Frage gefunden haben, fragen Sie sich selbst: »Wenn dem so ist, wie würde es sich dann anfühlen, damit aufzuhören, und was würde sich dadurch ändern?« Gehen Sie anschließend zur nächsten Frage über.

• Habe ich irgendetwas Lebendiges in meinem Inneren getötet – zum Beispiel Leidenschaften, Gefühle, Sehnsüchte oder meine Kreativität?
• Habe ich es zugelassen, dass andere Personen oder meine eigenen Angewohnheiten mir wertvolle Zeit, Aufmerksamkeit oder Energie rauben, gegen meinen Willen und gegen das, was ich mir wirklich wünsche?
• Habe ich meine Sexualität auf eine Weise gelebt, die mir geschadet oder mich herabgesetzt hat?
• Habe ich mich selbst belogen, beispielsweise bezüglich dessen, wie ich wirklich in Bezug auf jemanden empfinde oder wie erfüllend meine Arbeit wirklich ist oder was es mich kostet, wenn ich meine Träume um einen weiteren Monat oder ein weiteres Jahr aufschiebe?
• Habe ich Giftstoffe in meinen Körper und meinen Geist gelassen, zum Beispiel Drogen oder Alkohol, zunehmend schädliche Lebensmittel zu mir genommen oder andere abschätzig behandelt?

Ein gebendes Herz

Abgesehen von der Abwesenheit von Schlechtem umfasst praktizierte Warmherzigkeit auch die Anwesenheit von Gutem. Zahlreiche ethische Prinzipien werden negiert ausgedrückt – beispielsweise »Du sollst nicht töten« –, es lohnt sich aber auch,
sie durch die Brille der Affirmation zu betrachten. So kann man
beispielsweise aktiv Leben schenken, indem man Bäume pflanzt,
man kann sich für den Schutz von Kindern einsetzen oder einen
barschen Ton durch Lob und Anerkennung ersetzen.
Großzügigkeit findet man im Tierreich eher selten, da sie bei den
meisten Arten die Überlebenschancen des Individuums verringert. Bei unseren Vorfahren jedoch, die wie bereits erwähnt in
kleinen Verbänden zusammenlebten, half Altruismus anderen
mit den gleichen Genen. Und als das Gehirn allmählich an Volu-
men zunahm – es hat seine Größe im Laufe von mehreren Millionen Jahren verdreifacht –, lernten unsere Ahnen zunehmend,
das Geben der anderen sowohl wertzuschätzen als auch zu be-
lohnen und Schmarotzertum nicht nur zu kritisieren, sondern
auch zu bestrafen. Dies brachte positive Zyklen der sozialen und
moralischen Evolution hervor, deren Spuren uns heute in die
DNA programmiert sind.

> Würden die Menschen so wie ich die Folgen des
> Gebens und Teilens kennen,
> würden sie nicht essen, ohne vorher gegeben zu haben,
> und sie würden es nicht zulassen, vom Makel des
> Geizes besessen zu sein, nicht zulassen, dass dieser
> in ihrem Geist Wurzeln schlägt.
>
> ITIVUTTAKA 26

Bei der Großzügigkeit geht es in den meisten Fällen nicht um Geld. Viele Male am Tag schenken Menschen anderen Aufmerksamkeit, Zuspruch und Geduld. Dennoch sind wir diesbezüglich manchmal allzu zurückhaltend; dabei wäre es so leicht, eine weitere Minute lang ruhig zuzuhören, ein Wort der Wertschätzung zu spenden oder durch einen Blick auszudrücken: »Ich verstehe dich«. Probieren Sie dies doch einmal bei einer Ihnen wichtigen Beziehung: Seien Sie einen Tag lang diesem anderen Menschen gegenüber ein wenig großzügiger und warten Sie ab, was passiert.

Beobachten Sie auch, ob Sie sich selbst gegenüber mit Lob, Trost oder Verständnis geizen. Im Prozess des *sozialen Lernens,* der überwiegend in der Kindheit stattfindet, verinnerlichen wir oft die Geringschätzung und Verachtung anderer und wenden diese dann auf uns selbst an. Das ist ganz normal – aber trotzdem traurig. Um hier eine Veränderung herbeizuführen, könnten Sie einen Teil jedes Tages ausschließlich für sich selbst reservieren oder bewusst innehalten, wenn Sie sich unter Druck gesetzt oder gestresst fühlen. Ganz allgemein könnten Sie Ihr Selbstmitgefühl kultivieren.

Selbstmitgefühl

Zum Mitgefühl gehören die Sensibilität gegenüber dem Leiden, ein fürsorgliches Verhalten und der Wunsch zu helfen. Beim Selbstmitgefühl wenden wir all diese Prinzipien auf *uns selbst* an. Wissenschaftliche Studien belegen, dass das Selbstmitgefühl zahlreiche Vorteile besitzt, und etwa für weniger Selbstkritik und mehr Resilienz sorgt; zudem wird unser Selbstwertgefühl gestärkt, die Bereitschaft, Neues auszuprobieren, erhöht und ein gesunder Ehrgeiz gefördert. Mitgefühl auf sich selbst auszudehnen ist nicht mit Egozentrik gleichzusetzen. Tatsächlich bewirkt es in der Regel genau das Gegenteil. Wenn wir beispielsweise Schmerzen haben – vor allem wenn wir von anderen verletzt wurden –, neigen wir naturgemäß dazu, uns zu sehr mit

uns selbst zu beschäftigen. Der Balsam des Mitgefühls lindert die
Verletzungen und Verluste und senkt die gesteigerte Selbstbeob-
achtung, die häufig mit ihnen einhergeht – der Mensch nimmt
nun einmal vieles ausgesprochen persönlich. Selbstmitgefühl ist
auch nicht mit Selbstmitleid gleichzusetzen. Ersteres dauert in
der Regel nur einige Augenblicke, bevor wir zu aktiveren Formen der Bewältigung übergehen. In schwierigen Fällen steht das
Mitgefühl mit uns selbst am Anfang, doch ist es damit dann noch
nicht getan.

Manchem fällt es leicht, Mitgefühl für andere zu empfinden, das
Mitgefühl mit sich selbst fällt vielen hingegen schwer. Und genau da kommt das Gefühl der *gemeinsamen Menschlichkeit* ins
Spiel: Wir machen alle Fehler, wir alle leiden unter Stress, Sorgen
und Verletzungen und wir alle brauchen Mitgefühl. Das Leben
verabreicht uns allen Risse, wie schon Leonard Cohen geschrieben hat:

There is a crack, a crack in everything
That's how the light gets in

(Da ist ein Riss, ein Riss in allem,
der das Licht hereinlässt)

Das Bittere und das Süße

Mitgefühl ist bittersüß: bitter durch das Leiden und süß durch
die Zuwendung. Werden wir vom Leiden, auch dem eigenen,
überwältigt, ist es schwer, die Zuwendung aufrechtzuerhalten.
Versuchen Sie also, dem Süßen in Ihrem Geist mehr Raum zu geben als dem Bitteren, indem Sie sich beispielsweise auf Fürsorge,
Warmherzigkeit, Loyalität und Hilfsbereitschaft konzentrieren,
sie im Vordergrund des Gewahrseins halten, und das Schmerzhafte nur im Hintergrund wahrnehmen.

Drängen sich das Leiden sowie damit verbundene Gedanken und
Gefühle in den Vordergrund, versuchen Sie, sich eine Zeit lang

von ihnen zu lösen. Zentrieren Sie sich wieder in schlichten, geerdeten positiven Erfahrungen wie dem Gefühl Ihrer Füße auf dem Boden oder dem Blick aus dem Fenster. Suchen Sie das Gefühl Ihres eigenen starken und mitfühlenden Herzens; wenn Sie so weit sind, können Sie sich auch des Leidens wieder gewahr sein, allerdings immer im Zusammenhang mit dem Mitgefühl.

ZUM WEITERLESEN

Dein furchtloses Herz (Tara Brach)
Born to Be Good (Dacher Keltner)
Der achtsame Weg zum Selbstmitgefühl (Christopher Germer)
Wahre Liebe (Sharon Salzberg)
Say What You Mean (Oren Jay Sofer)
Selbstmitgefühl (Kristin Neff)
Du kannst mich einfach nicht verstehen (Deborah Tannen)

Eine Übung zum Selbstmitgefühl

Zusätzlich zum informellen Üben des Selbstmitgefühls können Sie es auch durch formellere Übungen als Merkmal kultivieren. Kristin Neff und Chris Germer etwa haben das umfangreiche und effektive »Mindful Self-Compassion«-Programm entwickelt. Sie können auch zum Thema Selbstmitgefühl meditieren. Dazu gibt es verschiedene Herangehensweisen; die folgende Übung finde ich persönlich sehr wirkungsvoll.

Seien Sie sich Ihres Atmens gewahr, suchen Sie sich das Gefühl des Wohlbefindens und Geerdetseins ... des Bei-sich-Seins ...

Vergegenwärtigen Sie sich das Gefühl, mit jemandem zusammen zu sein, dem Sie am Herzen liegen ... Erkennen Sie echte Zuwendung und öffnen Sie sich dann dem Gefühl, gern gehabt zu werden... Vergegenwärtigen Sie sich auch andere, denen Sie am Herzen liegen... Nehmen Sie das Gefühl, gern gehabt zu werden, in sich auf...

Vergegenwärtigen Sie sich jemanden, der Ihnen am Herzen liegt. Seien Sie sich der Lasten dieser Person gewahr, ihrer Verluste, vielleicht des Unrechts, das sie erlitten hat... ihres Schmerzes und Leids... spüren Sie Mitgefühl mit diesem Menschen... vielleicht mit stillen Gedanken wie: »Mögest du nicht leiden... Mögest du Arbeit finden... Möge deine medizinische Behandlung dir Erleichterung verschaffen«... vielleicht legen Sie dabei die Hand auf Ihr Herz. Es ist schön, wenn sich andere Gefühle ebenfalls zeigen, etwa Güte oder Liebe... Vielleicht vergegenwärtigen Sie sich noch andere Lebewesen und spüren dem Mitgefühl für sie nach... Spüren Sie, wie Sie mit dem Mitgefühl verschmelzen...

Jetzt, da Sie die Erfahrung des Mitgefühls kennen, wenden Sie sie auch auf sich selbst an. Seien Sie sich Ihrer eigenen Lasten, Verluste, Ungerechtigkeiten gewahr... Ihres Schmerzes und Leids... und empfinden Sie dann Mitgefühl mit sich selbst... Konzentrieren Sie sich dabei auf gute Wünsche für sich selbst, auf Gefühle der Wärme und Unterstützung, wobei das Gefühl des Leids zwar präsent ist, sich aber im Hintergrund Ihres Gewahrseins befindet... vielleicht mit stillen Gedanken wie: »Möge ich nicht leiden« oder etwas Konkreterem wie: »Möge ich mir nicht so viele Sorgen machen... Möge ich einen Partner finden... Möge ich meinen Frieden mit diesem Verlust machen«... vielleicht legen Sie dabei die Hand auf Ihr Herz oder an Ihre Wange... Vielleicht spüren Sie, wie das Mitgefühl verletzte, schmerzende, sehnsüchtige Stellen in Ihrem Inneren berührt... Das Mitgefühl sinkt in Sie ein... Sie empfangen das Mitgefühl in sich...

Wenn Sie mögen, können Sie sich selbst zu einem früheren Zeitpunkt in Ihrem Leben vorstellen, der vielleicht besonders schwierig für Sie war. Seien Sie sich der Herausforderungen gewahr, die

Ihr jüngeres Ich zu meistern hatte... wie sie Sie befielen, und wie sich das anfühlte... Und empfinden Sie dann Mitgefühl mit Ihrem jüngeren Ich... vielleicht visualisieren Sie sich dabei »dort«... schicken gute Wünsche, Verständnis, Wärme und Unterstützung... vielleicht mit bestimmten Gedanken, die Sie damals gern gehört hätten, etwa: »Das geht vorüber... Es ist nicht deine Schuld... Alles wird gut.« Vielleicht sinkt dieses Mitgefühl in jüngere Schichten in Ihrem Inneren... und vielleicht heilt es dabei alten Schmerz.

Lassen Sie nun jegliche Gedanken an das Leid los und verweilen Sie im Gefühl der allgemeinen Wärme und Liebe... des Atmens gewahr... die Dinge in Ihrem Geist kommen zur Ruhe... Sie fühlen sich wohl...

Niemanden auslassen

Bis vor rund 10 000 Jahren, als allmählich der Ackerbau aufkam, lebten unsere menschlichen und Werkzeuge herstellenden menschenähnlichen Vorfahren in kleinen Verbänden zusammen, die in der Regel mehrere Dutzend Mitglieder umfassten. Häufig konkurrierten diese Verbände um knappe Ressourcen miteinander. Verbände, die besser kooperierten und besser im Miteinander waren – bei denen Mitgefühl, Verbundenheit, Kommunikation, Teamwork, Vertrauen, Altruismus und Liebe also eine größere Rolle spielten –, gaben auch ihre Gene erfolgreicher weiter. Ebenso allerdings gaben auch Verbände, die besser im Fürchten und Bekämpfen Außenstehender waren – bei denen also Misstrauen, Geringschätzung, Feindseligkeit und Rachegelüste eine nicht unerhebliche Rolle spielten –, ihre Gene erfolgreicher weiter. Die Vorzüge beider Arten von Fähigkeiten – des »Wir«-Gefühls ebenso wie des »Die-anderen«-Gefühls – haben die Entwicklung des Gehirns in den letzten paar Millionen Jahren entscheidend vorangetrieben.

Zwei Wölfe

Folglich wohnen, um eine Parabel zu paraphrasieren, im Herzen eines jeden Menschen zwei Wölfe, der Wolf der Liebe und der Wolf des Hasses, und alles hängt davon ab, welchen wir täglich füttern. Der Wolf des Hasses ist Teil unserer Natur. Wir können ihn nicht töten, und ihn zu hassen füttert ihn nur. Außerdem besitzt er Eigenschaften, die uns manchmal recht nützlich sind. Wut gibt uns Energie und wirft ein grelles Licht auf Misshandlung und Ungerechtigkeit. Viele Menschen wurden für ihre mehr als angebrachte Wut bestraft – auch von systemimmanenten gesellschaftlichen Kräften – oder sie haben versucht, sie zu unterdrücken. Wir müssen der Wut in unserem Inneren Raum geben und verstehen, warum wir wütend sind. In ähnlicher Weise müssen wir auch der Wut in anderen Raum geben und verstehen, warum sie wütend sind – vielleicht auf uns.

Trotz alledem ist die Wut eine verführerische und mächtige Kraft. Die meisten Menschen mögen es nicht, wenn sie sich ängstlich, traurig oder verletzt fühlen, ein explosionsartiger Wutausbruch aber kann sich sehr gut anfühlen: »Das ist allein deine Schuld ... *natürlich* bin ich stinksauer auf dich ... das hast du dir redlich verdient!« Im Gehirn ist Wut mit der Freisetzung von Dopamin und Noradrenalin verbunden, weshalb sie sich auch so gut anfühlt. Sie kann uns aber auch zum Taumeln bringen und uns dazu verleiten, Entscheidungen mit dauerhaften Konsequenzen zu treffen. Seine Wut an jemandem auszulassen ist wie das Werfen mit heißen Kohlen – dabei werden beide verbrannt. Die meisten meiner Beziehungsfehler begannen mit meiner Wut.

Dennoch ist Wut an sich kein böser Wille – der Wille zu verletzen, niederzureißen und zu zerstören. Wenn die Wut die gelbe Karte ist, dann ist böser Wille die rote. Dieser Aspekt des Hasswolfs ist heimtückisch und sehr mächtig. Es ist so leicht, gekränkt zu sein und anschließend gehässig und rachsüchtig. Oder sich in Bezug auf andere geringschätzig zu verhalten: Sie sind nicht wichtig, wir können sie benutzen, wir müssen keine Rücksicht auf sie nehmen. Martin Buber beschrieb zwei grundlegende Arten von Beziehungen: Ich-Du-Beziehungen und Ich-Es-Beziehungen. Sehen wir andere als ein »Es« im Verhältnis zu unserem »Ich«, können wir sie leicht übersehen, verwerfen oder ausbeuten. Denken Sie einmal darüber nach, wie es sich anfühlt, von anderen »ge-Es-t«, also wie jemand behandelt zu werden, der nicht wichtig, der nur Mittel zum Zweck ist. So fühlen sich die anderen, wenn wir sie »Es-en«. In der gesamten Geschichte und auch in der Welt heute ist das zerstörerische Potenzial des Hasswolfs offensichtlich, ob nun in Zweierbeziehungen, Gruppen oder ganzen Nationen.

Wir können diesen Teil unserer selbst nicht entfernen. Aber wir können uns hinsichtlich seiner Ursprünge und seiner Macht bewusst machen, wie schnell der Hasswolf herumschnüffeln und nach jemandem schnappen kann. Und wir können ihn zügeln und lenken – während wir den Wolf der Liebe füttern.

Den Kreis des »Wir« erweitern

Sobald wir zwischen einer Gruppe und einer anderen unterscheiden, schlittern wir leicht darauf zu, »uns« zu bevorzugen und auf »die anderen« herabzublicken. Tatsächlich kann das gesteigerte Gefühl der Wärme und Loyalität »uns« gegenüber, das die Oxytozinaktivität im Gehirn erhöht, das Misstrauen und die Feindseligkeit »den anderen« gegenüber fördern. Im Extremfall schrumpft der Kreis des »Wir« auf einen einzigen Menschen zusammen. Ich habe beispielsweise schon mit Paaren gearbeitet, bei denen jeder auf seiner eigenen Insel isoliert war. Im Gegensatz dazu kann sich der Kreis des »Wir« aber auch auf die ganze Welt ausdehnen.

Während die Erde uns Nahrung und Luft und alles, was wir brauchen, schenkt, widme ich mein Herz der Fürsorge für andere, bis alle das Erwachen erlangen. Möge liebende Güte zum Wohl aller fühlenden Wesen in mir entstehen.

MAUREEN CONNOR

Mithilfe von Übungen – beispielsweise der folgenden Meditation – können wir jedes Wesen irgendwie als »wie ich« betrachten: »Wie ich verspürst auch du Schmerz; wie ich hast auch du Hoffnungen; wie ich wirst auch du eines Tages sterben.« Wenn wir unser Gefühl der Verbundenheit ausdehnen, regen Interaktionen mit anderen die Belohnungsaktivität der Nerven an; und je lohnender sich diese Interaktionen anfühlen, desto besser behandeln wir die anderen. Der Kreis des »Wir« kann die gesamte Menschheit umfassen (und wenn Sie möchten, die Gesamtheit des Lebens), die sich bald auf acht Milliarden auf einem zunehmend überhitzten Planeten belaufen wird. Selbst wenn genug Menschen so empfinden würden, gäbe es immer noch Konkurrenzdenken und Konflikte. Doch wir würden einander nicht mehr zerreißen und wir würden vom Standpunkt der Güte aus leben, die die ganze Welt in unser schrankenloses Herz schließt und niemanden auslässt.

WIR ALLE

Vergegenwärtigen Sie sich eine Gruppe von Menschen, der Sie sich mühelos zugehörig fühlen können, etwa ein paar Freunde oder einige Arbeitskollegen. Führen Sie sich ein »Wir«-Gefühl vor Augen ... spüren Sie in Ihrem Körper nach, wie es sich anfühlt, Teil einer Gruppe zu sein ... Wenn Sie wissen, wie sich das »Wir« anfühlt, beginnen Sie, den Kreis auszudehnen. Fangen Sie mit Einfachem an, etwa mit Wohltätern, geliebten Menschen und Freunden ... Dehnen Sie ihn auf immer mehr Menschen aus, bei denen Ihnen das »Wir«-Gefühl leichtfällt.

Dehnen Sie den Kreis nun auch auf neutrale Personen aus. Führen Sie sich die Gemeinsamkeiten, die Sie mit diesen Personen haben, vor Augen ... Sagen Sie sich vielleicht still: »Wie ich so liebt auch ihr eure Kinder ... Wie ich braucht auch ihr Wasser, um euren Durst zu löschen ... Wie ich so wollt auch ihr leben« ... Konzentrieren Sie sich weiter auf ein simples »Wir«-Gefühl, das immer mehr Menschen umfasst.

Schließen Sie nun auch Menschen ein, mit denen Sie so Ihre Schwierigkeiten haben ... Suchen Sie nach Gemeinsamkeiten mit Menschen, mit denen Sie nicht einer Meinung sind ... die Sie nicht mögen ... Dabei geben Sie nicht Ihre Ansichten auf ... Das Ausdehnen des »Wir«-Gefühls auf Menschen, die Sie schwierig finden, kann Ihnen dabei helfen, ruhiger zu werden ... sich über weitere Schritte klarer zu werden ...

Dehnen Sie nun den Kreis allmählich immer weiter aus ... auf alle in Ihrer Umgebung ... auf alle in Ihrem Land lebenden Menschen ... auf jeden einzelnen Menschen auf Erden aus dem einen Kreis der Menschheit ... auf unsere gesamte Menschheit ... Schließen Sie Schritt für Schritt alles Lebendige mit ein ... die Tiere ... die Pflanzen ... die Großen und die winzig Kleinen ... alle lebenden Wesen ... ein einziger großartiger Kreis des Lebens ... in der Ruhe des »Wir alle« verweilend ...

Bewährte Praxis

Wenn Sie Ihren Tag beginnen, nehmen Sie sich ganz bewusst und von Herzen vor, heute anderen zu helfen und zu ihrem Wohl ebenso wie zu Ihrem eigenen zu üben. Sie könnten sich zum Beispiel vornehmen: »Ich werde heute sehr liebevoll sein« oder »Mögen meine Übungen anderen nützlich sein« oder »Zum Wohle aller Wesen möchte ich in diesem Leben erwachen«.

Vielleicht spüren Sie eine grundlegende Liebe, die Ihnen (und anderen) zu eigen ist. Wie fühlt es sich an, in dieser angeborenen Güte und Zuwendung zu verweilen? Wenn Sie Aspekte der Liebe wie beispielsweise Mitgefühl erleben, lassen Sie sich von diesen Gefühlen durchdringen. Spüren Sie nach, wie Sie Liebe ausstrahlen, wie ein Ofen, der an einem kalten Tag Wärme ausstrahlt und anderen Menschen Wärme schenkt. Es ist ganz natürlich, von anderen beeinflusst zu werden, doch im Grunde gehört Ihre Liebe *Ihnen* und strahlt frei nach außen ab.

Wählen Sie einen Bereich Ihres Lebens aus, beispielsweise die Arbeit oder etwas Spezifischeres wie ein Projekt. Stellen Sie sich die folgenden Fragen: Zielen meine Bemühungen auf das wirklich *Förderliche* für mich und andere ab? Benutze ich dafür die *geeigneten Mittel*? Kann ich mit allem, was geschieht, meinen *Frieden* machen? Überlegen Sie anschließend, ob Sie irgendetwas ändern möchten.

Schließen Sie in Ihre Meditation einige Übungen zu Mitgefühl und Güte ein. Beschwören Sie ganz bewusst warmherzige Gefühle für andere herauf und konzentrieren Sie sich als Gegenstand Ihrer Aufmerksamkeit auf sie. Sie können auch das Metta-Sutta leise für sich aussprechen und gedanklich bei einigen Worten oder Sätzen verweilen.

Versuchen Sie, einen Tag oder zumindest eine Stunde lang ausschließlich rechtes Reden zu praktizieren: Sprechen Sie mit guter Absicht, wahr, positiv, nicht barsch, dem Zeitpunkt angemessen und – wenn möglich – wenn es vom Gegenüber erwünscht ist. Achten Sie dabei insbesondere auf den Ton. Wenn Sie möchten, können Sie dies bei einem Menschen ausprobieren, mit dem Sie weniger gut zurechtkommen.

Suchen Sie sich Menschen aus, die Sie nicht kennen, beispielsweise in der Schlange an der Supermarktkasse, und widmen Sie ihnen im Geiste einige Augenblicke des Mitgefühls und der Güte.

Vergessen Sie auch das Selbstmitgefühl nicht. Wenn Sie sich gestresst oder überfordert fühlen, halten Sie einen Moment lang inne und schenken Sie sich selbst Zuwendung und Unterstützung. Räumen Sie dem Selbstmitgefühl einen großen Stellenwert ein.

Niemand verdient es, misshandelt zu werden. Dennoch geschieht dies unweigerlich jedem. Niemand ist so besonders, dass er oder sie dem entkäme. Das heißt nicht, dass ich Misshandlungen herunterspiele, sie sollen lediglich aus einer umfassenderen Perspektive gesehen werden – weniger persönlich genommen und aus Sicht der gemeinsamen Menschlichkeit betrachtet werden, da so viele andere Lebewesen ebenfalls misshandelt wurden. Dies kann helfen, angemessene Schritte zu unternehmen.

Achten Sie darauf, ob ein anderer Mensch für Sie ein Du oder ein Es ist. Sollten Sie jemanden als Es betrachten, versuchen Sie, sich diesen Jemand als ganzen Menschen vorzustellen, der in vielen wichtigen Dingen wie Sie ist. Und sollten Sie das Gefühl haben, von jemandem »ge-Es-t« zu werden, überlegen Sie, wie Sie darauf reagieren könnten – wobei Sie jedoch immer friedfertig, freundlich und furchtlos bleiben.

5

In Fülle verweilen

Wenn die Umstände des Lebens uns anwehen,
bietet ein Geist, der unerschüttert, makellos,
unbekümmert und fest ist,
den größten Schutz.

SUTTA NIPĀTA 2,4

In diesem Kapitel beschäftigen wir uns mit dem, was ich als Herz von Buddhas eigenem Erwachen begreife: der Befreiung vom Begehren, der Ursache des Leidens. Wir können Buddhas Lehre statt als vier Wahrheiten auch als vier *Aufgaben* auffassen:

* Das Leiden verstehen
* Sich vom Begehren lösen
* Das Erlöschen des Begehrens und Leidens erfahren
* Den Pfad des Erwachens beschreiten

Daraus ergeben sich genügend Gelegenheiten, um ein ganzes Leben lang zu üben! Wir werden ihnen im Laufe dieses Buchs noch begegnen, doch im Folgenden werde ich mich auf die ersten beiden konzentrieren.

Im Keller des Geistes

Das Leiden wirklich zu verstehen erfordert viel mehr, als nur eine vage Vorstellung davon zu haben. Es bedeutet, es sowohl in uns selbst als auch in anderen mit Respekt und offenem Herzen anzuerkennen, ob es nun nur unterschwellig vorhanden oder mit Qualen verbunden ist. Manchmal ist es offensichtlich und drückt sich in rasenden Kopfschmerzen, der Sorge um die kranke Mutter oder im vertrauten Schatten der Antriebslosigkeit oder Depression aus. Viel öfter aber liegt das Leiden tief in uns verborgen, in ältere Schichten der Psyche eingebettet.

In jüngeren Jahren

In seinen allerersten Lebensjahren ist der Mensch ganz besonders verletzlich. Das liegt zum einen daran, dass der primäre nervliche Auslöser von Stress- und Angsterfahrungen – die Amygdala – bei den meisten Menschen bereits vor der Geburt voll ausgebildet ist. Schon von unserem ersten Atemzug an wartet die

»Alarmglocke« in unserem Gehirn also gewissermaßen darauf, endlich laut schrillen zu dürfen. Andererseits aber ist ein nahe gelegener Teil des Gehirns, der unter anderem die Aufgabe hat, die Amygdala zu beruhigen – der Hippocampus –, erst um unseren dritten Geburtstag herum voll ausgereift. Der Hippocampus ist in erster Linie für das *episodische Gedächtnis* zuständig, also für spezifische Erinnerungen an persönliche Erlebnisse – dass er so langsam reift, ist der Grund dafür, dass wir uns an unsere frühesten Jahre kaum erinnern können. Zudem signalisiert er dem Hypothalamus, keine weitere Ausschüttung von Stresshormonen mehr in Gang zu setzen (»Halt – wir haben genug!«). Die Kombination aus gefechtsbereiter Amygdala und spät reifendem Hippocampus macht es kleinen Kindern doppelt schwer: Sie sind leicht erregbar, während es ihnen gleichzeitig an inneren Ressourcen mangelt, sich zu beruhigen und die Dinge ins richtige Verhältnis zu rücken. Ein weiterer Grund dafür, dass wir in jungen Jahren so verletzlich sind, besteht darin, dass die *rechte Hemisphäre* unseres Gehirns im Laufe unserer ersten 18 Lebensmonate einen Entwicklungsvorsprung hat. Und in dieser Hälfte des Gehirns wird überwiegend die Wahrnehmung von Gefahren, schmerzhaften Emotionen und Vermeidungsverhalten (Rückzug, Sich-tot-Stellen) verarbeitet – was die negativen Effekte der Amygdala-Hippocampus-Kombination noch verstärkt.

Also brauchen alle kleinen Kinder *externe* Quellen der Beruhigung, des Trosts und der Fürsorge. Doch leider stellt diese Zeit – die frühe Entwicklungsphase des Kindes – für viele Eltern eine Zeit der Belastung, der mangelnden Unterstützung und manchmal sogar der Depressionen dar. Unsere ersten Lebensjahre sind also unweigerlich mit einem besonders anfälligen Nervensystem verknüpft und zudem auch noch die Jahre, in denen die Grundsteine der Psyche gelegt werden.

Die Gefühle, Empfindungen und Sehnsüchte, die wir als kleine Kinder haben, werden in den Speichern des *impliziten Gedächtnisses* abgelegt, aber von expliziten Erinnerungen an die Situationen, in denen sie auftraten, getrennt. Und dieses tief vergrabene Material lebt weiter – bis in die Gegenwart hinein. Es kann von Auslösern reaktiviert werden, die auch damals präsent waren, beispielsweise von dem Gefühl, nicht gehört, nicht gesehen, nicht umsorgt zu werden. In der späteren Kindheit und im Erwachsenenalter kann etwas ganz Ähnliches im Zusammenhang mit traumatischen Erfahrungen stattfinden. Die schmerzhaften Rückstände bestimmter Erlebnisse können sich in den Netzen des emotionalen Gedächtnisses verfangen, allerdings ohne Kontext und ohne Perspektive. Das Bewusstsein mag vergessen, doch, wie es Babette Rothschild ausdrückte, der Körper erinnert sich.

Das Leiden liegt tief in unserem Inneren verborgen. Es allein durch Achtsamkeit und Meditation bewältigen zu wollen kann zu dem führen, was John Welwood als *spirituelle Umgehung* bezeichnete – und zum Scheitern des Versuchs, das Leiden mitsamt seinen tiefsten Überresten wirklich zu verstehen. Das Material ist in körperliche Erinnerungssysteme eingebettet, die darauf ausgelegt sind, an ihren Inhalten festzuhalten. Es zutage zu fördern und zu bewältigen bedarf der konzentrierten Anstrengung, wie sie sicherlich mit der Achtsamkeit und dem Selbstmitgefühl einhergeht – mit einem ruhigen Geist und Warmherzigkeit –, doch haben sich hier auch bestimmte Methoden wie beispielsweise verschiedene Formen der Psychotherapie und Selbsthilfe als nützlich erwiesen (siehe dazu auch die Anmerkungen). Es gibt tatsächlich Mittel und Wege, Licht ins Dunkel des »Geisteskellers« zu bringen, und wenn wir wirklich verstehen wollen, was Leiden ist, sollten wir sie auch nutzen.

Leiden mildern und ersetzen

Eine Möglichkeit, die Sie auf eigene Faust erkunden könnten, ist Schritt 4 der in Kapitel 3 erläuterten Selbstheilungsmethode (siehe S. 65), bei dem Sie das negative Material mit positiven Erfahrungen verbinden und Ihr Leid so mildern und schließlich sogar ersetzen. Sie könnten sich beispielsweise auf das Gefühl konzentrieren, zu einer Gruppe von Freunden zu gehören, während sich ganz am Rand Ihres Gewahrseins das traurige Gefühl befindet, als Kind ausgeschlossen gewesen zu sein. Das Gehirn neigt dazu, das Positive mit dem Negativen zu verbinden und diese positiven Assoziationen dann gemeinsam mit dem Negativen in den Erinnerungsnetzwerken abzuspeichern. Mindestens eine Stunde lang, nachdem das negative Material das Gewahrsein verlassen hat, existiert ein *Rekonsolidierungsfenster*, in dem das Material neurologisch instabil ist. In dieser Zeit können Sie die »Neuverdrahtung« von negativem Material und Gehirn unterbrechen, indem Sie sich hin und wieder ausschließlich auf das positive Material konzentrieren. Selbst wenn Sie das nur ein paar Sekunden lang tun, stellt die Wiederholung doch sicher, dass im Garten Ihres Geistes das Unkraut mit der Zeit durch Blumen ersetzt wird.

Das negative Material könnte aus Gedanken, Gefühlen, Empfindungen, Wünschen, Bildern, Erinnerungen oder einer Kombination aus alldem bestehen. Durch das Verbinden mit positivem Material leugnen Sie das Negative nicht. Im Gegenteil: Sie akzeptieren es so, wie es ist, während Sie ihm – und sich – gleichzeitig Trost, Perspektive, Ermutigung und andere Formen der Unterstützung schenken, so, wie Sie einen Freund, der leidet, unterstützen würden.

Das negative Material könnte etwas sein, das Ihnen als Kind oder Erwachsener *gefehlt* oder das Sie verletzt hat. Die Abwesenheit von Gutem kann ebenso verletzen wie die Anwesenheit von Schlechtem. Ich bin in der Schule von anderen Kindern nicht aktiv schlecht behandelt worden, fühlte mich als für mein Alter kleiner, ruhiger und stark gehemmter Junge aber oft von Gleichaltrigen ausgeschlossen und häufig unwillkommen. Das hat ein schmerzhaftes Loch in meinem Herzen hinterlassen, das ich nach und nach mit zahlreichen Erfahrungen des Erwünscht- und Geschätztseins gefüllt habe, die oft zwar kurz, aber trotzdem real waren. Ein anderer fühlt sich vielleicht von seinen Eltern oder Menschen im Stich gelassen, die eigentlich Beschützer oder

Verbündete hätten sein sollen. Wenn Sie also Ihrem eigenen Leiden nachspüren, sollten Sie auf jeden Fall auch in Betracht ziehen, was Ihnen gefehlt hat oder noch immer fehlt.

Um Negatives mit Positivem zu verbinden, sollten Sie sich zuerst das Negative vergegenwärtigen, indem Sie es beispielsweise als »die Erinnerung daran, wie mein Chef mich angebrüllt hat« oder »das Gefühl des Verletztseins« benennen. Suchen Sie sich anschließend etwas Positives, das das Negative lindern und mit der Zeit sogar ersetzen könnte. Das Gefühl der Stärke in der Ruhe etwa hilft gut bei Ängsten oder Hilflosigkeit, die Dankbarkeit für das Gute in Ihrem Leben hilft bei Traurigkeit und Verlust. Und das Gefühl, wertgeschätzt oder gemocht zu werden, hat sich bei dem Gefühl des Verlassenseins sowie bei Schamgefühlen bewährt. Beim Verbinden des Negativen mit Positivem wird das Negative klein und ganz am Rand Ihres Gewahrseins gehalten, während sich das Positive groß im Vordergrund befindet. Sie können Ihre Aufmerksamkeit aber auch rasch zwischen beidem wechseln lassen. Drängt sich das Negative in den Vordergrund, lassen Sie es los und konzentrieren Sie sich ausschließlich auf das Positive.

Wenn Sie im Laufe des Tages ohnehin etwas Positives erleben, können Sie sich auch vorstellen, wie dieses Positive passendes negatives Material berührt, aufweicht und erträglicher macht. (Welche Arten von positiven Erfahrungen am besten zu bestimmtem negativem Material passen, erfahren Sie später in diesem Kapitel.) Vielleicht stellen Sie sich vor, wie förderliche Gedanken und Gefühle die schmerzenden, sehnsüchtigen Stellen in Ihnen füllen. Oder Sie stellen sich vor, wie die klugen, liebenden Anteile in Ihnen mit Kindanteilen in Ihnen kommunizieren. Sie können aber auch ganz bewusst positive Erfahrungen erzeugen und sie mit negativem Material verbinden – wie in der folgenden Übung.

NEGATIVES MIT POSITIVEM VERBINDEN

Bevor Sie mit der Übung beginnen, vergegenwärtigen Sie sich zunächst sowohl das negative Material als auch das positive, das dieses möglicherweise lindern könnte. Nehmen Sie sich beim Vergegenwärtigen des Positiven vor allem Zeit für die Schritte 2 und 3 der für den Lernerfolg so wichtigen Installierungsphase (Anreichern und Aufnehmen der Erfahrung, siehe S. 64 f.).
Je intensiver oder traumatischer das negative Material ist, desto wichtiger ist es, dass Sie langsam vorgehen und auf sich achtgeben; suchen Sie sich bei Bedarf auch professionelle Hilfe. Meine Vorschläge unten basieren auf der Annahme, dass Sie das schmerzhafte Material erkunden können, ohne davon überwältigt zu werden. Sollte das jedoch nicht der Fall sein, brechen Sie die Übung bitte ab und konzentrieren Sie sich auf das, was Sie in Ihre Mitte bringt und tröstet. Weitere Details zum Verbinden von negativem mit positivem Material finden Sie in meinem Buch *Denken wie ein Buddha*.

1. Machen Sie eine positive Erfahrung oder erkennen Sie sie, wenn Sie sie bereits machen. Erinnern Sie sich an Zeiten oder Orte, in beziehungsweise an denen Sie die Erfahrung gemacht haben. Lassen Sie sie in Ihrem Geist ganz präsent sein.

2. Reichern Sie die Erfahrung an, indem Sie bei ihr bleiben ... und sie in Ihrem Körper spüren.

3. Nehmen Sie das positive Material in sich auf, indem Sie spüren, wie es Sie wie ein warmer, wohltuender Balsam durchdringt ... und indem Sie sich des Angenehmen, das mit dem positiven Material verbunden ist, gewahr sind.

4. Verbinden Sie das positive Material, indem Sie sich nur der *Idee* des negativen Materials gewahr sind, während Sie das Positive groß im Vordergrund Ihres Gewahrseins halten ...

Als Nächstes ist das Negative etwas präsenter, aber immer noch am Rand Ihres Gewahrseins, während sich das Positive weiterhin groß im Vordergrund befindet … Spüren Sie nun nach, wie es ist, wenn Sie das Positive in Kontakt mit dem Negativen bringen, wie ein lindernder Balsam, der sich auf die verletzten Stellen in Ihrem Inneren legt. Dabei steht das Positive immer mehr im Vordergrund und ist kraftvoller. Lassen Sie nach einigen Atemzügen oder länger das Negative los und verweilen Sie ausschließlich im Positiven.

Bedeutet Leben Leiden?

Ein zentraler buddhistischer Lehrsatz wird im Allgemeinen mit »Alles Bedingte ist leidvoll« übersetzt, wobei »bedingt« in diesem Zusammenhang bedeutet, dass etwas aufgrund von verschiedenen Ursachen existiert, also nicht aus dem Nichts heraus entstanden ist. Ein Stuhl aus Holz beispielsweise ist das Ergebnis zahlreicher Faktoren, etwa der Bäume, aus denen er gefertigt wurde, und der Menschen, die ihn gefertigt haben. Ebenso sind die Empfindungen des Atmens das Ergebnis zahlreicher Faktoren, etwa des Schaltkreises des Nervensystems und ob Sie gerade tief eingeatmet haben. Diese Ursachen sind ihrerseits durch ihre eigenen Ursachen bedingt … sodass sich letztlich alles auf das gesamte Universum und auf alle Zeit ausdehnt.

Doch ist alles Bedingte tatsächlich leidvoll? Ich glaube nicht. Wenn wir das Leiden wirklich verstehen wollen, wenn wir uns dieser Aufgabe widmen und diese Gelegenheit ergreifen wollen, müssen wir uns diesen Lehrsatz genauer vor Augen führen und herausfinden, inwiefern er der Wahrheit entspricht. Deshalb möchte ich Ihnen im Folgenden verschiedene Versionen davon näherbringen.

Nimmt man sie wörtlich, kann die Aussage »Alles Bedingte ist leidvoll« nicht wahr sein. Nicht *alles* Bedingte kann leidvoll sein. Leid ist eine *Erfahrung*. Ein Stuhl ist etwas Bedingtes – ein physischer Gegenstand –, das keine Erfahrung machen und keine Erfahrung sein kann. Es wäre also falsch zu sagen: »Alle Stühle sind leidvoll.«

Eine verwandte Version der Aussage lautet: »Das Leben ist leidvoll«. Tatsächlich? Erfahrungen – zumindest in dem Sinn, in dem das Wort normalerweise gebraucht wird – erfordern ein Nervensystem. Pflanzen und Mikroben haben aber kein Nervensystem; folglich können sie keine Erfahrungen machen und auch nicht leiden. Knochen, Blut und Nervenzellen leiden ebenfalls nicht. Und dabei geht es nicht nur um die Semantik: Das Leiden ist in physischen Gegenständen oder im Leben als Ganzem nicht vorhanden. Das meiste Bedingte leidet *nicht*. Es ist schon ein seltsames und befreiendes Gefühl, wenn man plötzlich feststellt, dass das Leiden nur einen kleinen Teil aller existierenden Dinge ausmacht.

Nehmen wir einmal an, der Begriff »Bedingtes« bezöge sich lediglich auf unsere Erfahrungen und nicht auf physische Gegenstände wie Stühle. Dann könnte eine weitere Version der Aussage »Alle menschliche Erfahrung ist leidvoll« lauten. Doch stimmt *das*?

Es gibt Zeiten, in denen der Geist voller körperlichem Schmerz, voller Trauer, Angst, Wut, Depression oder anderen überwältigenden leidvollen Dinge ist. Ich habe solche Zeiten selbst erlebt; dann hat es den Anschein, außer Leid gäbe es nichts anderes. Es gibt unzählige Menschen, die jeden Tag Schmerz, Krankheit, Verlust, Behinderung, Armut, Hunger oder Ungerechtigkeit ertragen müssen. Von einem Augenblick auf den nächsten kann etwas geschehen – ein Autounfall, der Verrat eines vertrauten Menschen –, das unser gesamtes Leben verändert. Wir sind sicherlich von Leid umgeben, und meist, wenn nicht immer, befindet es sich auch in unserem Inneren. Das Mitgefühl ruft uns dazu auf, das Leiden, wo immer wir können, zu lindern. Aber dennoch: Sind wirklich *alle* menschlichen Erfahrungen leidvoll? Leid ist deshalb so wichtig, weil es eine bestimmte Art von Erfahrung ist – nämlich eine unangenehme; und aus diesem Grund muss es auch andere Arten von Erfahrungen geben. Das Vergnügen, in einen saftigen Pfirsich zu beißen, ist an sich nicht leidvoll. Ebenso wenig sind es Tugend, Weisheit und Konzentration. Das Gewahrsein *an sich* ist nicht leidvoll. Zur menschlichen Erfahrung gehören sicherlich auch Angst und Trauer, doch sind sie nicht alles. Zudem ist jede Erfahrung, auch eine schmerzliche, hochverpixelt, sie besteht also aus vielen Elementen, so, wie ein Gemälde aus vielen einzelnen Pinselstrichen besteht. Und die meisten dieser Elemente sind an sich nicht leidvoll. Die Rotheit des Rot, das Wissen, dass eine Kugel rund ist ... nichts von alledem ist an sich leidvoll.

Das klingt jetzt recht akademisch, doch wenn wir übersehen, was *nicht* leidvoll ist, können wir auch nicht wirklich verstehen, *was* es ist. Und dann übersehen wir auch Erfahrungen und Mittel, die wir sowohl zur Steigerung von Gesundheit und Wohlbefinden als auch zur Minimierung des Leidens nutzen könnten. Das Leiden in sich selbst und anderen anzuerkennen öffnet das Herz und motiviert zum Üben. Doch diesem guten Zweck dient es andererseits auch nicht, wenn wir das Leiden übertreiben.

Sehen wir also noch genauer hin und nehmen folgende Aussage unter die Lupe: »In allen menschlichen Erfahrungen – selbst in der Liebe, in der Schönheit und in der Inspiration – steckt immer auch Leidvolles.« Das scheint schon erheblich näher an der Wahrheit zu sein; aber *warum* finden sich auf der Leinwand unseres Bewusstseins immer auch Pinselstriche des Leidens?

Hier ist es hilfreich, Leiden in einem größeren Zusammenhang zu sehen, als »das, was unzureichend oder *unbefriedigend* ist«. Allerdings wuchert auch in dieser Aussage noch ziemlich viel Gestrüpp, das beseitigt werden muss. Im unmittelbaren Augenblick einer Erfahrung – vielleicht nehmen wir den Duft von Zimt wahr oder freuen uns über eine getane Arbeit – sind Duft und Freude schlicht das, was sie sind, und *an sich* nicht unbefriedigend. Manche sagen, es sei das unausweichliche Enden – die Unbeständigkeit – aller Erfahrungen, das sie letztlich immer unbefriedigend macht. Jedoch *kann Unbeständigkeit allein nicht das Problem sein*, da manche Formen der Unbeständigkeit durchaus willkommen sind; die Unbeständigkeit des Schmerzes etwa schafft Raum für Wohlbefinden. Und selbst wenn es ein Verlust ist, wenn der Augenblick einer bestimmten Erfahrung endet, wird dieser doch durch den Gewinn des neuen Augenblicks, der folgt, ausgeglichen.

Ja, da keine Erfahrung von Dauer ist, kann auch keine dauerhaft befriedigend sein. Das allerdings wird nur zum Problem, *wenn wir versuchen, an der Erfahrung festzuhalten.* Leid, Stress und Unzufriedenheit liegen weder in der Erfahrung an sich begründet noch in ihrer Unbeständigkeit. Sie wurzeln in dem Versuch, an der Erfahrung *festzuhalten.* Was genau bedeutet das? Es bedeutet, dass körperlicher und emotionaler Schmerz im Leben zwar unvermeidbar und dass alle Erfahrungen vergänglich sind, dass wir darunter aber nicht zwangsläufig leiden *müssen* – wenn wir lernen, loszulassen statt festzuhalten.

Aber wie geht das?

Zwei Arten des Festhaltens

Es gibt zwei Arten des Festhaltens. Zum einen neigen wir dazu, an dem festzuhalten, was Buddha die vier Gegenstände des Anhaftens nannte:

- Sinnliches Anhaften (Festhalten am Vergnügen, aber auch Vermeiden von Schmerz)
- Anhaften an Ansichten (Meinungen, Überzeugungen, Erwartungen)
- Anhaften an Riten und Ritualen (heute ausdehnbar auf Regeln und Routinen)
- Anhaften am Glauben an eine feste Persönlichkeit

Dazu ein Beispiel: Sie haben Lust auf ein Eis, doch die Packung im Gefrierfach ist leer; Sie sind der festen Überzeugung, dass niemand die Packung leer machen sollte, ohne Sie vorher zu fragen, ob Sie auch ein Eis wollen; Sie wollen eine diesbezügliche Regel in Ihrem Haus aufstellen und ärgern sich darüber, dass jemand »Ihr« Eis aufgegessen hat. Diese Art des Festhaltens ist eine Form des Begehrens, die wir achtsam beobachten können. Wie alles andere beim Gewahrsein steigt das Begehren an und nimmt danach wieder ab – es verhält sich wie Flut und Ebbe. Durch regelmäßiges Üben fällt Ihnen das Loslassen mit der Zeit immer leichter, der Wunsch festzuhalten lässt nach. Dieses Thema zieht sich durch das gesamte Buch, das Sie in Händen halten. Und wie wir in der zweiten Hälfte dieses Kapitels noch sehen werden, können Sie sich auch *bereits erfüllt und zufrieden* fühlen, bereits entspannt und deshalb weniger geneigt, an irgendeinem Augenblick festzuhalten. Selbst in ihrer intensivsten Ausprägung ist diese erste Art des Festhaltens nur ein Teil des Bewusstseins, nicht das ganze Bewusstsein. Mit zunehmender Übung lässt diese Art des Festhaltens allmählich nach.

Es gibt jedoch noch eine zweite Art des Festhaltens, und diese ist dem Leben selbst inhärent. Unser Nervensystem versucht ständig, extrem dynamische und miteinander verschaltete Vorgänge zu stabilisieren und in Segmente einzuteilen. Um das Leben in dem Körper, den es bewohnt, aufrechtzuerhalten, versucht das Nervensystem fortwährend, an den Aktivierungsmustern festzuhalten, die jedem Augenblick der Erfahrung zugrunde liegen… selbst wenn sich diese ständig auflösen und in etwas anderes verwandeln. Ist der Geist ruhig, kann man dies klar sehen. Dieses Festhalten bringt eine anhaltende unterschwellige Anspannung hervor, die auch eine Form von Leid ist. Diese Anspannung ist nicht das Einzige, das wir erleben, aber sie ist Teil alles Erlebten. In diesem ganz speziellen Sinn ist das Leiden tatsächlich ein inhärentes Merkmal unseres Lebens. Da sie in unserer Biologie wurzelt, können wir uns der Anspannung zwar nicht entledigen, doch wir können sie verstehen, was uns Klarheit und Ruhe verschafft. Wenn wir diese Eigenschaft des Nervensystems zudem akzeptieren und ihr uns nicht widersetzen, häufen wir nicht noch zusätzliches Leid auf das ohnehin schon vorhandene. Diese Art des Festhaltens ist dem Gehirn nun einmal zu eigen – in diesem Leben gibt es immer irgendwo irgendeine Anspannung. Doch inmitten der Anspannung und um sie herum gibt es so viele andere Dinge, Dinge wie ein offenes Herz, die ungestörte Weite des Gewahrseins und die Dankbarkeit für das existierende Gute.

Die Ursachen des Begehrens

Die erste Art des Festhaltens besteht in dem Begehren, das den Großteil unseres Leidens verursacht. Das wirft eine wirklich wichtige Frage auf: Was verursacht unser Begehren?

> So, wie ein gefällter Baum wieder wächst,
> wenn die Wurzeln unbeschädigt und kräftig sind,
> so keimt auch das Leid wieder und wieder,
> bis die Neigung zu begehren mit den Wurzeln
> ausgerissen ist.
>
> DHAMMAPADA 338

Drei Ursachen des Begehrens

Unser Begehren entspringt drei Quellen.
Zum einen *sozialen* Faktoren wie der Bindungsunsicherheit und Gefühlen von Unzulänglichkeit, Einsamkeit, Neid und Feindseligkeit. Zu den *Beziehungsübungen*, die sich diesen Faktoren widmen, gehören Übungen zum Mitgefühl, zur Güte und zum Glück anderer.

Zum anderen entstammt das Begehren *körperlichen* Faktoren, die auf dem Gefühl unerfüllter Bedürfnisse beruhen: Etwas fehlt, etwas stimmt nicht. Auf Pali, der Sprache des frühen Buddhismus, heißt Begehren *tanha*, dessen ursprüngliche Bedeutung »Durst« ist – ein sehr passender Ausdruck für die Triebe, die dieser Quelle des Begehrens zugrunde liegen. Ihnen können Sie sich mit Übungen zur *Fülle* widmen, die sowohl spezifische innere Stärken hinsichtlich der Erfüllung der eigenen Bedürfnisse fördern als auch allgemeine Gefühle des Genügens und der emotionalen Ausgeglichenheit.

Und schließlich entstammt das Begehren *kognitiven* Faktoren, die auf folgenden Denkweisen beruhen:

- Die Dinge sind dauerhaft; in Wahrheit aber ist nichts beständig.
- Etwas ist immer befriedigend; in Wahrheit aber ist nichts immer befriedigend.
- Es gibt ein unveränderliches Ich; in Wahrheit aber gibt es keine feste Persönlichkeit.

Übungen, die sich dieser Quelle des Begehrens widmen, konzentrieren sich darauf, diese Formen des Unwissens und der Verwirrung zu *erkennen*.

Drei Arten von Übungen

Die drei genannten Arten von Übungen – zu Beziehungen, zur Fülle und zum Erkennen – sind alle gleichermaßen wichtig, jede von ihnen unterstützt die jeweils anderen. Alle bedürfen sie eines ruhigen Geistes sowie der Einsicht – *vipassana* auf Pali –, die im wahrsten Sinne des Wortes in Fleisch und Blut übergegangen sein muss, um wirklich befreiend sein zu können.

Einem natürlichen Rhythmus folgend beginnen wir meist mit beziehungsorientierten Übungen, darunter auch Übungen zum Lebenswandel sowie zum Selbstmitgefühl. Während sich unser

Herz öffnet und weicher wird, wenden wir uns allmählich den Übungen zur Fülle zu, die die Resilienz und den Gleichmut fördern. Und mit dieser inneren Stabilität gelingt es uns auch, die kognitiven Faktoren des Leidens zu erkennen. Diese Erkenntnisse wiederum befruchten unsere Beziehungen und das Gefühl der Fülle – ein ausgesprochen positiver Kreislauf.

Mit entsprechenden Beziehungsübungen haben wir uns im vorhergehenden Kapitel beschäftigt, in diesem erkunden wir die Fülle. In den späteren Kapiteln geht es dann um Übungen zum Erkennen.

Es ist ganz normal, dass wir uns zu der einen oder anderen Übung mehr hingezogen fühlen, doch sollten wir uns dabei immer fragen, ob wir nicht auch andere Aspekte in den Vordergrund rücken sollten. Ohne die Beschäftigung mit den genannten sozialen und körperlichen Faktoren beispielsweise kann das Üben schnell überanalytisch und trocken und deshalb nicht so fruchtbar werden, wie es sein könnte. Zudem kann dieser eine geübte Aspekt eine zu große Bedeutung annehmen. Ich stelle mir gern die Frage, wie sich der Buddhismus entwickelt hätte, wenn sein erster Lehrer eine Frau und Mutter und nicht ein Mann und Vater gewesen wäre. Oder wenn Familien und nicht Mönche in den darauffolgenden 2500 Jahren über die größere institutionelle Autorität verfügt hätten. Ich behaupte nicht, dass er dann besser gewesen wäre, aber wahrscheinlich anders. Wahrheiten sind Wahrheiten, unabhängig von ihrem Überbringer, doch hängen ihre *Ausdrucksformen* und die *Übungen,* die uns dabei helfen, sie zu erkennen, von vielen Faktoren ab, auch von Geschlecht, Klassenzugehörigkeit und historischen Umständen. Deshalb gilt: beim Üben nichts auslassen. Wir sollten immer, sei es nun im privaten oder im öffentlichen Bereich, danach fragen, was – oder wen – wir auslassen oder ausgrenzen.

> Keine sinnliche Glückseligkeit der Welt,
> keine himmlische Glückseligkeit
> ist auch nur ein Sechzehntel vom Sechzehntel
> der Glückseligkeit wert, die das Ende des Begehrens
> mit sich bringt.
>
> UDANA 2,2

Verkörpertes Begehren

Die tiefsten Wurzeln des Begehrens liegen in biologisch bedingten *Triebzuständen,* die wir mit anderen Lebewesen gemein haben, darunter auch mit einfacheren wie Affen, Mäusen und Echsen. Die neurobiologische Hardware, die die Grundlage dieser Triebzustände bildet, hat sich vor Hunderten von Millionen Jahren entwickelt, lange vor den Fähigkeiten für komplexe kognitive Irrtümer. Die fundamentalsten Ursachen des Begehrens liegen gewissermaßen unter den kognitiven Irrtümern; sie sind in den physischen Strukturen des Gehirns verwurzelt und entwicklungsgeschichtlich sehr alt.

In einen Triebzustand geraten wir, wenn wir hinsichtlich der Erfüllung eines wichtigen *Bedürfnisses* ein durchdringendes Gefühl des *Defizits* verspüren. Und welche Bedürfnisse haben wir als körperliche Wesen?

Allgemein gesprochen sind die Grundbedürfnisse eines jeden Lebewesens, also auch die unseren, *Sicherheit, Befriedigung* und *Verbundenheit.* Diese Grundbedürfnisse machen sich in vielerlei Gestalt bemerkbar. Das Gehirn wird diesen Bedürfnissen durch regulatorische und motivierende Systeme gerecht, die jeweils Schaden *vermeiden,* Belohnungen *suchen* und sich an andere *binden.* In dieser Reihenfolge sind die genannten Systeme locker mit unserem »*Reptiliengehirn*« – dem *Hirnstamm* –, dem »*Säuge-tiergehirn*« – dem *Subkortex* – und dem »*Primaten-/Menschen-gehirn*« – dem *Neokortex* – verbunden. Wenn Sie beispielsweise das Bedürfnis haben, nach einem Missverständnis einen Freund zu kontaktieren, könnten Sie auf die Fähigkeiten Empathie und Sprache im Neokortex zurückgreifen, um die Verbindung zu diesem Menschen auf eine Art und Weise zu suchen, die Ihnen guttut.

Bedürfnisse sind etwas ganz Normales, und die neuropsycholo-gischen Systeme, die bei ihrer Erfüllung helfen, sind notwendig. Das Erwachen bedeutet weder das Ende der Bedürfnisse noch kann es die grundlegende Struktur unseres Gehirns verändern. Deshalb ist die Frage eher die: Können wir unsere Bedürfnisse *weise* befriedigen – ohne das Begehren und das Leid, das es ver-ursacht? Um diese Frage zu beantworten, ist es hilfreich, etwas über unsere neurale Hardware zu wissen.

Gesundes Gleichgewicht

Drei Hauptnetzwerke in unserem Gehirn helfen uns dabei, in den Wogen des Lebens nicht unterzugehen. Zunächst hebt das *Salienznetzwerk (salience network,* SN) bedürfnisrelevante In-formationen hervor (siehe dazu auch die Anmerkungen). Wenn wir tagträumen oder grübeln, über Zukunft oder Vergangenheit nachdenken oder mit uns selbst beschäftigt sind, ist das *Ruhe-zustandsnetzwerk (default mode network,* DMN) aktiv. Das *Durchführungskontrollnetzwerk (executive control network,* ECN) schließlich ist mit dem Lösen von Problemen und dem Treffen von Entscheidungen befasst.

Die drei Netzwerke arbeiten zusammen und beeinflussen sich gegenseitig. Zusammenfassend und vereinfachend lässt sich sagen: Markiert das Salienznetzwerk etwas als wichtig, befiehlt es dem Ruhezustandsnetzwerk, mit dem Abdriften aufzuhören, und drängt das Durchführungskontrollnetzwerk dazu, über ge-eignete Maßnahmen nachzudenken.

Hedonische Qualität

Um die Schwierigkeiten und Möglichkeiten, die mit unseren Bedürfnissen verbunden sind, einzuschätzen, verfolgen die Netzwerke die *hedonische Qualität* unserer Erfahrungen. Nehmen wir etwas als *unangenehm* wahr, erhöht dies unser Bedürfnis nach Sicherheit; nehmen wir im Gegensatz dazu etwas als *angenehm* wahr, erhöht dies unser Bedürfnis nach Befriedigung. Darüber hinaus gibt es noch eine dritte hedonische Qualität: die Wahrnehmung als *neutral*. Diese Einteilung des menschlichen Lebens – das Eindampfen auf nichts anderes als das Vermeiden von Schmerz und das Suchen von Vergnügen – findet sich sowohl in den uralten Lehren Buddhas als auch in der modernen Psychologie.

Doch besteht das menschliche Leben wirklich aus nichts anderem? Wie steht es beispielsweise um unser Bedürfnis nach Verbundenheit, das wir erfüllen, indem wir uns anderen anschließen? Erfahrungsgemäß kann man Beziehungen nicht ohne Weiteres ausschließlich in unangenehm, angenehm oder neutral einteilen. In ihnen motiviert uns viel mehr als lediglich das Vermeiden von Schmerz, das Suchen von Befriedigung und das Übergehen dessen, was weder noch ist. Warmherzige Gefühle der Verbundenheit erhöhen die Oxytozinaktivität im Gehirn; wird dieser Neurotransmitter ausgeschüttet, hat er einen großen Einfluss auf die Nervengrundlage von Schmerz und Vergnügen. Als unsere Vorfahren über mehrere Millionen Jahre hinweg in kleinen Verbänden zusammenlebten, entwickelte sich bei ihnen allmählich ein immer größerer Neokortex, damit sie ihr Bedürfnis nach Verbundenheit effektiver erfüllen konnten. Heute greifen wir gewohnheitsmäßig auf Aspekte des »sozialen Gehirns« zurück, um eine größere Top-down-Kontrolle über ältere Schmerz-Vergnügen-Systeme auszuüben, die in den Hirnstamm und den Subkortex eingebettet sind.

Wenn sich das Bedürfnis nach Verbundenheit entscheidend von den Bedürfnissen nach Sicherheit und Befriedigung unterscheidet und wenn sich das Anschließen an andere Menschen entscheidend vom Vermeiden und Suchen unterscheidet, wäre es biologisch nur logisch, wenn sich eine vierte hedonische Qualität entwickeln würde, die sich entscheidend von unangenehm, angenehm und neutral unterscheidet. Ich glaube, dass das tatsächlich der Fall ist, insbesondere im Gehirn der sozialsten Spezies überhaupt: des Menschen. Nennen wir diese vierte hedonische Qualität *relational*. Sie können sie bereits an sich selbst beobachten. Wenn Sie mit einem anderen Menschen zusammen sind, achten Sie als Erstes einmal darauf, was sich neutral anfühlt – weder unangenehm noch angenehm. Konzentrieren Sie sich vielleicht auf eine völlig neutrale Tatsache an diesem Menschen, zum Beispiel darauf, dass er einen Ellenbogen hat. Achten Sie dann darauf, was Ihnen unangenehm ist, wovon Sie sich zurückziehen wollen… Was Ihnen angenehm ist, worauf Sie sich zubewegen wollen… Und achten Sie schließlich darauf, was weder besonders unangenehm noch angenehm ist, sondern Ihnen das Gefühl vermittelt, *in Beziehung zu sein*. Diese vierte hedonische Qualität ist vielleicht noch nicht sehr ausgeprägt spürbar, da sie sich evolutionär wahrscheinlich erst recht spät entwickelt hat; mit Achtsamkeit können Sie sie jedoch durchaus wahrnehmen und erkennen, welche Rolle sie bei Ihrem Bedürfnis nach Verbundenheit spielt.

Bedürfnisse durch Begehren handhaben

Macht sich das durchdringende Gefühl bemerkbar, dass ein Bedürfnis nur unzureichend erfüllt wird, setzt das Gehirn eine neurohormonelle Stressreaktion in Gang. Die Amygdala signalisiert dem Sympathikus, sich auf Flucht oder Kampf vorzubereiten, oder weist den Parasympathikus an, auf Erstarren zu stellen. Gleichzeitig fordert sie beim Hypothalamus Stresshormone wie Adrenalin, Kortisol und Noradrenalin an. Damit das alles rasch geschehen kann, werden längerfristige Prozesse im Körper – beispielsweise die Stärkung des Immunsystems – vorübergehend auf Eis gelegt. Herz-Kreislauf-, Magen-Darm- und endokrine

Systeme wiederum haben ordentlich zu tun. Und je nachdem, welches Bedürfnis nicht hinreichend erfüllt wird – Sicherheit, Befriedigung oder Verbundenheit –, entsteht in uns das Gefühl der Angst, der Frustration oder des Schmerzes.

Kurzum: Diese neuropsychologische Zusammenfassung der zweiten der Vier Edlen Wahrheiten zeigt, was beim Begehren im Gehirn passiert. In abgeschwächterer Form erleben wir das jeden Tag, doch ist und bleibt das Begehren das Kernstück der Erfahrung. Ich nenne dies gern den *reaktiven* Modus oder den roten Bereich. Er stellt sicherlich eine Möglichkeit dar, mit den Herausforderungen, die Bedürfnisse mit sich bringen, umzugehen. In der biologischen Blaupause von Mutter Natur ist er als kurzer Ausbruch von Aktivität vorgesehen, der rasch endet … so oder so. Doch unsere moderne Lebensweise und unsere neurologisch fortgeschrittenen Fähigkeiten, die Vergangenheit zu bedauern und uns Sorgen über die Zukunft zu machen, versetzen uns ständig in einen milden bis moderaten Stresszustand. Ein Leben im roten Bereich jedoch erschöpft Körper und Geist, was wiederum weitere Defizitgefühle nach sich zieht und zu noch mehr Begehren führt – ein Teufelskreis.

Bedürfnisse nicht durch Begehren handhaben

Allerdings ist dies nicht die einzige Möglichkeit, sich um die Erfüllung seiner Bedürfnisse zu kümmern. Viele Gedanken, Worte und Taten – wie eine Aussicht genießen, einen Freund mit sanften Worten beruhigen oder nach einer Gabel greifen – haben nichts mit Begehren zu tun. Es mag zur gleichen Zeit zwar irgendwo im Kopf vorhanden sein, steht aber in keiner Beziehung zu der Aktivität als solcher. Im Alltag darauf zu achten ist sehr hilfreich – wie fühlt es sich an, nicht zu begehren?

Haben wir zudem das Gefühl, dass unsere inneren Ressourcen ausreichen, um unsere Bedürfnisse zu befriedigen, müssen wir uns ihretwegen nicht in den roten Bereich hinaufschrauben. Dazu ein Beispiel: Ich hing beim Klettern schon öfter sehr hoch über dem Boden an Felsvorsprüngen, die nicht wesentlich breiter als ein Bleistift waren – und hatte höllischen Spaß dabei. Natürlich hat sich in dieser Situation mein Sicherheitsbedürfnis bemerkbar gemacht, gleichzeitig aber fühlte ich mich kompetent genug, die Situation zu meistern, und hatte großes Vertrauen sowohl in mein Seil als auch in meinen Kletterpartner. In ähnlicher Weise können Sie große Ziele, die mit nicht minder großen Hindernissen gespickt sind, verfolgen und dabei dennoch zuversichtlich und dankbar bleiben. In Beziehungen bewältigen wir Konflikte, indem wir auf zwischenmenschliche Fähigkeiten' und unser Selbstwertgefühl zurückgreifen. *Die Krux an der Sache ist also nicht das Bedürfnis an sich, sondern die Frage, ob wir uns innerlich stark genug fühlen, es zu erfüllen.* Dabei spielen auch externe Ressourcen wie gute Freunde eine nicht unerhebliche Rolle, doch auf solche Ressourcen können wir nicht immer zählen. Unsere inneren Ressourcen haben wir dagegen ständig bei uns.

Am wichtigsten ist jedoch das Grundgefühl, Bedürfnisse *seien bereits zur Genüge erfüllt:* ein Gefühl der Fülle und Ausgewogenheit im Kern unseres Wesens. Dann ist der Körper am fähigsten, sich selbst zu schützen, zu regenerieren und neue Kraft zu tanken. Im Geist geht dies hinsichtlich der Bedürfnisse nach Sicherheit, Befriedigung und Verbundenheit mit dem allgemeinen Gefühl des Friedens, der Zufriedenheit und der Liebe einher. Dann mögen Angst und Wut, Enttäuschung und Getriebensein, Verletzung und Feindseligkeit hin und wieder das Gewahrsein passieren, doch müssen sie nicht »in den Geist eindringen und sich dort niederlassen«, wie Buddha es bei der Vorbereitung auf sein eigenes Erwachen beschrieb.

Ich nenne dies den *responsiven* Modus oder den grünen Bereich, in dem es kaum eine oder keine Basis für das Begehren mehr gibt. Zwar können alte Angewohnheiten hinsichtlich des Begehrens zurückbleiben, doch finden sie nun nur einen dramatisch reduzierten Nährboden vor. Der grüne Bereich ist der Ruhezustand, die Ausgangsbasis für Körper, Gehirn und Geist. Er entspricht nicht dem vollständigen Erlöschen des Leidens, wie es in der dritten der Vier Edlen Wahrheiten beschrieben ist, bildet aber eine solide Grundlage dafür. Und er stellt das biologische und psychologische Fundament für resilientes Wohlbefinden dar.

> Derjenige, dessen Geist wie ein Fels in der Brandung steht,
> leidenschaftslos gegenüber Dingen, die Leidenschaft entfachen,
> unprovoziert von Dingen, die Provokation entfachen –
> wenn ein Geist wie dieser ist,
> wie können dann Leiden und Last entstehen?
>
> UDANA 4,4

Ein Leben im grünen Bereich

Das Entwickeln innerer Ressourcen ist wie mit tieferem Kiel zu segeln: Mit ihnen können wir uns in den »Weltlichen Winden« – Gewinn und Verlust, Freude und Schmerz, Lob und Kritik, Status und Statusverlust – besser halten, ohne dabei in den reaktiven Modus zu verfallen; oder wenn wir in ihn verfallen, dann können wir uns zumindest schneller wieder daraus lösen. Mit wachsendem Vertrauen in diese Fähigkeiten fällt es uns leichter, zuversichtlich zu sein, und wir wagen es, weiter ins tiefe, dunkle Blau hinaus zu segeln.

Um eine ganz ähnliche Metapher Buddhas zu verwenden, müssen wir alle uns unausweichlich körperlichem und emotionalem Unbehagen stellen: den »ersten Pfeilen« des Lebens. Vielleicht stoßen wir uns den Zeh am Tischbein oder ärgern uns im Auto über einen Stau. Zu diesen ersten Pfeilen müssen wir jedoch nicht zwangsläufig »zweite Pfeile« hinzufügen, indem wir etwa den Tisch treten oder zu hupen beginnen (wie ich es getan habe). Während Sie die neuralen Entsprechungen des *responsiven* Modus aufbauen, wird Ihr Wohlbefinden immer unbedingter, es hängt also immer weniger von äußeren Umständen ab. Und während das Feuer des Begehrens immer weniger Nahrung erhält, fällt es Ihnen zunehmend leichter, Tugend, Konzentration und Weisheit zu entwickeln.

Allgemeine Stärken entwickeln

Manche psychischen Ressourcen wie etwa die Wissbegierde oder die Geduld lassen sich unabhängig von einem bestimmten Bedürfnis nutzen. Ein gutes Beispiel dafür ist das Achten auf die hedonische Qualität: Nur weil etwas unangenehm ist, müssen wir nicht *zwangsläufig* vor ihm fliehen oder es bekämpfen; nur weil etwas angenehm ist, müssen wir ihm nicht zwangsläufig hinterherjagen; nur weil etwas relational ist, müssen wir nicht zwangsläufig an ihm festhalten; und nur weil etwas neutral ist, müssen wir es nicht zwangsläufig ignorieren. Diese Freiheit haben wir, wenn wir uns im grünen Bereich befinden, und so können wir uns der hedonischen Qualität unserer Erfahrungen bewusst werden, bevor die uralte Maschinerie des Begehrens auf sie reagiert. Dann ist Raum zwischen uns und dem Schmerz, dem Vergnügen, der Verbundenheit und der Neutralität, und in diesem Raum haben wir die Freiheit, unsere Reaktion zu *wählen*. Diese Echtzeitwahrnehmung hedonischer Qualität ist so nützlich, dass Buddha sie zu einer der vier »Grundlagen der Achtsamkeit« machte – seiner Zusammenfassung des Übungswegs. Vielleicht nehmen Sie die hedonische Qualität einfach als das wahr, was sie ist, vielleicht entscheiden Sie sich, einfach bei ihr zu sein. Sie mögen dies, Sie mögen das nicht, Sie fühlen sich mit diesem verbunden, während Ihnen jenes gleichgültig ist: All das kann einfach nur an Ihrem Gewahrsein vorbeiziehen. Beispielsweise schmerzt Ihr Knie während einer Sitzmeditation.

Statt sich zu bewegen, beobachten Sie den Schmerz achtsam. Erfahrungen schlicht zu benennen – »Schmerz… Sorge… Pochen« – kann die Aktivität im präfrontalen Kortex erhöhen und gleichzeitig die Amygdala beruhigen, was Ihnen zu mehr Selbstkontrolle verhilft und den Schmerz verringert. Vielleicht handeln Sie auch, aber ohne jeglichen Druck und ohne jegliche Verärgerung: Nachdem Sie den Schmerz in Ihrem Knie bemerkt haben, könnten Sie ein wenig zur Seite rücken oder aus der Sitz- eine Gehmeditation machen.

Bedürfnisbezogene Stärken entwickeln

Um spezifische Ressourcen für bestimmte Bedürfnisse zu ent- wickeln, können Sie sich die folgenden Fragen stellen:

1. Welches Bedürfnis ist geweckt?

Sie können sich von dem, was Sie fühlen, nach hinten arbeiten, um das jeweilige Bedürfnis zu identifizieren:

- Schmerz oder drohender Schmerz verweisen auf das Bedürf- nis nach *Sicherheit,* das uns oft auch durch Angst, Wut oder Hilflosigkeit angezeigt wird.
- Verluste und Hindernisse verweisen auf das Bedürfnis nach *Befriedigung,* das uns auch durch Enttäuschung, Frustra- tion, Langeweile, Getriebensein oder Sucht angezeigt wer- den kann.
- Trennungen, Konflikte und Zurückweisungen verweisen auf das Bedürfnis nach *Verbundenheit,* das uns auch durch Ein- samkeit, das Gefühl des Verlassenseins, Unsicherheit, Neid, Feindseligkeit, Rachegelüste oder Scham angezeigt wird.

2. Welche innere Ressource wäre bei diesem Bedürfnis hilfreich?

Die Identifizierung von einer oder mehreren Ressourcen, die auf das jeweilige Bedürfnis bezogen sind, hat sich als sehr nützlich erwiesen:

- Die Schlüsselressourcen für *Sicherheit* sind Entspannung, die Erkenntnis, dass es Ihnen im Grunde gut geht, Sie sich geborgen fühlen und Stärke in der Ruhe finden.
- Die Schlüsselressourcen für *Befriedigung* sind Dankbarkeit, Freude, eine gesunde Lust und das Gefühl, etwas geschafft zu haben.
- Die Schlüsselressourcen für *Verbundenheit* sind das Gefühl, nicht ausgeschlossen zu sein, gesehen zu werden sowie wertgeschätzt und gemocht zu werden; zudem haben sich Mitgefühl, Güte, Durchsetzungsfähigkeit und das Selbstwertgefühl als hilfreich erwiesen. Im weitesten Sinne sind dies alles Aspekte der Liebe.
- Und komme, was da wolle: *Liebe ist das Allheilmittel.* Diese Ressource hilft uns dabei, uns sicherer, befriedigter und verbundener zu fühlen – und zwar erstaunlicherweise sowohl dann, wenn wir geliebt werden, als auch dann, wenn wir lieben. Wenn also alles andere versagt oder Sie nicht wissen, an wen Sie sich wenden oder wo Sie anfangen sollen: Beginnen Sie mit der Liebe.

3. Wie könnten Sie diese Ressource erfahren?

Dies ist der erste Schritt auf dem Weg zu einem »besseren« Gehirn (zusammengefasst in der auf Seite 64f. erläuterten Selbstheilungsmethode). Um wachsen zu können, müssen wir fühlen, was wir wollen. Achten Sie auf das Gefühl, dass Sie bereits über die jeweilige Ressource verfügen. Überlegen Sie, wie Sie dieses Gefühl erzeugen könnten. Achten Sie auch auf die Neigung, das genannte Gefühl zu übersehen, herunterzuspielen oder zu verdrängen. Das Gefühl ist ein wertvoller Nährstoff für Ihren Geist.

4. Wie könnten Sie diese Erfahrung in sich aufnehmen?

Dies ist ein weiterer und *notwendiger* Schritt auf dem Weg zu anhaltender Heilung und Wachstum. Allerdings vergessen wir ihn oft. Sorgen Sie also dafür, dass die Neuronen weiter gemeinsam feuern, damit sie eine größere Chance haben, sich miteinander zu verdrahten. Bleiben Sie einen Atemzug lang oder länger bei der Erfahrung, spüren Sie sie in Ihrem Körper, machen Sie sich das Angenehme an ihr deutlich bewusst. Sie nehmen sie in sich auf, ohne ihr anzuhaften.

Die beiden Schritte sind so simpel, dass man sie beinahe unterschätzen könnte. Dennoch sind sie für das Entwickeln der inneren Stärken unverzichtbar, die es uns ermöglichen, unsere Bedürfnisse mit weniger Begehren und weniger Leiden zu erfüllen. Die positiven Merkmale, die Sie entwickeln, werden positive Zustände fördern, die Sie dazu nutzen können, die Merkmale wiederum zu verstärken – eine Spirale, die aufwärts führt.

ZUM WEITERLESEN

Freude (James Baraz)
Das gierige Gehirn (Judson Brewer)
Denken wie ein Buddha (Rick Hanson)
In den Worten des Buddha (Bhikkhu Bodhi)
There Is Nothing to Fix (Suzanne Jones)
Traumasensitive Achtsamkeit (David A. Treleaven)
Der Schlüssel zum emotionalen Gehirn (Bruce Ecker et al.)
Wenn alles zusammenbricht (Pema Chödrön)
Warum Zebras keine Migräne kriegen (Robert Sapolsky)

Sich bereits erfüllt fühlen

Zusätzlich zum Entwickeln spezifischer Ressourcen können Sie die Erfahrung erfüllter Bedürfnisse mit einem Gefühl des Friedens, der Zufriedenheit und der Liebe in sich aufnehmen. Durch ihren Bezug zu unserem Reptilien-, Säugetier- und Primatengehirn bezeichne ich diese Übung gern scherzhaft als »die Echse streicheln, die Maus füttern und den Affen umarmen«. Führen Sie die Übung wieder und wieder durch, stellt sich allmählich

der Felt Sense, das innere Wissen, des Genugseins ein – nicht
der Vollkommenheit, aber des Ausreichens –, das Gefühl, dass
Ihre Bedürfnisse bereits erfüllt sind, ein Gefühl der Fülle und
Ausgewogenheit, das mit Ihrem Körper, mit dem körperlichen
Kern Ihres Wesens verwoben ist. Für mich ist das reine Magie:
Das Verinnerlichen der Erfahrung, dass Bedürfnisse bereits er-
füllt sind, ermöglicht es uns, unsere Bedürfnisse besser zu erfül-
len – mit weniger Begehren.

> Es gibt keinen größeren Kummer als die Unzufrieden-
> heit.
> Es gibt keine größere Schwäche als den Wunsch,
> etwas zu bekommen.
> Deshalb besitzt derjenige, der weiß, dass genug
> genug ist, immer genug.
> (In der Tat!)
>
> DAODEJING

Das Gefühl, dass Bedürfnisse *ausreichend* erfüllt sind, bringt in
der Regel positive Emotionen mit sich, deren nervliche Entsprechungen sich ebenfalls sehr positiv auswirken können. Die Erfahrung der Zufriedenheit etwa mindert Stress, indem sie das
parasympathische Nervensystem aktiviert und die Tätigkeit des
auf Kampf oder Flucht ausgerichteten sympathischen Nervensystems reduziert. Das Gefühl der Zufriedenheit ist zudem an
natürliche Opioide geknüpft, die schmerzlindernd wirken, uns
den Augenblick der Freude genießen lassen, statt Sehnsüchte
nach zukünftigen Vergnügungen zu wecken, und uns dabei helfen, uns mit anderen Menschen zu verbinden und Trennendes
zu überwinden. Und denken Sie nur einmal daran, was in Ihrem
Gehirn geschieht, wenn Sie sich geliebt fühlen oder lieben! Die

Oxytozinaktivität ist erhöht, was unsere Bindungsfähigkeit stärkt, uns beruhigt und uns Zuversicht schenkt, Ängste löst und Offenheit, Kreativität sowie das Ergreifen von Gelegenheiten fördert.

Suchen Sie sich die kleinen Gelegenheiten im Alltag, bei denen Sie sich entspannt, geschützt, stark und schlicht wohlfühlen ... ein wenig dankbarer, froher, erfolgreicher ... ein wenig umsorgter und umsorgender, ein wenig geliebter und liebender. Atemzug für Atemzug, Synapse für Synapse entwickeln Sie allmählich einen zunehmend unerschütterlichen Kern in Ihrem Inneren. Und je öfter und intensiver Sie dies tun, desto besser werden die Ergebnisse ausfallen. Eine Meditation zum Üben des soeben Beschriebenen finden Sie am Ende dieses Kapitels.

Frieden, Zufriedenheit und Liebe

Ich mache einige Vorschläge zu dieser Übung, doch können Sie sie selbstverständlich an Ihre Bedürfnisse anpassen – abschließend sollten Sie still in dem Gefühl des Friedens, der Zufriedenheit und der Liebe ruhen. Wählen Sie diese als Gegenstand der Meditation und verinnerlichen Sie sie, während Sie sich immer weiter in sie versenken. Ihr Geist ruht auf dem, was Ihr Herz anzieht, und so kehren Sie nach Hause, zu Ihrer wahren Natur zurück.

Achten Sie bei dieser Übung auf das Kommen und Gehen des Begehrens, auf subtile Formen des Getriebenseins, des Beharrens oder des Drucks. Erkennen Sie, dass das Begehren dieselbe Natur besitzt wie alles andere im Geist: Es verändert sich, es setzt sich aus Teilen zusammen, es entsteht und verschwindet aufgrund verschiedener Ursachen. Lösen Sie sich vom Begehren, lassen Sie es vorüberziehen.

Die Meditation

Kommen Sie an in diesem Augenblick... in diesem Körper... in diesem Atemzug.

Frieden: *Registrieren Sie, dass es Ihnen jetzt alles in allem gut geht, dass es genug Luft zum Atmen gibt, dass es Ihnen alles in allem gut geht... Fühlen Sie sich so sicher, wie Sie es tatsächlich sind... Sie können sich potenzieller Gefahren gewahr sein und trotzdem in einem Gefühl der Stärke aus der inneren Ruhe heraus verweilen... Lassen Sie Unbehagen und Sorgen los... Sie werden immer ruhiger... lassen Sie davon ab, auf der Hut zu sein, sich zu verteidigen und zu wappnen... Achtsam nehmen Sie wahr, wie jedes auf Sicherheit bezogene Begehren von Ihnen abfällt... und Sie öffnen sich dem Gefühl des Friedens.*

Zufriedenheit: *Vergegenwärtigen Sie sich ein oder mehrere Dinge, für die Sie dankbar sind... Menschen und Orte, die Sie mögen... Dinge, über die Sie froh sind... Erkunden Sie das Gefühl, genug zu sein... Lassen Sie Enttäuschung los... und Frustration... Machen Sie sich klar, dass Sie Ziele ohne Anspannung verfolgen können... Lassen Sie Druck und Getriebensein los... Achtsam nehmen Sie wahr, wie jedes auf Befriedigung bezogene Begehren von Ihnen abfällt... und Sie öffnen sich dem Gefühl der Zufriedenheit.*

Liebe: *Vergegenwärtigen Sie sich ein oder mehrere Lebewesen, die Ihnen am Herzen liegen... denen Sie am Herzen liegen... Sie öffnen sich dem Gefühl der Fürsorge, mit Mitgefühl oder Güte oder Liebe anderen gegenüber... Sie öffnen sich dem Gefühl, jemandem am Herzen zu liegen... Wärme und Liebe fließen in Sie hinein und strömen aus Ihnen hinaus... Sie können nach Liebe suchen und trotzdem bereits die Fülle der Liebe in sich spüren... Sie lassen Verletzungen los... Feindseligkeit... Unzulänglichkeit... Stattdessen verweilen Sie in Liebe... Sie klammern sich*

*nicht an andere ... Sie müssen andere nicht beeindrucken ...
Achtsam nehmen Sie wahr, wie jedes auf Verbundenheit bezogene Begehren von Ihnen abfällt ... und Sie öffnen sich dem Gefühl der Liebe.*

Nach Hause kommen: *Spüren Sie dem allgemeinen Gefühl bereits erfüllter Bedürfnisse nach ... dem allgemeinen Gefühl des
Friedens, der Zufriedenheit und der Liebe, allen gemeinsam ...
Sie verweilen in Gelassenheit ... empfangen den nächsten Augenblick, während Sie sich bereits erfüllt fühlen ... Achtsam nehmen
Sie wahr, dass jegliches Begehren unnötig ist ... Jegliches Gefühl
von Begehren zerstreut sich wie zarte Wolken im vollen Sonnenlicht ... verblasst ... Sie verweilen in Gelassenheit ...*

Bewährte Praxis

Wählen Sie einen Menschen – das kann ein völlig Fremder auf
der Straße, jemand, der Ihnen nahesteht, oder sogar Sie selbst
sein – und werden Sie sich gewahr, was für diesen Menschen
vielleicht schmerzhaft, belastend, enttäuschend, ärgerlich oder
verletzend ist. Mit anderen Worten: Werden Sie sich seines
Leids gewahr. Wählen Sie dann einen anderen Menschen und
immer so fort. Bei dieser Übung geht es darum, das Leid mit
offenem Herzen zu verstehen – es geht nicht darum, sich vom
Leid überwältigen zu lassen oder zu versuchen, es »wiedergut-
zumachen«.

Erzeugen Sie das Gefühl der Stärke aus der Ruhe heraus und des
Mitgefühls mit sich selbst. Denken Sie dann über Ihr vergange-
nes Leben nach, vor allem über Ihre Kindheit, und überlegen
Sie, was vielleicht noch unterdrückt oder klein gemacht wird,
dort unten, im Keller Ihres Geistes. Überlegen Sie auch, wie Sie
das, was Sie verdrängt haben, wieder freier fließen lassen könnten. Was könnte Ihnen dabei helfen, und was wären die Vorteile
dessen?

Suchen Sie sich eine simple Handlung aus – wie etwa das Greifen nach einer Tasse. Beobachten Sie die Handlung aufmerksam, um zu erkennen, was daran leidvoll ist ... und was *nicht*.

Versuchen Sie, mit sehr ruhigem Geist das ganz leise Bestreben in ihm zu erkennen, an Vergänglichem festzuhalten.

Beobachten Sie einen bestimmten Zeitraum lang – eine Minute, eine Stunde, einen Tag – das Unangenehme in Ihren Erfahrungen. Beobachten Sie dann das Angenehme in ihnen. Beobachten Sie als Nächstes das Relationale und schließlich das Neutrale. Beobachten Sie darüber hinaus, was geschieht, *nachdem* die jeweilige hedonische Qualität in Ihr Gewahrsein gedrungen ist. Können Sie bei dieser hedonischen Qualität sein und vielleicht angemessen handeln, ohne sich dabei ins Begehren ziehen zu lassen? Mit anderen Worten: Können Sie der Erfahrung gegenüber offenbleiben und sich gleichzeitig *nicht* dem Unangenehmen in ihr widersetzen, nach dem Angenehmen in ihr greifen und sich an das Relationale in ihr heften? Können Sie das Begehren ziehen lassen, wenn es entsteht?

Suchen Sie sich eine wichtige psychische Ressource, die Sie gern entwickeln möchten, etwa Mitgefühl mit sich selbst, Selbstwertgefühl oder Geduld. Suchen Sie sich dann ganz bewusst Gelegenheiten, in denen Sie auf diese Ressource zurückgreifen können; und wenn Sie auf sie zurückgreifen, halten Sie inne und nehmen Sie sie tief in sich auf.

Reservieren Sie sich mindestens ein paar Minuten am Tag, in denen Sie ganz bewusst in dem Gefühl des Friedens ... der Zufriedenheit ... und der Liebe verweilen können.

TEIL 3

In alles hineinleben

6

Ganzheit sein

Die Blumen im Frühling – der Mond im Herbst,
im Sommer die kühle Brise – im Winter der Schnee!
Wenn unnütze Sachen den Geist nicht vernebeln,
ist dies des Menschen glücklichste Jahreszeit.

WUMEN HUIKAI

Von den sieben Stufen des Erwachens haben wir nun bereits drei erklommen – wir haben den Geist beruhigt, das Herz erwärmt und in Fülle verweilt – und wenden uns damit zunehmend radikaleren Aspekten zu. Diese nächsten vier Stufen – Ganzheit sein, Jetztheit empfangen, sich der Allheit öffnen und Zeitlosigkeit entdecken – mögen auf den ersten Blick zwar unerreichbar erscheinen, doch ist jede Einzelne von ihnen mit etwas Konzentration und Anstrengung direkt zugänglich. Was ich Ganzheit sein nenne, beinhaltet beispielsweise, weniger über Sorgen und Ressentiments nachzugrübeln, sich selbst vollständig zu akzeptieren und sich als Mensch ganz zu fühlen; das sind absolut bodenständige und realistische Früchte der Anstrengung, jeder kann sie genießen. Im Geiste von Buddhas Ermutigung, auf dem eigenen Pfad des Erwachens soweit wir in diesem Leben nur können fortzuschreiten, lassen Sie uns also gemeinsam einen Versuch wagen und sehen, was passiert!

Im Kopfkino

Vor einigen Jahren hatte ich einen Nachbarn, der in der Filmbranche für Spezialeffekte zuständig war. Er zeigte mir einen kurzen Ausschnitt aus einem seiner Projekte – ein unter Wasser schwimmender Wal – und erzählte dabei, dass die Hochleistungscomputer seiner Firma die ganze Nacht lang gearbeitet hatten, um diese eine wunderschöne Szene wiederzugeben. Mir erschien es damals unglaublich, dass ein Computer viele Stunden brauchte, um ein wenige Sekunden dauerndes Bild zu erzeugen – etwas, das das Gehirn im Kino unserer Vorstellungskraft jederzeit in Sekundenbruchteilen schafft.

Die Schaltkreise dieses Kopfkinos gehören zu den wichtigsten Entwicklungen des Gehirns in den vergangenen Millionen Jahren. Die außergewöhnliche Fähigkeit half unseren Vorfahren beim Überleben, und auch heute noch hilft und bereichert sie uns. Sie hat allerdings auch Nachteile, und so ist es wichtig, dass wir lernen, sie klug zu benutzen und uns nicht von ihr benutzen zu lassen.

Kortikale Mittelliniennetzwerke

Stellen Sie sich vor, Sie fahren mit dem Finger vom oberen Rand Ihrer Stirn an einer gedachten Mittellinie Ihres Schädels entlang nach hinten bis zu dem Punkt, an dem die Linie wieder nach unten führen würde. Die Nervennetzwerke unter Ihrem Finger, die an der Mittellinie der obersten Bereiche des Gehirns entlang verlaufen, lassen sich lose in zwei Abschnitte einteilen:

- In das Netzwerk weiter vorn, das für das Lösen von Problemen, das Ausführen von Aufgaben und das Pläneschmieden zuständig ist
- Und in das Ruhezustandsnetzwerk (siehe vorheriges Kapitel), das weiter hinten liegt, sich beidseitig erstreckt und für das Grübeln, das Tagträumen sowie eine abschweifende Aufmerksamkeit zuständig ist

Beide Nervennetzwerke sind an *mentalen Zeitreisen* und einem ausgeprägten Ich-Erleben beteiligt. Wir greifen beim sogenannten *Affective Forecasting* – der Vorhersage von emotionalen Reaktionen auf zukünftige Ereignisse – auf sie zurück; der Begriff *»affektiv«* stammt aus der Psychologie und bedeutet, auf Stimmungen, Gefühle sowie Einstellungen bezogen. Zu dieser Vorhersage gehört es, sich verschiedene Szenarien vorzustellen und sie zu bewerten, etwa wie es sich anfühlen würde, mit jemandem auf eine bestimmte Art und Weise zu sprechen, oder sich auch einfach nur zu fragen, was man denn heute gern zum Abendessen hätte.

Überlegen Sie einmal, wie viel Zeit Sie mit den geistigen Aktivitäten verbringen, die mit diesen neuralen Mittelliniennetzwerken verknüpft sind – wahrscheinlich eine Menge, wie die meisten Menschen. Erfahrungsgemäß sind wir Tag für Tag mit zahlreichen Minifilmen beschäftigt, in denen eine Art Ich verschiedene Situationen, Menschen und Ereignisse beobachtet ... und in denen häufig ein Ich mitspielt, dem Dinge passieren ... ganz zu schweigen von den zahlreichen Gedanken und Gefühlen, die mit den Filmen verbunden sind.

Die Entwicklung der Mittelliniennetzwerke half unseren menschlichen und menschenähnlichen Vorfahren dabei, sich im Lernen aus der Vergangenheit und im Planen für die Zukunft zu verbessern. Der Ruhezustand des Gehirns scheint es darin zu unterstützen, sich selbst zu organisieren – und manchmal brauchen wir einfach eine Pause, um tagzuträumen; in diesen Pausen entstehen oft auch kreative Verbindungen sowie hoffnungsvolle Möglichkeiten. Diese Fähigkeit hat also viele Vorteile mit sich gebracht. Dennoch hat auch sie ihren Preis.

Beispielsweise befähigen uns die Mittelliniennetzwerke zu depressivem selbstbezogenem Denken:»Ich mache immer alles falsch. Warum bin ich nur so dumm/hässlich/wenig liebenswert?« Und ist der Ruhezustand aktiviert, kann der Geist völlig frei irgendwohin schweifen. Studien von Menschen, die man tagsüber willkürlich auf ihrem Smartphone gepingt hat, legen nahe, dass wir unseren Geist durchschnittlich die Hälfte unserer Wachzeit lang schweifen lassen. Und je länger wir den Geist schweifen lassen, desto mehr neigt er zum Negativen, zu Angst, Feindseligkeit, Bedauern und Selbstkritik.

Laterale kortikale Netzwerke

Wechseln wir in einen anderen Erfahrungsmodus – einfach im Augenblick sein, ohne zu urteilen und zu bewerten, mit weniger Ich-Erleben –, dann nimmt die Aktivität in den kortikalen Mittelliniennetzwerken ab, während sie sich in den *lateralen* kortikalen Netzwerken seitlich am Kopf erhöht. Diese laterale Verlagerung geht mit einer größeren Aktivierung der *Insula* (Inselrinde) einher, die die *Interozeption*, die Wahrnehmung von inneren Körpergefühlen und »Bauchgefühlen«, unterstützt.

Diese Netzwerke schalten überwiegend auf einer Seite des Gehirns aktiv. Bei Rechtshändern ist die linke Seite des Gehirns auf die sequenzielle Verarbeitung spezialisiert – auf die Verarbeitung der Reihe nach –, und damit auf wichtige Aspekte der Sprache. Derweil ist die rechte Seite des Gehirns auf die ganzheitliche *Gestalt*-Verarbeitung spezialisiert – auf die Verarbeitung von Dingen als Ganzem –, und damit auf Bildlichkeit und das visuell-räumliche Denken. Folglich sind die lateralen Netzwerke des Gegenwartsgewahrseins – der Wahrnehmung der Erfahrung als ganzer – auf der Seite des Gehirns aktiver, die für das ganzheitliche Verarbeiten zuständig ist – also bei den meisten Menschen auf der rechten Seite. (Bei vielen Linkshändern ist dies umgekehrt, das Prinzip ist jedoch dasselbe.)

Wie die lateralen Netzwerke stimuliert und gestärkt werden können, damit unser Sinn für Ganzheit geschärft wird, werden Sie später noch erfahren. Zunächst wenden wir uns der Art und Weise zu, in der die Mittelliniennetzwerke das Gefühl der Fragmentierung und das Leiden fördern – und was wir dagegen tun können.

Das Gefühl des Gespaltenseins

Ist der Geist darauf konzentriert, Probleme zu lösen, oder schweift er ab, verlagert sich unsere Aufmerksamkeit immer wieder von einer Sache auf eine andere. Ein Beispiel: Angenommen, Sie sehen einen Keks. Das Bild des Kekses ist nun ein »Teil« Ihres Bewusstseins. Als Nächstes entsteht der Wunsch, den Keks zu essen – »Ich will den Keks!« –, der nun ein zweiter Teil Ihres Bewusstseins ist. Dann taucht der Gedanke auf: »Oh nein, Kekse enthalten Gluten und Kalorien, sind also nichts für mich!« – ein dritter Teil in Ihrem Geist. Und dann meldet sich auch noch ein vierter: »Du hast so hart gearbeitet, du verdienst diesen Keks.« So interagieren Teile mit Teilen, und meist kommt es dabei zu einem Konflikt. Auf dieser *Struktur* basiert ein Großteil unseres

Leidens: Teile unseres Geistes kämpfen mit anderen Teilen unseres Geistes. Denken Sie an etwas, worüber Sie sich kürzlich geärgert haben, und überlegen Sie, wie einige Teile dieser Erfahrung miteinander gerungen haben. Entsteht im Gegensatz dazu in uns jedoch das Gefühl der Ganzheit, lässt nicht nur dieser innere Kampf, sondern auch das Leiden nach.

Bei dieser alltäglichen Art, sich selbst zu erleben – als mehrere Teile –, ist es nur allzu leicht, Teile zu verdrängen, die sich verletzlich, peinlich, »schlecht« oder schmerzhaft anfühlen. Man könnte dies mit dem Bild vom Geist als großem Haus mit vielen Zimmern vergleichen: Manche haben wir verschlossen, aus Angst davor, was wir in ihnen vorfinden könnten. So verständlich dies auch sein mag – es führt unweigerlich zu Problemen. Damit die Zimmer verschlossen bleiben, müssen wir uns betäuben. Doch je mehr wir verdrängen, desto weniger lebendig und leidenschaftlich sind wir. Je mehr Teile wir verbannen, desto weniger kennen wir uns selbst. Je mehr wir verstecken, desto mehr fürchten wir uns davor, ertappt zu werden.

Zu der Zeit, als ich aufs College kam, schienen die meisten der Zimmer in meinem Geist fest verrammelt. Ich habe hart daran gearbeitet, mich selbst zu akzeptieren – mich *ganz* zu akzeptieren, jeden Teil von mir, die ängstlichen ebenso wie die wütenden und unsicheren Anteile. Durch das Üben dessen, was Tara Brach als *radikale Akzeptanz* bezeichnet, zu der auch die *Selbst*akzeptanz gehört, können Sie sich alle Zimmer in Ihrem Geist wieder zugänglich machen – ohne dabei den Boden unter den Füßen zu verlieren. Tatsächlich können Sie mit dem, was sich in den Zimmern befindet, erst richtig umgehen, wenn Sie sie geöffnet haben. Denken Sie an zwei traditionelle Heilmittel des Arztes: Licht und Luft. Eine Übung dazu finden Sie im folgenden Kasten. Sich selbst zu akzeptieren hilft uns dabei, uns ganz zu fühlen – und umgekehrt.

SELBSTAKZEPTANZ

Akzeptanz bedeutet zu erkennen, dass etwas als Tatsache existiert – ob Ihnen das nun gefällt oder nicht –, und sich dieser Erkenntnis ohne Groll hinzugeben. Was natürlich nicht bedeutet, dass Sie nicht auch versuchen könnten, die Dinge zum Besseren zu wenden.

Suchen Sie sich etwas, das angenehme Gefühle in Ihnen auslöst, wie eine Tasse, die Sie mögen, und erkunden Sie, wie es sich anfühlt, den Gegenstand zu akzeptieren. Wiederholen Sie dies anschließend mit einem Gegenstand, dem Sie neutral gegenüberstehen, wie einem Stück Teppich. Akzeptieren Sie auch diesen. Suchen Sie sich dann etwas dezent Unangenehmes – vielleicht ein ärgerliches Geräusch – und akzeptieren Sie auch dies.

Wie fühlt sich die Akzeptanz an? Vielleicht hat sich Ihr Körper entspannt, und Ihre Atmung wurde weicher. Vielleicht tauchten Gedanken wie diese auf: »So ist es nun einmal… Es gefällt mir nicht, aber ich kann es akzeptieren.« *Vielleicht hatten Sie den größeren Zusammenhang im Kopf und die vielen Ursachen dessen, was Sie akzeptiert haben. Vielleicht hilft es Ihnen, sich Freunde oder andere Menschen vorzustellen, die bei Ihnen sind und Sie in der Konfrontation mit dem zu Akzeptierenden unterstützen. Seien Sie sich des Unterschieds gewahr zwischen dem Gefühl der Akzeptanz, das in der Regel beruhigend und friedvoll ist… und dem Gefühl der Hilflosigkeit oder Niederlage.*

Suchen Sie bei sich nach einem positiven persönlichen Merkmal, etwa eine Fähigkeit oder eine gute Absicht. Erkunden Sie, wie es sich anfühlt, dieses Merkmal zu akzeptieren. Wählen Sie als Nächstes ein neutrales Merkmal wie die Tatsache, dass Sie atmen, und akzeptieren Sie dieses ebenfalls. Suchen Sie dann nach etwas dezent Negativem und spüren Sie nach, wie es ist, auch das zu akzeptieren. Steigern Sie den Schwierigkeitsgrad der Übung allmählich und trainieren Sie Ihren »Selbstakzep-tanzmuskel« immer weiter.

Sicherlich tauchen Dinge in Ihrem Gewahrsein auf. Erkunden Sie, wie es ist, sie zu akzeptieren, etwa so: »Ah, ein Schmerz in meinem unteren Rücken. Ich akzeptiere ihn… Feindselige Ge-fühle in Bezug auf jemanden. Ich akzeptiere sie… Das Gefühl des inneren Kindes. Hallo, Kleines!… Etwas Furchteinflößen-des im Keller. Ich wünschte, es wäre nicht da, aber ich akzep-tiere auch das…«

Suchen Sie in sich selbst nach liebenswerten, bewundernswer-ten, leidenschaftlichen, zärtlichen, guten Dingen und akzep-tieren Sie sie. Vielleicht verneigen Sie sich innerlich vor diesen Anteilen in Ihnen selbst, Sie heißen sie willkommen und dan-ken ihnen. Und Sie schließen sie in alles, was Sie sind, ein.

Suchen Sie in sich selbst nun nach etwas, das Ihnen peinlich ist oder das Sie bereuen, und akzeptieren Sie es. Beginnen Sie mit etwas Kleinem; Sie können die Verantwortung dafür über-nehmen und klug handeln. Stellen Sie sich vor, wie Mitgefühl, Güte und Verständnis diese Anteile in Ihrem Inneren berühren.

Weichen Sie die Mauern in Ihrem Inneren auf… Lassen Sie alles fließen, wie es will… Entspannen Sie sich als ganzes Wesen… seien Sie ganz…

Tun und sein

Grob gesagt sind die Mittelliniennetzwerke fürs Tun zuständig und die lateralen Netzwerke fürs Sein. Noch ist es Forschern zwar nicht gelungen, alles, was in der folgenden Tabelle auf-gelistet ist, entweder mit der Mittellinie oder mit der Seite des Gehirns in Verbindung zu bringen. Doch lassen sich die aufge-führten Geisteszustände in zwei deutlich voneinander unter-schiedene Gruppen einteilen:

TUN	SEIN
Auf einen Teil des Ganzen konzentriert	Des größeren Zusammenhangs gewahr; »Panoramablick«
Zielgerichtet	Ohne etwas zu tun zu haben, ohne irgendwohin zu müssen
Auf Vergangenheit oder Zukunft konzentriert	Im Hier und Jetzt verweilend
Abstrakt, gedanklich/ begrifflich	Konkret, sinnlich
Mit viel verbaler Aktivität	Mit wenig verbaler Aktivität
Mit festen Überzeugungen	Nicht wissend, neu sehend
Bewertend, kritisierend	Urteilsfrei, akzeptierend
Gedankenverloren, abschweifend	Achtsam gegenwärtig
Ausgeprägtes Erleben des Ichs als Objekt	Minimales oder kein Erleben des Ichs als Objekt
Ausgeprägtes Erleben des Ichs als Subjekt	Minimales oder kein Erleben des Ichs als Subjekt
Gefühl des Begehrens	Gefühl der Gelassenheit
Gefühl der Fragmentierung	Gefühl der Ganzheit

Natürlich brauchen wir im Leben sowohl das Tun als auch das Sein. Je nach Augenblick können wir zwischen beiden Zuständen hin und her wechseln und sie sogar miteinander verweben. Dennoch werden beim heutigen Schulwesen, in unseren modernen Arbeitsszenarien, durch Technologien und Unterhaltungsarten wiederholt die Mittelliniennetzwerke stimuliert und dadurch gekräftigt. Mittellinien- und laterale Netzwerke beeinflussen sich mittels *reziproker Hemmung* gegenseitig: Wird das eine aktiv, unterdrückt es das andere. Das Übertrainieren der Mittelliniennetzwerke führt zu seiner Dominanz, bei der Erfahrungen des Seins – in der Gegenwart sein, so, wie sie ist, nicht versuchen, etwas zu erlangen oder sich einer Sache zu widersetzen – häufig und rasch vom Tun überlagert werden.

Fazit: Viele, auch ich, würden davon profitieren, besser im Sein zu sein. Klingt komisch, ist aber so. Nur... *wie geht das?*

Das Gefühl der Ganzheit

Im Folgenden geht es um die Stärkung neuraler Faktoren, die das Gefühl der Ganzheit fördern. Dadurch können wir, wann immer wir wollen, besser in der friedvollen Kraft des schlichten Seins ruhen. Zudem haben wir dadurch das Grundgefühl des Seins, auch wenn wir dabei das eine oder andere tun.

Im grünen Bereich

Das Gefühl unerfüllter Bedürfnisse erhöht auf jeden Fall die Aktivität kortikaler Mittelliniennetzwerke, ob es nun um das angespannte Problemlösen im vorderen Bereich oder negatives Grübeln im hinteren Bereich geht. (Mit *Grübeln* meine ich das ständige geistige Wiederkäuen von Dingen, das dem tatsächlichen Wiederkäuen von Tieren auf körperlicher Ebene ähnelt.) Verweilen wir dagegen in Fülle, bekommen diese Mittellinienaktivitäten weniger Nahrung, und mehr Raum zum Sein entsteht. Wir können Schmerz besser tolerieren, ohne mit einem Teil unseres Selbst dagegen anzukämpfen, und uns an Schönem erfreuen, ohne ihm mit einem Teil unseres Selbst nachzujagen. Wir können im gegenwärtigen Augenblick verweilen, ohne das Bedürfnis nach mentalen Zeitreisen zu verspüren: Dieses Jetzt ist ganz und genug so, wie es ist.

Konzentration auf die Sinne

Zum Problemlösen und Grübeln gehört in der Regel ein *innerer Monolog,* der bei Rechtshändern auf Hirnregionen in den *Schläfenlappen* auf der *linken* Seite des Gehirns zurückgreift. Das sinnliche Gewahrsein – der Geruch einer Zitrone, das Gefühl weicher Baumwolle – ist nonverbal. Deshalb beruhigt die Konzentration auf Geschmack, Berührung, Anblick, Geräusch und Geruch auf natürliche Weise das mit der linken Hemisphäre verbundene innere Geplapper und damit die entsprechende Mittellinienaktivität. Gleichzeitig erhöht sie die Aktivität auf der rechten Seite des Gehirns und kann die lateralen Netzwerke dort stimulieren. Die Konzentration auf innere Empfindungen, an denen die Insula (Inselrinde) beteiligt ist – etwa auf das Heben und Senken der Brust beim Atmen –, ist besonders hilfreich. Statt aufs Gedankenkarussell aufzuspringen, können wir im Körper geerdet bleiben, was den zusätzlichen Vorteil hat, dass sowohl emotionale Reaktivität als auch depressive Stimmungen gemindert werden.

Nicht wissen

Hilfreich ist es auch, sich vom Kategorisieren, Vorstellen und Bewerten zu lösen, da all dies ebenfalls die Mittellinienaktivität stimuliert. Wenn Sie zum Beispiel Straßenverkehr hören – können Sie ihn dann einfach ein Geräusch sein lassen, ohne ihn zu benennen und ohne sich eine Meinung über ihn zu bilden? Wie ist es, einen Vogel zu sehen und allein im Sehen zu verweilen?

Machen Sie sich mit dem »Geist, der nicht weiß« vertraut – sehen Sie die Dinge so, wie sie sind, ohne Überzeugungen oder Erwartungen an sie zu knüpfen, und lösen Sie sich von dem Bedürfnis, sich in Bezug auf alles sicher sein zu wollen. Das fühlt sich zunächst vielleicht etwas verwirrend an, doch mit der Zeit werden Sie sich entspannen und feststellen, dass Sie mit diesem Gefühl des Nichtwissens ein Glas bewegen oder sogar mit einem Freund reden können. Es ist, als würden wir die Welt mit den Augen eines Kindes sehen, frisch, ohne den Schleier der Gedanken darüber. Wohin Sie sich auch wenden, überall sehen Sie eine Welt, die neu ist.

Zudem können Sie sich im »Geist, der nicht bevorzugt« üben. Manchmal müssen wir wissen, was nützlich oder schädlich ist, doch sehr häufig können wir das Schema richtig/falsch, gut/ schlecht, mögen/nicht mögen verlassen, das wir der Wirklich-keit-so-wie-sie-ist überstülpen. Besonders befreiend ist es, dies auf sich *selbst* anzuwenden – damit aufzuhören, die eigenen Handlungen zu beurteilen und zu kritisieren, Teile des eigenen Geistes als schlecht und andere als gut einzustufen.

Das Denken an sich ist nichts Schlechtes, allerdings neigt es dazu, so viel anderes zu verdrängen und das Differenzieren sowie Bevorzugen zu verstärken, die dem Begehren und Leiden zugrunde liegen. Erkunden Sie im Alltag – beim Gehen, Fahren, Einkaufen, Sprechen mit anderen –, wie es sich anfühlt, diesen Tätigkeiten so wenig wie möglich hinzuzufügen: sie nicht zu benennen, keine Selbstgespräche über sie zu führen, ihnen keine Bedeutungen zu geben. Das heißt nicht, sich Gedanken zu widersetzen, sondern nur, sie nicht zu füttern und ihnen nicht zu folgen.

Den Geist sein lassen

Wenn wir Aufgaben ausführen oder uns in unseren Gedanken verlieren, versuchen wir dabei ständig, die Dinge miteinander zu verbinden, um aus ihnen schlau zu werden und sie zu kontrollieren. Der Lehrer Tsoknyi Rinpoche hat einmal gesagt, dass die Gedanken an sich nicht das Problem sind – Probleme entstehen erst, wenn wir die Gedanken miteinander »verleimen« wollen. Dazu gibt es eine Meditationsanweisung: »Lass die Vergangenheit los, lass die Zukunft los, lass die Gegenwart los und lass deinen Geist in Ruhe.« Wie fühlt es sich an, die vielen Dinge, die in unserem Gewahrsein auftauchen, kommen und gehen zu lassen, ohne sie miteinander verbinden zu wollen? Damit gehen wir zum mühelosen Empfangen von Erfahrungen über. Seien Sie sich beispielsweise des Atmens gewahr und spüren Sie nach, wie sich »den Atem empfangen« im Unterschied zu »nach dem Atem greifen« anfühlt. Die meiste Zeit über müssen wir im Geist gar nicht so beschäftigt sein.

Ganzheitsgewahrsein

An der Wahrnehmung von Dingen als Ganzes ist die rechte Seite des Gehirns beteiligt, sie mindert die geistigen Aktivitäten der Mittelliniennervennetzwerke, die Teile immer getrennt von anderen Teilen sehen. Ein gutes Beispiel dafür ist das Sehen selbst. Der Anblick eines Zimmers beinhaltet viele Dinge, man kann das Zimmer jedoch auch als ganze, einheitliche Szene sehen. In ähnlicher Weise können wir unseren Geist als riesigen, weiten Himmel sehen, über den Gedanken und Gefühle wie Wolken ziehen. So könnten Sie sich etwa bei einem Beziehungsproblem fragen: »In welchem größeren Zusammenhang geschieht dies? Was wäre der weitmöglichste Blickwinkel hinsichtlich des Problems?« Sie können das Ganzheitsgewahrsein in Ihrem Körper erkunden. Hierzu ein kleines Experiment: Machen Sie sich die Empfindungen des Atmens vorn in Ihrer Brust bewusst… hinten in Ihrer Brust… dann vorn und hinten gleichzeitig… Verlagert sich bei diesem Gewahrsein Ihr Geisteszustand? (Eine ausführlichere Übung dazu finden Sie in der Meditation im Kasten auf Seite 155 f.) Sie können das Gefühl der Ganzheit Ihres Körpers auch erkunden, wenn Sie sich bewegen, etwa beim langsamen Gehen oder beim Yoga.

> Du bist der Himmel.
> Alles andere –
> das ist nur das Wetter.
>
> PEMA CHÖDRÖN

Gelassenheit

Je größer das Gefühl der Ganzheit, desto ruhiger der Geist. Lärm und Geplapper verklingen zu Hintergrundgeräuschen. Die Gelassenheit hingegen nimmt zu – einer der sieben Faktoren des Erwachens in der Tradition des Buddhismus. Und je gelassener wir sind, desto weniger abgespalten fühlen wir uns von störenden Dingen, desto »ganzer« fühlen wir uns. Die Kultivierung echter Gelassenheit – nicht das Verdrängen von Dingen, nur das Zur-Ruhe-Kommen – ist ungeheuer wichtig, insbesondere in einer Welt, in der alles andere als Gelassenheit herrscht. Das klassische Achtsames-Atmen-Sutta (Majjhima Nikaya 118) beispielsweise empfiehlt: »einatmen und Gelassenheit in den Körper strömen lassen; ausatmen und Gelassenheit in den Körper strömen lassen ... einatmen und Gelassenheit in den Geist strömen lassen; ausatmen und Gelassenheit in den Geist strömen lassen ...«
Wir können uns den Geist wie einen schlammigen Teich vorstellen. Je ruhiger er wird, desto mehr setzt sich der Schlamm am Boden des Teichs ab. Und so offenbart sich die reine Natur des Wassers im Teich – nie getrübt davon, was in ihm trieb –, und die wunderschönen Juwelen, die immer schon am Grund des Teichs lagen, werden sichtbar.

DER GANZE KÖRPER ATMET

Suchen Sie sich eine Haltung, in der Sie es bequem haben, in der Sie gleichzeitig aber wachsam bleiben können. Suchen Sie das Gefühl der Stärke aus der Ruhe... lassen Sie unnötige Ängste los... werden Sie sich bewusst, dass es Ihnen im Grunde gut geht, jetzt, in diesem Augenblick... öffnen Sie sich dem Frieden. Seien Sie sich der Dinge gewahr, für die Sie dankbar sind... fühlen Sie Dankbarkeit, Freude... das Genugsein im Augenblick, so, wie er ist... öffnen Sie sich der Zufriedenheit. Fühlen Sie Warmherzigkeit... Mitgefühl und Güte... das schlichte Gefühl, gemocht und geliebt zu werden... öffnen Sie sich der Liebe, die hineinfließt und ausströmt, verweilen Sie in Fülle...

Seien Sie sich verschiedener Empfindungen des Atmens im ganzen Körper gewahr... Konzentrieren Sie sich auf Ihre Brust, machen Sie sich die vielfältigen Empfindungen des Atmens dort bewusst... Seien Sie sich der Empfindungen vorn in der Brust gewahr... hinten... vorn und hinten gleichzeitig. Seien Sie sich der Empfindungen auf der linken Seite der Brust gewahr... auf der rechten Seite... links und rechts gleichzeitig. Seien Sie sich Ihrer Brust im Ganzen gewahr, während Sie atmen... Ihre Aufmerksamkeit dehnt sich auf die ganze Brust aus... empfangen Sie das Gefühl Ihrer Brust als Ganzheit, während Sie atmen.

Sollte das Gefühl der Ganzheit schwinden, ist das normal; werden Sie sich dessen einfach wieder gewahr. Während Sie sich auf die Empfindungen konzentrieren, lassen Sie das Denken und den Drang, alles in Wort zu fassen, allmählich von sich abfallen.

Dehnen Sie das Gewahrsein nun langsam auch auf die Empfindungen des Atmens im Zwerchfell aus... Brust und Zwerchfell gleichzeitig, in einer Erfahrung. Dehnen Sie es auf die Empfin-

155

dungen im Bauch aus... im Rücken... die inneren Empfindungen in Lunge und Herz... die Empfindungen des Atmens im Rumpf als Ganzem, als einzigem, einheitlichem Feld beständig erlebter Erfahrungen.

Schließen Sie die Schultern mit ein... Arme und Hände... Nacken... Kopf... Seien Sie sich des Oberkörpers als Ganzer gewahr, während Sie atmen. Dehnen Sie das Gewahrsein weiter aus, auf Empfindungen in den Hüften... Beinen... und Füßen. Seien Sie sich des Ober- und Unterkörpers gleichzeitig gewahr, als einer Ganzheit, als einzige, anhaltende Erfahrung... Schließen Sie alle körperlichen Empfindungen in Ihr Gewahrsein mit ein... Verweilen Sie als ganzer, atmender Körper.

Sie verweilen als ganzer, atmender Körper, werden gelassener... lassen Geräusche und Gedanken kommen und gehen, lassen sie in Ruhe, während Sie im Gefühl des Körpers als Ganzheit ruhen... ohne das Bedürfnis, aus irgendetwas schlau zu werden, ruhen Sie im Atmen... als ganzer, atmender Körper...

Ungehindert

Die natürliche Bewegung des Herzens besteht darin, sich zu öffnen, loszulassen und zu lieben – von Anspannung, Anstrengung, Begehren und Leiden abzulassen. Allerdings kann dieser natürliche Fluss blockiert oder von bestimmten Gefühlen und Wünschen überdeckt sein. Diese Hindernisse sind sowohl das Ergebnis des Begehrens als auch dessen Antrieb. An ihnen ist ein Teil des Geistes beteiligt, der andere Teile behindert. Werden die Hindernisse kleiner, wächst die Ganzheit; entwickeln Sie Ihren Sinn für die Ganzheit, nehmen nicht nur die Hindernisse, sondern auch Begehren und Leiden ab. Buddha sprach insbesondere von fünf Hindernissen – sich ihrer gewahr zu sein ist ein wichtiger Schritt in Richtung der Ganzheit.

Die fünf Hindernisse

Sinnliches Begehren: Dieses Hindernis besteht im kräftezehrenden Verfolgen anhaltenden Vergnügens in unbeständigen Erfahrungen. (Es kann sich auch als belastendes Vermeiden von Schmerz äußern; der Einfachheit halber widme ich mich hier allerdings nur dem ersten Aspekt.)

Böse Absicht/Ablehnung: Dieses Hindernis besteht im Übelwollen – es will verletzen und schaden. Zu diesem Hindernis gehören auch Feindseligkeit, Bitterkeit und zerstörerische Wut.

Müdigkeit und Trägheit: Dieses Hindernis besteht in der Schwere des Körpers und in der Trägheit des Geistes. Zu ihm gehören auch Abgeschlagenheit, Depression und wenig Motivation zum Üben.

Ruhelosigkeit, Sorgen, Reue: Dieses Hindernis besteht im psychischen und physischen Aufgewühltsein. Man kommt nicht zur Ruhe und beschäftigt sich geistig immer wieder mit demselben Thema.

Zweifel: Damit ist keine gesunde Skepsis, sondern das zersetzende Misstrauen gegenüber dem gemeint, was wir wissen oder vernünftigerweise glauben können. Er kann sich in mangelnder Überzeugung, zu viel Nachdenken und »Paralyse durch Analyse« äußern. Dieses Hindernis ist ein sehr großes, da man Zweifel an allem haben kann.

Allgemein mit Hindernissen üben

Achtsam sein. Die Hindernisse sind nichts anderes als geistige Phänomene und so unterscheiden sie sich in ihrer grundsätzlichen Natur auch nicht von ihnen: Sie sind unbeständig, sie bestehen aus Teilen und sie kommen und gehen aufgrund ihrer Ursachen. Wir entscheiden, wie viel Macht wir ihnen geben. Sie haben an sich keine Essenz und ähneln eher Wolken als Steinen; haben wir das erst einmal erkannt, belasten sie uns auch weniger.

Den Hindernissen keine Nahrung geben. Angewohnheiten und gewohnheitsmäßige Reaktionen lassen sich zuweilen nur schwer ausrotten, Sie müssen sie aber nicht noch verstärken. Achten Sie auf Grübeleien und lösen Sie sich von ihnen. Stärken Sie das Hindernis nicht noch, um sich so selbst ein Bein zu stellen. *Wertschätzen, was nicht behindert wird.* Lenken Sie Ihre Konzentration wieder darauf, was förderlich ist, etwa auf das schlichte Gefühl der Dankbarkeit. Werden Sie sich ganzheitlicher, liebender, wachsamer Aspekte Ihrer selbst gewahr. Wenn Sie sich ihrer gewahr sind, sind sie von Natur aus ungehindert.

ZUM WEITERLESEN

The Deep Heart (John Prendergast)
Mit dem Herzen eines Buddha (Tara Brach)

Übungen zu spezifischen Hindernissen

Im Folgenden finden Sie Schlüsselressourcen für jedes der fünf Hindernisse.

Sinnliches Begehren: Konzentrieren Sie sich auf das Gefühl, *bereits befriedigt zu sein,* so, wie es etwa durch Dankbarkeit, Wertschätzung und Zufriedenheit zum Ausdruck kommt. Achten Sie, wenn Sie etwas wollen – etwa mehr Nachtisch oder einen neuen Pulli –, auf das Vergnügen, das Ihrer Vorstellung nach mit der Erfüllung dieses Wunsches verbunden ist. Vergleichen Sie anschließend das erwartete Vergnügen mit dem *tatsächlich* eintretenden. Oft ist Letzteres nett, aber nicht so groß wie Ersteres. Hin und wieder kommt es vor, dass unser Kopf uns etwas als schöner verkaufen will, als es tatsächlich ist. Ich vergleiche das gern mit der Arbeit einer inneren Werbeagentur, die die Evolution vielleicht deswegen hervorgebracht hat, um unsere Vorfahren dazu zu ermuntern, immer der nächsten Karotte nachzujagen. »Die schmeckt noch *viel* besser als die letzte!« Seien Sie hinsichtlich des tatsächlichen Vergnügens eines erfüllten Wunsches also realistisch und treffen Sie dann Ihre Entscheidung.

Böse Absicht/Ablehnung: Erkennen Sie, dass Feindseligkeit und Wut auf *Ihren* Schultern lasten, so gut sie sich im Augenblick auch anfühlen mögen. Achten Sie auf verletzte Gefühle, Angst oder Kränkungen, die der bösen Absicht zugrunde liegen; konzentrieren Sie sich auf sie und versuchen Sie, sie zu akzeptieren. Haben Sie Mitgefühl mit sich selbst in Bezug auf das, was die böse Absicht ausgelöst hat. Vergegenwärtigen Sie sich Menschen, die Sie mögen, und konzentrieren Sie sich auf Mitgefühl und Güte ihnen gegenüber ... Vielleicht spüren Sie auch, wie Sie diesen Menschen am Herzen liegen. Versuchen Sie dann, Mitgefühl für die Person zu empfinden, mit der Sie Schwierigkeiten haben.

Müdigkeit und Trägheit: Ruhen Sie sich aus. (Oder erkunden Sie das Gefühl einer Wachheit, die neben allen anderen Erfahrungen auch die Erschöpfung umfasst.) Atmen Sie einige Male tief ein und aus, wobei Sie sehr kräftig einatmen, um den stimulierenden sympathischen Ast Ihres Nervensystems zu wecken. Lesen Sie etwas Inspirierendes oder hören Sie es sich an. Bewegen Sie sich, gehen Sie hinaus in die Natur, wenn Sie können, lassen Sie sich von frischer Luft beleben.

Um Trägheit zu überwinden und die Motivation zu stärken, könnten Sie die einzigartige und flüchtige Chance Ihres eigenen Lebens betrachten. Etwa anhand der folgenden Fragen aus der tibetischen Tradition: *Wird mir Krankheit erspart bleiben? Wird mir das Altern erspart bleiben? Wird mir das Sterben erspart bleiben? Wird es mir erspart bleiben, auf die eine oder andere Weise letztlich von allem, was ich liebe, getrennt zu werden? Wird es mir erspart bleiben, die Konsequenzen meiner eigenen Handlungen zu tragen?* Ich persönlich denke in diesem Zusammenhang gern an all jene, die mir geholfen haben – sowie an meine eigenen Anstrengungen in den vergangenen Jahren –, und daran, dass ich diese Geschenke klug nutzen möchte ... Zudem möchte ich tun, was immer ich kann, um der Zukunft *meine* Geschenke zu überreichen, sowohl anderen Menschen als auch dem Menschen, der ich in einem Jahr und am letzten Tag dieses Lebens sein werde. Das fühlt sich übrigens nicht morbid, sondern erfreulich und gut an.

Sie können auch an den Lohn denken, den das, wozu Sie sich motivieren – vielleicht wollen Sie mehr meditieren oder sich anderen Menschen gegenüber weniger reizbar verhalten –, mit sich bringen wird, und zwar bevor Sie es tun, während Sie es tun und nachdem Sie es getan haben. Versuchen Sie, den Lohn (zum Beispiel Entspannung, Selbstwertgefühl) ganz tief in Ihrem Inneren zu spüren, statt ihn sich lediglich vorzustellen. Dann wird Ihr Gehirn den antizipierten Lohn mit bestimmten Handlungen assoziieren und Ihnen dabei helfen, neue, gute Angewohnheiten zu entwickeln.

> Sag mir, was hast du vor
> mit deinem einen wilden und kostbaren Leben?
>
> MARY OLIVER

Ruhelosigkeit, Sorgen, Reue: Versuchen Sie herauszufinden, was Sie ruhelos, besorgt oder reuevoll macht. Finden Sie außerdem heraus, was davon wichtig für Sie ist. Lösen Sie sich von Unnötigem. Und stellen Sie einen realistischen Plan dazu auf, was Sie an dem, was wichtig für Sie ist, ändern könnten. Damit habe ich das Rad nicht neu erfunden, ich weiß; aber die Schritte funktionieren wirklich.

Ruhelosigkeit kann aus dem Gefühl heraus entstehen, dass etwas wirklich Wichtiges in Ihrem Leben oder in Ihren derzeitigen Übungen fehlt. Es gab Zeiten, in denen ich mehr auf das, was meine Ruhelosigkeit mir sagen wollte, hätte hören sollen, statt Jahr für Jahr bei einem bestimmten Job oder einer bestimmten spirituellen Praxis zu bleiben. Ziehen Sie dabei auch Ihr Temperament in Betracht; vielleicht brauchen Sie von Natur aus mehr Reize, um interessiert und konzentriert zu bleiben. Dann könnten Sie beispielsweise beim Meditieren anspruchsvollere Gegenstände der Aufmerksamkeit – etwa Dankbarkeit oder Zufriedenheit – wählen.

Sorgen sind mit unserem Bedürfnis nach Sicherheit verknüpft. Widmen Sie sich zunächst echten Bedrohungen und versuchen Sie, sich dabei wann immer möglich zu entspannen sowie Gefühle der Entschlossenheit, Bestätigung und des Friedens heraufzubeschwören. Indem Sie diese Erfahrungen wieder und wieder verinnerlichen, bauen Sie ein Grundgefühl der Stärke aus der Ruhe auf, das Ihnen dabei hilft, sich weniger Sorgen zu machen. Fragen Sie sich jedes Mal, wenn Sie sich beim Grübeln ertappen, ob es das wert ist – wenn nicht, versuchen Sie, Ihre Aufmerksamkeit sanft, aber bestimmt auf etwas anderes zu lenken.

Reue ist mit unserem Bedürfnis nach Verbundenheit verknüpft; damit verwandte Gefühle sind Schuld und Scham. Das sind große Themen, denen ich hier beileibe nicht gerecht werden kann, doch vielleicht erweisen sich die folgenden Vorschläge als hilfreich:

- Entscheiden Sie selbst, was der Reue wirklich wert ist.
- Übernehmen Sie die Verantwortung dafür.
- Machen Sie die Erfahrung von Reue und verwandten Gefühlen und lösen Sie sich Schritt für Schritt von ihnen.
- Werden Sie sich klar darüber, wie Sie in Zukunft handeln wollen.
- Machen Sie wieder gut, was wiedergutgemacht werden kann.
- Haben Sie Mitgefühl mit sich selbst.
- Versuchen Sie, sich selbst zu vergeben.
- Spüren Sie nach, was in Ihnen gütig, edel und würdig ist.

Zweifel: Achten Sie auf *geistige Wucherungen,* auf Gedanken, die in alle Richtungen davongaloppieren. Kommen Sie immer wieder zum Simplen und unleugbar Klaren zurück: zu der Erfah rung dieses Augenblicks und den Dingen, von denen Sie wissen, dass sie wahr sind. Im Augenblick selbst besteht keinerlei Zweifel *daran*, da es zweifelsohne ist, wie es ist. Lösen Sie sich vom exzessiven Analysieren, Beurteilen und Denken. Gestatten Sie es sich, unsicher zu sein, abzuwarten, die Experimente des Lebens auf die eine oder andere Weise durchzuführen und sich die Ergebnisse anzusehen.

OHNE HINDERNISSE

In dieser Meditation erkunden wir das Gefühl, in einem Gewahrsein verankert zu sein, das ungehindert in der Gegenwart bleiben kann ... in einem Geist der Akzeptanz verankert zu sein, der ungehindert loslassen kann ... in Fülle und Ausgewogenheit verankert zu sein, ungehindert vom Gefühl, dass etwas fehlt, dass etwas nicht stimmt ... im Gefühl des Friedens, der Zufriedenheit und der Liebe, ungehindert von Angst, Frustration oder Verletzung ... Wir verweilen in unserer ungehinderten wahren Natur und lassen uns von ihr tragen ...

Entspannen Sie sich ... beruhigen Sie Ihren Geist ... erwärmen Sie Ihr Herz ... Kommen Sie im offenen, empfangenden Gewahrsein zur Ruhe und stabilisieren Sie es ... ungehindert daran präsent zu sein ... Spüren Sie das Gefühl der Fülle und Ausgewogenheit ... nichts fehlt, alles stimmt ... Öffnen Sie sich dem zunehmenden Gefühl des Friedens, der Zufriedenheit und der Liebe ... ungehindert von Angst, Frustration oder Schmerz ...

Seien Sie sich jeglicher bösen Absicht gewahr ... und lassen Sie sie los, im Gefühl der Sicherheit, des Mitgefühls und des Geliebtwerdens ruhend ...

Seien Sie sich jeglichen sinnlichen Begehrens gewahr ... und lassen Sie es los, im Gefühl des bereits Wohlaufseins ruhend ...

Seien Sie sich jeglicher Müdigkeit und Trägheit gewahr ... und lassen Sie sie los, in einer natürlichen und wachen Energie und

> *Klarheit ruhend ... im Gefühl der eigenen guten Absichten und Bestrebungen ruhend ...*
>
> *Seien Sie sich jeglicher Ruhelosigkeit, Sorgen und Reue gewahr ... und lassen Sie sie los, im Gefühl der Ruhe, der Bestätigung und Ihrer eigenen natürlichen Tugend ...*
>
> *Seien Sie sich jeglichen Zweifels gewahr ... und lassen Sie ihn los, im klaren Wissen um den Augenblick so, wie er ist, ruhend ... darauf vertrauend, wovon Sie wissen, dass es wahr ist, etwa dieser Stuhl, dieser Atemzug ...*
>
> *Spüren Sie und vertrauen Sie auf Ihre grundlegende wahre Natur ... Ihre natürliche Wachheit ... Tugend ... Friedlichkeit ... unverdeckt, ungehindert ... unerschütterlich, makellos, kummerlos und sicher ...*

Der Geist als ganzer sein

Das größtmögliche Gefühl der Ganzheit besteht darin, als Geist als ganzer präsent zu sein. In dieser Ganzheit ist alles eingeschlossen: das, was wir sehen und hören, Gedanken und Gefühle, Perspektiven und Ansichten, sogar das Gewahrsein selbst. Der Geist als ganzer ist die ganze Zeit über offenkundig; die meisten Menschen aber erfahren ihn nicht oft als Ganzes, in der Regel sind wir mit dem einen oder anderen Teil von ihm beschäftigt. Doch verweilen wir als ganzer Geist, gibt es keine Anstrengung mehr. Vielleicht gibt es Schmerz oder Kummer, wenn aber keine Teile des Geists mit anderen Teilen kämpfen, gibt es weder Begehren noch Leid. Ungeteilt erleben wir das Gefühl des Friedens. Die verschiedenen Inhalte des Geistes verändern sich ständig und fühlen sich deshalb nicht besonders zuverlässig an. Der Geist als ganzer jedoch bleibt der Geist als ganzer: Er ist als das, was er ist, stabil und aus diesem Grund zuverlässiger. Unaufgewühlt erleben wir das Gefühl des Friedens.

Das Gewahrsein und das Gehirn

Das Gewahrsein ebnet uns den direkten Weg zum Erleben des Geists als ganzem. Da »Gewahrsein« jedoch ein kniffliges Wort mit vielen Bedeutungen ist, sollten wir das zuerst klären. Zunächst kann man sich einer Sache gewahr sein, wie des Geräuschs eines Autos oder des anhaltenden Gefühls der Irritation nach einem angespannten Gespräch mit einem Kollegen. Wie in Kapitel 3 bereits erwähnt, werden Meditationen, in denen man sich einer bestimmten Sache – etwa des Atems – konstant gewahr bleibt, Übungen in konzentrierter Aufmerksamkeit genannt. Zudem kann man sich im offenen Gewahrsein üben: Dabei beobachtet man vorbeiziehende Erfahrungen, ohne sie zu beurteilen oder zu versuchen, sie zu beeinflussen. Darüber hinaus kann man sich auch des Gewahrseins gewahr sein: Dabei richtet man das Gewahrsein auf das Gewahrsein selbst. Und schließlich kann man als Gewahrsein verweilen, wobei man in erster Linie seine umfassende Empfänglichkeit erlebt, losgelöst von dem, was immer im Gewahrsein auftauchen mag, und mit dem zunehmenden Gefühl, schlicht Gewahrsein zu sein. (Die ersten beiden Arten des Gewahrseins sind relativ leicht zu erreichen, die letzten beiden erfordern mehr Übung.) Sowohl in der Meditation als auch im Alltag kann eine natürliche Bewegung von der konzentrierten Aufmerksamkeit über das offene Gewahrsein bis zum Verweilen als Gewahrsein stattfinden. Werden Sie durch irgendetwas abgelenkt – eine aufwühlende Erinnerung, ein Geräusch in der Nähe –, können Sie dies wahrnehmen, zur konzentrierten Aufmerksamkeit zurückkehren und dann allmählich wieder die Haltungen des offenen Gewahrseins und des Verweilens als Gewahrsein einnehmen.

Die erste Art des Gewahrseins – sich einer Sache gewahr sein – ist bei Tieren weitverbreitet, auch bei Tieren mit einem einfachen Nervensystem. Der Frosch ist sich einer Fliege gewahr, wenn diese sich bewegt, die Fliege wiederum ist sich des Lichts und des Schattens gewahr, die auf ihre Facettenaugen treffen. Weder

Frosch noch Fliege müssen sich ihres Gewahrseins gewahr sein oder über ein Gefühl der persönlichen Identität verfügen, um wach sowie wachsam zu sein und auf ihre Umgebung reagieren zu können. *Wie genau* sich der Frosch der Fliege gewahr ist – oder wie wir uns des Froschs gewahr sind –, ist in der Bewusstseinsforschung immer noch eine heikle Frage. Gleichwohl macht man Fortschritte auf dem Gebiet der dem Gewahrsein zugrunde liegenden Neurobiologie (auch wenn viele Fragen noch unbeantwortet oder umstritten sind und dies nur eine vereinfachende Zusammenfassung ist). Rudimentäre Informationen zu einem Reiz werden zunächst auf »niedrigeren Ebenen« des Nervensystems verarbeitet und dann zu »mittleren Ebenen« sowie schließlich zu »höheren Ebenen« weitergeleitet, wo sie durch neurale Entsprechungen vertreten werden, die das ermöglichen, was Bernard Baars den *globalen Arbeitsbereich des Bewusstseins* genannt hat.

Um bei der Metapher des Arbeitsbereichs zu bleiben, stellen wir uns einen Konferenzraum vor, in dem unterschiedliche Teile des Gehirns effizient Informationen austauschen. So können sich beispielsweise Wahrnehmungssysteme (»Was passiert?«), Salienzsysteme (»Ist es wichtig?«) und Ausführungssysteme (»Was muss getan werden?«) gegenseitig auf dem Laufenden halten. Das Repräsentieren von Informationen in diesen *neuralen Entsprechungen des Bewusstseins* beinhaltet flüchtige Koalitionen, die sich zwischen zahlreichen Neuronen mitsamt verwandten neurochemischen Prozessen bilden. Sie ähneln physischen Wirbeln in einem neurobiologischen Strom, die Informationswirbel repräsentieren, die wiederum Erfahrungswirbel ermöglichen.

Bislang habe ich Gewahrsein als statisches Feld beschrieben, in dem Erfahrungen auftreten – allerdings ist das nur ein vereinfachendes Bild. Da die physische Grundlage des Gewahrseins lebendig ist und sich kontinuierlich verändert, ist auch das Gewahrsein selbst dynamisch und besitzt veränderliche Ränder sowie veränderliche Eigenschaften. Gewahrsein ist ein *Prozess,* kein statischer Zustand; wir sind »gewahr seiend«. Hinsichtlich der gewöhnlichen Realität ist das Gewahrsein eines Menschen (oder Froschs) *bedingt*, es tritt also aufgrund von Ursachen auf und hat keine eigene absolute, unbedingte Existenz.

> Die Haltung der offenen Empfänglichkeit, frei von jeglichen Zielen und Erwartungen, macht es leichter, dass Stille als unser natürlicher Zustand offenbart wird ... Das Gewahrsein kehrt ganz natürlich zu seinem Nicht-Zustand des absoluten, unmanifesten Potenzials zurück, der stillen Tiefe jenseits allen Wissens.
>
> ADYASHANTI

Als Gewahrsein verweilen

Da das Gewahrsein im Grunde unbeschreibbar und da es unbeständig ist, wäre es unweigerlich leidvoll, sich daran zu klammern oder sich mit ihm zu identifizieren. Solange Sie sich dessen allerdings bewusst sind, wird Sie das zunehmende Gefühl, *als* Gewahrsein zu verweilen, natürlicherweise zur Ganzheit führen, während Sie sich von dem Vielen – den Teilen und immer mehr Teilen – in Ihrem Gewahrsein lösen. Und da Erfahrungen wie »ich« und »mein« Bestandteile des Vielen sind, mindert das Verweilen als Gewahrsein allmählich auch das Ich-Erleben und damit das Leid, das daraus erwächst, wenn wir das Leben allzu persönlich nehmen.

Indem Sie im Gewahrsein ruhen, könnten Sie allmählich einige seiner Eigenschaften übernehmen. Da das Gewahrsein alles empfangen und alles enthalten kann, da es nie durch das getrübt wird, was es durchzieht, und da es keine Grenzen hat ... werden Sie selbst offener, weiter, reiner und grenzenloser. Darüber hinaus ist das Gewahrsein ein Feld der Möglichkeiten, das dem *ähnelt*, das ganz und gar unbedingt sein könnte, womit es die gewöhnliche Realität übersteigt. Wie wir in Kapitel 9 noch sehen werden, ist »ähneln« nicht das Gleiche wie »sein«, doch könnte das Verweilen als Gewahrsein uns eine Ahnung dessen ermöglichen, was im ultimativen Sinn des Wortes *tatsächlich* unbedingt sein könnte.

Vielleicht machen Sie sogar die Erfahrung, dass das, was oberflächlich gesehen nur Ihr eigenes Gewahrsein zu sein scheint, in seiner ganzen Tiefe irgendwie überpersönlich sowie grenzen- und zeitlos ist.

Wenn Sie in dieser Weise fortfahren, löst sich der scheinbare Unterschied zwischen dem Gewahrsein und seinen Inhalten allmählich auf, und Sie erkennen, dass beides nichts anderes als Aspekte eines einzigen Geistes ist. Dann verweilen Sie als Geist als ganzer. Es gibt ein Geräusch... und es gibt das Gewahrsein des Geräuschs... und in Wirklichkeit gibt es da schlicht nur den Geist als ganzen. Kein Subjekt, das von Objekten getrennt ist, kein Gewahrsein, das von seinen Inhalten getrennt ist – eine Einheit, keine Dualität. Nicht zwei, eins.

UNGETEILT

*Vergegenwärtigen Sie sich das Gefühl der Warmherzigkeit...
der Fülle... ein Gefühl des Friedens... der Zufriedenheit...
der Liebe... Seien Sie sich der Empfindungen des Atmens gewahr... in die Sie allmählich Ihren ganzen Körper mit einschließen... Sie verweilen als ganzer Körper, der atmet...
Sie verweilen als Ihr ganzer Körper und sind sich der Geräusche gewahr... fügen Sie sie mit Empfindungen zu einer einzigen, ganzen Erfahrung zusammen. Nach und nach schließen Sie das, was Sie sehen, mit Geräuschen und Empfindungen eines einzigen Ganzen mit ein... schließen Gefühle in dieses Ganze mit ein... und Gedanken... und alles andere in Ihrem Gewahrsein als einzige, ganze Erfahrung.*

> *Seien Sie sich gewahr, diese ganze Erfahrung zu beobachten...*
> *und lassen Sie sie im Strom des Bewusstseins weiterziehen...*
> *Kommen Sie dann im Gewahrsein selbst zur Ruhe... Lassen Sie*
> *alle Anstrengung los und ruhen Sie im klaren, unbegrifflichen*
> *Gewahrsein... Lassen Sie Ängste los, lassen Sie Hoffnungen los,*
> *lassen Sie das Ich-Erleben los, sollte es sich zeigen... Lassen Sie*
> *los, was vergangen ist... Lassen Sie die Zukunft los... Lassen Sie*
> *die Gegenwart los, die allmählich schwindet...*
> *Öffnen Sie sich dem Offensichtlichen... das Gewahrsein und*
> *seine Inhalte treten gemeinsam als ein Prozess auf, als Geist*
> *als ganzer... Lassen Sie den Geist sein... Seien Sie einfach Sie*
> *selbst, wie Sie in Ihrer ganzen Fülle sind... kontinuierlich...*
> *Seien Sie der Geist als ganzer, mit allem eingeschlossen... ein*
> *ganzer Geist, der sich entfaltet...*
> *Seien Sie einfach... Sie müssen nirgendwo hin, Sie haben*
> *nichts zu tun, Sie müssen niemand sein... die Erfahrungen ge-*
> *schehen ganz von selbst... Sie sind sorgenfrei und offen... Sie*
> *geben Ihren Geist frei, lassen ihn frei sein...*

Bewährte Praxis

Probieren Sie es einmal mit diesem kleinen Experiment: Zählen Sie eine Stunde lang die einzelnen »Episoden«, bei denen Ihr Geist in negative Grübeleien abdriftet. Zählen Sie nicht mit, wenn Sie bewusst an etwas denken oder Ihr Geist auf angenehme Weise abschweift. Die Zählung muss nicht exakt sein; bei dieser Übung geht es um eine stärkere Eigenwahrnehmung. Reflektieren Sie anschließend, was Sie beobachtet haben und was Sie deshalb unternehmen wollen.

Konzentrieren Sie sich immer wieder auf Empfindungen und lösen Sie sich dabei von Gedanken; Letztere mögen zwar immer noch auftauchen, Sie müssen sie aber nicht füttern oder ihnen folgen. Sie können auch das, was Sie hören und sehen, miteinschließen, wobei Sie jedoch stets darauf achten, sich von Gedanken zu lösen. Verinnerlichen Sie diese Art zu sein, sodass Sie zu anderen Zeiten auf sie zurückgreifen können.

Erkunden Sie während einer Alltagstätigkeit wie dem Abwaschen, wie es sich anfühlt, sich den Gegenständen zu nähern, als wüssten Sie nicht, was sie sind. Sie sehen, halten und bewegen sie auf eine unbegriffliche Art und Weise, ohne sie zu benennen, ohne Vorwissen. Sie können diesen »Geist, der nicht weiß« auch an anderen Stellen im Alltag erproben.

Gleiten Sie gelegentlich in das Gefühl des Körpers als ganzem. Suchen Sie nach einer Sache, die Sie in Ihrem Ausdruck dessen behindert, was gesund, wach und gut in Ihnen ist. Das sollte am Anfang etwas Kleines und Konkretes sein. Konzentrieren Sie sich anschließend einen Tag oder länger darauf, sich von diesem Hindernis zu lösen, statt es zu befeuern… und genießen Sie das, was infolgedessen freigesetzt wird. Probieren Sie das mit verschiedenen Hindernissen.

Widmen Sie sich in der Meditation dem offenen Gewahrsein sowie dem Verweilen als Gewahrsein. Das wird zu Beginn sicherlich nicht ganz einfach sein, doch auch hier macht die Übung den Meister.

Widmen Sie sich in der Meditation und auch zu anderen Zeiten dem Gefühl des Geists als ganzem.

7

Jetztheit empfangen

*Kann dir jemand ein größeres Geschenk machen als das Jetzt,
das hier beginnt, in diesem Raum, wenn du dich umdrehst?*

WILLIAM STAFFORD

Eine der erstaunlichsten Tatsachen des Daseins haben wir immer direkt vor unserer Nase. Und das ist das Jetzt des gegenwärtigen Augenblicks: endlos endend und endlos erneuert. Radikal vorübergehend, und doch immer anhaltend. Ganz ähnlich wie ein einzelner Punkt einer Linie räumlich gesehen unendlich klein ist, ist jeder einzelne Moment des Jetzt *zeitlich gesehen* unendlich klein – und trotzdem beinhaltet jeder einzelne Moment irgendwie all die Ursachen aus der Vergangenheit, die die Zukunft ausmachen werden. Das ist der Ort – oder besser: die Zeit –, an dem beziehungsweise in der wir eigentlich leben, obwohl wir unser eigenes Zuhause kaum kennen. Wissenschaftlich gesehen bleibt die Natur des Jetzt und der Zeit an sich ein Rätsel. Was allerdings die Erfahrungen angeht, so ist es eindeutig von Vorteil, im gegenwärtigen Augenblick zu ruhen. Oder, wie es der Wissenschaftler und buddhistische Mönch Matthieu Ricard ausdrückte:»Wir sollten lernen, die Gedanken entstehen und ziehen zu lassen, sobald sie entstehen, statt zuzulassen, dass sie in unseren Geist eindringen. In der Frische des gegenwärtigen Augenblicks ist die Vergangenheit vergangen und die Zukunft noch nicht geboren; verweilen wir in reiner Achtsamkeit und Freiheit, entstehen potenziell störende Gedanken und verschwinden wieder, ohne Spuren zu hinterlassen.«
Lassen Sie uns herausfinden, wie man diese Frische genießen kann.

Die Entstehung dieses Augenblicks

Unser Erleben des gegenwärtigen Augenblicks basiert auf der Aktivität unseres Nervensystems in diesem Augenblick. Deshalb ist es hilfreich, einen Blick auf die neurale Grundlage der Jetzt-Erfahrung zu werfen. Im nächsten Abschnitt widmen wir uns dann der praktischen Anwendung dieses Wissens.

Die Physik des Jetzt

Unser Gehirn und unser Geist befinden sich in jedem Augenblick in einem bestimmten Zustand, und diese Zustände ändern sich mit der Zeit. Klingt einfach ... außer, dass niemand so genau weiß, was *Zeit* eigentlich ist oder warum es sie gibt. Und das *Jetzt* ist sogar noch verwirrender. Auch die großartigsten Wissenschaftler der Welt wissen nicht mit Sicherheit, warum es einen gegenwärtigen Augenblick gibt oder was er tatsächlich ist. Es ist immer jetzt, obwohl nicht klar ist, wie genau das Universum Zeit macht – oder die Zeit das Universum macht.

Nichtsdestotrotz gibt es einige gute Mutmaßungen darüber; mir persönlich gefällt die des Physikers Richard Muller. Vor annähernd 14 Milliarden Jahren brachte der Urknall ein Universum mit vier Dimensionen hervor – drei räumlichen und einer zeitlichen –, und sie *alle* dehnen sich seitdem aus (die folgenden Hervorhebungen stammen vom Autor selbst):

Der Urknall ist eine Explosion der 4D-*Raum-Zeit*. Genauso wie der Raum von [dieser] Ausdehnung erzeugt wird, wird auch die Zeit erschaffen. ... In jedem Augenblick wird das Universum ein wenig größer, und in jedem Augenblick gibt es etwas mehr Zeit, und diese Vorderkante der Zeit nennen wir *jetzt*. ...

... Mit *Fluss* der Zeit meinen wir die kontinuierliche Zugabe neuer Augenblicke, Augenblicke, die uns das Gefühl vermitteln, als schreite die Zeit voran, in der kontinuierlichen Erschaffung neuer *Jetzts*.

Klar soweit?! Mir nicht ganz. Obwohl die Vorstellung, dass jeder Augenblick unseres Lebens am vorderen Rand der Ausdehnung des Universums entsteht, absolut ehrfurchtgebietend ist. Ohne Teleskop können wir die Entstehung neuen Raums nicht sehen, doch die Entstehung neuer Zeit können wir mit jedem Atemzug wahrnehmen. Wenn Muller mit seiner Mutmaßung recht hat, sind wir immer im Entstehen begriffen.

> Für den Augenblick der höchste Gipfel, für den Augenblick der tiefste Ozean
> Für den Augenblick ein verrückter Geist, für den Augenblick der Körper eines Buddhas
> Für den Augenblick ein Zen-Meister, für den Augenblick ein normaler Mensch
> Für den Augenblick Erde und Himmel
> Da es nichts als diesen Augenblick gibt, ist »für den Augenblick« die ganze Zeit.
>
> Dōgen

Wachheit

Um das sich ausdehnende Raum-Zeit-Universum beobachten zu können, muss das Gehirn erst einmal einen Zustand der *Wachsamkeit* generieren. Das klingt zwar relativ stressig, doch wurzelt die Bedeutung des Wortes in »Wachheit«, und so ist es hier auch gemeint. Angenommen, Sie versuchten, dem gegenüber, was auch immer als Nächstes geschehen mag, aufmerksam zu bleiben – beispielsweise als Fahrer spät nachts im Auto mit einem Freund, unterwegs auf einer kurvenreichen Straße in den Bergen. Dann werden Nervennetzwerke in der rechten Gehirnhälfte aktiv, um Sie Kilometer für Kilometer wachsam zu halten. Und hin und wieder schickt der *Locus caeruleus* im Hirnstamm kleine Mengen Noradrenalin durch Ihr Gehirn. Dieser stimulierende Neurotransmitter ähnelt dem Beifahrer, der ab und zu sagt: »Hallo – wach bleiben!«

Trotzdem können Sie sich nebenbei noch auf andere Dinge konzentrieren, etwa auf das Gespräch mit dem Freund. Die bewusste Konzentration über längere Zeit involviert das *obere Aufmerksamkeitsnetzwerk* auf beiden Seiten des Gehirns. Befinden Sie sich im »Tun«-Modus (siehe vorangegangenes Kapitel) und erledigen zielgerichtete Aufgaben, dann ist dieses Netzwerk für gewöhnlich aktiv.

Alarmierung

Lassen Sie uns weiter annehmen, dass nun etwas passiert: Ein Reh läuft vor Ihnen über die Straße. Photonen, die vom Körper des Rehs abprallen, landen auf der Netzhaut Ihrer Augen und lösen eine Kaskade neuraler Aktivität aus. Binnen Sekundenbruchteilen werden Sie sich gewahr, dass etwas geschehen ist, dass sich etwas *verändert* hat. Derweil verarbeiten grundlegende Wahrnehmungssysteme im Gehirn – in diesem Fall überwiegend visuelle – die ersten und simpelsten sensorischen Rohdaten. Doch bei diesem allerersten Aufblitzen eines Anblicks im Bewusstsein wissen Sie noch nicht, wo genau sich dieser befindet, was genau er ist oder was genau Sie deswegen tun sollten.

Orientierung

In den nächsten Sekundenbruchteilen erkennen Sie zunehmend, *wo* sich das, was passiert ist, befindet. Schnell versucht das Gehirn herauszufinden, ob dieses Etwas nah oder weiter entfernt ist. Für unsere Vorfahren galt: Je näher, desto wichtiger als Bedrohung, günstige Gelegenheit oder Bezugspunkt. Und weitere ein bis zwei Sekunden später wissen Sie dann auch allmählich, *was* das Etwas ist: ein Schatten, den der Mond geworfen hat – oder ein verletzliches Reh.

Der Prozess der Alarmierung und Orientierung involviert ein *unteres Aufmerksamkeitsnetzwerk,* das überwiegend auf der rechten Seite des Gehirns liegt. Dieses untere Netzwerk wird vom oberen Aufmerksamkeitsnetzwerk gehemmt, wenn wir auf bestimmte Dinge konzentriert sind. Geschieht jedoch etwas Neues, wird es aktiv und übernimmt, um das Gewahrseinsfeld zu »aktualisieren«. Und während das untere Aufmerksamkeitsnetzwerk online geht, schaltet es gleichzeitig das Ruhezustandsnetzwerk ab – das Neue unterbricht jegliche Tagträumerei oder Grübelei.

> Sie trauern nicht um die Vergangenheit
> oder sehnen sich nach der Zukunft.
> Sie leben ausschließlich in der Gegenwart.
> Deshalb sind ihre Gesichter so ruhig.
>
> SAMYUTTA NIKAYA 1,10

Einschätzung

Nun, da Sie wissen, dass etwas passiert ist, wo es passiert ist und was es ist, müssen Sie sich darum kümmern, was es *bedeutet*. Können Sie es ignorieren, oder ist es wichtig? Ist es Freund oder Feind? Können Sie ihm ausweichen? Innerhalb der ersten Sekunde wird das Saliznetzwerk des Gehirns (siehe Kapitel 5) eingeschaltet, das das Relevante hervorhebt und damit beginnt, eine entsprechende hedonische Qualität zu erzeugen, etwa das unangenehme Gefühl des Schrecks, das ein vor Ihrem Auto auf die Straße springendes Reh in Ihnen auslöst.

Handeln

Wenn Sie zum Handeln übergehen, wird Ihr Durchführungs-kontrollnetzwerk (siehe ebenfalls Kapitel 5) aktiv, um Ihr unmittelbares Verhalten zu lenken – vielleicht reißen Sie das Lenkrad herum, um rechts an dem Reh vorbeizufahren. Ist die Krise vorüber – puh! –, kehren Sie zum Gespräch mit Ihrem Freund zurück und das obere Aufmerksamkeitsnetzwerk übernimmt wieder, während sich das untere Aufmerksamkeitsnetzwerk in den Bereitschaftsmodus begibt und auf das nächste Neue wartet.

Die Abfolge als Erfahrung abspeichern

Es ist schon erstaunlich, wie viel gewissermaßen von einem Augenblick auf den anderen geschehen kann. In unserem Beispiel von der Straße und dem Reh wurden vier große Nervennetzwerke innerhalb nur weniger Sekunden aktiv. Unser Gehirn ist so schnell, dass es keine Probleme damit hat, dies gewohnheitsmäßig zu tun. Das Beispiel mit dem Reh war dramatisch, die meisten Vorfälle der Alarmierung und Orientierung jedoch sind klein und normal und verlaufen absolut friedlich: Sie bekommen eine SMS, hören jemanden sprechen oder nehmen die Katze wahr, die Ihnen gerade auf den Schoß gesprungen ist. Beim Meditieren in offenem Gewahrsein könnten Sie kontinuierliche Veränderungen im Strom des Bewusstseins beobachten. Sie können Alarmierung und Orientierung viele Male am Tag an sich selbst wahrnehmen, insbesondere dann, wenn Sie im Beruhigen des Geistes schon weit fortgeschritten sind. Probieren Sie dies sowohl mit neuen Empfindungen und Geräuschen, die in Ihrem Gewahrsein auftauchen, aus als auch mit neuen Gedanken und emotionalen Reaktionen. Das Bewusstsein ist wie eine Art Windschutzscheibe, hinter der wir uns in der Zeit vorwärtsbewegen – oder hinter der wir die Zeit durch uns hindurchströmen lassen –, und der Prozess der Alarmierung und Orientierung ist die Vorderkante dieser Windschutzscheibe. Je achtsamer wir diesbezüglich werden, desto näher können wir mit unseren Erfahrungen an den vorderen Rand des subjektiven Jetzt heranrücken. Näher können wir dem entstehenden Rand des objektiven Jetzt – und vielleicht dem Augenblick der Erschaffung neuer Zeit in unserem Universum – durch gewöhnliche Erfahrungen nicht kommen.

Jetzt hier sein

Wachheit, Alarmierung und Orientierung zu stärken und zu stabilisieren sind ausgesprochen hilfreiche Möglichkeiten, in den gegenwärtigen Augenblick zu kommen und darin zu verweilen – *jetzt* hier zu sein, ruhig und stetig. Dies bringt uns hinsichtlich unserer Erfahrungen näher an den Augenblick, in dem das Gehirn mit dem Erzeugen des Bewusstseinsstroms beginnt. Wie eine Quelle, die einem Berg entspringt, kühles Wasser, das hervorsprudelt, und Sie sind beständig dabei, wenn der Strom an die freie Luft tritt.

Im Folgenden finden Sie praktische Vorschläge, wie Sie auch im Alltag im gegenwärtigen Augenblick verweilen können. Oder Sie versuchen es mit der Meditation auf Seite 182.

Wachheit

Darunter verstehe ich die offene Bereitschaft, was immer als Nächstes kommen mag zu empfangen. Ob Sie nun still meditieren oder geschäftig eins nach dem anderen erledigen – Sie können die Wachheit fördern, indem Sie sich der weiteren Umgebung, des größeren Zusammenhangs gewahr bleiben. Wie wir im vorigen Kapitel gesehen haben, regt das Gefühl für das Ganze – das Zimmer oder Gebäude, in dem Sie sich befinden, der Himmel über Ihnen, der allgemeine Kontext – Netzwerke auf der rechten Seite des Gehirns an, was wiederum die Aktivierung ebenfalls rechtsseitiger Nervennetzwerke, die die Wachsamkeit fördern, unterstützen kann.

> Wer das Jetzt nicht hat, hat nicht viel.
> Im Grunde ist es alles, was wir haben.
>
> JAN HANSON

Wenn Sie beginnen, sich benebelt oder benommen zu fühlen, könnten Sie auf das Noradrenalinsystem zurückgreifen, um sich einen Wachheitskick zu verschaffen. Machen Sie sich etwas Intensives bewusst, beispielsweise die Erinnerung an eine Zeit, zu der Sie aufgeregt waren. Atmen Sie etwas kräftiger ein – das aktiviert den sympathischen Ast des Nervensystems. Falls Sie gerade sitzen, setzen Sie sich etwas aufrechter hin, nicht verkrampft, aber als zöge eine unsichtbare, oben an Ihrem Kopf befestigte Schnur Sie sanft gen Himmel. Ein ähnliches Gefühl dafür, sich in der Vertikalen zu befinden, stellt sich ein, wenn Sie stehen oder gehen. Eine aufrechte Körperhaltung fördert die Wachheit des Geists.

Alarmierung

Beobachten Sie, wie es sich anfühlt, von etwas alarmiert zu werden, beispielsweise vom Klingeln des Telefons oder von der allerersten Wahrnehmung einer Person, die den Raum betritt, in dem Sie sich gerade aufhalten. In der ersten halben Sekunde oder so gibt es nur das reine Wissen, dass sich etwas verändert hat, zusätzlich zu sensorischen Rohinformationen und vielleicht einem Gefühl der Überraschung. Sie können auch von der konzentrierten Beschäftigung zum Empfangen von etwas Neuem wechseln: Sehen Sie auf von dem, was immer Sie gerade tun, widmen Sie sich einer anderen Aufgabe oder nehmen Sie einen neuen Blickwinkel ein. Je vertrauter Sie mit der Erfahrung der Alarmierung werden, desto besser können Sie sie willentlich erzeugen.

Die Alarmierung ist wie das Gefühl frischer Luft. Um diese *Aktualisierung* des Bewusstseins zu fördern, ist es hilfreich, die Wissbegierde, das Willkommenheißen von Neuem und die Fähigkeit des Staunens zu kultivieren.

Hinsichtlich unserer Erfahrungen *scheinen das Gefühl der Ganzheit und der Jetztheit zusammenzugehören.* Das lässt sich neurologisch auch gut begründen. Das Gefühl der Ganzheit reduziert die Aktivität in den kortikalen Mittelliniennetzwerken, die für mentale Zeitreisen zuständig sind; damit hilft es uns dabei, in den gegenwärtigen Augenblick zu gelangen. Das untere Aufmerksamkeitsnetzwerk fördert das empfangende allumfassende Gewahrsein, das den Kern der Ganzheit bildet. Die lateralen Nervennetzwerke der Ganzheit und die unteren Aufmerksamkeitsnetzwerke des Jetztgefühls liegen beide in der rechten Hemisphäre, und die Aktivierung der einen kann die Aktivierung der anderen begünstigen.

Es gibt einen Sweetspot, einen idealen Punkt, an dem Sie zwei Dinge gleichzeitig bewerkstelligen können. Erstens: entspannen, was ein offenes und empfangendes Gewahrsein unterstützt. Und zweitens: der Ankunft des nächsten Augenblicks gegenüber aufmerksam bleiben.

Wunderschön zusammengefasst ist diese Kombination im Stadtmotto von Barre, Massachusetts, der Heimat zweier wichtiger Meditationszentren: »Tranquil and Alert« – gelassen und wachsam. Wäre es nicht großartig, wenn wir unser Leben so verbringen könnten?

Orientierung

Seien Sie achtsam, wenn Ihnen allmählich bewusst wird, wo sich das, was unmittelbar auf die Alarmierung folgt, befindet und was dieses Etwas ist. Sie hören ein Geräusch in der Stadt und registrieren in weniger als einer Sekunde, dass es von der anderen Straßenseite kommt und von dem Bus gemacht wird, der aus der Haltebucht ausschert. Sie erleben damit das Gefühl der Orientierung, und je achtsamer Sie es wahrnehmen, desto stabiler können Sie in ihm verweilen.

Manchmal müssen wir eingehende Signale aus unserem Gewahrsein herausfiltern. Das ist allerdings gar nicht so leicht – viel einfacher ist es, sich geistig in einer endlosen Liste von Aufgaben zu verstricken. Wenn Sie sich wie ich hin und wieder in Tun und immer mehr Tun verfangen, wenn Sie sich auf dies konzentrieren und dann auf das und dann noch auf jenes, dann versuchen Sie es mit der Aktivierung des unteren Aufmerksamkeitsnetzwerks – das heißt mit der Alarmierung, der Orientierung und dem Ankommen im gegenwärtigen Augenblick; dies wird Ihnen dabei helfen, mehr im Sein zu sein. Sie werden dabei immer noch fähig sein, zu arbeiten und Dinge zu erledigen. Wenn wir vom Tun mitgerissen werden, ist es schwierig, ein Gefühl für das Sein zu entwickeln; wenn wir hingegen im Sein wurzeln, können wir trotzdem *tun*, beispielsweise das Abendessen zubereiten und uns mit einem Freund unterhalten. In ähnlicher Weise ist es schwierig, im Hier und Jetzt präsent zu sein, wenn wir uns in Gedanken darüber verlieren, was war oder sein könnte. Im Gegensatz dazu können wir aber immer noch über die Vergangenheit nachdenken oder für die Zukunft planen, wenn wir uns im gegenwärtigen Augenblick geerdet fühlen. Mit zunehmender Übung verflechten sich Sein und Tun immer mehr, wie wir im vorherigen Kapitel bereits gesehen haben. Etwas ganz Ähnliches kann mit Alarmierung und Orientierung sowie mit Einschätzung und Handeln geschehen. Doch zuerst müssen die meisten von uns Geist und Gehirn darauf trainieren, mehr im Hier und Jetzt zu verweilen.

AM VORDEREN RAND DES JETZT

Suchen Sie sich eine bequeme, aufrechte und stabile Haltung. Vielleicht möchten Sie Ihre Augen offen lassen. Bleiben Sie sich der weiteren Umgebung gewahr: des Zimmers, in dem Sie sich befinden, des Ganzen, dessen Teil Sie sind. Nehmen Sie achtsam das Gefühl entspannter Wachheit wahr... Sie sind gelassen und wachsam. Spüren Sie hin und wieder nach, wie es sich anfühlt, sich etwas aufrechter hinzusetzen... etwas kräftiger und voller einzuatmen... sich etwas vor Augen zu führen, das mit dem Gefühl des Aufgeregtseins verbunden ist. Erzeugen Sie das Gefühl der Alarmierung. Seien Sie sich des stetigen »Ankommens« der anfänglichen Empfindungen des Atmens gewahr... kontinuierlich... Verweilen Sie im Gewahrsein sich verändernder Empfindungen... Lösen Sie sich von Etiketten oder Vorstellungen... Bleiben Sie mit einem Gefühl der Lockerheit empfangend präsent.

Seien Sie sich des ähnlichen Ankommens von Geräuschen gewahr... Anblicken... Gedanken... Öffnen Sie sich weit dem, was als Nächstes auftauchen mag... Lassen Sie es zu, dass das, was als Nächstes kommt, unerwartet kommt... Vielleicht staunen Sie... freuen sich... Sie befinden sich kontinuierlich am vorderen Rand dessen, was auch immer in Ihrem Gewahrsein auftauchen mag.

Erzeugen Sie das Gefühl der Orientierung. Beobachten Sie den Vorgang des Erkennens, wo und was die Empfindungen sind... wo und was die Geräusche sind... und alles andere, das im Gewahrsein auftaucht... Sobald Sie das erkannt haben, lassen Sie es los, lassen es vorbeirauschen... ohne irgendetwas einzuschätzen oder das Bedürfnis zu handeln.

Bleiben Sie bei der Alarmierung und Orientierung... präsent in der beständigen Aktualisierung des Bewusstseins... So ein friedlicher Ort, die Gegenwart...

Die Teile der Erfahrung

Wenn ein verzauberter Webstuhl – das Gehirn – Augenblick für Augenblick den Stoff des Bewusstseins webt, was sind dann die wichtigsten Fäden? Eine Antwort auf diese Frage gibt ein Rahmenkonzept aus dem Pali-Kanon, das den Fluss der Erfahrung in fünf Teile »dekonstruiert«:

1. *Formen:* Das, was man sehen, hören, schmecken, tasten und riechen kann, also die grundlegenden Sinnesvorgänge
2. *Hedonische Qualität:* Die Eigenschaft angenehm, unangenehm, relational oder neutral
3. *Wahrnehmungen:* Kategorisieren, benennen; identifizieren, was etwas ist
4. *Formationen:* Traditioneller Begriff für alle anderen Erfahrungselemente wie Gedanken, Emotionen, Wünsche, Bilder und Erinnerungen; Ausdruck von Temperament und Persönlichkeit; Planen und Wählen; Ich-Erleben
5. *Gewahrsein:* Eine Art Feld (oder Raum), in dem Erfahrungen auftreten

Teile und noch mehr Teile

Jeder dieser Teile, in die sich Erfahrungen gliedern lassen, kann seinerseits in kleinere und immer kleinere Teile untergliedert werden. Sogar das Gewahrsein lässt sich unterteilen, im Sinne von sich des Gewahrseins gewahr sein. Faktisch kann man Erfahrungen dekonstruieren und feststellen, dass sie durch und durch *zusammengesetzt* sind, also aus Teilen innerhalb von Teilen in Teilen bestehen. Bei dieser Feststellung handelt es sich um keine bloße Gedankenspielerei: Wenn wir die vielen einzelnen Fäden, aus denen der Stoff jedes einzelnen Augenblicks gewebt ist, achtsam wahrnehmen, erscheinen uns die Erfahrungen leichter und luftiger, weniger substanziell und weniger bindend. Außerdem sehen wir dann, wie sich die kleinen Teile jeder Erfahrung kontinuierlich verändern. Wenn uns wieder und wieder bewusst wird, dass wir an keinem *Teil* irgendeiner Erfahrung festhalten können, versuchen wir allmählich auch nicht mehr, uns allgemein an Erfahrungen zu klammern – und eine der Hauptquellen des Leidens versiegt nach und nach.

Die Teile einer jeden Erfahrung kommen und gehen aufgrund zahlreicher Ursachen, die meist unpersönlich und draußen in der Welt sowie vor langer Zeit entstanden sind. Diese Teile unterstehen keinem inneren Regisseur, der die einzelnen Szenen arrangieren würde. Wenn wir das Kino in unserem Kopf auf diese Weise betrachten, können wir es weniger persönlich nehmen und verstricken uns weniger darin.

> »Alles Bedingte ist unbeständig.«
> Wenn wir das erkennen,
> entziehen wir uns der Täuschung des Leidens.
>
> DHAMMAPADA 277

Vor dem Leiden

Ihr Gewahrsein von etwas *Neuem* – etwa des Signaltons einer eingehenden SMS, einer Person, die auf der Straße um die Ecke biegt, oder einer starken Empfindung in Ihrem Körper – durchwandert zunächst die ersten vier Teile der Erfahrung. Am Anfang haben Sie einfach das grundlegende Gefühl, dass »etwas passiert ist« – Form –, gefolgt von der Erkenntnis, wo es passiert ist und worum es sich dabei handelt – Wahrnehmung –, sowie der dämmernden Bedeutung dessen, was passiert ist, die durch die hedonische Qualität signalisiert wird. In den Formationen zeigen sich verschiedene Reaktionen auf die ersten drei Teile, beispielsweise das Vermeiden von Schmerz, das Festhaltenwollen

von Schönem, Druck und Stress, Grübeleien und vertieftes Be-
schäftigtsein und natürlich das Ich-Erleben. Anders ausgedrückt:
*Die ersten drei Teile der Erfahrung enthalten kaum oder kein
Begehren, kein Ich-Erleben und kein Leiden.*

Damit sind nun ungeheure Implikationen verbunden. Im Gefühl
der Alarmierung und Orientierung zu verweilen, sich also hauptsächlich auf Formen und Wahrnehmungen zu konzentrieren
minimiert die Verstrickung in die Formationen und das ihnen
immanente Leiden. Als nähere man sich der Schallgeschwindig-
keit mit all ihrer Turbulenz und zöge dann an ihr vorbei in eine
friedvolle Stille. Bleiben wir nah am entstehenden Jetzt, bewegen
wir uns so rasant in die Zukunft hinein – oder rauscht die Zeit
so schnell an uns vorbei –, dass wir nicht »hören« können, was
hinter uns geschehen ist, und deshalb auch nicht darauf reagieren müssen. Befinden wir uns so nah am entstehenden Rand des
Jetzt, verändern sich die Dinge zu rasch, als dass die Maschinerie
von Begehren und Leid viel Bodenhaftung finden würde.

Außerdem sind wir in der Nähe der Gegenwart weniger mit dem
»Begehren des Werdens« beschäftigt. Und die neurologische
Grundlage dieser Tatsache ist wirklich interessant. Unser Gehirn
trifft ständig Vorhersagen und vergleicht dann das, was passiert,
mit ihnen. Ein Beispiel: Sie greifen nach einer Tasse, und Ihr Gehirn schätzt, wie viel die Tasse wohl wiegen mag, damit Ihr Körper die dem Heben der Tasse angemessene Menge an Kraft auf-
bringen kann. Das anschließende sensorische Feedback darüber,
wie viel die Tasse tatsächlich wiegt, wird zum Feintuning des
Kraftaufwands genutzt. Ähnliche Prozesse des Vorhersagens,
Erfahrens und erneuten Vorhersagens finden ständig im Großen
wie im Kleinen statt, auch in Gesprächen und Beziehungen.

Es ist spannend, das ständige Erzeugen von Erwartungen in
unserem Geist zu beobachten. Sie sind für das reibungslose
Funktionieren unerlässlich, weshalb auch ein beträchtlicher Teil
der nervlichen Verarbeitungsfähigkeit in unserem Gehirn, etwa
im *Kleinhirn,* für sie zuständig ist. Erwartungen lassen uns aber
auch in einer imaginären Zukunft und nicht in der Gegenwart

leben, obwohl Letztere der einzige Ort ist, an dem wir uns jemals wirklich geliebt und in Frieden fühlen können. Darüber hinaus sind durch Erwartungen Enttäuschungen vorprogrammiert, da beileibe nicht jede Erwartung auch erfüllt wird. Und schließlich ist der Prozess der Erwartung mit dem Konstruieren des Ich-Erlebens verbunden (»Was wird mit ›mir‹ geschehen?«), das zu Besitzgier, Begehren und Leid führen kann (siehe dazu das folgende Kapitel).

> Es gibt keine Vergangenheit.
> Es gibt keine Zukunft.
> Du bist vollkommen aufgehoben.
>
> ROSHI HOGEN BAYS

Natürlich sind Erwartungen oder Hoffnungen manchmal auch nützlich. Allerdings können wir uns auch im Werden verlieren. Beobachten Sie also eine Minute lang oder länger einmal, was passiert, wenn Sie in der Gegenwart bleiben und dabei keinerlei Erwartungen hegen: Sie wissen nicht und versuchen auch nicht vorherzusagen, was als Nächstes geschehen wird. Bei dieser Übung ist es auch hilfreich, sich von bewussten Handlungen zu lösen, da sowohl ausführende Funktionen als auch die *motorische Planung* eng mit der Maschinerie des Vorhersagens verknüpft sind. Üben können Sie das mit der folgenden Meditation.

TEILE ZIEHEN LASSEN

Entspannen Sie sich... Sie beruhigen den Geist... erwärmen das Herz... verweilen in Fülle... sind sich gewahr, wie Ihr ganzer Körper atmet... das Gefühl der Ganzheit dehnt sich auf Geräusche... das, was Sie sehen... und Gedanken aus... Sie verschmelzen mit der Ganzheit... gestatten Ihrem ganzen Wesen zu sein.

Bleiben Sie als Ganzheit gegenwärtig. Sie erkennen, dass es im Gewahrsein so viele Dinge gibt... Sie erkennen das schlichte Gefühl der Form, das bare Gewahrsein von Empfindungen und Geräuschen und Anblicken... Sie erkennen Wahrnehmungen dessen, was die Dinge sind... Sie erkennen hedonische Qualität... Sie erkennen Formationen von Gedanken und Gefühlen... Sie erkennen das Gewahrsein... so viele Dinge im Strömen des Bewusstseins...

Erkennen Sie, dass sich diese Teile des Geistes ständig verändern... Sie lassen sie sich verändern... Sie lassen sie ohne bewusste Anstrengung geschehen... es ist gut so... der Geistesvorgang geht immer weiter... mit unzähligen Teilen... sich stets verändernd...

Lassen Sie kontinuierlich los... Sie bleiben nah an der Gegenwart... Sie lassen alle Teile los... ohne das Bedürfnis, irgendetwas einordnen oder verstehen zu müssen... die Gegenwart so lebhaft... Sie lassen das Erwarten los... Sie wissen nicht, was als Nächstes geschehen wird... und fühlen sich wohl dabei... Sie lassen das Werden los... der gegenwärtige Augenblick so leuchtend hell und lebhaft... Sie verweilen, bevor irgendein Druck oder Stress entstehen kann...

Lassen Sie Vergangenheit und Zukunft los... Sie lassen kontinuierlich los... leben auf der Oberfläche des Jetzt... verweilen in der Stille des Jetzt... während Veränderungen hindurchziehen... noch immer jetzt...

In der Zuflucht ruhen

Ganz im gegenwärtigen Augenblick anzukommen kann ungeheuer friedvoll sein. Die Erkenntnis der vergänglichen Natur der Erfahrungen, selbst der berührendsten und wichtigsten, kann allerdings auch traurig machen. Die Beobachtung der mosaikartigen, zusammengesetzten Natur des Geistes kann Angst machen – zu sehen, wie lose die einzelnen Teile miteinander verbunden sind und wie unpersönlich sie beständig kommen und gehen. So können sich Erfahrungen auch bedeutungs- und wertlos anfühlen. Aus dem Gefühl der Haltlosigkeit kann Verzweiflung werden. Warum sich überhaupt die Mühe machen, wenn einem der Boden ständig unter den Füßen weggezogen wird und sich alles in Staub verwandelt?

Je tiefer die Erkenntnis der Unbeständigkeit sinkt, desto hilfreicher ist es, sich mit Lehrern zu unterhalten, die mit dem Terrain vertraut sind – vor allem dann, wenn sich die Erkenntnis allmählich verstörend auswirkt. Zusätzlich dazu finden Sie im Folgenden einige Möglichkeiten, wie Sie leichter mit dem endlosen Enden umgehen können:

- Beobachten Sie das endlose *Entstehen* neuer Erfahrungen.
- Bleiben Sie sich der anhaltenden Lebendigkeit des Körpers gewahr, des kontinuierlichen Atems, des beständigen Herzschlags. Konzentrieren Sie sich auf das Gefühl, dass es Ihnen im Grunde genommen gut geht, jetzt, in diesem Augenblick … und in diesem Augenblick.
- Bewegen Sie sich, um das propriozeptive Feedback Ihres Körpers zu verstärken, dass Sie »weiterhin sind«, wie es der Kinderarzt und Psychoanalytiker Daniel Winnicott so wunderbar beruhigend ausgedrückt hat. Führen Sie kleine bewusste Handlungen aus – verlagern Sie beispielsweise beim Sitzen auf einem Stuhl Ihr Gewicht ein wenig – und konzentrieren Sie sich auf das Gefühl der Handlungsmacht: Sie können aktiv sein, wenn Sie wollen, Sie sind nicht hilflos oder

überfordert, und die ausführenden Funktionen Ihres Geistes (etwa das Auswählen und Initiieren einer Handlung) sind noch völlig in Ordnung.

- Spüren Sie den Boden unter Ihren Füßen, der noch immer da ist, noch immer fest, noch immer verlässlich. Tippen Sie beispielsweise mit Ihren Füßen auf den Boden oder gehen Sie spazieren. Ich liebe die Geschichte über Buddhas Nacht des Erwachens, in der es heißt, Mächte des Bösen und der Täuschung hätten ihn angegriffen, und so habe er den Boden unter sich berührt und Trost und Kraft gefunden.
- Genießen Sie einfache Freuden wie einen Bissen guten Essens oder einen Schluck Wasser. Sie sind von Natur aus beruhigend und fahren die körpereigenen Stressreaktionssysteme herunter. Konzentrieren Sie sich auch auf grundlegende Gefühle der Warmherzigkeit; vielleicht sprechen Sie mit Menschen, die Ihnen am Herzen liegen.
- Üben Sie sich im Verweilen in Fülle und öffnen Sie sich dem Frieden, der Zufriedenheit und Liebe.

In Wirklichkeit sind wir immer gegenwärtig.
Wir denken nur, wir seien hier oder da.

HOWARD COHN

Hilfreich ist darüber hinaus das Gefühl der *Zuflucht* – Dinge, die uns schützen, neue Kraft schenken und inspirieren –, das uns nicht nur mit der Unbeständigkeit des gegenwärtigen Augenblicks versöhnt, sondern sich auch als allgemeine Ressource bewährt hat. Zufluchten können Orte, Menschen, Tiere, Erfahrungen, Ideen, Übungen und spirituelle Kräfte sein. Für mich ist die Meditation eine Zuflucht, ebenso wie Erinnerungen an das Yosemite Valley es sind, wenn ich im Behandlungsstuhl beim Zahnarzt sitze. Auch die Fähigkeiten, Tugenden und anderen förderlichen Eigenschaften, die Sie in sich kultiviert haben, können Ihnen eine Zuflucht sein.

Ziehen Sie vor allem die folgenden Schlüsselzufluchten in Betracht:

- *Lehrer:* Führen Sie sich die vielen Lehrer vor Augen, die Sie wahrscheinlich gehabt haben, Menschen, die Sie berührt haben, die Ihnen geholfen haben, die besonders wichtig in Ihrem Leben waren; vielleicht reichen sie sogar bis zu den Anfängen einer spirituellen Tradition zurück. Beachten Sie auch den »Lehrer in sich«: ein inneres Wissen, die Wachheit und Güte, die tief im Innersten eines jeden Menschen stecken, die weise innere Stimme.

- *Lehren:* Geschichten, Sagen und Mythen, Morallehren, Parabeln, die Künste, Wissenschaft und Psychologie, spirituelle Traditionen aus der ganzen Welt – sie alle stecken voll Weisheit, die wir nutzen können. Und dann gibt es noch das, um was sich viele Lehren im Grunde drehen: die Realität an sich, die Natur der Realität inklusive ihrer Rätsel. Diese Tatsachen sind eine Zuflucht, auch wenn Sie sie sich anders wünschten: Sie bieten einen soliden Boden, das Sosein der Dinge, so, wie sie sind.

- *Diejenigen, die gelehrt wurden:* Dies ist die Zuflucht der guten Gesellschaft, der Kameradschaft mit anderen, die Ihren Weg unterstützen und ihn vielleicht mit Ihnen gemeinsam gehen. Dazu gehören Freunde, mit denen Sie reden können, aber auch formelle Gemeinden wie etwa die Kirche, Klöster und andere, die sich von Herzen engagieren, sowie die größere, möglicherweise sogar weltweite Gemeinschaft, mit der Sie sich eine gemeinsame Sache, einen Glauben oder eine Praxis teilen.

ZUM WEITERLESEN

Be Here Now (Ram Dass)
Buddhism AND (Gay Watson)
Emptiness (Guy Armstrong)
The Heart of the Universe (Mu Soeng)
True Refuge (Tara Brach)

Sie können diese Zufluchten auf verschiedene Weisen nutzen. Weitverbreitet ist es, in etwas anderem als in sich selbst Zuflucht zu »suchen« oder zu »nehmen«. Sie können sich aber auch vorstellen, dass Sie dort *bereits sind*, also »als Zuflucht verweilen« oder »in der Zuflucht zu Hause sein«. Sie können sich der Zuflucht auch einfach gewahr sein oder Wörter wie: »Ich finde Zuflucht in ____« oder: »Möge ich als ____ verweilen« denken oder sagen. Sie können sich an das Leben und die persönlichen Eigenschaften eines Lehrers oder einer anderen Person, die Sie respektieren, erinnern, vielleicht mit dem inspirierenden Gefühl, in deren Fußstapfen zu wandeln. Sie könnten auch zu einem bestimmten Anlass Zuflucht nehmen, etwa zu Beginn einer Meditation, oder sich im Laufe des Tages immer wieder dem Gefühl der Zuflucht widmen. Sehr wirksam ist es zudem, sich ganz formell auf Zufluchten zu konzentrieren. Üben können Sie dies mit der folgenden Meditation.

Doch unabhängig von den Einzelheiten ist es immer die *Erfahrung* der Zuflucht, die wichtig ist: das Gefühl der Beruhigung, der Erleichterung, der Unterstützung. Wenn Sie sich diese Erfahrung gestatten, einige Atemzüge lang oder länger bei ihr bleiben, sie verinnerlichen, dann wird das Gefühl der verschiedenen Zufluchten allmählich in Ihr Nervensystem integriert. Das ist nicht das Gleiche wie das Begehren von Zufluchten oder das Anhaften an ihnen. Es bedeutet schlicht, sich dieser Erfahrung zu öffnen und das, was heilsam und stärkend und gut ist, in sich aufzunehmen.

EINE MEDITATION ZUR ZUFLUCHT

Suchen Sie sich eine Haltung, in der Sie es bequem haben, in der Sie gleichzeitig aber wachsam bleiben können. Seien Sie sich des Atmens gewahr und entspannen Sie sich. Vergegenwärtigen Sie sich Personen, Lebewesen oder Dinge, die eine Form der Zuflucht für Sie darstellen: ein Freund, eine Tasse Tee, ein gutes Buch, die Familie, ein Haustier, eine Kirche oder ein Tempel oder der Blick aufs Meer. Öffnen Sie sich dem Gefühl, eine Zuflucht gefunden zu haben: Trost... Beruhigung... Schutz...

Verweilen Sie beim Gefühl der Zuflucht... Vielleicht denken Sie:»Ich nehme Zuflucht in _____« oder:»Ich verweile als _____«. Spüren Sie nach, wie es ist, eine Zuflucht zu betreten... oder wie die Zuflucht Sie durchdringt.

Erkunden Sie das Gefühl Ihrer Lehrer als Zuflucht... Vielleicht greifen Sie auf bestimmte Menschen zurück... Seien Sie sich auch einer natürlichen Wachsamkeit und Güte in sich selbst gewahr und nehmen Sie in diesen Zuflucht.

Erkunden Sie das Gefühl von Lehren als Zuflucht... das Wissen der Wissenschaft... die Weisheit verschiedener Traditionen, vielleicht einer Tradition, die eine besondere Bedeutung für Sie hat... Sie fühlen sich von guten Lehren unterstützt, Sie sind dankbar für sie... Wie wäre es mit der Realität an sich als Zuflucht?... Sie kommen in der Art und Weise, wie die Dinge sind, zur Ruhe... gehen ein in das Sosein jedes Augenblicks... akzeptieren die Wahrheit der Dinge.

Erkunden Sie das Gefühl guter Gesellschaft als Zuflucht... von Menschen, die Sie als Gefährten auf Ihrem Pfad begleiten... von Menschen, die sich dem Übungsweg widmen... vielleicht von einer Gemeinde, der Sie angehören... Sie finden Zuflucht in ihnen... das Gefühl der Kameradschaft mit Menschen nah und fern.

Erkunden Sie nach Belieben andere Zufluchten und konzentrieren Sie sich auf diese Erfahrung. Vielleicht sind das Aktivitäten ... Situationen ... die Natur ... spirituelle Kräfte ... Bleiben Sie beim Gefühl der Zuflucht ... beim Gefühl der Stärke aus der Ruhe heraus als Zuflucht ... der Liebe als Zuflucht ... dem Gewahrsein als Zuflucht ... das Gefühl von Zufluchtsstätte, Schutz, Unterstützung ... Sie verweilen in der Zuflucht ...

Die Natur von Geist und Materie

Tiefe Einblicke in die *Natur* der Erfahrungen können uns davon befreien, die Erfahrungen festhalten zu wollen; somit befreien sie uns auch von dem Leid, das von diesem Anhaften verursacht wird.

Widmen wir uns also der Natur unserer Erfahrungen sowie der Natur des Gehirns, das sie ermöglicht. Das mag jetzt rein in-

In den klarsten Augenblicken erkennen wir, dass sich die Dinge so schnell verändern, dass wir an nichts festhalten können, und schließlich hält der Geist nicht mehr am Festhalten fest.

Dieses Loslassen schenkt uns Gleichmut.

Und je größer das Loslassen, desto größer der Gleichmut ...

In der buddhistischen Praxis arbeiten wir daran, das Spektrum der Lebenserfahrungen, bei denen wir frei sind, zu erweitern.

GIL FRONSDAL

tellektuell und langweilig klingen, doch geht es dabei darum, wer und was wir *sind*. Außerdem stellt die Natur von Geist und Materie eine ungeheuer wirksame Zuflucht dar. Die Dinge verändern sich, was sie zu wenig verlässlichen Quellen anhaltenden Glücklichseins macht; die Natur der Dinge aber verändert sich nicht. Und das Erkennen dieser Natur – das Erkennen unserer *eigenen* Natur – ermöglicht es uns, friedvoll in ihr zu ruhen.

Worin besteht die Natur des Geistes?

Der *Geist* besteht aus den Erfahrungen und Informationen, die von einem Nervensystem vorgelegt werden. (Es gibt andere Definitionen von Geist, diese jedoch liegt diesem Buch zugrunde.) Ihr Geist, mein Geist, der Geist eines jeden Menschen verfügt über die folgenden vier Merkmale:

1. Er ist *unbeständig:* Das Bewusstsein ist ein *Strom,* ein Fluss der Veränderung. Selbst etwas scheinbar Statisches wie ein Schmerz im Knie besitzt dynamische Eigenschaften. Sobald ein Erfahrungsmoment auftaucht, wird er schon durch einen anderen ersetzt. Der Geist, der durch das Nervensystem eines bestimmten Körpers repräsentiert wird, teilt sich das Schicksal mit diesem Körper: Er wird schließlich vergehen.
2. Er ist *zusammengesetzt:* Erfahrungen setzen sich aus vielen Teilen zusammen. Wenn wir uns beispielsweise Sorgen machen, können wir darin verschiedene Aspekte dieser Erfahrung erkennen, etwa körperliche Empfindungen, Gedanken, Wünsche und Gefühle. Allgemeiner gesprochen müssen sich die Informationen im Nervensystem hinsichtlich einer Sache von den Informationen hinsichtlich anderer Sachen unterscheiden.
3. Er ist *abhängig:* Unsere Erfahrungen existieren und verändern sich aufgrund von *Ursachen.* Sie entstehen nicht von allein. Zu den Ursachen, die Ihren Geist in diesem Augenblick ausmachen, gehören möglicherweise solche, woran Sie

noch vor einigen Minuten gedacht haben, Ihre persönliche
Geschichte, der Zustand Ihres Körpers und die Tatsache, dass
eine Mücke gerade auf Ihrem Nacken gelandet ist.
4. Er ist *leer:* Die ersten drei genannten Merkmale begründen
das vierte: Alle Erfahrungen sind »leer«, das heißt bar jeder
dauerhaften, einheitlichen, sich selbst erzeugenden Essenz.
Das bedeutet allerdings nicht, dass Erfahrungen deshalb be-
deutungslos wären. Gedanken, Freude, Kummer – das alles
existiert, aber eben leer. Der Bewusstseinsstrom existiert – jedoch ebenfalls leer. Der Geist mitsamt seinen unbewussten
Elementen ist leer.

Alles in allem ist die Natur jeder Erfahrung im Besonderen und
des Geistes im Allgemeinen unbeständig, zusammengesetzt, abhängig und leer. Und alle Erfahrungen gleichen sich in ihrer Natur. Das Wissen, dass Schmerz und Freude dieselbe Natur besitzen, hilft uns dabei, weder gegen das eine anzukämpfen noch
dem anderen nachzujagen. Probieren Sie Folgendes das nächste
Mal, wenn Sie sich in Schmerzhaftem oder Freudvollem ver-
strickt haben, einmal aus: Machen Sie sich die *Natur* dieser Erfahrung bewusst und beobachten Sie, wie dies Ihre Beziehung zu
ihr erleichtert.

Worin besteht die Natur des Gehirns?

Da der Geist in erster Linie durch das Gehirn repräsentiert wird,
ist es auch hilfreich, sich ein wenig mit der Natur des Letzteren
zu befassen. Ebenso wie der Geist so ist auch das Gehirn:

1. *unbeständig:* Tagtäglich entstehen in einem Prozess namens
Neurogenese Hunderte von neuen Nervenzellen, während
gleichzeitig andere Zellen des Gehirns ganz natürlich absterben. Laufend werden die bestehenden Verbindungen zwischen Zellen und Strukturen innerhalb von Zellen erneuert.
Neue Synapsen bilden sich, weniger benutzte verkümmern.

Neue Kapillarranken – die winzigen Gefäße, die unsere Gewebe mit Blut versorgen – entstehen und dringen zu besonders aktiven Hirnregionen vor, um ihnen mehr Nährstoffe zu liefern. Die einzelnen Nervenzellen feuern für gewöhnlich viele Male pro Sekunde. Und im Laufe einer einzigen Millisekunde werden molekulare Vorgänge wie umfallende Dominosteine hintereinandergeschaltet.

2. *zusammengesetzt:* Das Gehirn setzt sich aus drei Hauptteilen zusammen: Hirnstamm, Subkortex und Neokortex. Diese Teile umfassen viele kleinere Regionen, die für verschiedene Dinge zuständig sind. Alles in allem enthält das menschliche Gehirn rund 85 Milliarden Nervenzellen sowie weitere 100 Milliarden unterstützende Gliazellen. Diese Neuronen sind durch ein riesiges Netzwerk mit mehreren Hundert Billionen Synapsen miteinander verbunden. Und die mikroskopische Struktur von Zellen und Synapsen lässt sich noch weiter in kleinere und immer kleinere Teile untergliedern.

> Abhängigkeit in diesem Zusammenhang bedeutet, dass etwas nur aufgrund von etwas anderem entstehen kann.
>
> THICH NHAT HANH

3. *abhängig:* Was in einem Teil des Gehirns geschieht, wird durch das, was in anderen Teilen geschieht, beeinflusst. Die Aktivität der Nervenzellen interagiert mit der Aktivität in den Gliazellen. Das Gehirn interagiert mit dem Rest des Nervensystems ... das mit dem Rest des Körpers interagiert ... der mit der Welt interagiert ... und immer so weiter.

4. *leer:* Auf der Basis der drei genannten Merkmale ist das Gehirn »leer«, also bar jeglicher dauerhafter, einheitlicher, sich selbst erzeugender Essenz. Es existiert – aber eben leer.

Kurzum: Die Merkmale, die den Geist bestimmen, treffen auch auf das Gehirn zu. Auch das Gehirn ist unbeständig, zusammengesetzt, abhängig und leer.

Der Geist-Körper-Prozess

Ein Gedanke und eine Nervenzelle sind zwar nicht ein und dasselbe, ihre Natur aber ist identisch. Geist und Materie, innen und außen, sind in ihrer Natur eins. Es gibt überhaupt nur eine Natur, die in allem zum Ausdruck kommt.

In diesem unserem Körper erzeugt unser Gehirn unseren Geist. (Allgemeiner gesprochen erzeugen Nervensystem, Körper, Natur und menschliche Kultur den Geist; wir konzentrieren uns der Einfachheit halber auf das Gehirn, auch weil es die unmittelbarste physische Grundlage des Geistes ist.) Gleichzeitig aber, das haben wir in Kapitel 2 gesehen, erzeugt auch der Geist das Gehirn, da an geistiger Aktivität neurale Aktivität beteiligt ist, die physische Spuren hinterlässt.

Manchmal empfiehlt es sich, sich ausschließlich auf Geist oder Gehirn zu konzentrieren. Dennoch handelt es sich bei ihnen um zwei Aspekte eines einzigen geschlossenen Vorgangs. Und dieser Vorgang sind Sie: ein Mensch mit einem Geist und einem Körper, dessen Natur unbeständig, zusammengesetzt, abhängig und leer ist.

> Alles ist mit allem verbunden.
> Nichts ist von Dauer.
> Du bist nicht allein.
>
> Lew Richmond

Wirbelndes Strömen

Ich habe mit zwei Freunden einmal eine Kanufahrt auf dem Green River in Utah unternommen; wir paddelten vier Tage lang den Fluss hinab, bevor wir zum Colorado River auf seinem Weg in Richtung Grand Canyon wechselten. Ich hatte noch nie zuvor so viel Zeit auf einem Fluss verbracht und war von den Wirbeln im Gewässer wie hypnotisiert: stehende Wellen oberhalb eines Felsens, Strudel, die wir umfuhren, flüchtige ringförmige Kräusel auf der Wasseroberfläche. All diese Wirbel waren dynamisch und wunderschön und standen als sinnstiftende Metapher für vieles. Grob definiert ist ein solcher Wirbel ein strukturiertes Etwas, das eine Zeit lang stabil ist und sich dann auflöst. Eine Wolke ist ein Wirbel in der Erdatmosphäre, ein Streit ist ein Wirbel in einer Beziehung und ein Gedanke ist ein Wirbel im Strom des Bewusstseins.

Eines Nachmittags türmten sich dunkle Gewitterwolken in der Ferne auf, von grellen Blitzen durchzuckt, und schließlich ergoss sich der Regen aus ihnen wie ein wahrer Sturzbach über das Land. Auf den steilen Felsformationen über uns bildete sich ein Wasserfall nach dem anderen. Sie schossen auf den Fluss hinaus, der zwischen den dunkelroten Sandsteinufern, geformt von sich verlagernden Sedimenten uralter Meere, nun selbst einem riesigen Wirbel glich.

Einige Wirbel verändern sich langsamer als andere. Das Gewitter war nach ein paar Stunden vorbei, doch manche Spuren, die es im Sandstein hinterließ, konnten Tausende, vielleicht Millionen Jahre bestehen bleiben. Von meinem Kanu aus sah ich wirbelnde Strömungen über goldfarbene Steine spülen, die die Zeit glatt geschliffen hatte, und dann ein Blatt, das auf dem Wasser trieb, und dann eine Fliege, die auf dem Blatt landete. Wirbel in Wirbeln in Wirbeln. Im Vergleich mit einer Wolke ist der menschliche Körper ein langsamer Wirbel. Und dennoch: Die meisten Atome, die sich heute in ihm befinden, werden in einem Jahr nicht mehr da und durch neue ersetzt sein.

All unsere Erfahrungen beruhen auf Informationswirbeln, die durch Wirbel neuraler Aktivität repräsentiert werden. Gedanken sind Quecksilberwirbel von Geist und Materie, wohingegen die Spuren, die sie im Gedächtnis hinterlassen können, länger anhalten – bis der Wirbel bildende Körper selbst vergeht. Denn alle Wirbel lösen sich letztlich auf. Ob im Geist oder im Mississippi: Alle Wirbel besitzen dieselbe Natur. Sie sind unbeständig, zusammengesetzt, abhängig und leer.

Um funktionieren zu können, müssen der Körper und sein Geist versuchen, das, was sich verändert, zu stabilisieren, zu vereinen, was aus Teilen besteht, und zu unterteilen, was verbunden ist. Es ist unbedingt notwendig, dass Körper und Geist dies versuchen, doch werden sie unweigerlich immer und immer wieder fulminant scheitern. Das Begehren oder Anhaften an irgendeinem bestimmten Wirbel ist deshalb ein sicheres Rezept fürs Leiden.

Lieben Sie also den Wirbel und seien Sie der Strom.

Lassen Sie sich ins größere Strömen des Bewusstseins gleiten, in die Ganzheit, der wir uns bereits gewidmet haben. Lassen Sie die Wirbel, die vor einer Minute aufgetreten sind, ziehen … oder vor einem Jahr oder schon vor längerer Zeit … und kommen Sie in die Gegenwart, empfangen Sie das Jetzt. Lassen Sie jeden neuen Wirbel der Erfahrung ziehen, sobald er entsteht. Führen Sie die Meditation unten durch und denken Sie an die Worte Ajahn Chahs:

Wenn du ein wenig loslässt, wird dir ein wenig Frieden geschenkt.
Wenn du mehr loslässt, wird dir mehr Frieden geschenkt.
Wenn du ganz loslässt, wirst du vollkommen in Frieden sein.

UMHERWIRBELN

*Kommen Sie in Ihrem Körper zur Ruhe... hier... und jetzt.
Seien Sie sich des fortdauernden Atems gewahr... der Dinge,
die weiterhin sind...
Verweilen Sie in Fülle... verweilen Sie mit Frieden... Zufriedenheit... Liebe...
Seien Sie sich körperlicher Empfindungen gewahr... Geräusche... Gedanken... das beruhigende Kommen einer Erfahrung nach der anderen...
Konzentrieren Sie sich dann auf das Voranschreiten der Erfahrungen von einem Augenblick zum nächsten... Sie lassen
die Dinge sich verändern... Seien Sie sich der Unbeständigkeit
gewahr... in dem Wissen, dass es Ihnen auch weiterhin gut
gehen wird, selbst wenn sich jeder Augenblick des Bewusstseins auflöst und in etwas anderes verwandelt...
Seien Sie sich verschiedener Erfahrungsmuster bewusst, die sich
durch das Gewahrsein bewegen... Empfindungswirbel, die vielleicht wenige Sekunden oder länger anhalten... Wirbel von Geräuschen, die eine Weile bestehen... Wirbel von Gedanken und
emotionalen Reaktionen... Sie lassen all das umherwirbeln...
Seien Sie sich der Natur dieser Erfahrungswirbel gewahr: Sie
verändern sich, sie setzen sich aus Teilen zusammen, sie hängen mit allem anderen zusammen und sind bar jeder Essenz...
Denn dies ist die Natur sowohl des Geists als auch der Materie:
unbeständig... zusammengesetzt... abhängig... leer...
Und es ist auch Ihre Natur... Sie akzeptieren, dass es Ihre Natur ist, sich zu verändern... Akzeptieren Sie, dass es Ihre Natur
ist, aus Teilen zu bestehen... dass es Ihre Natur ist, in jedem
Augenblick das Ergebnis eines gewaltigen Netzes von Ursachen
zu sein... Akzeptieren Sie, dass es Ihre Natur ist, ein offener
Vorgang zu sein... Das ist völlig in Ordnung... Sie kommen in
Ihrer eigenen Natur zur Ruhe... Sie sind Ihre Natur...*

> *Kommen Sie in der Natur der Dinge zur Ruhe, auch wenn die*
> *Dinge auseinanderfallen und vergehen... Sie geben nach...*
> *lassen los... verweilen als die Natur der Dinge... sind Ihre*
> *eigene Natur...*

Bewährte Praxis

Erkennen Sie, dass das, was auch immer vor ein paar Minuten passiert ist, nun nicht mehr da ist. Es ist weg. Seine Auswirkungen mögen nachklingen, doch ist das, was vor Jahren, Tagen oder Sekunden Realität war, jetzt keine Realität mehr. Wie geht es Ihnen mit dieser Erkenntnis? Erschreckt sie Sie? Macht sie Sie traurig? Ist sie befreiend?

Erkennen Sie auch, dass alles, was vielleicht in einer Minute oder in einem Jahr passieren wird, jetzt nicht real ist. Lassen Sie dies als Erfahrung auf sich wirken, stellen Sie es sich nicht nur gedanklich vor. Öffnen Sie sich dem Gefühl, dass alles, wovor Sie in der Zukunft Angst haben oder was Sie sich in der Zukunft erhoffen, jetzt nicht existiert. Wie geht es Ihnen mit dieser Erkenntnis?

Ist etwas Überraschendes geschehen – vielleicht etwas so Simples wie ein Klingeln an der Tür –, spulen Sie den »Film« der ersten Sekunden nach dem Vorfall vor Ihrem inneren Auge zurück. Was ist während dieser Sekunden in Ihrem Geist geschehen? Können Sie Alarmierung und Orientierung darin erkennen? Können Sie anschließendes Einschätzen und Handeln erkennen? Diese Aspekte der Aufmerksamkeit können so schnell ablaufen, dass sie einander zu überlappen scheinen, doch Sie können sie trotzdem voneinander trennen.

Verweilen Sie bewusst in der Alarmierung und Orientierung... ohne das Bedürfnis, etwas zu wissen oder kontrollieren zu müssen... Sie empfangen lediglich die Frische des gegenwärtigen Augenblicks.

Nehmen Sie Zuflucht in verschiedenen Dingen. Sie können dies gleich nach dem Aufstehen morgens oder kurz vor dem Zubettgehen abends tun oder zu einem Teil Ihrer Meditation machen. Was geschieht, wenn Sie eine bestimmte Beziehung, eine Situation oder sich selbst eher als Wolke denn als Stein betrachten? Mit anderen Worten: als *Wirbel,* der sich verändert, sich aus Teilen zusammensetzt und je nach durchziehender Strömung umherwirbelt. Wie fühlt sich das an?

8

Sich der Allheit öffnen

Den Buddhaweg kennenzulernen bedeutet,
etwas über sich selbst zu erfahren.
Etwas über sich selbst zu erfahren bedeutet,
sich selbst zu vergessen.
Sich selbst zu vergessen bedeutet,
sich selbst als alles wahrzunehmen.

Dōgen

In diesem Kapitel beschäftigen wir uns damit, wie wir uns vom Ich-Erleben lösen und mehr mit allem verbunden fühlen können. Diese Themen scheinen einerseits reiner Denksport zu sein, sie können andererseits aber auch verwirren oder sogar verstören. Sollten Sie beunruhigt sein, halten Sie inne und konzentrieren Sie sich auf etwas Tröstliches und Erdendes: eine tiefere Atmung, das Gefühl, mit jemandem zusammen zu sein, den Sie lieben. Nehmen Sie sich Zeit für Reflexion und Erkenntnis. Ziehen Sie sich immer wieder auf Ihre eigene Erfahrung zurück, darauf, wie es sich anfühlt, in diesem Augenblick Sie selbst zu sein.

Der Ich-Prozess

Wer bin ich?
Eine klassische Frage. Doch wie kann sie beantwortet werden? Buddha beantwortete sie einem Mann namens Bahiya, der weit gereist war, um ihn zu sehen. Bahiya bat Buddha: »Bitte, Herr, lehrt mich, was mir für mein langfristiges Wohlbefinden und Glück nützlich sein wird!« Buddha entgegnete: »Nicht jetzt, Bahiya. Ich bin in die Stadt gekommen, um Almosen zu erbitten.« Da Bahiya aber nicht lockerließ, sagte ihm Buddha schließlich Folgendes (Udana 1,10): »So übe dich denn darin, Bahiya: Im Hinblick auf das Sehen gibt es nur das Sehen. Im Hinblick auf das Hören nur das Hören. Im Hinblick auf das Empfinden nur das Empfinden. Im Hinblick auf das Verstehen [im Sinne von Denken, Fühlen, Erinnern] nur das Verstehen. Darin solltest du dich üben.

Wenn es für dich im Sehen nur das Sehen gibt, im Hören nur das Hören, im Empfinden nur das Empfinden und im Verstehen nur das Verstehen, dann, Bahiya, gibt es in Verbindung damit kein Du.

Wenn es in Verbindung damit kein Du gibt, gibt es gar kein Du. Wenn es gar kein Du gibt, bist du weder hier noch dort noch irgendwo dazwischen.

Und das, nur das, ist das Ende des Leidens.« Die Passage schließt folgendermaßen:»Als Bahiya diese kurze Erläuterung des Dharma hörte, war sein Geist auf der Stelle erwacht.«

Gibt es so etwas wie Personen?

Ich liebe diese Passage – sie ist so gut inszeniert und tiefgründig und dabei so schlicht. Welche Lehre können wir aus ihr ziehen und wie können wir mit dieser Lehre üben? Die Existenz individueller *Personen* liegt auf der Hand. Buddha hat existiert und, wenn man dem oben zitierten Sutta glauben darf, Bahiya auch. (Leider aber nicht mehr lange: Kurz darauf ist Bahiya von einer Kuh mit Kalb – beide haben ebenfalls existiert – angegriffen und getötet worden.) Ebenso wie Buddha können wir uns konventioneller sprachlicher Ausdrücke wie »ich« oder »du« bedienen, wenn wir uns auf einzelne Personen beziehen (»Ich bin in die Stadt gekommen«, »So übe dich denn darin«).

Im Rückgriff auf meine Metapher aus dem vorigen Kapitel ist jede Person ein bestimmter Wirbel, der sich so dahinkräuselt. Personen interagieren zwar, unterscheiden sich aber voneinander, wie die einzelnen Wellen in einem Ozean. Personen haben Rechte und Verantwortlichkeiten, und wir sollten sie mit Anstand und Fürsorge behandeln. Ich bin eine Person, und Sie sind eine Person, und wir beide existieren.

> Die Abschaffung der Täuschung »Ich bin« – das ist wahrhaft die höchste Glückseligkeit.
>
> Udana 2,1

Gibt es so etwas wie ein Selbst?

Doch wie steht es mit dem sogenannten *Selbst?* Zu verwandten Begriffen gehören *Ego, Identität* und *Ich.* Das Wort »Selbst« kann für eine Person als Ganzes benutzt werden, ich meine es allerdings im engeren Sinn: als das angenommene Wesen in unserem Inneren, das durch unsere Augen nach draußen blickt. Ich konzentriere mich hier auf das angebliche *psychologische* Selbst, nicht auf die Möglichkeit von etwas Übernatürlichem, das von einem Leben zum nächsten fortbesteht, wie eine Flamme, die von Kerze zu Kerze weitergereicht wird, bis es keinen Docht oder kein Wachs mehr gibt.

Ehrlich gesagt weiß ich nicht, ob irgendetwas von Leben zu Leben fortbesteht. Tatsächlich verspüre ich tief in meinem Inneren etwas, das irgendwie sowohl spezifisch ich als auch jenseits meiner selbst ist. Vielleicht ist auch das ein bedingter Wirbel, der sich wie alle anderen, auch die subtilsten, schließlich auflösen wird. Doch ob dies nun geschieht oder nicht, so ist trotzdem jeder Schritt auf dem Weg die Mühe wert, auch wenn der Weg irgendwann in einem allerletzten Flackern der Flamme gipfelt.

Nicht dass wir auf diesem Weg nach einem letztlichen Enden des Daseins *suchen* würden. Dennoch aber ist es hilfreich, von falschen Versprechungen wie in der Werbung *entzaubert* zu sein, ent-täuscht, desillusioniert und ernüchtert, von der Erwartung anhaltender Befriedigung in flüchtigen Erfahrungen befreit. Ebenso hilfreich ist es, aus den Zaubern zu erwachen, die Mutter Natur gewirkt hat, damit ihre Kinder weiter begehren und so ihre Überlebenschancen erhöhen – die Zauber, die uns glauben machen, die Dinge würden schmerzhafter oder schöner sein, als sie tatsächlich sein werden. Bei unserem Erwachen gehen wir jeden Schritt auf dem Übungsweg um seiner selbst willen, nicht aus einer Abneigung dem Leben gegenüber heraus. Dabei lassen wir ganz natürlich all das ziehen, was Gier, Hass und Täuschung befeuert, und ruhen zunehmend gelassen in Ganzheit, Jetztheit,

Allheit und in der Zeitlosigkeit. Bis schließlich dieses Ruhen alles ist, was es gibt. In der Zwischenzeit werfen wir einen Blick auf das angebliche psychologische Selbst. Ein wichtiges Thema, da das Gefühl, ein Selbst zu sein, viel Leid verursacht, indem wir beispielsweise die Dinge persönlich nehmen und uns defensiv und besitzergreifend verhalten. Nimmt das Gefühl, ein Selbst zu sein, hingegen ab, steigert sich das Wohlbefinden für gewöhnlich, wir werden gelassener und offener. Oder, wie Anam Thubten es ausdrückte: Kein Selbst, kein Problem. Das psychologische Selbst wird in verschiedenen Kulturen unterschiedlich beschrieben. In diesem Buch ist mit dem Begriff »Selbst« ein angenommenes »Ich« gemeint, das sich »im Inneren« eines jeden Menschen befindet. Im normalen Leben gehen wir davon aus, dass andere tatsächlich über ein solches Selbst verfügen... ebenso wie wir selbst. Und sind übereingekommen, dass sich dieses angenommene Selbst durch drei *definierende* Merkmale auszeichnet:

- Es ist angeblich *beständig:* Das Selbst von heute ist dasselbe wie das von gestern und das von vor einem Jahr.
- Es ist angeblich *einheitlich:* Es gibt nur ein »Ich« in unserem Geist.
- Es ist angeblich *unabhängig:* Es mag zwar etwas mit dem Selbst passieren, aber es wird dadurch nicht grundlegend verändert.

Diese Merkmale definieren das scheinbare Selbst. Sie sind notwendige Bedingungen dafür, dass es überhaupt ein Selbst gibt. Aber sind sie auch wahr?

> Das Selbst ist selbst und von selbst nichts;
> wir erzeugen von Augenblick zu Augenblick ein inneres Wissen von ihm.
>
> Joseph Goldstein

Das »Selbst« im Geist

Beobachten wir unsere eigene Erfahrung, fällt auf, dass das angenommene Selbst allerdings genau die *gegenteiligen* Merkmale aufweist:

1. Es ist *nicht beständig* (also unbeständig): Das momentane »Ich« verändert sich fortwährend, und oft haben wir kaum ein Selbstgefühl.
2. Es ist *nicht einheitlich* (also zusammengesetzt): Wäre das Selbst einheitlich, könnten Sie ihm im Ganzen befehlen, Süßes ab jetzt nicht mehr zu mögen oder es fortan zu lieben, vor Publikum zu sprechen. Es gibt multiple »Ich«s, darunter auch verschiedene Sub-Persönlichkeiten und verschiedene Ansichten.
3. Es ist *nicht unabhängig* (also abhängig): Das Gefühl eines Selbst verändert sich aufgrund verschiedener Einflüsse wie beispielsweise aufgrund des Aufs und Abs des Begehrens. Zudem wurden die verschiedenen »Ichs« von internen und externen Faktoren zum Beispiel aus der Kindheit geformt.

Beobachten wir den Geist, können wir immer wieder ein angenommenes vollständiges Selbst erkennen, das … irgendwo … außer Sichtweite … existiert. Dieses vollständige »Ich« wird uns beispielsweise dann vorgegaukelt, wenn wir Pläne schmieden, Probleme lösen, tagträumen und grübeln. Doch da können Sie sich anstrengen, so viel Sie wollen: Sie werden das angenommene vollständige Selbst nie in Ihrer tatsächlichen Erfahrung finden.

Dafür wird das Gefühl eines Selbst unseren Erfahrungen oft *hinzugefügt;* auch das können Sie achtsam beobachten. Ein Beispiel: Sie gehen die Straße hinab und sehen sich um, ohne das ausgeprägte Gefühl zu haben, ein Selbst zu sein. Plötzlich sehen Sie jemanden, den Sie nicht besonders mögen, auf sich zukommen, und quasi in Sekundenbruchteilen taucht ein viel stärkeres Selbstgefühl in Ihrem Gewahrsein auf. Es ist jedoch absolut möglich, dass wir sehen, hören, empfinden und verstehen... und kein »Ich« hinzufügen. (Dem werden wir uns später noch genauer widmen.)

Den meisten Erfahrungen haftet eine gewisse Subjektivität an – das Gewahrsein *von,* das Erleben *von.* Das Gehirn erstellt »Querverweise« zwischen den einzelnen Augenblicken der Erfahrung, um herauszufinden, was sie gemeinsam haben; zudem wird geschlussfolgert, dass es bei all dem Erleben jemanden geben muss, der erlebt. *Doch braucht die Subjektivität kein Subjekt.* Es gibt das Gewahrsein, richtig; aber das an sich heißt nicht, dass es auch einen unveränderlichen »Jemand« gibt, »der« sich gewahr ist. Suchen Sie ruhig – Sie werden diesen Jemand nicht finden.

Das »Selbst« im Gehirn

Widmen wir uns nach der subjektiven *Erste-Person*-Perspektive, die von innen nach außen auf Erfahrungen blickt, nun einer objektiven *Dritte-Person*-Perspektive, die von außen auf das Gehirn blickt. Auch dort können wir keine beständige, einheitliche und unabhängige Grundlage für ein Selbst finden. Es gibt mittlerweile zahlreiche Studien darüber, wie Aktivitäten im Gehirn mit unterschiedlichen »Ich«-Erfahrungen korrelieren, etwa jener, eine Entscheidung zu treffen, das eigene Gesicht unter anderen zu erkennen, zu entscheiden, ob ein Wort wie »sensibel« auf einen zutrifft, oder sich an etwas aus der Kindheit zu erinnern. Es ist ganz erstaunlich, was diese Studien enthüllen. Denn auch die neuralen Aktivitäten, die selbstbezogenen Erfahrungen zugrunde liegen, sind:

1. *nicht beständig* (also unbeständig): Sie sind im ganzen Gehirn vorübergehend und dynamisch. Würde man das Gehirn mit einem Weihnachtsbaum vergleichen, würden die vielen Lichter, die für selbstbezogene Betätigungen stehen, beständig an und aus gehen.

2. *nicht einheitlich* (also zusammengesetzt): Die neuralen Entsprechungen des Selbstgefühls sind über das gesamte Gehirn verteilt. Zwar fördern Aktivierungen in bestimmten Hirnregionen, beispielsweise im Ruhezustandsnetzwerk, in der Regel das Selbstgefühl, doch tun Aktivierungen in anderen Teilen des Gehirns das auch. Darüber hinaus üben die vielen Areale, die verschiedenen Aspekten des Selbstgefühls zugrunde liegen, auch andere Funktionen aus. Es gibt keine Stelle im Gehirn, die allein für das Selbst zuständig wäre. Wir sind alle einzigartig und in diesem Sinn besonders. Doch ist das Selbst nichts Besonderes im Gehirn.

3. *nicht unabhängig* (also abhängig): Die neuralen Aktivierungen sind das Ergebnis von Strömen interner und externer Reize und sie hängen zudem von zugrunde liegenden physischen Strukturen und Prozessen ab.

Das »Selbst« – ein Einhorn

Zusammenfassend lässt sich sagen, dass unsere Erfahrungen von »ich« und »mein« ebenso wie ihre neuralen Grundlagen unbeständig, zusammengesetzt und abhängig sind. In einem Wort: Das scheinbare Selbst ist *leer* (im Sinne des in Kapitel 7 Beschriebenen). Das allein sollte uns dazu ermutigen, es nicht mehr so ernst zu nehmen und nicht mehr daran festhalten zu wollen. Ich möchte aber gerne noch einen Schritt weiter gehen.

Wir können leere Erfahrungen von Dingen machen, die tatsächlich existieren, wie etwa von Pferden. Nur weil die *Erfahrung* eines Pferds leer ist, bedeutet das nicht, dass das Pferd nicht real wäre. Wir können aber auch leere Erfahrungen von Dingen machen, die *nicht* existieren, beispielsweise von der Vorstellung eines Einhorns. Wenn es kein Geschöpf mit den definierenden Merkmalen eines Einhorns – ein Pferd mit langem, spitzem Horn – gibt, dann sind Einhörner nicht real.

Das angenommene Selbst ist wie ein Einhorn: ein Fabelwesen, ein Wesen, das nicht existiert. Seine notwendigen definierenden Merkmale – Beständigkeit, Einheitlichkeit und Unabhängigkeit – existieren weder im Geist noch im Gehirn. Ein vollständiges Selbst können wir in der Erfahrung nie beobachten. Subjektivität setzt nicht unbedingt ein beständiges Subjekt voraus, einen Jemand, und immer denselben Jemand, dem Dinge passieren. Und das Gefühl, ein Selbst zu sein oder zu haben, wird für das Bewusstsein nicht gebraucht, ebenso wenig wie zum Öffnen einer Tür oder zum Beantworten einer Frage.

Dies zu erkennen geschieht zunächst meist nur im Kopf, aber das ist völlig in Ordnung. Diese Vorstellungen heben verschiedene Aspekte unserer *Erfahrung* hervor. Dann können wir den Geist beobachten und üben, so, wie Buddha es auch Bahiya empfohlen hat. Und ganz allmählich wird sich ein gefühltes Wissen dessen, was wahr ist, entwickeln. Mir wurde das auf einem Spaziergang während eines Retreats bewusst. Ich beobachtete all die vielen Gedanken, körperlichen Empfindungen und Gefühle, die unablässig im Gewahrsein auftauchten, und wusste plötzlich überwältigend klar und deutlich, dass all das viel zu kompliziert war und viel zu schnell vonstatten ging, als dass es irgendein Geschöpf kreieren oder kontrollieren könnte. Es war sein eigener Prozess, ohne Besitzer oder Regisseur. Ich war absolut entgeistert, bestürzt, erleichtert – und offen für alles.

> Das tiefe Erkennen, das dem Erwachen Buddhas zugrunde liegt … [besteht darin,] dass weder ein Selbst noch etwas, das zu einem Selbst gehört, irgendwann irgendwo überhaupt gefunden werden kann.
>
> BHIKKHU ANĀLAYO

Mit dem Selbstgefühl üben

Buddha empfahl, mit dem scheinbaren Selbst zu üben, indem wir uns dessen leere Natur bewusst machen. Dadurch können wir allmählich von der *Identifizierung* (»Das bin ich«), der *Besitzgier* (»Das ist meins«) und der *Einbildung* (»Ich bin besser als du, ich bin wichtiger als du«) ablassen. Es ist ganz normal, wenn wir uns beim Erkunden dieser Übungen zunächst auf den Kopf gestellt und erschüttert fühlen. Ich stieß zuerst in Alan Watts' *The Book: On the Taboo Against Knowing Who You Are* auf diese Vorstellungen – und es fühlte sich tatsächlich wie ein Zusammenstoß an. Ich war 21 und in meinem letzten Trimester an der UCLA und wollte aus einer Laune heraus mehr über östliche Spiritualität wissen. Also legte ich mir einen Riesenstapel an Büchern zu, das von Alan Watts lag obenauf. Ich weiß noch, wie ich es im Freien las und irgendwann so frustriert war, dass ich es quer über den Rasen schleuderte. Ich fand das, was dort stand, nervenaufreibend und bedrohlich. Nach einer Weile nahm ich das Buch jedoch wieder zur Hand und gewöhnte mich allmählich an seinen Inhalt.

Angesichts der verschwommenen Substanzlosigkeit des scheinbaren »Ich« können wir leicht in Ängste vor Auslöschung, Tod und der folgenden Leere schlittern. Lassen Sie sich bei diesen Übungen also unbedingt Zeit. Bleiben Sie der beruhigenden Gewissheit gegenüber, weiterhin eine Person zu sein, achtsam: Sie atmen, Sie funktionieren, Sie sind immer noch hier, Sie machen sich immer noch ganz gut. Beobachten Sie, wie sich das intensive Ich-Erleben anfühlt – häufig angespannt, eng, angstvoll – und wie es sich anfühlt, sich dem simplen Verweilen als ganze Person zu öffnen. Die Erkenntnis, dass das eine leidvoll ist und das andere erleichternden Trost in sich birgt, macht deutlich, warum Übungen mit dem Selbstgefühl so wichtig sind. Oder, wie Jack Engler gesagt hat: »Man muss erst jemand sein, bevor man niemand sein kann.« Es ist ganz natürlich, sich von anderen wertgeschätzt, gemocht und geliebt fühlen zu wollen. Sowohl in der Kindheit als auch im Erwachsenenleben kann uns die Inanspruchnahme *gesunder sozialer Ressourcen* wie das Gefühl, gesehen, verstanden und geschätzt zu werden, dabei helfen, uns sicherer zu fühlen und ein größeres Selbstwertgefühl zu entwickeln. Fühlen wir uns als *Person* wertgeschätzt, fällt es uns leichter, andere nicht mehr so beeindrucken oder von ihnen anerkannt werden zu wollen. Es fällt uns auch leichter, mit Zurückweisungen oder Kritik umzugehen.

Vor eine Herausforderung gestellt zu werden – beispielsweise sich von einem Familienmitglied verletzt zu fühlen –, kann das Ich-Erleben schüren. Dies kann zu einem Hin und Her führen, bei dem das Selbstgefühl des anderen ebenfalls intensiviert wird. Es bleibt zu hoffen, dass sich dann allmählich ein Gefühl für den größeren Zusammenhang einstellt und alles ein gutes Ende nimmt. Anschließend können die Grenzen des Ich wieder aufweichen und mit der Gesamtheit aller Beteiligten verschmelzen; vielleicht stellt sich dabei sogar die Einsicht ein, wie man die Dinge das nächste Mal, wenn so etwas passiert, weniger persönlich nehmen kann.

Nicht die selbstbezogenen Gedanken, Gefühle und Wünsche sind das Problem. Dabei handelt es sich um Erfahrungen wie andere auch. Sie kommen und gehen. Probleme entstehen erst dann, wenn wir an diesen Teilen unserer selbst *festhalten* wollen: sie für etwas Besonderes halten, sie für bedeutungsvoll halten, sie verteidigen, glauben, die leeren, vergänglichen Teile seien die beständige

Essenz, das Wesen, der Kern, unserer selbst. Ich finde es sehr hilfreich, das scheinbare Selbst und seine vielen Teile als sich unablässig verändernde Prozesse zu erkennen – faktisch als eine Art *Ich-Prozess*, der in Wellen durch das Gewahrsein verläuft. Statt zu versuchen, an einem mutmaßlichen Selbst festzuhalten, sollten wir uns dem »Ich-Prozess«, der wir wirklich sind, öffnen. In diesem Ich-Prozess können kleinere Wirbel von Ich-Prozessen entstehen… und wieder vergehen. Hier eine Übung dazu.

ENTSPANNENDER ICH-PROZESS

Vergegenwärtigen Sie sich das Selbstgefühl: sein Kommen und Gehen und die Ursachen dieser Veränderungen. Erkunden Sie, wie es ist, mit geringem oder keinem Selbstgefühl zu verweilen, dabei immer gewahr und gelassen. Es ist hilfreich, sich dabei zu entspannen und sich nicht in dem Versuch zu verstricken, »denjenigen« erkennen zu wollen, der das Selbstgefühl beobachtet. Es darf Subjektivität ohne die Annahme eines Subjekts auftauchen. Seien Sie sich gewahr, eine Person zu sein, in der der Ich-Prozess auf- und abebbt.

Entspannen Sie sich… suchen Sie sich ein stabiles Gewahrsein… und seien Sie sich Ihres eigenen Geistes gewahr… Beobachten Sie achtsam, wie das Selbstgefühl anschwillt und wieder abnimmt… Beobachten Sie achtsam, was kurz vor dem Anschwellen des Selbstgefühls im Gewahrsein geschieht: Vielleicht findet sich dort eine Art von Wunsch oder ein Gedanke zu einer Beziehung.

Erkunden Sie den Unterschied zwischen leise zu sich selbst zu sagen: »Da ist Atmen« *und:* »Ich atme«*… zwischen:* »Da ist Hören« *und:* »Ich höre«*…* »Dieser Fuß bewegt sich« *und:* »Ich bewege meinen Fuß«*…* »Da ist Denken« *und:* »Ich denke«*…* »Da ist Wissen« *und:* »Ich weiß«*…* »Da ist Gewahrsein« *und:* »Ich bin mir gewahr«*…*

Entspannen Sie sich zunehmend in das Gefühl hinein, eine Person zu sein, in der gelegentlich das Selbstgefühl aufsteigt ... Taucht ein Gefühl von »ich« oder »mein« auf, so beobachten Sie achtsam, was es impliziert, aber nie völlig offenbart ... Kann ein vollständiges angenommenes Selbst je beobachtet werden?

Entspannen Sie sich und lassen Sie den Ich-Prozess sich entfalten ... Sie öffnen sich weit in die Ganzheit hinein ... Sie sind eine Person, die friedvoll, zufrieden und warmherzig ist ... in der das Gefühl von ich oder mein kommen und gehen kann ... Sie atmen locker, es geht Ihnen immer noch gut, ein friedvolles Verweilen ... Das Atmen geschieht von allein, niemand muss es lenken.

Erkennen Sie das Gefühl von ich oder mein als eine Erfahrung wie jede andere auch ... Erkennen Sie, dass die Erfahrungen eines scheinbaren Selbst alle leer sind ... Sie atmen ohne Anstrengung, mit anhaltendem Gewahrsein, locker verweilend ... Sie lösen sich von ich und mein ... sind immer noch eine Person ... es geht Ihnen weiterhin gut ... als Person gut, ohne das Bedürfnis, ein Selbst zu sein ... Sie sind einfach das, was Sie sind, eine ganze Person in der sich entfaltenden Gegenwart ... in Ganzheit und im Jetzt, eine Person, die geschieht, ohne ein Selbst zu brauchen ... in Frieden ...

Allozentrische Erfahrungen

In diesem Unterkapitel greife ich auf die Arbeit mehrerer Wissenschaftler zurück, insbesondere auf den Neurologieprofessor und Zen-Ausübenden James Austin. Wir widmen uns darin der möglichen Nervengrundlage von Erwachenserfahrungen, in denen sich das Selbstgefühl auflöst, während die Welt in strahlender Vollkommenheit aufleuchtet. Und selbst ohne das Feuerwerk dieser höchsten, mystischen, nichtdualen Erfahrungen – kurz: der Erfahrungen der *Selbsttranszendenz* – können wir das Selbstgefühl allmählich aufweichen und uns immer mehr dem Verwobensein mit allem, was ist, öffnen.

Egozentrische und allozentrische Perspektiven

Eines der bemerkenswerteren Merkmale unseres Gehirns ist, dass es immer wieder zwischen zwei verschiedenen Arten, die Welt zu erleben, hin und her wechselt:

- *Egozentrische* Sichtweise: Betrachten der Dinge aus der persönlichen, subjektiven Warte »meines Körpers« oder »meines Selbsts«; »Was haben die Dinge mit *mir* zu tun?«; eingeschränkte Sichtweise
- *Allozentrische* Sichtweise: Sehen der Dinge aus der unpersönlichen, objektiven Warte, des ganzen, eigenständigen Rahmens oder Kontexts; weniger *Ich*-Erleben; weit gefasste Sichtweise

Diese Sichtweisen sind in erster Linie mit der visuell-räumlichen Verarbeitung unserer physischen Umgebung verbunden. Sie können sich aber auch auf unsere Beziehungen, unsere Aktivitäten, die Welt als Ganzes, ja sogar auf das gesamte Universum ausdehnen. Die Begriffe, mit denen sie beschrieben werden, sind neutral: *Egozentrisch* ist nicht mit egoistisch oder arrogant gleichzusetzen, *unpersönlich* nicht mit kalt oder teilnahmslos. Im Allgemeinen nehmen wir die allozentrische Perspektive gar nicht wahr, da sie überwiegend im Hintergrund operiert. Trotzdem können wir auch im Alltag beobachten, wie beide Perspektiven in unserem Geist kommen und gehen. Begeben wir uns in eine neue Situation, wechselt das Gehirn einige Augenblicke lang in die allozentrische Sichtweise, um unser Verständnis der gesamten Umgebung zu aktualisieren; anschließend kehrt es zu der egozentrischen Perspektive dessen, was auch immer wir gerade tun, zurück. Blicken wir auf etwas, das nicht weit entfernt ist, geht die egozentrische Sichtweise online, da alles, was sich in unserer unmittelbaren Nähe befindet, in der Regel für uns persönlich am relevantesten ist. Blicken wir hingegen zum Horizont oder zum Himmel, wird die allozentrische Sichtweise aktiv, da sich der Fokus von uns weg zum größeren Bild hin verlagert hat. Neurologisch gesehen verläuft der egozentrische Verarbeitungsstrom oben auf dem Gehirn entlang, durch die Parietallappen in Richtung präfrontaler Kortex. Nicht zufällig greift dieser Strom auf neurale Netzwerke zurück, die an dem Gefühl: »*Ich* mache etwas mit Dingen, die von *mir* getrennt sind« beteiligt sind; zu diesen Gefühlen gehören Berührungen, das Hantieren mit Gegenständen in unserer Nähe und das somatische Empfinden, ein bestimmter Körper zu sein. Zudem involviert der egozentrische Verarbeitungsstrom aufgrund seiner Lage und seiner Funktion wahrscheinlich das Netzwerk der konzentrierten Aufmerksamkeit (siehe Kapitel 7), das ebenfalls oben auf dem Gehirn entlang verläuft. Und schließlich involviert es vermutlich auch die kortikalen Mittelliniennetzwerke des »Tuns« (siehe Kapitel 6), und zwar sowohl den aufgabenorientierten Teil weiter vorn (»Ich löse dieses Problem«) als auch den Ruhezustandsteil weiter hinten (»Ich grüble über jemanden nach, der mir wehgetan hat«).

Denken wir einen Augenblick über diese drei Aspekte der Egozentrik (so, wie sie hier gemeint ist) nach. Sie treffen viele Male am Tag zusammen. Ein Beispiel: Sie greifen nach etwas im Kleiderschrank, wobei Ihre Aufmerksamkeit auf ein bestimmtes Kleidungsstück gerichtet sein kann, während Sie gleichzeitig darüber nachdenken, was Sie tun werden, wenn Sie es tragen. Alles ganz natürlich und hilfreich. Und trotzdem kann eine *Menge* Ich-Prozess in diesen miteinander verbundenen Netzwerken stattfinden.

Der allozentrische Verarbeitungsstrom hingegen verläuft weiter unten und seitlich am Gehirn entlang, und zwar durch die Schläfenlappen in Richtung präfrontaler Kortex. Aufgrund seiner Lage verbindet er sich wahrscheinlich mit dem Aufmerksamkeitsnetzwerk der Alarmierung und Orientierung, das seinerseits an der unteren rechten Seite des Gehirns entlang verläuft. Und er interagiert vermutlich mit dem lateralen Netzwerk des »Sein«-Modus, das ebenfalls in der rechten Hemisphäre verortet ist. *Um diesen sehr wichtigen Punkt zusammenzufassen:* »Tun«-Modus, konzentrierte Aufmerksamkeit und egozentrische Perspektive sind sowohl in unserer Erfahrung als auch neurologisch miteinander verbunden. Wird eines dieser selbstbezogenen Systeme aktiv, aktiviert es in der Regel auch die anderen beiden. In ganz ähnlicher Weise sind »Sein«-Modus, Alarmierungs-und-Orientierungs-Aufmerksamkeit sowie allozentrische Perspektive miteinander verbunden, und zwar ebenfalls sowohl hinsichtlich unserer Erfahrung als auch in neurologischer Hinsicht. *So stützen sich Ganzheit, Jetztheit und Allheit gegenseitig.* Gelangen wir beispielsweise ins Jetzt dieses Augenblicks, bringt dies im Allgemeinen ein Gefühl der Ganzheit und der Verbundenheit mit der Welt mit sich. Übungen, die wiederholt die lateralen Netzwerke der Ganzheit, die Aufmerksamkeitsnetzwerke der Jetztheit und die allozentrischen Netzwerke der Allheit stimulieren und somit kräftigen, arbeiten synergistisch zusammen.

Allmähliche Kultivierung, plötzliches Erwachen

Wenn wir uns der Kultivierung von Ganzheit, Jetztheit und Allheit widmen, was könnte daraus entstehen?

Überall auf der Welt berichten immer wieder zahlreiche Menschen davon, irgendwann einmal eine intensive Erfahrung gehabt zu haben, die das Gewöhnliche überstieg. Insbesondere sprechen einige von ihnen von dem machtvollen, außergewöhnlichen Erlebnis, mit geringem oder keinem Selbstgefühl in die Realität eingetaucht zu sein. Solcherlei Erfahrungen der Selbsttranszendenz entwickeln sich normalerweise schnell und oft plötzlich. Auch James Austin hat eine solche Erfahrung beschrieben. Er stattete England nach achtjähriger Zen-Praxis gerade einen Besuch ab und ging von der Londoner U-Bahn nach oben zu einem Bahnsteig:

Mit einem Schlag besitzt die gesamte Sichtweise
plötzlich drei Eigenschaften: Absolute Realität, Innere
Folgerichtigkeit und Ultimative Vollkommenheit ... Im
Bruchteil einer Sekunde verschwunden ist die vertraute
Empfindung, dass *diese* Person auf eine gewöhnliche
Stadtszene blickt. Die neue Sichtweise geht unpersönlich
vonstatten ... Drei weitere untrennbar miteinander
verbundene Erkenntnisse drängen sich auf ... aus Tiefen
weit jenseits simplen Wissens: Dies ist der immerwährende
Zustand der Dinge ... Es gibt nichts weiter zu tun ...
Es gibt nichts, gar nichts, wovor wir Angst haben müssten.

Was um alles in der Welt geschah wohl während dieses Erlebnis-
ses in Austins Gehirn? Was geschieht im Gehirn anderer Menschen mit ähnlichen Erfahrungen?

Es ist, als verstumme das egozentrische Netzwerk einfach. Und
mit ihm schalten sich auch die Netzwerke des Tuns und der konzentrierten Aufmerksamkeit ab. Dann ist nur noch die allozentrische Perspektive da, mitsamt ihren Gefährten Ganzheit und
Jetzt. Vorher hatten egozentrische und allozentrische Sichtweise
sich gegenseitig gehemmt: Wie bei einer Wippe – ist der eine
unten, ist der andere oben. Steigt die egozentrische Perspektive
aus, kann die allozentrische Perspektive vorpreschen. Und dann,
so Austin, »scheinen alle ursprünglichen Quellen der Selbstheit
und der tief verwurzelten natürlichen Überlebensangst versiegt
zu sein. Dieses akute, unbeschreibliche Loslassen der tiefsten
Urangst-Instinkte ist besonders befreiend.«

Austin weist auf eine plausible Art und Weise hin, auf die dies
geschehen könnte. Über den *Thalamus*, eine zentrale Schaltta-
fel im Subkortex, laufen alle Sinneseindrücke außer dem Geruch.
Das gewöhnliche Bewusstsein hängt von den Informationen ab,
die zwischen Thalamus und Kortex hin und her fließen. Normalerweise »sprechen« die oberen Teile des Thalamus kontinuierlich mit Schlüsselregionen im Kortex, die zum Selbstgefühl beitragen. Würden diese Signale zwischen Thalamus und Kortex

blockiert, so Austin, könnte auch das Selbstgefühl verschwinden. Und wie Buddha zu Bahiya sagte:»Wenn es gar kein Du gibt, bist du weder hier noch dort noch irgendwo dazwischen. Und das, nur das, ist das Ende des Leidens.« Doch wie könnte das geschehen?

Mehrere Gewebe in der Nähe besitzen den Neurotransmitter GABA freisetzende Nervenzellen, die die Aktivität in den oberen Regionen des Thalamus unterdrücken können. Setzten diese nun plötzlich große Mengen an GABA in den Thalamus frei, könnte das wichtige Leitbahnen blockieren, durch die der egozentrische Strom im Bewusstseinsstrom fließt. Eine verringerte Aktivität in den Parietallappen ist beispielsweise mit einem geringeren Selbstgefühl sowie mit einem größeren Einheitsgefühl und verwandten mystischen Erfahrungen verbunden. Es ist, als würde ein Schalter umgelegt, worauf eine nichtduale Erfahrung des Einsseins mit allem inklusive ähnlicher Einsichten und Gefühle folgt.

Zusätzlich zu Austins Bericht hier drei weitere Erfahrungsberichte zur Selbsttranszendenz:

Eines Tages saß ich auf einer Klippe über einem Strand und blickte auf den blauen Abgrund unter mir, als ich mich plötzlich vollständig in die ungeheure Weite alles Seienden eingetaucht sah. Ich verspürte das tiefe Gefühl des Einsseins und der Zeitlosigkeit mit dem Universum. Es fühlte sich an, als durchströmte mich eine bewusste Energie außerhalb meines Geistes, und obwohl die Erfahrung mein innerstes Wesen verwandelte, schien sie unberührt von Gedanken oder Urteilen. In dieser einen Erfahrung fanden einige der größten Mysterien des Lebens eine Antwort, was mir bis heute bewusst ist.

Während einer Meditation [bei einem Retreat]… gab ich alles, um nicht auch nur einen einzigen Atemzug zu verpassen… [Dann] brachte man uns Tee und einen Keks.

Ich nahm den Tee entgegen und hielt die Tasse in meinen Händen. Als ich sie an die Lippen hob und den Tee in meinem Mund spürte, blieb die Welt plötzlich stehen!… Die Erfahrung beinhaltete kein Selbst. Ohne meinen üblichen Selbstbezug schien alles stillzustehen.

In dem Augenblick, in dem ich mich [zur Meditation] niedersetzte, war das Koan da:»Wer bin ich?«Plötzlich gab es für mich keine Grenzen mehr. Das schockierte mich so sehr, dass ich tatsächlich aufstand… Ich ging umher, sah mir Dinge an, und zwischen mir und irgendetwas anderem gab es keine Grenze… Zwischen innen und außen herrschte eine Art vertraute Nähe… Und ich ging einfach weiter umher in dieser magischen Welt des Einsseins.

Sich in die Allheit lehnen

Diesen bemerkenswerten Erfahrungen müssen Nervenprozesse zugrunde liegen. Die rasche Blockade einer Schlüsselleitbahn im Thalamus ist vielleicht nur einer von ihnen. Oder Austins Hypothese stellt sich schließlich als nicht zutreffend heraus. Trotzdem muss dabei *irgendetwas* Großes im Gehirn geschehen, und daran sind vermutlich die neuralen Netzwerke der Ganzheit, der Jetztheit und der Allheit beteiligt.

Dramatische Erfahrungen des Erwachens geschehen, wenn sie geschehen – willentlich herbeiführen können wir sie nicht. Was wir jedoch können, ist, ihre Ursachen und Bedingungen zu kultivieren. Viele der Menschen, die von tief greifenden Erfahrungen der Selbsttranszendenz berichten, konnten auf ein solides Fundament beträchtlicher persönlicher Übung zurückgreifen, und meist ging den Erfahrungen eine intensive Periode konzentrierter Praxis voraus, beispielsweise ein Meditationsretreat. Es lohnt sich jedoch auch, diese Dinge um ihrer selbst willen zu kultivieren. Weichen die Grenzen zwischen uns und anderen allmählich auf, nehmen Weisheit und innerer Frieden zu und wir fühlen uns mehr mit allem verbunden. Hin und wieder berichten Menschen auch von einem Gefühl des Willkommenseins in der Natur und im gesamten Universum. Wir können unseren Blickwinkel verändern und uns nicht mehr als einsam Agierenden, der manchmal wütend um sich schlägt, betrachten, sondern wahrnehmen, dass sich alles an diesem Ort als *Ich* manifestiert. Wir können das tiefe Gefühl des Alles als Ganzes verspüren, der Gesamtheit eines einzigen Soseins.

> Wir leben in der Illusion und der Erscheinung der Dinge.
> Es gibt eine Realität. Wir sind diese Realität.
> Wer das versteht, versteht, dass wir nichts sind.
> Und in diesem Nichtssein sind wir alles.
>
> Kalu Rinpoche

Sie können sich auf verschiedene Weisen der Allheit öffnen:

- Übungen zur Ganzheit und zum Empfänglichsein für die Jetztheit fördern das Gefühl, mit der weiten Welt verbunden zu sein.
- Eine große Unterstützung bietet auch das Verweilen in Fülle. Das Begehren treibt den Ich-Prozess an; bewegen wir uns aber in den grünen Bereich mit seinem Gleichmut und Wohlbefinden, nimmt das Selbstgefühl ganz natürlich ab, während das Gefühl der Offenheit und Verbundenheit zunimmt.
- Fülle, Ganzheit und Jetztheit fördern die Gelassenheit, was mit GABA freisetzenden Neuronen verbunden ist. Wiederholte Erfahrungen der tiefen Gelassenheit, wie man sie etwa in regelmäßigen Meditationen machen kann, erhöhen möglicherweise die GABA-Aktivität in den hemmenden Knoten

des Thalamus und sorgen dafür, dass diese den Schalter umlegen, um so in die Allheit einzutauchen.

- Ein schlichteres Leben, in dem man weniger selbstbezogen Aufgaben erledigt, schafft mehr Raum für eine allem gegenüber offene Empfänglichkeit.
- Der Aufenthalt in der Natur zieht uns unweigerlich in das Ganze. Nicht zufällig finden sich die Umgebungen für tiefe kontemplative Praktiken häufig in Wäldern, in Wüsten, im Dschungel oder auf Bergen.
- Austin weist darauf hin, dass es auch beim Blicken zum Himmel zum Erwachen kommen kann, da dies ganz natürlich die allozentrische visuelle Verarbeitung aktiviert. Übungen der Himmelsbetrachtung mit offenen Augen oder der Kultivierung des Gefühls der Weite mit geschlossenen Augen verstärken diesen Schaltkreis möglicherweise.

ZUM WEITERLESEN

The Book (Alan Watts)
»Dreaming Ourselves into Existence«, *Buddhadharma* (Joseph Goldstein)
No Self, No Problem (Anam Thubten)
Selfless Insight (James Austin)
Daodejing (Laotse)

Der Kipppunkt

Wir lehnen uns in die Allheit, wir lehnen uns und lehnen uns – und kippen plötzlich ganz. In manchen Fällen scheint der Übergang in das Gefühl des Einsseins unabhängig von jeglichem äußerem Ereignis. Das Gehirn ist mit innerreferenziellen Vorgängen beschäftigt, und vielleicht fällt irgendwo eine Art neuraler Dominostein einfach um und initiiert eine transformative

Kettenreaktion. Doch sind viele Erwachenserfahrungen mit irgendeiner Form von äußerer Überraschung verbunden. Eines mondbeschienenen Abends im 13. Jahrhundert in Japan beispielsweise trug die Zen-Nonne Mugai Nyodai Wasser in einem alten Eimer aus Bambusstreifen vom Fluss zum Kloster. Plötzlich brach der Eimer, und sie hatte eine Erwachenserfahrung. Mir gefällt die folgende Version ihres Erwachensgedichts besonders gut:

> Mit diesem und jenem versuchte ich, den Eimer
> zusammenzuhalten,
> doch dann fiel der Boden heraus.
> Wo sich Wasser nicht sammelt,
> da verweilt auch der Mond nicht.

An Überraschungserfahrungen sind die Ganzheitsnetzwerke des Gehirns, die Alarmierungsaspekte der Aufmerksamkeit und die allozentrische Perspektive beteiligt. Wir können uns zwar nicht in der Überraschung selbst üben – dann wäre es keine Überraschung mehr –, dafür aber damit verwandte Eigenschaften wie Verspieltheit, Freude, Humor und Nicht-Wissen entwickeln. Besitzen wir diese, sind wir vielleicht »anfälliger« für Überraschungen – und für die Türen, die sie öffnen können.

Im nächsten Unterkapitel widmen wir uns umfassenden Sichtweisen, die uns ebenfalls darin unterstützen können, uns für die Allheit zu öffnen. Zunächst aber empfehle ich Ihnen die folgende Meditation, in der Sie das bisher Gesagte in aller Ruhe setzen lassen können.

ALLOZENTRISCH VERWEILEN

Suchen Sie sich eine entspannte und stabile Haltung. Beruhigen Sie den Geist und erwärmen Sie das Herz ... Sie fühlen sich friedvoll, zufrieden und voller Liebe ... Die Bedürfnisse sind im Augenblick ausreichend erfüllt ...

Spüren Sie, wie sich Gelassenheit in Ihrem Körper ausbreitet ... sich eine tiefe Ruhe in Ihrem Geist ausbreitet ...

Seien Sie sich Ihres Körpers als Ganzes gewahr ... Sie öffnen die Augen, um sich des Raums oder der weiteren Umgebung gewahr zu sein, in dem beziehungsweise in der Sie sich befinden, bekommen ein Gefühl für diesen Raum als Ganzes ... Ihr Blick geht von Ihrem Körper sanft in Richtung Horizont ... über den Horizont ... Sie öffnen sich dem Gefühl des größeren Ganzen ...

Gestatten Sie es nun Ihrem Blick, sich zu entspannen und zu wandern, wohin er will, während Sie sich Ihrer Umgebung, so, wie sie ist, gewahr sind ... Sie spüren ein ruhiges und objektives Wissen der Umgebung an sich ...

Ihre Augen schließen sich, während Sie im Gefühl der Weite des Gewahrseins verweilen ... ein Himmel des Geistes, durch den Erfahrungen ziehen ... Sie fühlen sich locker und behaglich ... wach und präsent ... im Jetzt ... in der Frische des Augenblicks ... offen und grenzenlos ...

Seien Sie ganz weit ... seien Sie Sie selbst ... am vorderen Rand des Jetzt, sich in alles öffnend ...

Umfassende Sichtweisen

Bislang haben wir uns dem gewidmet, was wir hinsichtlich unserer jeweiligen Erfahrungen *subjektiv* und *örtlich begrenzt* sind. Nun konzentrieren wir uns auf das, was wir *objektiv* und *umfassend* sind. Während sich unser Blick weitet, kann sich das

Gefühl, eine Person zu sein, jenseits unserer Körperhülle, der Haut, in unser gemeinsames Menschsein, die Natur in all ihrer Fülle und das gesamte Universum hinein ausdehnen. Ich werde im Folgenden mehrere Sichtweisen beschreiben, die aufeinander aufbauen. Das klingt zunächst recht theoretisch, doch formen unsere Sichtweisen unsere Erfahrungen und Handlungen. Wenn wir uns von uns weg in alles hineinbewegen, um auf uns zurückzublicken, bekommen wir zunehmend das Gefühl, *all* das zu sein – das sich durch uns ausdrückt. Oder, wie John Muir schrieb: »Versuchen wir, daraus etwas Einzelnes auszuwählen, so stellen wir fest, dass dieses Einzelne mit allem anderen im Universum verbunden ist.«

Aus der Sicht der Leere

Wir wissen nun, dass all unsere Erfahrungen leer sind, dass ihnen jegliche fundamentale Beständigkeit, Einheitlichkeit und Unabhängigkeit fehlt. Sie sind Wirbel im Strom des Bewusstseins, die entstehen und sich auflösen.

Wir wissen auch, dass die Nervenprozesse, die unseren Erfahrungen zugrunde liegen, leer sind. Nahezu alles im physischen Universum ist vergänglich, besteht aus Teilen und ist bedingt. Ein Proton, ein Blatt, eine Dinnerparty und ein Sturm auf dem Jupiter, der die Erde verschlingen könnte – das alles sind Wirbel im Strom der Materialität. Unsere Milchstraßengalaxie ist ein sehr großer Wirbel, der in mehreren Milliarden Jahren dennoch mit einem noch größeren Wirbel, der Andromedagalaxie, verschmelzen wird.

Leere geistige Prozesse und leere körperliche Prozesse entstehen und wirbeln gemeinsam als zwei verschiedene Aspekte eines Ich-Prozesses nebeneinander her, die Allheit strukturierend. Sitzen wir am Strand und beobachten die Wellen, ermöglichen es physische Wirbel in unserem Gehirn den geistigen Wirbeln, die physischen Wirbel im Meer zu sehen. All das existiert und all das ist leer.

Aus der Sicht der Kultur

Der Geist jedes einzelnen Menschen hängt vom Geist anderer Menschen ab. So besäße zum Beispiel ohne soziale Erfahrungen in der Kindheit niemand von uns eine normale Persönlichkeit. Im Alltag wirbeln die Vorstellungen und Haltungen anderer Menschen durch unser Bewusstsein. Wenn wir Informationen von außerhalb des Nervensystems als eine Art von erweitertem »Geist« einbeziehen, ist unser Geist weitverbreitet; er taucht in der Facebook-Chronik von Freunden auf und ist irgendwo in der Cloud gespeichert. Ihre Gefühle und meine Gefühle, Ihr Geist und mein Geist: Sie wirbeln gemeinsam umher und strömen dann in den Geist der nächsten Person.

Dazu schreibt Thich Nhat Hanh:

Du bist ein fließender Strom, die Fortsetzung so vieler Wunder. Du bist kein separates Selbst. Du bist du selbst, aber du bist auch ich. Du kannst die rosafarbene Wolke nicht aus meinem duftenden Tee an diesem Morgen nehmen. Und ich kann meinen Tee nicht trinken, ohne die Wolke zu trinken.

Ich bin in dir, und du bist in mir. Wenn wir mich aus dir herausnehmen, dann könntest du dich nicht so manifestieren, wie du dich jetzt manifestierst. Wenn wir dich aus mir herausnehmen, dann könnte ich mich nicht so manifestieren, wie ich mich jetzt manifestiere. Wir können uns ohne einander nicht manifestieren. Wir müssen aufeinander warten, um uns gemeinsam zu manifestieren.

Aus der Sicht des Lebens

Dieser Blickwinkel ist so offensichtlich, dass er leicht übersehen und oft nicht wahrgenommen wird: Jeder von uns ist ein Lebewesen, das Ergebnis von fast vier Milliarden Jahren biologischer Evolution. Leben, das sich in einer bestimmten Spezies ausdrückt, eine Spezies, die sich in einem bestimmten Körper ausdrückt. Unsere Eltern hatten Eltern, die Eltern hatten … was bis zu den Hominideneltern vor einer Million Jahre zurückreicht … zu den Primateneltern vor zehn Millionen Jahren … zu den Säugetiereltern vor 100 Millionen Jahren … bis ganz zurück zum allerersten Leben … von dem wir in einer ungebrochenen Linie abstammen.

Der menschliche Körper umfasst rund 40 Billionen Zellen. Jede einzelne davon wird von DNA-Molekülen gesteuert, die über Milliarden Jahre hinweg in der Schmiede der Evolution geformt wurden. Zudem enthält der Körper rund zehn Mal so viele Mikroorganismen. Um zu leben, beherbergen wir Leben und verzehren Leben. Leben, das uns durchwandert, während wir das Leben durchwandern.

Dazu noch einmal Thich Nhat Hanh:

> Es gibt kein Phänomen im Universum, das uns nicht ganz direkt betreffen würde, von einem Kieselstein auf dem Grund des Meeres bis zur Bewegung einer Millionen Lichtjahre entfernten Galaxie …

> … Alle Phänomene hängen voneinander ab …

> Unser Sangha ist bestrebt, im Einklang mit dem Land zu leben, mit allen Pflanzen und Tieren und mit all unseren Brüdern und Schwestern. Sind wir im Einklang miteinander, sind wir auch im Einklang mit dem Land. Wir erkennen die enge Verbindung, die wir zu jedem Menschen und zu jeder Spezies haben. Das Glück und das Leid aller Menschen und aller anderen Lebewesen auf diesem Planeten sind unser eigenes Glück und unser eigenes Leid. Wir sind miteinander verwoben. Als Übende erkennen wir, dass wir Teil der Erde und nicht von ihr getrennt sind, Teil der Wälder, der Flüsse und des Himmels. Wir teilen das gleiche Schicksal.

Aus der Sicht des Universums

Jedes Atom in unserem Körper, das schwerer als Helium ist, ist in einem Stern entstanden, meist während dieser Stern explodierte. Kohlenstoff, Sauerstoff, Eisen – einfach alles. Wenn wir ein- und ausatmen, atmen wir Sternenstaub durch Sternenstaub. Dieser unser Körper ist Milliarden von Jahren alt.

> In der modernen Physik ist uns inzwischen klar geworden, dass die materielle Welt keine Ansammlung separater Gegenstände ist, sondern eher als Netzwerk von Verbindungen zwischen den verschiedenen Teilen eines einheitlichen Ganzen erscheint.
>
> FRITJOF CAPRA

Stellen Sie sich all die Ursachen vor, die gemeinsam umherwirbeln, um diesen Planeten und diesen Körper und dieses Gehirn zu erschaffen. Frühe Sterne, die in die Luft fliegen, neue Sterne und Sonnensysteme, die entstehen, und schließlich ein großes, asteroidenähnliches Geschoss, das innerhalb eines zehnminütigen Zeitfensters auf die Erde trifft und evolutionäre Nischen räumt, die 65 Millionen Jahre später von vielen verschiedenen Kreaturen gefüllt werden sollten, darunter der clevere Primat, der zufällig gerade diese Zeilen liest. Der Strom des Bewusstseins besteht aus Wirbeln geistiger und neuraler Aktivität, die durch einen Körper fließen. Der Körper selbst: eine träge Welle im Quantenschaum. Der Geist fließt in den Körper, der Körper in den Geist, und beide zusammen fließen gemeinsam ins Universum hinaus, das sich in uns zurückkräuselt. Oder, wie es der Autor und Surfer Jaimal Yogis ausdrückt: »All unsere Wellen sind Wasser.«

Dies zu wissen kann das innere Wissen fördern, Ausdruck eines riesigen Netzwerks von Ursachen zu sein, ein lokales Kräuseln unzähliger Fäden im Gewebe des Universums. Zu wissen, dass das, was wir Augenblick für Augenblick erleben, von einem Gehirn gemacht wird, das von einem Körper gemacht wird, der von der Erde gemacht wird, die vom gesamten Universum gemacht wird – dieses Wissen flößt Ehrfurcht und Demut ein.

Aus der Sicht der Allheit

Wenn wir noch einen Schritt weiter gehen, können wir die Realität als ein Ganzes – die Allheit – sehen, ähnlich wie wir auch den Geist als ein Ganzes sehen können. (Eine Übung dazu bietet die Meditation unten.)

Die Allheit als Allheit ist immer die Allheit. Versuchen Sie, das wirklich nachzuempfinden und nicht nur als auf der Hand liegenden Gemeinplatz zu sehen.

Die Allheit als Allheit ist ruhig, sie bewegt sich nicht. Alle sich verändernden Phänomene treten in der Allheit auf, die als Allheit unveränderlich ist.

Ebenso wie es im Geist als Ganzem kein Problem gibt, so gibt es auch in der Allheit als Ganzer kein Problem.

Die Allheit als Allheit ist eine verlässlichere Grundlage für dauerhaftes Glück als alle sich verändernden Phänomene in ihr.

Ebenso wie Sie den Geist als Ganzes wahrnehmen können, können Sie auch die Allheit als Ganzes wahrnehmen.

EINZIG DIE ALLHEIT

Entspannen Sie sich… warmherzig und locker… Sie spüren Ihren ganzen Körper atmen… verweilen als Ihr Geist als Ganzes… ruhen im Jetzt… ruhig und präsent… Sie erkennen die leere Natur der Empfindungen des Atmens…

Machen Sie sich klar, dass Ihr Bewusstseinsstrom von anderen Menschen beeinflusst wird ... Spüren Sie diese Tatsache einfach ... Sie machen sich klar, dass Ihr Ich-Gefühl von der menschlichen Kultur geformt wird ...

Machen Sie sich klar, dass alle Erfahrungen von physischen Vorgängen abhängen, dass Ihr Geist von der Materie abhängt ... Seien Sie sich der Körperlichkeit des Atmens gewahr ... der harten und der weichen Teile des Körpers ... Atome, die mit jedem Atemzug in die Lunge strömen, in die Blutbahn eintreten und sich im Körper verbreiten ... Atome, die in die Welt hinausströmen ... das Gefühl des Atmens ein Ergebnis dieser physischen Vorgänge ...

Sie empfangen Sauerstoffatome von unzähligen Pflanzen ... atmen Kohlendioxid aus, damit es die Pflanzen empfangen können ... Atmen als Teil eines immensen physischen Vorgangs ...

Sie machen sich klar, dass das Ausatmen der Pflanzen von dem Licht aus einer Kugel brennenden Gases angetrieben wird ... empfangen mit jedem Atemzug Licht im Körper ... sind sich klar, dass die Atome in Ihrem Körper ungeheuer alt sind ... dass Sterne explodieren mussten, damit Sie heute hier sind ...

Sie machen sich klar, dass Ihr Atmen und Ihr Körper mit Vorgängen verschmelzen, die sich ins Universum hinaus erstrecken ... Sie lassen Ihre Vorstellungskraft und Ihr Gewahrsein sich den ganzen Weg hinaus öffnen, grenzenlos ... mit Ehrfurcht und Staunen ... erahnen die Allheit ...

Sie entspannen sich in dieses Wissen hinein ... dass dieser Augenblick der Erfahrung das Muster des Universums an diesem Ort ist ...

Sie erahnen die Allheit ... einfach die Allheit ... immer die Allheit ... die verweilende Allheit ... einzig die Allheit ... Sie sind die Allheit ...

Bewährte Praxis

Beobachten Sie eine Stunde lang, wie es sich anfühlt, Dinge zu besitzen (»Ich besitze dies«), sich mit Standpunkten oder Gruppen zu identifizieren (»Ich bin jenes«) und sich etwas einzubilden (»Ich bin besser als du, ich bin wichtiger als du«). Nehmen Sie wahr, wie sich das anfühlt. Und überlegen Sie, was in Ihnen oder um Sie herum geschehen ist, das Sie bewogen hat, diese Gefühle zu hegen.

Beobachten Sie eine weitere Stunde lang, wie Sie als Person vieles mit geringem oder gar keinem Gefühl von »ich« und »mein« tun können.

Achten Sie in der Meditation auf das Kommen und Gehen des Gefühls von »ich« und »mein«. Erkennen Sie, dass dieses Selbstgefühl viele Aspekte hat ... die sich andauernd verändern ... aufgrund zahlreicher Ursachen. Erkennen Sie, dass das scheinbare Selbst wie eine Wolke ist, substanzlos, ohne festes Wesen. Wiederholen Sie die Übung im Laufe des Tages immer wieder.

Wenn Sie dem gegenwärtigen Augenblick der Erfahrung sehr nahekommen, können Sie beobachten, dass am entstehenden Rand des Jetzt niemand »Regie führt«. Der nämlich verändert sich so schnell, dass unmöglich jemand für all das zuständig sein kann.

Sollten Sie sich einmal zurückgewiesen oder minderwertig fühlen, vergegenwärtigen Sie sich echte Erfahrungen des Umsorgtseins oder der Wertschätzung. Suchen Sie sich Gelegenheiten, den eigenen Wert zu erkennen und die eigene angeborene Güte zu spüren. Haben Sie sich diese Erfahrungen vergegenwärtigt, halten Sie inne und verinnerlichen sie. Sie werden feststellen, dass das zunehmende Gefühl, als Person etwas wert zu sein, das Selbstgefühl allmählich mindert.

Erkunden Sie in der Meditation, wie es sich anfühlt, Ganzheit, Jetztheit und Allheit zu vereinen. Mit etwas Übung können sich diese Aspekte im Hintergrund Ihres Gewahrseins verweben, während Sie ganz normal weiter »funktionieren«.

Machen Sie sich von Zeit zu Zeit den Aspekt der Leere im Alltag bewusst. Ein Verkehrsstau beispielsweise ist bar jeder (absoluten, sich selbst erzeugenden) Essenz. Situationen, Aufgaben und Interaktionen sind ebenfalls leer, und die verärgerten Reaktionen darauf auch.

Erkunden Sie das Gefühl, von vielen Dingen verletzlich abhängig zu sein, etwa von Menschen, Pflanzen und Tieren, der modernen Medizin, von Luft und Sonnenlicht. Beobachten Sie, was sich dabei vielleicht unangenehm anfühlt ... und was ausgesprochen hilfreich und unterstützend. Spüren Sie nach, wie sich so viele Dinge durch Sie als Sie »hindurchkräuseln«. Vielleicht geht es Ihnen damit ja sogar ganz gut. Im Grunde *sind* Sie die vielen Dinge, die sich als Sie manifestieren.

9

Zeitlosigkeit entdecken

Dinge erscheinen und verschwinden
gemäß ihren Ursachen und Bedingungen.
Die wahre Natur der Dinge ist es nicht, geboren zu werden,
und auch nicht, zu sterben.
Unsere wahre Natur ist die Natur der Nicht-Geburt
und des Nicht-Todes,
und wir müssen uns mit unserer wahren Natur verbinden,
um frei zu sein.

THICH NHAT HANH

Wir sind nun bei der letzten der sieben Stufen des Erwachens angekommen. Sie ist einerseits die stabilste, andererseits aber auch die rutschigste, immer da und doch die entfernteste. Worte können uns dabei helfen, uns ihr anzunähern; aber je näher wir ihr kommen, desto mehr fallen die Worte auseinander.

Geist, Materie – und Mysterium

Der Geist existiert, das ist ganz klar: Ganz sicherlich machen wir Erfahrungen, wir hören, sehen und fühlen. Aus diesen Erfahrungen schließen wir auf Materie, darauf, dass wir etwas Reales wahrnehmen, etwas, das für sich genommen existiert, ob es nun jemand wahrnimmt oder nicht. Mithilfe des Geistes können wir die physische Welt studieren, das Leben und seine Evolution, das Nervensystem und sein Gehirn. Der Geist kann etwas über die Materie lernen, die den Geist erschafft – eine Tatsache, die meinen Geist immer wieder verblüfft!

Geist und Materie – so weit, so gut. Sie sind die *natürlichen* Phänomene, zu denen immaterielle Informationen und Erfahrungen ebenso gehören wie materielle Materie und Energie. Innerhalb des natürlichen Rahmens finden sich wahrlich viele seltsame und wundervolle Dinge: Freud und Leid, Erdhörnchen und Galaxien, Beethoven und Hummeln.

Aber – ist das alles?

Nibbana

Wenn ich es richtig verstehe, so war es Buddhas Bestreben, das höchste Glück und zur radikalsten Befreiung vom Leiden zu finden. Zu seiner Zeit wurde allgemein geglaubt, dass irgendein Aspekt des Individuums von Leben zu Leben, von einer Wiedergeburt zur nächsten weitergereicht wird; und vor diesem Hintergrund könnte das Ziel des Übens darin bestehen, das Leiden sowohl in diesem als auch in zukünftigen Leben zu beenden.

Dazu probierte Buddha ein Mittel nach dem anderen aus: Er begann mit einem privilegierten Leben und dessen Annehmlichkeiten und ging dann von zu Hause fort, um sich asketischen Disziplinen und zunehmend subtileren meditativen Praktiken zu widmen. Doch allmählich erkannte er, dass die Erfahrungen, die er mit jedem dieser Mittel machte, nicht verlässlich waren. Sie waren alle *bedingt* – ihr Entstehen hatte eine Ursache – und deshalb dem Wandel unterworfen, sobald sich ihre Ursachen wandelten. (Außer von »bedingt« können wir auch von *erschaffen, konstruiert* oder *beeinflusst* sprechen; all diese Wörter bieten hilfreiche zusätzliche Nuancen.)

Und so suchte Buddha weiter, bis er das fand, das *nicht* bedingt war. Unveränderlich, nicht unbeständig, und deshalb eine verlässliche Grundlage für dauerhaftes Glück und anhaltenden inneren Frieden. Kurz: Er fand das Nibbana. Dazu schreibt Bhikkhu Bodhi:

> Jenseits der stetigen Wiedergeburten liegt ein unbedingter Zustand namens Nibbana. Das Nibbana übersteigt die bedingte Welt, kann jedoch innerhalb des bedingten Daseins erreicht werden, im jetzigen Leben; und es kann als Erlöschen des Leidens erfahren werden … Das Erkennen des Nibbana kommt mit dem Erblühen der Weisheit; es bringt vollkommenen Frieden, makelloses Glück und das Stillen der zwanghaften Triebe des Geistes. Nibbana bedeutet die Zerstörung des Dursts, des Dursts des Begehrens. Zudem ist es die sichere Insel inmitten der aufgewühlten See des Alters, der Krankheit und des Todes.

Bhikkhu Bodhi hat diese Beschreibungen des Nibbana aus dem Pali-Kanon in seiner meisterhaften Anthologie *In den Worten des Buddha* zusammengestellt. Ich lasse sie alle gern durch meinen Geist strömen und denke dabei manchmal über das eine oder andere Wort nach:

- Die ungeborene, nicht alternde, nie krank werdende, todlose, leidlose, unbefleckte höchste Sicherheit vor der Unfreiheit
- Die Zerstörung der Lust, des Hasses und der Täuschung
- Das Unbedingte, Unbeeinflusste, Makellose, Wahrheit, das jenseitige Ufer, subtil, sehr schwer zu sehen, stabil, sich nicht auflösend, das Unmanifestierte, nicht ausgebreitet, friedvoll, erhaben, glückverheißend, sicher, Zerstörung des Begehrens, wundervoll, staunenswert, ungetrübt, leidenschaftslos, Reinheit, Freiheit, Nicht-Anhaften, Insel, Schutz, Asyl, Zuflucht, der Bestimmungsort und der Pfad, der zum Bestimmungsort führt

Das Nibbana ist ein grundlegendes Ziel der buddhistischen Praxis:

Hausbauer, du bist entdeckt!
Du wirst kein Haus mehr bauen.
All deine Sparren sind zerbrochen, der Firstbalken zerstört.
Dahingegangen in die Formlosigkeit
ist der Geist am Ende der Begierde angelangt.

DHAMMAPADA 154

Dies ist friedvoll, dies ist erhaben:
die Auflösung aller zusammengesetzten Dinge,
das Erlöschen des Begehrens,
Stillstand,
Nibbana.

ANGUTTARA 10,60

Das Geborene, Gestalt Gewordene, Hergestellte,
Gemachte, Fabrizierte, Unbeständige,
zusammengesetzt aus Altern und Tod,
ein Nest der Krankheit, des Vergehens,
dem Begehren entsprungen –
dies kann nicht erfreuen.

Dem zu entrinnen,
Ruhe, ewig während, jenseits des Verstands,
ungeboren, nicht hergestellt,
leidloser, makelloser Zustand,
das Erlöschen der leidvollen Zustände,
das Zum-Stillstand-Kommen der Erdichtungen –
Glückseligkeit.

ITIVUTTAKA 43

Außerhalb des natürlichen Rahmens

Meiner Meinung nach können wir uns dem Unbedingten auf dreierlei Arten nähern. Erstens könnten wir uns darin üben, uns selbst *von* Reaktionen zu »entkonditionieren«, diese Reaktionen von ihren Bedingungen zu befreien, Reaktionen, die zu Leid führen; gleichzeitig könnten wir danach streben, zunehmend *in* ungetrübtem, weitem Gewahrsein zu ruhen. Zweitens könnten wir einen ganz außergewöhnlichen Geisteszustand (meist das Ergebnis einer intensiven meditativen Praxis) *innerhalb der gewöhnlichen Realität* erkunden, in dem alle bedingten Erfahrungen enden. Und drittens könnte unser Üben etwas umfassen, das vielleicht wahrhaft transzendental ist, das über die gewöhnliche, bedingte Realität hinausgeht und sich außerhalb des »natürlichen Rahmens« befindet. (Ich verwende den Begriff »transzendental«, weil er weniger spezifisch und weniger mit den problematischen Assoziationen belastet ist, die manche mit Wörtern wie »Gott« verbinden.)

Die ersten beiden Arten scheinen nicht weiter strittig – die dritte aber kann es durchaus sein. Auf diesem dünnen Eis werde ich mich also sehr vorsichtig bewegen.

> Gerade weil es ein Ungeborenes, nicht Gestalt Gewordenes, nicht Gemachtes, nicht Fabriziertes gibt ... wird das Entrinnen vom Geborenen, Gestalt Gewordenen, Gemachten, Fabrizierten wahrgenommen.
>
> Udana 8,3

Ich weiß, dass es Menschen gibt, die ein Üben mit Bezug auf alles Transzendentale für zwecklos halten. Sie begründen dies unter anderem damit, dass sie nicht glauben, dass irgendetwas Transzendentales tatsächlich existiert. Sollte es doch etwas Transzendentales geben, dann ist es für uns unbegreiflich. Und für den unwahrscheinlichen Fall, dass es etwas begreifliches Transzendentales geben sollte – nun, dann ist es für das Üben irrelevant. Andere Menschen wiederum sind der Ansicht, es sei zwecklos, *ohne* Bezug zu etwas Transzendentalem zu üben. Sie wiederum begründen dies beispielsweise damit, dass sie glauben, die ultimative Realität verfüge tatsächlich über einen transzendentalen Aspekt; und selbst wenn wir den nicht begreifen können, ist es immer noch förderlich, im Hinblick auf ihn zu üben. Meine Lehrer stammen aus beiden Lagern.

Die korrekten Übersetzungen und Bedeutungen der oben zitierten Passagen sowie ähnlicher Stellen aus dem Pali-Kanon sind bei Wissenschaftlern und Lehrern umstritten. Meiner Interpretation nach beinhalten alle Bezüge auf etwas genuin Transzendentales. Doch natürlich könnte ich mich diesbezüglich auch irren. Und was auch immer die Texte »wirklich« bedeuten – vielleicht haben sich auch Buddha und die anderen Verfasser geirrt.

Als Lehrer lud Buddha die Menschen ein, sich selbst davon zu überzeugen, was für sie wahr und nützlich sein könnte. Was mich betrifft, so sagen mir sowohl Verstand als auch Erfahrung, dass die gewöhnliche Realität nicht alles ist. Aus diesem Grund nähere ich mich der Beantwortung der Frage:»Was bedeutet ›unbedingt‹?« auf alle drei oben erwähnten Weisen an. Selbstverständlich können Sie für sich anders entscheiden. Ich werde mich in diesem Kapitel sowohl natürlichen als auch möglicherweise transzendentalen Übungsaspekten widmen.

Wie könnte das Transzendentale aussehen?

Für den Anfang ist es wichtig, zwischen dem, was vielleicht *übernatürlich* ist – etwa Wiedergeburt, Geistwesen, kosmologische Gefilde –, und dem, was vielleicht *transzendental* ist, zu unterscheiden: Das Transzendentale befindet sich jenseits des Übernatürlichen und Ewigen und ist somit zeitlos. Ich konzentriere mich hier in erster Linie auf das Transzendentale. Dafür verwenden die Menschen verschiedene Wörter, wie ultimative Realität, unendliches Bewusstsein, Mysterium, Seinsgrund oder Gott. Allein im Buddhismus gibt es zahlreiche verschiedene Lehren und Diskussionen über diese Dinge, ganz zu schweigen von anderen Traditionen und Philosophien. Daher bleibt mir hier nichts anderes übrig, als zu vereinfachen und zusammenzufassen, immer im Hinblick auf das Üben.

Etwas Transzendentales existiert vielleicht nicht. Aber *wenn* es existiert, dann wäre es hilfreich, seine möglichen Charakteristiken in Betracht zu ziehen und sogar spüren zu können.

Zunächst einmal könnte das Transzendentale *unbedingt* sein, ein zeitloser Möglichkeitsgrund, der eine zeitgebundene, bedingte Wirklichkeit ermöglicht. Das, was immer kurz vor dem Jetzt ist, ist noch nicht bedingt. Was sowohl im Geist als auch in der Materie bedingt wird, ist festgelegt, wirklich, unfrei. Was auch immer transzendental unbedingt ist, ist weit und ungebunden. Die Dinge ändern sich, das Transzendentale nicht. Ein Beispiel:

> Bewege meinen Geist nun dorthin,
> wo die sich verändernden Dinge sind.
>
> WENDELL BERRY

Vielleicht gibt es eine Stille jenseits des Trubels und des Lärms:

Wer
Bist du? Wessen
Stille bist du?

THOMAS MERTON

Zum Zweiten könnte das, was vielleicht jenseits der gewöhnlichen Realität liegt, dem *Gewahrsein* ähneln. Werfen wir dafür einmal einen Blick auf jüngere Experimente zur Quantenverschränkung. Einer führenden Interpretation ihrer Ergebnisse zufolge ist ein beobachtendes Bewusstsein notwendig, damit aus der Quantenmöglichkeit – ein Partikel könnte irgendwie sowohl »oben« als auch »unten« sein – Wirklichkeit (zum Beispiel »oben«) wird. Wenn das stimmt, ist vielleicht irgendeine Art von Gewahrsein in den zugrunde liegenden Stoff des physischen Universums gewebt, überall und immer, damit aus dem Möglichen das Wirkliche wird, *jetzt.*

Zum Dritten sprechen die Menschen im Hinblick auf das Transzendentale manchmal von einem weitreichenden *Wohlwollen.* Ich habe beispielsweise an einer Haustür einmal die aufgemalten Worte »GOTT IST LIEBE« gesehen.

Viertens beschreiben manche einen dem Transzendentalen innewohnenden *himmlischen Frieden* oder schreiben ihm verwandte Eigenschaften wie Glückseligkeit oder Freude zu. Ist dieser Friede nun ein Attribut des Transzendentalen oder ein Attribut der Erfahrung, die die Menschen machen, wenn sie das, was für sie transzendental ist, erleben? Vielleicht beides, vielleicht spielt das aber auch keine Rolle.

Und schließlich beschreiben manche auch die Eigenschaft der *Personalität.* Ein Wesen, zu dem man eine Beziehung haben kann, das man lieben und vielleicht sogar anbeten kann.

Dies sind nur einige Möglichkeiten, mit denen das Transzendentale beschrieben wird. Ich konzentriere mich hier vor allem auf die erste, die Eigenschaft des *Unbedingt*-Seins.

> Wir leben dieses heilige Leben nicht um des Gewinns,
> der Ehre und des Ruhms willen, und auch nicht um
> Tugend, Konzentration oder Wissen und Weitsicht
> zu erlangen. Stattdessen ist es die unerschütterliche
> Befreiung des Geistes, die das Ziel dieses heiligen
> Lebens ist, sein Kernholz und sein Zweck.
>
> MAJJHIMA NIKAYA 30

Hinwendung zum Transzendentalen

Die Wissenschaft kann die Existenz des Transzendentalen weder verifizieren noch falsifizieren. Ich liebe die Wissenschaft und glaube, dass sie die Welt besser macht. Doch so mächtig die wissenschaftliche Methode auch ist: Sie hat ihre Grenzen. Beispielsweise kann sie nicht beweisen, dass ein Mensch einen anderen wirklich liebt. Es gibt Dinge, die wahr sind und trotzdem nicht wissenschaftlich bewiesen werden können.

Viele Menschen werden in ihren Übungen durch das Erleben eines irgendwie gearteten Transzendentalen bestärkt. Besitzt die ultimative Realität tatsächlich einen transzendentalen Aspekt, könnte es Ihnen wichtig sein, diesen zu berücksichtigen. Mir war es wichtig: Ich habe teilweise innerhalb des natürlichen Rahmens geübt, um mich dem, was vielleicht jenseits dieses Rahmens liegt, mehr zu öffnen.

Sehen wir uns das einmal näher an.

Das Bedingte beruhigen

Wir werden in das Bedingte hineingezogen, wenn wir zerstreut sind oder uns unsicher und überfordert fühlen. Folglich wird das Gefühl des möglicherweise Unbedingten durch die Beruhigung des Geistes gestärkt, die erste der sieben Übungen, denen wir uns im Laufe dieses Buchs gewidmet haben.

Auch Gefühle der Einsamkeit, der Feindseligkeit und der Unzulänglichkeit ziehen uns in das Bedingte hinein. Diesen wirken wir mit der zweiten Übung des Erwachens entgegen, dem Erwärmen des Herzens.

Das Gefühl, dass etwas fehlt oder nicht stimmt, befeuert das Begehren, das wiederum einiges an bedingter und belastender Reaktivität antreibt. Dagegen hilft die dritte Übung, das Verweilen in Fülle.

Sich innerlich aufzuteilen führt dazu, dass bedingte Teile mit anderen Teilen ringen. Die vierte Übung, die Ganzheit, minimiert diese inneren Konflikte und sorgt für eine beständige Weite des Geistes.

Verstricken wir uns in Vergangenheit oder Zukunft, denken wir wahrscheinlich über ein Bedingtes nach dem anderen nach. Die fünfte Übung, für die Jetztheit empfänglich zu sein, hilft uns näher an den entstehenden Rand jedes einzelnen Augenblicks heranzurücken, bevor viele bedingte Gefühle und Wünsche Zeit hatten, sich festzusetzen.

Sich mit einem starken Selbstgefühl von der Welt getrennt zu sehen führt dazu, die bedingten Phänomene des Lebens allzu persönlich zu nehmen. Dafür haben wir uns der sechsten Übung gewidmet und uns für die Allheit geöffnet. Diese Übung weicht die Ränder zwischen der Person, die wir sind, und allem anderen auf.

Zwar besitzt jede der ersten sechs Übungen des Erwachens einen Wert an sich, doch stützt jede von ihnen auch die anderen. Und alle führen sie zur siebten Übung: Zeitlosigkeit entdecken. Werden Sie beispielsweise zufriedener und friedvoller, öffnen Sie sich ganz natürlich dem Geist als Ganzem und spüren, wie er in tausend Lüften flattert, umgeben von einem Meer unstörbarer Stille.

In der Tat ruht der Weise, dessen Durst gelöscht,
auf jede Weise ganz gelassen;
kein Sinneswunsch haftet an dem,
dessen Feuer ausgekühlt, da ohne Nahrung.
Alle Bindungen sind gelöst,
das Herz vom Schmerz getrennt;
still verweilen wir in höchster Ruhe,
da der Geist seinen Weg zum Frieden gefunden hat.

CULLAVAGGA 6,4,4

Ein Gefühl der Möglichkeiten

Die Eigenschaft der Unbedingtheit – der äußersten Möglichkeit – könnte das primäre notwendige Merkmal des Transzendentalen sein, das es von der gewöhnlichen, bedingten Realität unterscheidet. Sie können sich diese Möglichkeit immer kurz vor dem gegenwärtigen Augenblick vorstellen oder sie sogar fühlen. Ich persönlich finde diese Übung ganz erstaunlich – als sei man sich dessen gewahr, was die meiste Zeit über kurz vor dem Jetzt ist. Sie können sich auch der Möglichkeiten innerhalb des natürlichen Rahmens gewahr sein. Sie ist *wie* transzendentale Unbedingtheit und erinnert deshalb an sie. So kann ein leeres Blatt Papier beispielsweise für unendlich viele Möglichkeiten an Bildern und Wörtern stehen. Die Oberfläche eines Flusses kann von einer unendlichen Vielfalt an Wirbeln gemustert sein.

In Ihrem Geist können Sie auch erkunden, dass das Gewahrsein in einem *geistigen* Sinn im Grunde unbedingt ist, nämlich fähig, für eine unendliche Vielfalt an Erfahrungen zu stehen. Wird Ihr

Geist allmählich ruhiger, können Sie sogar eine Art noch nicht bedingten Raum zwischen den Mosaiksteinchen – den Geräuschen, Gedanken, Empfindungen, Gefühlen und so weiter – des Bewusstseins erkennen.

Vielleicht können Sie sich auch das Hintergrundsummen des Nervensystems vorstellen oder es sogar spüren; es ist immer eingeschaltet, immer bereit, auf das zu reagieren, was auch immer als Nächstes geschieht. Ein nicht unbeträchtlicher Teil der neuralen Aktivität in den physischen Grundlagen des Bewusstseins steht *in diesem Augenblick* für keinerlei Information. Diese Neuronen feuern weiter, damit sie auf das Repräsentieren neuer Informationen, neuer Signale, neuer Bedingtheiten vorbereitet sind. Die neuralen Grundlagen, die in diesem Augenblick für keine Information stehen, sind in einem *körperlichen* Sinn im Grunde unbedingt, bereit, bedingt zu werden. Sie stellen ein Feld fruchtbaren Rauschens bereit – einen Raum der Möglichkeiten –, das von jedem neuen Signal strukturiert werden kann.

Der Alltag bietet uns zahlreiche Gelegenheiten, ein Gefühl der Möglichkeit zu entwickeln. Wenn Sie Aufgaben in Angriff nehmen oder sich in eine neue Situation begeben, können Sie beispielsweise beobachten, wie es sich anfühlt, sich Optionen offenzuhalten, bevor Sie sie einschränken. So viele mögliche Gesten Ihrer Hände, so viele Bewegungen des Körpers, so viele verschiedene Wörter, die Sie benutzen können! Suchen Sie auch nach Stille, der Stille, die sich nicht bewegt und durch die Bewegung fließt. Vielleicht finden Sie sie tief in Ihrem Wesen, als eine Art Mittelpunkt, um den herum alle geistigen Bewegungen kommen und gehen.

ZUM WEITERLESEN

I Am That (Sri Nisargadatta Maharaj, hrsg. von Sudhakar S. Dikshit)

The Island (Ajahn Passano und Ajahn Amaro)

Die ewige Philosophie (Aldous Huxley)

Ein Gewahrsein, tiefer als das unsere

Ihr eigenes Gewahrsein – und vielleicht auch das eines Eichhörnchens oder eines anderen Tiers – könnte *wie* das potenziell transzendentale Gewahrsein sein. Deshalb könnte die Übung des Verweilens als Gewahrsein Ihre Ahnung von einem universellen Bewusstsein vertiefen – und Sie auch in dieses Bewusstsein hineinziehen. Ich erzählte einmal dem Lehrer Shinzen Young von meinem Gefühl eines Gewahrseins »tief in mir drin«, das sich sehr von meinem gewöhnlichen Bewusstsein unterschied. Er entgegnete: »Ja, und mit zunehmender Übung kann sich das verlagern, und statt dass du es beobachtest, *wirst* du dieses tiefere Gewahrsein und beobachtest dich.« Dieses tiefere Gewahrsein könnte schlicht ein Aspekt des natürlichen, bedingten Geists sein. Es könnte den gewöhnlichen Geist aber auch übersteigen. Ich habe beides schon erlebt und fühle mich von dem Sanskrit-Ausspruch *Tat tvam asi* – Du bist das – inspiriert.

Wie auch immer Sie sie interpretieren: Versuchen Sie, ein Gefühl für diese Verlagerung zu bekommen, wenn auch nur für einen Augenblick. Mit der Zeit stellt sich dann möglicherweise ein beständigeres Erleben eines unpersönlichen, ungeheuer weiten Gewahrseins als Hintergrund oder Grundlage Ihrer ganz persönlichen Erfahrungen ein. Insofern als ein Bewusstsein notwendig ist, damit aus der Quantenpotenzialität Wirklichkeit wird, könnte das Gefühl eines transzendentalen Gewahrseins insbesondere dann zugänglich sein, wenn wir in den gegenwärtigen Augenblick kommen und so nah wie möglich am entstehenden Rand des Jetzt verweilen.

Von der Liebe gelebt

Wie wir in vorangegangenen Kapiteln gesehen haben, kann ein- und ausströmende Liebe das Begehren und das Selbstgefühl minimieren und so mehr Raum für das Gefühl für das möglicherweise Unbedingte schaffen. Wenn es darüber hinaus stimmt, dass Gott Liebe ist und dass Liebe, Möglichkeit und Bewusstsein im Transzendentalen miteinander verwoben sind, dann kann die persönliche Liebe *wie* diese umfassende überpersönliche Liebe sein und einen Zugang zu ihr darstellen.

Sie können das Gefühl Ihrer sich öffnenden Liebe, die grenzenlos, uneingeschränkt und unbedingt wird, erkunden. Ein Freund von mir war beispielsweise viele Jahre lang Mönch in Südostasien. Ich habe ihn einmal gefragt, ob er jemals jemanden getroffen hat, der erleuchtet war. Er lachte und antwortete, die Messlatte liege dort ziemlich hoch. Man habe nicht einfach einen »lichten Moment« und tingle dann damit von Talkshow zu Talkshow. Ich bestand auf einer ernsteren Antwort, und so entgegnete er, ja, es hätte dort schon Menschen gegeben, die als weit fortgeschritten und vielleicht sogar vollständig erwacht gegolten hatten. »Und wie waren die so?«, fragte ich weiter. »Nun«, erwiderte er, »irgendwie immer gleich. Okay, manchmal eher in sich gekehrt und manchmal eher gesprächig, manchmal sehr humorvoll und manchmal eher ernsthaft. Aber in einem ähnelten sie sich alle: Wenn du sie gut behandelt hast, liebten sie dich, und wenn du sie schlecht behandelt hast, liebten sie dich trotzdem.« Diese Art von Liebe hängt nicht von Bedingungen ab und ist in diesem Sinn unbedingt.

Stellen Sie sich vor, dass »Ihre« Liebe nicht nur *wie* die transzendentale Liebe, sondern in einem gewissen Sinn ein Aspekt derselben ist. Menschen sprechen immer wieder von einer tiefen

Quelle der Liebe, unergründlich, nie versiegend. Spüren Sie dem Gefühl einer Liebe jenseits der Ihren nach, die durch Sie lebt.

> Lass von der Vergangenheit ab, lass von der Zukunft ab, lass von der Gegenwart ab.
> Jenseits des Werdens,
> mit einem in jeder Hinsicht freien Geist,
> durchlebst du Geburt und Alter nicht noch einmal.
>
> DHAMMAPADA 348

Momente des Erwachens

Vielleicht kennen Sie den Spruch: »Momente des Erwachens – viele Male am Tag.«

Als würden wir unser Leben in schwarzen Samt gehüllt und von Licht umgeben verbringen. Jeder Moment des Erwachens bohrt ein kleines Loch in den Samt, durch das ein Lichtstrahl fällt. Und so strömt Augenblick für Augenblick, Loch für Loch immer mehr Licht herein, bis schließlich der schwarze Samt so voller Löcher ist, dass er das Licht, das immer schon da war, vollkommen durchlässt.

Dieses Gefühl beschleicht einen unweigerlich in der Gegenwart bestimmter Menschen. Sie leben zwar in dieser Welt, doch scheint etwas Unirdisches durch ihre Augen, Worte und Taten.

Ich glaube, dass wir alle so sein können. Wir können jeden Tag ein Gespür für das Transzendentale kultivieren. Als lebten wir »vorn« in die bedingte Realität hinein, während wir »hinten« im unbedingten Transzendentalen ruhen. Ein Raum der Möglichkeiten, und vielleicht auch des tiefen Gewahrseins und der Liebe. Das Gefühl, ein Wirbel im Strom der Allheit zwischen den Ufern des Unbedingten zu sein.

EIN GEFÜHL DER FREIHEIT

Sie beruhigen den Geist... fühlen sich voller Liebe... zufrieden... und friedvoll... verweilen als Ganzes... gelassen und präsent... Vielleicht kommt und geht ein Selbstgefühl... Sie öffnen sich für die Allheit...

Sie erahnen einen Raum der Möglichkeiten, in dem alles geschieht, oder stellen ihn sich vor... die Möglichkeit immer kurz vor allem, was geschieht... immer gerade noch nicht bedingt... Sie entspannen sich und öffnen sich dieser Möglichkeit...

Vielleicht spüren Sie eine ungeheure Weite... eine Stille... Sie verweilen in der Zeitlosigkeit, während die Zeit vergeht... Sie fügen nichts hinzu, Sie »machen« nichts... Nichts bleibt hängen, nichts landet... Sie verweilen in dieser Freiheit...

Erkunden Sie, wenn Sie möchten, weitere mögliche Aspekte des Transzendentalen... vielleicht das Gefühl eines Gewahrseins, das weiter ist als das Ihre... grenzenlose Liebe... himmlischer Friede... Wohlwollen sich selbst gegenüber... Sie empfangen und verweilen...

Das Gefühl, unbedingt zu verweilen... während bedingte Phänomene auftauchen und wieder verschwinden... Sie verweilen unbedingt...

Wirbel im Strom

Der Prozess, sich in Richtung Unbedingtes zu bewegen, ist selbst bedingt. Wir haben uns beispielsweise dem wachsenden Gefühl der Ruhe, der Liebe, der Fülle, der Ganzheit, der Jetztheit und der Allheit gewidmet, und mit zunehmender Übung wurzelt dieses Gefühl immer tiefer; es wird stabiler und verlässlicher. Es ist aber immer noch bedingt. Selbst das ewige Jetzt und die Allheit sind durch den Urknall und die zugrunde liegende Natur des physischen Universums – was auch immer sie sein mag! – bedingt. Und wenn das Unbedingte einen Unterschied in unserer Person ausmacht, müssen zu diesen Auswirkungen bedingte Veränderungen in Körper und Geist der Person gehören. Wie ist dieses Treffen von Bedingtem und Unbedingtem zu verstehen? Was könnte passieren, wenn bedingte Vorgänge in den neuralen Entsprechungen des Bewusstseins hochgradig oder vielleicht sogar völlig zur Ruhe kommen? Und wie könnte diese Ruhe ein Übergang zu dem sein, was jenseits der gewöhnlichen Realität liegt? Mit Respekt vor den Mysterien, auf die diese Fragen verweisen, möchte ich Ihnen gern folgende Anregungen geben. Die Reflexionen fassen zusammen und bauen auf Schlüsselthemen, die wir besprochen haben, auf.

◀◆▶

Flüsse fließen und Wirbel wirbeln darin umher.

Ein Fluss besteht aus Molekülen, die aus Atomen bestehen, die aus Quantenpartikeln bestehen, die das Trägermaterial des physischen Universums bilden.

Wissenschaftler sprechen vom »Quantenschaum«, der von Wirbeln an Materie und Energie durchzogen ist. Die Muster von Materie und Energie ändern sich, ihr Trägermaterial aber bleibt immer gleich.

Wirbel sind die Muster *von* einem Fluss. Auf ähnliche Weise sind alle Formen von Materie und Energie – von Quarks bis zu Quasaren, von Mikrovolten bis zu Blitzen – Muster *vom* Trägermaterial des Universums.

◀◆▶

Wirbelnde Elektronen, Tänzer in einem Club, der Verkehr auf der Autobahn, eines Menschen Leben, Monde und Sterne, Galaxienhaufen und unser eigenes erblühendes Universum, von Mysterium umgeben – alles Wirbel im Strom.

Jeder Wirbel setzt sich aus Teilen zusammen, hängt von Ursachen ab und ist unbeständig. Alle Wirbel lösen sich schließlich auf. Alle Wirbel sind leer. An Wirbeln festzuhalten ist leidvoll.

———◦———

Das Trägermaterial des Universums ermöglicht eine unendliche Vielfalt an Mustern, ebenso wie ein Fluss eine unendliche Vielfalt an Wirbeln ermöglicht. Wirbel strukturieren einen Fluss vorübergehend, ohne ihn dabei in seiner Fähigkeit, strukturiert zu werden, zu verändern. Auf die gleiche Weise entstehen, bestehen und vergehen alle Wirbel an Materie und Energie, ohne dabei je die Fähigkeit ihres Trägermaterials, sie zu gebären, sie zu tragen und sie freizugeben, zu verändern.

Sobald sich ein Muster bildet, sind seine vielfältigen Möglichkeiten in einer einzigen Wirklichkeit zusammengelaufen. Sein Trägermaterial ist ein Raum praktisch unendlicher Freiheit, in dem Wirklichkeiten in die Unfreiheit eintauchen und dann vergehen.

———◦———

Es ist immer jetzt. Die Dauer des Jetzt scheint unendlich kurz. Und doch enthält es die Ursachen aus der Vergangenheit, die die Zukunft erschaffen werden.

Der Quantenschaum des Trägermaterials des Universums ist immer reich an Möglichkeiten.

Kurz vor dem entstehenden Rand des Jetzt, kurz bevor die Quantenmöglichkeit zur Wirklichkeit verschmilzt, ist immer noch nicht bedingt.

———◦———

Die Information ist eine Reduzierung der Unsicherheit, ein Signal vor dem Hintergrundrauschen.

Informationen werden durch das Strukturieren eines geeigneten Trägermaterials repräsentiert. Die Information von Beethovens »Ode an die Freude« kann durch Noten auf dem Papier, das Pulsieren in Stereolautsprechern und organisierte Aktivierungen in neuralen Netzwerken repräsentiert werden.

Der Geist ist die Information und Erfahrungen, die durch das Nervensystem repräsentiert werden.

Die neuralen Entsprechungen des Bewusstseins können für eine unendliche Vielfalt an Erfahrungen stehen.

Jede Erfahrung hängt von einem kurzen, dynamischen Zusammenschluss zahlreicher Synapsen ab.

Eine Erfahrung ist ein Informationswirbel, der einen Wirbel an neuraler Aktivität abbildet.

———◀▶———

Damit eine Erfahrung entstehen kann, muss es ungenutzte neurale Kapazität geben, die sie anschließend repräsentiert. Das Trägermaterial neuralen Aktivitätsrauschens ist reich an Potenzial.

Es dauert nur Millisekunden, bis sich der kohärente Zusammenschluss von Synapsen gebildet hat, der einer Erfahrung zugrunde liegt. Wirbelt ein neuraler Zusammenschluss ins Dasein, ist er augenblicklich bedingt und unfrei. Die Erfahrung bleibt, was sie ist, bis sich ihr synaptisches Muster auflöst, was meist nur eine oder zwei Sekunden dauert. Dann stehen die Synapsen für die Repräsentation neuer Erfahrungswirbel zur Verfügung.

Erfahrungen entstehen aus einem Feld unendlicher Möglichkeiten und fallen in dieses zurück.

———◀▶———

Es gibt immer ungenutzte neurale Kapazität, die laut und vor Möglichkeiten bebend feuert – noch nicht strukturiert, bedingt und unfrei.

In der Meditation machen wir uns mit diesem neuralen Potenzial zunehmend vertraut. Wenn die Signale, die durch die neuralen Entsprechungen des Bewusstseins rauschen, ruhiger werden, werden wir uns der praktisch unbedingten Kapazität, die für die nächste Erfahrung steht, immer mehr gewahr und lösen uns immer mehr von jedweder bestimmter Erfahrung, die entsteht und vergeht.

So kann ein Feld der Möglichkeiten für den Geist direkt beobachtet werden. In ähnlicher Weise kann ein Feld der Möglichkeiten für das Gehirn und für jedwede Materie auf der Quantenebene intellektuell verstanden und fantasievoll erahnt werden. Und vielleicht kann es irgendwie auch direkt erlebt werden.

Mit Vertiefung der kontemplativen Praxis – im Zusammenklang mit Tugend und Weisheit – werden wir uns zunehmend der Freiheit, die vor den Erfahrungen existiert, gewahr und ruhen immer mehr in ihr.

Wir werden uns geistiger/neuraler Wirbel gewahr, die entstehen und sich wieder auflösen und die allesamt keine verlässliche Grundlage für dauerhaftes Glück sind.

Wir können in geistiger/neuraler Möglichkeit verweilen, bevor ihr Muster auferlegt werden, wie man Zettel an eine Pinnwand heftet.

Wenn es transzendentale Einflüsse tatsächlich gibt, wäre der ewige Raum der Möglichkeiten am vorderen Rand des Jetzt ein günstiges Fenster für die Gnade.

———◇———

Wirbel der Materie und Wirbel des Geistes besitzen dieselbe Natur. Sie sind unbeständig und bestehen aus Teilen, und sie entstehen und vergehen je nach Ursache. Sie sind Muster *von* ihrem Trägermaterial, die das Trägermaterial selbst nie verändern. Sie tauchen kontinuierlich am vorderen Rand des Jetzt aus einem Feld praktisch unbedingter Möglichkeiten auf.

Das gesamte Universum und all unsere Erfahrungen besitzen dieselbe Natur. Die Sterne über uns, das Gras und die Würmer unter uns sowie unsere Erfahrungen derselben sind in ihrer Natur eins. Die Dinge ändern sich, nicht aber deren Natur. Dinge sind nicht verlässlich, deren Natur schon. In der Natur der Dinge gibt es kein Problem. Nichts, das wir festhalten könnten, und kein Grund, etwas festzuhalten. Das ist die Natur einer Tasse, der Hand, die diese Tasse hält, und des Sehens der Hand. Das ist bereits Ihre Natur. Meine Natur. Die Natur aller um Sie herum. Aller Menschen in Ihrem Leben. Die Natur der Bäume und der Vögel, jeder Pflanze und jedes Tiers. Die Natur jedes Tropfen Wassers, jedes Sandkorns. Und die Natur jeder Freude und jedes Kummers und des Gewahrseins, durch das sie ziehen.

Wie wäre es, im Alltag als die Natur von Geist und Materie zu verweilen, ohne an irgendeinem Gedanken oder Ding festhalten zu wollen?

————◦————

Viele Menschen haben das Gefühl, dass es etwas jenseits dieser Realität gibt. Das ist inmitten gewöhnlicher Aktivitäten oder zu bestimmten Zeiten vielleicht ein Gefühl der Weite, des Mysteriums, der Präsenz, der Liebe. Und dieses Gefühl kann durch Praktiken aus den spirituellen Traditionen der Welt vertieft werden.

Wie können wir uns durch solche Praktiken des Transzendentalen mehr gewahr werden?

Wenn beispielsweise das Nibbana über transzendentale Aspekte verfügt, dann könnte uns der Weg dorthin und von dort her vieles lehren. Im Pali-Kanon werden die Schritte in Richtung Nibbana als Durchschreiten von acht außergewöhnlichen Bewusstseinszuständen – den feinkörperlichen und nichtkörperlichen Jhanas – beschrieben, die mit radikal eindringlichen Einsichten verbunden sind. Wird das Nibbana innerhalb des natürlichen Rahmens nachvollzogen, muss es neurale Entsprechungen haben. Selbst wenn das Nibbana transzendentale Aspekte umfasst, müssen die Geisteszustände, die ihm vorausgehen und folgen, ebenfalls neurale Entsprechungen haben.

Um die Schritte noch einmal zusammenzufassen: Das erste Jhana geht mit gelenkter und gehaltener Aufmerksamkeit, mit Glückseligkeit und Glück einher. Im zweiten Jhana gibt es neben Glückseligkeit und Glück auch innere Klarheit und die vollkommene Konzentration des Geistes, während die gelenkte und gehaltene Aufmerksamkeit nachlässt. Das dritte Jhana ist mit Glück im Körper sowie dem Verweilen in Gleichmut verbunden, die Glückseligkeit schwindet. Im vierten Jhana findet sich weder Euphorie noch Verzweiflung, weder Schmerz noch Freude, nur die Reinheit der Achtsamkeit aufgrund des Gleichmuts.

Schwindet allmählich auch die Wahrnehmung von Formen, treten wir in die nichtkörperlichen Jhanas ein und verweilen im »Grund der Unendlichkeit des Raums«... im »Grund der Unendlichkeit des Bewusstseins«... im »Grund des Nichts«... im »Grund des Weder-Wahrnehmung-noch-Nicht-Wahrnehmung«... im Erlöschen... im Nibbana...

———◄○►———

In dieser Bewegung durch die feinkörperlichen und nichtkörperlichen Jhanas lösen sich Gedanken, konzentrierte Aufmerksamkeit, Vergnügen und Schmerz, Wahrnehmung und sogar Nicht-Wahrnehmung allmählich auf.

Das Herz schlägt weiter, und in der Tiefenarchitektur des Nervensystems bilden sich weiterhin Zusammenschlüsse. Aber in den Bewusstseinsentsprechungen des Gehirns lösen sich die Informationswirbel voneinander, ebenso wie die neuralen Zusammenschlüsse, die sie repräsentieren. Nach und nach fallen Signale

aus, nur fruchtbares Rauschen bleibt übrig. Bedingte, unfreie
Muster lösen sich auf.

Zuletzt ist da überwiegend oder nur noch die unbedingte geistige und neurale Möglichkeit. Dorthin führen vielleicht auch die
Übungswege und Praktiken anderer Traditionen. Tiefste Offenheit, kontinuierlich im Entstehen des gegenwärtigen Augenblicks vor dem Bedingtwerden begriffen, versunken im Unbedingten ... Dies könnte derart *wie* das Transzendentale sein, dass
es eine Öffnung zu ihm gibt. Vom gewöhnlichen Geist befreit
könnten wir uns in das hinein, was jenseits der gewöhnlichen
Realität liegt, öffnen.

Bhikkhu Bodhi schreibt beispielsweise:

> Durch das Voranschreiten auf dem Buddhaweg, durch
> das Üben, gelangt der Übende zum wahren Wissen über
> bedingte Phänomene, was die Erzeugung aktiver *sankharas*
> [zusammengesetzter Erfahrungen] ausschaltet und dem
> Konstruieren der bedingten Realität ein Ende setzt.
> Stattdessen öffnet es die Tür zum Todlosen, zum *asankhata*,
> zum Unbedingten, zum Nibbana, der endgültigen Befreiung
> von Unbeständigkeit und Leid.

———◦———

Während das Transzendentale vielleicht zeitlos ist, geht die Zeit
für den Körper weiter. Schließlich sammeln sich im neuralen
Strömen des Bewusstseins erneut Informationswirbel. Sie ermöglichen tiefe Einblicke in die Natur des Geistes und vielleicht
in die Realität selbst.

Dazu noch einmal die Worte Thich Nhat Hanhs, die dieses Kapitel eröffneten:

> Dinge erscheinen und verschwinden gemäß ihren Ursachen
> und Bedingungen. Die wahre Natur der Dinge ist es nicht,
> geboren zu werden, und auch nicht, zu sterben. Unsere

wahre Natur ist die Natur der Nicht-Geburt und des Nicht-Todes, und wir müssen uns mit unserer wahren Natur verbinden, um frei zu sein.

Ich persönlich bin davon überzeugt, dass Geist und Universum im Innersten dieselbe Natur besitzen; sie entstehen, leer und voller Möglichkeit. Innerhalb der gewöhnlichen Realität ist dies auch unsere Natur, immer. Und unsere wahre Natur öffnet sich ins unermessliche Mysterium.

Eine Erfahrung ist ein Wirbel im Geist, ein Körper ist ein Wirbel in der Materie, und eine Person ist ein Wirbel in der Allheit. Wirbel in Strömen.

Dinge entstehen: Schneeflocken und Sterne, Menschen und Beziehungen, Freuden und Kümmernisse. Und alle vergehen sie auch wieder. Und dennoch bleiben die Ströme, die sie passieren, bestehen, ebenso wie die Natur dieser Ströme bestehen bleibt.

Das Strömen und seine Natur sind unser Grund und unsere Zuflucht.

Als Strömen verweilen, im Unbedingten ruhen.

Oder, wie der Zen-Meister Hakuin schrieb:

Zeige direkt auf den Geist,
erkenne deine eigene Natur
und werde Buddha.

Wahre Natur

Genießen Sie die Meditation, die dieses Kapitel beschließt.

Sie entspannen sich… verweilen jetzt als ganzer Körper, der atmet… sind sich des gesamten Raums um sich herum gewahr… Stetig präsent, während Sie immer ruhiger werden… Sie verspüren Mitgefühl und Güte… Dankbarkeit und Zufriedenheit… ruhen ganz locker…

Sie ruhen in der Gegenwart, während Empfindungen das Gewahrsein passieren… keine Arbeit, die getan werden müsste… nichts zu erledigen… niemand, der Sie sein müssten…
Erkennen Sie die Natur des Geistes, während Sie verweilen… viele Teile… sich kontinuierlich verändernd… von vielen Dingen beeinflusst… ohne festgelegtes Wesen… leer… Gestatten Sie es sich, die Natur des Geistes zu sein… in der Natur des Geistes gibt es kein Problem… Sie sind Ihre Natur…
Der Geist taucht in unbedingter Möglichkeit auf… in einer tiefen Stille… in einem ungeheuer weiten Gewahrsein…
Sie erkennen die Natur des Wassers: veränderlich, viele Teile, von vielen Dingen beeinflusst, ohne Wesen, leer… Ihr Körper – die gleiche Natur… die Erde… das Universum… in der Natur der Dinge gibt es kein Problem…
Sie ruhen in der Natur der Dinge… sind die Natur der Dinge…
Alle Dinge geschehen in unbedingter Möglichkeit… eine tiefe Stille… ein ungeheuer weites Gewahrsein…
Sie ruhen in Ihrer Natur… ruhen in Zeitlosigkeit…
Ihre wahre Natur ist die Natur aller erwachten Wesen…
Sie fühlen sich in der wahren Natur zu Hause…

Bewährte Praxis

Nehmen Sie sich etwas Zeit, um über das Universum nachzudenken. Dazu müssen Sie kein Wissenschaftler sein; seien Sie sich einfach seiner ungeheuren Weite und einiger der vielen Dinge, die es enthält, gewahr, vielleicht einiger der Menschen, die Sie kennen, der Erde und der Sonne, der Atome und Galaxien. Fragen Sie sich dann: Ist dies alles? Vielleicht lautet Ihre Antwort »ja«, »nein«, »Ich weiß es nicht« oder »keins von alledem«. Wie Ihre Antwort auch ausfällt, machen Sie sich bewusst, was es bedeutet, hinter ihr zu stehen und ihren Folgen ins Gesicht zu sehen, wie diese auch immer aussehen mögen. Wie beeinflusst Ihre Antwort Ihr tägliches Üben oder wie könnte sie es beeinflussen?

Verhelfen Sie Ihrem Geist in der Meditation dazu, völlig zur Ruhe zu kommen. Seien Sie sich dann des Prozesses des Machens – Erzeugens, Konstruierens, Bedingens – von Erfahrungen gewahr. Einiges davon läuft automatisch ab (obwohl auch das mit zunehmender Übung sehr ruhig werden kann). Andere »Erzeugnisse« aber sind bewusster hinzugefügt, beispielsweise Reaktionen auf Geräusche oder Gedanken. Seien Sie sich dieses Hinzufügens gewahr. Und erkunden Sie dann, wie es ist, so wenig wie möglich hinzuzufügen – vielleicht sogar gar nichts. Wie fühlt es sich an, wenn Erzeugen, Konstruieren und Bedingen nachlassen? Können Sie spüren, wie sich Nicht-Erzeugen, Nicht-Konstruieren, Nicht-Bedingen anfühlt? Könnte es ein Gefühl dessen, was *nicht* erzeugt, konstruiert oder bedingt ist, in Ihrem Geist geben… und vielleicht tiefer und transzendental?

Blicken Sie auf ein leeres Blatt Papier. Machen Sie sich klar, dass Sie darauf eine unendliche Vielfalt an Formen zeichnen oder schreiben könnten. Machen Sie sich auf ähnliche Weise klar, dass Ihr Gewahrsein eine unendliche Vielfalt an Erfahrungen fassen kann. Bekommen Sie so ein Gespür dafür, was *im Grunde* unbedingt ist: ein Raum unendlicher Möglichkeiten. Seien Sie sich solcher Räume der Möglichkeiten im Laufe des Tages gewahr. Machen Sie sich beispielsweise das nächste Mal, wenn Sie mit jemandem sprechen, klar, dass es eine unendliche Anzahl von Dingen zu sagen gäbe. Können Sie in dieser Freiheit ruhen? Und dann, innerhalb dieser Freiheit, kluge Entscheidungen treffen? Seien Sie sich der Stille gewahr. Vielleicht nur als Raum zwischen dem Ein- und Ausatmen. Richten Sie Ihr Gewahrsein auf das, was in Ihnen unveränderlich ist, um Sie herum, jenseits Ihrer selbst. Sehen Sie in den Himmel hinauf: Wolken ziehen durch seine Stille. Vielleicht spüren Sie eine Stille tief in sich selbst, auch wenn sie von Aktivität umgeben ist. Und wenn Ihr ganzes Wesen ruhig ist, kann es sich still fühlen, wie ein friedlicher Teich. Erkunden Sie, wenn Sie mögen, eine Ahnung von etwas jenseits der gewöhnlichen Realität, das unbedingt ist… weit… still…

und zeitlos. Können Sie diese Ahnung viele Male am Tag in Ihre Erfahrung holen?

Sollten Sie ein Gefühl von übernatürlichen oder transzendentalen Dingen jenseits der gewöhnlichen Realität haben, dann denken Sie darüber nach, wie Sie sich darauf einlassen. Möchten Sie gern etwas hinzufügen oder verändern?

Sollten Sie ein Gefühl vom Transzendentalen haben, überlegen Sie sich Aspekte dieses Transzendentalen, auf die Sie sich nützlicherweise konzentrieren könnten, wie den Aspekt der Möglichkeit… des Gewahrseins… der Liebe… des Friedens… des Wohlwollens Ihnen persönlich gegenüber…

Wenn Sie sich dem Transzendentalen zuwenden wollen, wie würde es sich dann anfühlen, zugänglicher dafür zu sein, sich ihm mehr zu widmen, mehr von ihm gelebt zu sein? Was in Ihrem Geist oder in Ihren Taten könnten Sie loslassen, um durchlässiger für das Transzendentale zu sein?

TEIL 4

Immer schon zu Hause

10

Frucht und Pfad

Schwinden muss jede Erscheinung,
unermüdlich mögt ihr da kämpfen.

DIGHA NIKAYA 16

Ich habe mich einmal mit dem Lehrer Steve Armstrong unterhalten, der in Asien als Mönch ausgebildet worden ist. Ich bat ihn, mir vom Nibbana zu erzählen. Er sah mir direkt in die Augen; dann ging sein Blick innerlich in die Ferne, und er sagte etwas, über das ich seitdem oft nachgedacht habe: »Es ist, als lebte man in einem tiefen Tal, umgeben von hohen Bergen. Eines Tages steht man dann plötzlich ganz oben auf dem höchsten Gipfel. Die Aussicht ist atemberaubend. Dortbleiben kann man aber nicht, und so steigt man wieder ins Tal hinab. Was man jedoch gesehen hat, verändert einen für immer.«

Wir haben uns sieben Stufen auf dem Pfad des Erwachens gewidmet. Jede dieser Übungen ist an sich eine Art von Erwachen, jede unterstützt die anderen, und alle führen sie zum höchsten Glück. Und vielleicht konnten Sie hin und wieder einen Blick auf die Aussicht von weit oben erhaschen. Nun ist es an der Zeit, dass Sie die Dinge sich setzen lassen. Wenn die Lektüre dieses Buchs wie ein Meditationsretreat wäre, dann wäre es ganz normal, nun allmählich wieder an die Heimreise zu denken – und daran, was Sie vielleicht mit zurück nach Hause nehmen möchten.

Ich hoffe, dass die sieben Seinszustände und Übungen mit dabei sein werden, denn sie haben einen Wert an sich. Es fühlt sich einfach gut an, achtsam und ruhig zu sein, mit gütigem Herzen, zufrieden und friedvoll, sich ganz zu fühlen im gegenwärtigen Augenblick, sich mit allem verbunden zu fühlen und für das Mysterium offen zu sein. Diese Eigenschaften in sich selbst zu kultivieren hilft auch anderen. Und die wirkungsvollen Übungen können Sie immer weiter in höhere Sphären tragen. Mit dem Erleben dieser Seinsweisen entwickeln Sie sie immer mehr in sich. Sie sind die *Früchte* und auch die *Pfade* des Übens. Ein Sprichwort, wahrscheinlich tibetischen Ursprungs, lautet: Wir können die Frucht als Pfad nehmen.

Ganz besonders nützlich ist die Anwendung des Gelernten auf die Beziehungen, Aufgaben und Freuden unseres alltäglichen Lebens. Dazu zwei weitere Meditationen, eine zur Dankbarkeit und eine zum »Aufweichen von Grenzen«, und zwar sowohl den Grenzen in Ihrem Inneren als auch den Grenzen zwischen Ihnen und der Welt um Sie herum. Als Nächstes widmen wir uns der Frage, was Sie in Ihrem Leben geben können, bevor wir mit praktischen Empfehlungen zur Unterstützung Ihrer Übungen und zum weiteren Beschreiten Ihres persönlichen Pfades des Erwachens schließen.

Sich für das Empfangene bedanken

So viel wurde schon jedem Einzelnen von uns geschenkt: wertvolle Ideen und Methoden, die andere entwickelt haben, die Gaben von Mutter Erde und die Gabe des Lebens sowie das Gefühl unserer tiefsten, wahrsten Natur. Eigentlich ist unsere Aufgabe dabei ganz einfach: Platz für das Geschenkte zu schaffen. Diese Art, die Dinge zu sehen, mindert jeglichen Druck, etwas »richtig« zu machen oder an irgendetwas festzuhalten. Sie haben schon viel bekommen und können es nun einfach auf ganz natürliche Weise in sich setzen lassen.

Eine Meditation zur Dankbarkeit

Kommen Sie in die Gegenwart, Ihres Körpers gewahr, und suchen Sie sich eine Haltung, in der Sie es bequem haben, in der Sie aber dennoch wachsam bleiben können…
Vergegenwärtigen Sie sich einige einfache Dinge, für die Sie dankbar sind… etwa Essen, Blumen, frisches Wasser… Rücken Sie die Dankbarkeit in den Fokus Ihrer Meditation… Sie tauchen in Dankbarkeit ein… und nehmen Dankbarkeit in sich auf…
Sie sind sich der Erde, der Pflanzen und der Tiere gewahr… Sie danken ihnen… sind sich des ganzen Planeten Erde gewahr, in Dankbarkeit… sind sich der ungeheuren Weite des Weltraums gewahr… der Erstaunlichkeit Ihrer Existenz… Sie ruhen in Dankbarkeit…

Vergegenwärtigen Sie sich Menschen in Ihrem Leben, aus Vergangenheit und Gegenwart, für die Sie dankbar sind … in dem Gefühl warmherziger Dankbarkeit …

Vergegenwärtigen Sie sich, was Sie von Ihren Lehrern empfangen haben … von deren Lehrern … Sie sind dankbar für Ihre unterschiedlichen Lehrer … dankbar für die Traditionen des Wissens und der Weisheit, die Ihnen geholfen haben …

Sie sind dankbar für das, was Ihnen Ihre Übungen mit der Zeit gebracht haben … Sie wertschätzen ihren Nutzen für sich und andere … Sie sind dankbar für die Früchte der Übungen … dankbar für die Chance, überhaupt üben zu können …

Sie sind sich dessen gewahr, was Sie mit der Lektüre dieses Buchs geübt haben … Sie wertschätzen Ihre eigenen Anstrengungen … wertschätzen es, den Geist zu beruhigen … das Herz zu erwärmen … in Fülle zu verweilen … ganz zu sein … empfänglich zu sein für das Hier und Jetzt … sich für die Allheit zu öffnen … Zeitlosigkeit zu entdecken …

Seien Sie dankbar dafür, klar zu sehen … für die Wahrheit …

Dankbar für die ultimative Natur der Dinge, als was auch immer Sie diese empfinden mögen …

Dankbar für dieses Leben …

Die Grenzen aufweichen

Um funktionieren zu können, müssen wir zwischen Tee und Tasse unterscheiden, zwischen unseren Gefühlen und denen anderer, zwischen Traurigkeit und Glücklichsein. Doch bergen diese Trennungen den Keim des Leidens in sich: ein Gedanke gegen einen anderen, eine Person gegen eine andere. Es mag viele Grenzen geben – doch sie müssen nicht scharf sein.

Sanftes Erweichen

Sie entspannen sich... atmen ein... atmen aus... die Einatmung beginnt und endet weich... die Ausatmung beginnt und endet weich... die Grenzen des Atmens werden weich...

Sie lassen die Grenzen der Empfindungen in der Haut weich werden, während sie Kleidung, Erde, Luft berührt...

Das Herz wird weich... Empfindungen von Herz und Brust werden gemeinsam weich...

Atmen... sein... Grenzen, die weich werden... Welt-Prozess und Ich-Prozess werden gemeinsam weich...

Sie lassen das Leben durch sich hindurchströmen... Ihr Leben strömt ins Leben hinaus... das Leben strömt in Ihr Leben hinein... die Grenzen zwischen Ihrem Leben und allem Leben werden weich...

Luft strömt ein, Luft strömt aus... die Welt strömt ein... strömt aus... die Grenzen zwischen Ihrem Körper und der Welt werden weich...

Sie lassen die Grenzen innerhalb Ihres Geists weich werden... alles vermischt sich miteinander... es geht Ihnen noch immer gut... atmen und sein...

Geist und Körper werden gemeinsam weich... die Grenzen zwischen Ihnen und allem, was existiert, werden weich... alles, was existiert, strömt als Sie durch Sie...

Die Grenzen zwischen Ihnen und allem werden weich... zwischen allem und Ihnen...

Alle Grenzen werden weich...

Die Grenzen zwischen Bedingtem und Unbedingtem werden weich... zwischen Zeit und Zeitlosigkeit...

Die Grenzen zwischen dem individuellen Gewahrsein und einem tieferen Gewahrsein werden weich...

Weich strömt Liebe durch Sie hindurch... sie weicht zu einem Wissen, einer Weisheit auf, die Sie durchströmt...

Alle Grenzen werden weich... fließen... weich... sanft...

Das Angebot machen

Sie können das, was Sie durch das Üben gelernt haben, der Welt
auf natürliche Weise zurückgeben. Dafür sind meiner Erfahrung
nach verschiedene Dinge nützlich.

Mitgefühl und Gleichmut

Mitgefühl öffnet das Herz und schenkt uns Fürsorge hinsichtlich der Bürden und des Leids anderer, aber auch hinsichtlich
unserer eigenen Bürden und unseres eigenen Leids. Gleichmut
bedeutet das Erleben dieser Erfahrungen mit Weisheit und innerem Frieden. Gleichmut befähigt uns dazu, sicher auf unsicherem Grund zu wandeln, wie Howard Thurman es ausgedrückt
hat, das Leben mit ruhigen Augen zu betrachten.

Wir haben viele Möglichkeiten erkundet, Mitgefühl und Gleichmut in uns zu stärken, und manchmal ist es hilfreich, sich auf
eines der beiden Dinge ganz besonders zu konzentrieren. Verfügen Sie beispielsweise über eine große emotionale Stabilität,
sondern sich aber häufig von anderen ab, möchten Sie vielleicht
mehr Empathie und Güte in Ihre Meditationen und tagtäglichen
Handlungen bringen. Sind Sie umgekehrt anderen Menschen gegenüber sehr offen, lassen sich aber nur allzu leicht von deren
Emotionen mitreißen, könnten Sie sich auf das Beruhigen und
In-die-Mitte-Finden konzentrieren. Oder Sie machen sich die
unbeständige, abhängige und leere Natur von Ereignissen und
Erfahrungen klar, auch der schlimmsten Ereignisse und Erfahrungen.

Die Ausgewogenheit von Mitgefühl und Gleichmut ist wichtig, wenn wir über den Tellerrand unseres Freundeskreises und
unserer Familie hinaussehen. Sind wir uns in dieser Ausgewogenheit des Leidens und der Ungerechtigkeit überall auf der Welt
gewahr, können wir uns engagiert für das Wohl anderer einsetzen und gleichzeitig unseren Frieden mit dem, was ist und was
sein wird, machen.

> Lehr uns zu sorgen und uns nicht zu sorgen
> Lehr uns stillzusitzen.
>
> T.S. ELIOT

Sich um die Ursachen kümmern

Angenommen, Sie hätten Lust darauf Obst anzubauen. Dann könnten Sie sich einen Samen besorgen und ihn sorgfältig einpflanzen. Und während aus dem Samen zuerst ein Schössling und dann ein Baum wird, könnten Sie diesen wässern und düngen, ihn vor Schädlingen schützen und bei Bedarf zurückstutzen. So können Sie sich im Laufe der Jahre rührend um Ihren Obstbaum kümmern. Sie können ihn aber nicht dazu *zwingen*, eine Frucht hervorzubringen.

Ebenso können wir uns um die Ursachen kümmern – wir können aber nicht die Ergebnisse kontrollieren. Dies zu wissen kann uns Frieden schenken: So viele Faktoren, die bestimmen, was geschieht, liegen außerhalb unserer Macht. Dies bringt aber auch eine Verantwortung mit sich, denn es liegt an uns, uns um die Ursachen zu kümmern, um die wir uns kümmern können. Wir hängen voneinander ab, und doch muss jeder von uns den Übungsweg selbst beschreiten – unermüdlich kämpfen.

Gibt es so gesehen Ursachen in Ihren Beziehungen, in puncto Gesundheit oder in puncto anderer für Sie wichtigerer Dinge, um die Sie sich konsequenter kümmern könnten? Und könnten Sie mehr Ihren Frieden mit den möglichen Ergebnissen machen, auch mit dem, was andere über Sie denken?

ZUM WEITERLESEN

Being Peace (Thich Nhat Hanh)
Ecodharma (David Loy)
Radical Dharma (Rev. Angel Kyodo Williams und Lama Rod Owens, mit Jasmine Syedullah)
Standing at the Edge (Roshi Joan Halifax)

Auch auf dem Gebiet der Arbeit – und dazu zähle ich durchaus auch das Sesshaftwerden und Familiegründen – ist es interessant und sehr nützlich, sich darin zu üben, entschlossen und begeistert zu sein, ohne gestresst oder zwanghaft zu werden. Dieser Sweetspot, dieser ideale Punkt, besteht im *Bestreben ohne Anhaften*. Von Großem zu träumen, »feurig, entschlossen und eifrig« zu sein, wie Buddha es formulierte ... dabei innerlich aber immer locker zu bleiben, das Gefühl zu haben, sich durch einen größeren Raum des Seins zu bewegen, und nicht zu versuchen, sechs Liter Wasser in einem Fünf-Liter-Eimer zu transportieren. Können Sie das anhand eines Beispiels aus Ihrem eigenen Leben nachempfinden? Oder können Sie es an einem anderen Menschen beobachten und sich vorstellen, wie es wäre, das selbst einmal zu erleben? Überlegen Sie, wie Sie diese Haltung der gelassenen Anstrengung, der Entschlossenheit ohne Druck in Ihre Arbeit integrieren können. Was könnte Sie in dieser Art zu sein unterstützen? Welchen Nutzen hätten Sie von ihr?

Vor vielen Jahren erzählte mir ein Freund von seinem ersten offiziellen Vortrag, den er als angehender Priester in einem Zen-Tempel halten sollte. Ich hatte in der Zeitung gelesen, dass in diesem Tempel Obdachlose Zuflucht suchten, da es dort warm war, und so zog ich meinen Freund auf und sagte, dass einige seiner Zuhörer vermutlich nicht am Vortrag selbst interessiert waren. Er tat so, als stellte er mir etwas vor die Füße, und entgegnete: »Ich mache nur das Angebot. Es soll so gut sein, wie es mir nur irgend möglich ist, doch ist es gemacht, habe ich es nicht mehr in der Hand.« Können Sie die inneren und äußeren Kräfte, die Sie ins Getriebensein hineinziehen, achtsam beobachten? Das »Sollte« in Ihrem Kopf, den Druck, den andere auf Sie ausüben? Überlegen Sie, wie Sie mit diesen Kräften üben und sich so allmählich von ihnen lösen könnten.

Auf diese Weise lässt sich das Üben in die Aufgaben und Herausforderungen des »wirklichen Lebens« integrieren – was auf jedem Schritt des Pfads Früchte tragen wird.

Unsere kollektiven Angebote

Bewegen wir uns von der individuellen Ebene in Richtung größere Gruppen von Menschen, ergeben sich auch dort Möglichkeiten, einen Beitrag zu leisten. In meinem Heimat-Meditationszentrum, Spirit Rock, beispielsweise steht hinter dem Speisesaal eine große Steinstatue Buddhas, und ich stelle mir gern vor, dass sie dort auch noch in 500 Jahren steht – immer noch dieselbe Statue, nur verwitterter und von Flechten überzogen. Buddhas Lehren und Praktiken haben überdauert, weil es in ihnen um das überdauernde Wesen des Geistes und des Universums geht. Dennoch haben sie sich im Laufe der Jahrhunderte zu vier Hauptformen entwickelt: zu den Traditionen des Theravada, des tibetischen Buddhismus, des Zen-Buddhismus und des Amitabha-Buddhismus. Wenn wir uns vorstellen, dass in vielen Jahrhunderten immer noch Menschen vor dieser Statue sitzen – wie werden sie dann über unsere jetzige Zeit denken? Abgesehen von all den Problemen, mit denen sie assoziiert werden wird, wird sich, so denke ich, eine fünfte Hauptform des Buddhismus abzeichnen, geprägt durch die folgenden Merkmale:

- Laien mit viel Übung in tiefenkontemplativer Praxis
- Laien als Lehrer und Anführer
- Die zunehmende Integration von Frauen, Menschen verschie-

dener Hautfarben und anderer seit alters zu Randgruppen abgestempelter Individuen in die Gruppe der Lehrer und Anführer
- Die gegenseitige Beeinflussung von Wissenschaft inklusive verwandter Praktiken der geistigen und körperlichen Gesundheit und Dharma, einhergehend mit einem vertieften Verständnis der körperlichen Grundlage des Leidens, seiner Ursachen und des Beendens von Leid
- Die eklektische Anwendung buddhistischer Perspektiven und Praktiken auf nicht-buddhistischen Gebieten

Darüber, ob diese Entwicklungen gut sind oder nicht, kann man zwar unterschiedlicher Meinung sein; Tatsache aber ist, dass es sie gibt. Mich persönlich inspiriert es und erfüllt es, mit Demut zu sehen, wie wir alle gemeinsam diese Samen säen und sie hegen und pflegen, auch auf Arten, die nicht spezifisch buddhistisch sind. Wir erschaffen gemeinsam die Zukunft dieser Praktiken, und ich hoffe, allgemeiner gesprochen, dass der gesamten Menschheit aus den Samen eine größere Weisheit und ein größeres Glück erwachsen werden, eine Weisheit und ein Glück, die auch in ihren Beziehungen zur Gesamtheit des Lebens zum Tragen kommen werden.

Wir alle sind an einem größeren Angebot beteiligt – offen oder verborgen, bewusst oder unbewusst, in kleinerem oder größerem Ausmaß. Darum geht es auch in der folgenden Meditation.

EIN ANGEBOT IN FRIEDEN

In dieser Meditation geht es darum, sich vorzustellen, was man der Welt in nächster Zeit zurückgeben könnte. Dabei durchströmt uns das heitere Gefühl des Gebens, während wir gleichzeitig akzeptieren, was auch immer aus unserem Angebot werden wird, und unseren Frieden damit machen.

*Sie kommen im Hier und Jetzt an... sind sich des Atmens ge-
wahr... sind sich des Gefühls der Friedlichkeit gewahr... der
Zufriedenheit... der Liebe... Sie verweilen gelassen...
Stellen Sie sich vor, Sie bieten jemandem ein Stück Obst an und
haben Ihren Frieden damit gemacht, ob dieser Jemand das
Stück Obst nun annimmt oder nicht... Spüren Sie nach, wie es
ist, ein Angebot zu machen und gleichzeitig zu akzeptieren,
was auch immer daraus wird...
Seien Sie sich dessen gewahr, was Sie bereits geben... zu
Hause, bei der Arbeit, anderen Menschen, anderen Lebewesen, der Welt... vielleicht mit dem Gefühl, vom Leben durchströmt zu werden, damit Sie geben können... Sie geben sich
dieser kraftvollen Strömung hin und lassen sich von ihr tragen...
Stellen Sie sich nun vielleicht andere, neue Angebote vor... Sie
geben mit Güte und guten Absichten... Sie geben in dem Wissen, dass Sie das, was dabei herauskommt, nicht vollständig
kontrollieren können... Was geschieht, ist Ihnen nicht egal,
aber sie haften nicht daran an...
Erkunden Sie, wie es ist, zu sprechen und zu handeln und dabei im innersten Kern Ihres Wesens gleichzeitig in Frieden zu
sein... Sie machen Ihre Angebote, während Sie sich bereits zufrieden, voller Liebe und in Frieden fühlen...
Sie lassen sich vom Leben tragen... lassen das Leben Ihre Angebote ganz natürlich und leicht nach draußen zu anderen Menschen und in die Welt tragen...*

Voranschreiten

Buddha soll »vorangeschritten« sein, als er sich auf seinen Pfad
des Erwachens begab. Nun muss man nicht gleich zum wan-
dernden Mönch werden, um das Gefühl des Strebens, der Erha-

benheit und des Sich-der-Welt-Öffnens, das in diesem Ausdruck mitschwingt, nachvollziehen zu können.

Ein Dankeschön an Sie

Zunächst einmal möchte ich Ihnen, meiner Leserin oder meinem Leser, dafür danken, dass Sie sich in dieses Buch mit all seinen Ansprüchen und Herausforderungen vertieft haben. Wir kennen einander wahrscheinlich nicht persönlich, doch glaube ich, dass jeder Mensch, der sich auf den Übungsweg begibt, vielen anderen Menschen hilft, sei es nun offen oder verborgen, bewusst oder unbewusst.
Danke!

Halten Sie es einfach

Wir haben uns mit einer *Menge* Ideen und Methoden beschäftig. Es ist völlig in Ordnung, diese erst einmal sich setzen zu lassen und zu beobachten, welchen Einfluss sie mit der Zeit auf Sie haben. Wir können uns der Komplexität bewusst sein und unsere Handlungen trotzdem schlicht halten.
Falls Sie es nicht ohnehin schon tun, empfehle ich Ihnen, sich für mindestens eine Minute am Tag etwas Kontemplativem zu widmen – vielleicht dem achtsamen Atmen oder auch einem Gebet. Sie können dies unmittelbar vor dem Zubettgehen tun oder zu einer anderen Tageszeit; doch wann immer Sie es tun, achten Sie darauf, dass Sie es tatsächlich eine Minute lang oder länger tun.
Ebenfalls empfehlenswert ist es, sich eine kleine Veränderung zu suchen, die Sie vornehmen und an die Sie sich anschließend halten können. So könnten Sie sich beispielsweise vornehmen, erst einen Atemzug lang innezuhalten, bevor Sie sprechen, wenn Sie verärgert sind. Oder vor dem Abendessen eine Kerze anzuzünden. Oder in Zukunft keinen Alkohol mehr zu trinken. Oder sich jeden Morgen an ein Ziel in Ihrem Leben zu erinnern. Oder

einige Minuten des Mitgefühls und der Güte in Ihre tägliche Meditation zu integrieren.

Sie können sich auch des Leids, das in einem Augenblick enthalten ist, gewahr werden – Ihres eigenen Leids ebenso wie des Leids anderer. Oder des Glücks, das in einem Augenblick enthalten ist – Ihres eigenen Glücks ebenso wie des Glücks anderer. Mit diesem schlichten Gewahrsein können Sie sich auf ganz natürliche Weise von den Ursachen des Leids lösen und die Ursachen des Glücks nähren.

> Ich weiß nicht genau, ob es erleuchtete Wesen gibt, doch ich weiß, dass es erleuchtete Augenblicke gibt.
>
> SUZUKI ROSHI

Freude am Üben

Wie auch immer Ihre Übungen aussehen – Sie bleiben mit Sicherheit länger dabei, wenn Sie Freude an ihnen haben. Was fühlt sich gut und bedeutsam in den Übungen an, die Sie bereits praktizieren? Gibt es noch andere Dinge, die Sie schön finden und mit einbeziehen könnten? Führen Sie Teile Ihrer Übungen inzwischen vielleicht rein automatisch durch, sodass sie Ihnen eher trocken erscheinen? Können Sie daran etwas ändern? Es ist völlig in Ordnung, auf bestimmte Dinge zu verzichten und damit Platz für andere, fruchtbarere zu schaffen.

Die Übungen dürfen ruhig spielerisch sein, Sie dürfen sie ruhig genießen. Vielleicht können Sie hin und wieder sogar über Ihren eigenen Geist lachen, wie er da Haken schlägt wie ein Hase, wie er Sie auszutricksen versucht, die überraschenden plötzlichen Eröffnungen. Ich selbst bin in letzter Zeit viel zu ernst, wenn's ums Üben geht. Die Übungen sind weniger effektiv, wenn sie meist eher schwer und düster daherkommen. Haben Sie ruhig Spaß mit ihnen!

Versuchen Sie, auch zum Wohl anderer zu üben. Halten Sie sie beim Meditieren und bei Ihren tagtäglichen Handlungen in Ihrem Herzen.

Mit Blick auf das Ganze

Sie können sicher sein, dass Sie Ihre Erkenntnisse und die Übungen auch im Alltag umsetzen können. Geben Sie sich Zeit. Hegen Sie das Nützliche dessen, was Sie in sich kultiviert haben. Vertrauen Sie auf Ihre gute Natur. Vertrauen Sie auf die tiefere Natur, die wir alle gemein haben.

Stellen Sie sich hin und wieder die folgenden Fragen: Muss ich mich wirklich immer wieder damit beschäftigen? Muss ich mich in dieses oder jenes verbeißen? Muss ich mich über diesen Menschen aufregen? Beobachten Sie achtsam, ob Sie zu schnell werden, Druck auf sich und andere ausüben und veränderliche Prozesse in allzu Statisches verwandeln.

Stellen Sie sich einen kleinen Gebirgssee vor. Wind und Sturm können Wellen über seine Oberfläche jagen, und doch ist der See als See unbeweglich. Unser Geist ist wie ein See; seine Oberfläche ist das Gewahrsein, und seine Tiefen öffnen sich in die Zeitlosigkeit hinein. Weltliche Winde wehen, sie rühren Gedanken und Gefühle auf, die das Gewahrsein kräuseln, doch schließlich legen sie sich und es ist wieder ganz ruhig – und die ganze Zeit über war der See selbst still. Seien Sie sich im Laufe des Tages immer wieder der Weite, der Grenzenlosigkeit und der Stille gewahr. Sie müssen die Kräusel nicht festhalten und können sich völlig auf das einlassen, was Sie immer sind: ganz, gegenwärtig, fürsorglich, liebevoll, friedvoll und voller Möglichkeiten.

Seien Sie sich Ihrer tiefsten Wünsche und höchsten Ziele in diesem Leben gewahr. Lassen Sie sich von ihnen leben und tragen.

Genießen Sie die Fahrt

Das Leben ist schon irre. Da sitzen wir nun auf einem kleinen Planeten, der um einen gewöhnlichen Stern am Rande einer Galaxie kreist, die nur eine von ein paar Billionen anderen ist. Fast 14 Milliarden Jahre sind vergangen, seit unser Universum ins Dasein gebrodelt ist. Und da sind wir nun also. Zahllose Geschöpfe sind gestorben, damit die Evolution winzige Verbesserungen ihrer Fähigkeiten in immer komplexeren Spezies und schließlich in uns heute stabilisieren konnte. So unglaublich viel ist schon geschehen. Und hier sind wir.

Es ist seltsam, das Leben, nicht wahr? Wir leben und lieben und dann gehen wir. Meine Zeit wird kommen, ebenso wie Ihre und die aller anderen Lebewesen. Doch bis es so weit ist, können wir baff sein vor Ehrfurcht und Dankbarkeit und dieses Leben, so gut wir nur können, genießen, während wir lernen, so viel wir nur können, und geben, so viel wir nur können, jeden Tag.

Unterwegs sollten wir das Gute in uns aufnehmen, förderliche Erfahrungen zu dauerhaften inneren Stärken machen, sie mit dem Stoff unseres Körpers verweben. Selbst im schwersten Leben gibt es ungeheuer viele Gelegenheiten für diese achtsame Kultivierung. Wir müssen nur erkennen, was ganz, hilfreich und schön in uns und anderen und in allem ist. Lassen Sie es in sich hinein, lassen Sie es Sie werden.

Ich habe einmal den Lehrer Joseph Goldstein etwas zu einer bestimmten Meditationserfahrung gefragt, weil ich nicht wusste, ob ich auf dem richtigen Weg war. Er hörte mir genau zu, nickte und sagte: »Ja, das stimmt.« Dann lächelte er und fügte hinzu: »Mach weiter.«

DANKSAGUNG

Als Erstes möchte ich den Leserinnen und Lesern danken, die mir wertvolles Feedback gegeben haben, darunter James Austin, James Baraz, Leigh Brasington, Annette Brown, Alisa Dennis, Andrew Dreitcer, Peter Grossenbacher, Forrest Hanson, Jan Hanson, Kathy Kimber, John Kleiner, Edward Lewis, Richard Mendius, Venerable Sanda Mudita, Stephanie Noble, Sui Oakland, Lily O'Brien, Jan Ogren, John Prendergast, Tina Rasmussen, Ratnadevi, Jane Razavet, John Schorling, Michael Taft, Marina Van Walsum, Stephanie Veillon, Roger Walsh und Jennifer Willis. Jegliche Fehler, die ihren prüfenden Blicken entgangen sind, gehen auf mein Konto.

Dankbar bin ich auch meinen Lehrern, die teilweise schon oben aufgelistet sind. Zu den anderen gehören Ajahn Amaro, Guy Armstrong, Steve Armstrong, Tara Brach, Eugene Cash, Christina Feldman, Gil Fronsdal, Joseph Goldstein, Thich Nhat Hanh, Jack Kornfield, Kamala Masters und Ajahn Succito. Viel gelernt habe ich auch von Bhikkhu Anālayo, Stephen Batchelor, Thānissaro Bhikkhu, Bhikkhu Bodhi, Richard Gombrich, Mu Soeng und Shinzen Young. Zudem bin ich den größeren Ordinationslinien und Gemeinschaften dankbar, die die Weisheit überall auf der Welt seit Tausenden von Jahren erschaffen, geschützt und gefördert haben.

Von Wissenschaftlern, Gelehrten, Klinikern und Lehrern stammen nützliche Erkenntnisse zu Körper und Geist – darunter auch zur neuralen Basis der Achtsamkeit, der Meditation, des Mitgefühls und der Güte sowie anderer Aspekte des Erwachens – und Hinweise zur praktischen Anwendung dieser Erkenntnisse. Ich kann hier unmöglich alle aufzählen, doch möchte ich vor allem die Folgenden nennen: Bernard Baars, Richard Davidson, John Dunne, Bruce Ecker, Barbara Fredrickson, Chris Germer, Paul Gilbert, Timothea Goddard, Steve Hickman, Britta Holzel, Jon Kabat-Zinn, Dacher Keltner, Sara Lazar, Antoine Lutz, Jonathan

Nash, Kristin Neff, Andrew Newberg, Stephen Porges, Jeffrey Schwartz, Shauna Shapiro, Dan Siegel, Ron Siegel, Evan Thompson, Fred Travis, David Vago, Cassandra Vieten, Alan Wallace, Mark Williams, Diana Winston und David Yaden. Mein Respekt gilt besonders dem Andenken von Francisco Varela.

Danken möchte ich darüber hinaus den Teilnehmern meiner Neurodharma-Retreats sowie meinen Co-Dozenten: Leslie Booker, Alisa Dennis, Peter Grossenbacher, Tara Mulay, Tina Rasmussen und Terry Vandiver. Ausgesprochen dankbar bin ich auch Sui Oakland, die diese Retreats organisiert und gemanagt hat, sowie Kaleigh Isaacs, die das Onlineprogramm dazu entwickelt hat. Das Shambhala Mountain Center war ein wunderschöner und heiliger Ort für diese Veranstaltungen. Und aus tiefstem Herzen ein großes Dankeschön an Judi Bell, Stuart Bell, Tom Bowlin, Daniel Ellenberg, Lee Freedman, Laurel Hanson, Marc Lesser, Crystal Lim-Lange, Greg Lim-Lange, Susan Pollak, Lenny Stein, Bob Truog und Lienhard Valentin für ihre Freundschaft und die unermüdliche Unterstützung des Neurodharma-Expresses!

Ebenfalls dankbar bin ich all den Menschen, die über die Jahre hinweg zu unserem San Rafael Meditation Gathering gekommen sind, vor allem unseren fabelhaften Betreuern, darunter Tom Brown, Nan Herron, Sundara Jordan, Lily O'Brien, Laurie Oman, Rob Paul, Christine Pollock, Gabriel Rabu, Tarane Sayler, Bill Schwarz, Trisha Schwarz, Donna Simonsen, Mark Stefanski, Shilpa Tilwalli und Jerry White.

Außerdem wäre dieses Buch ohne meine Agentin Amy Rennert nicht möglich gewesen, die mich seit Jahren unermüdlich unterstützt. Sehr dankbar bin ich zudem meiner kompetenten und geduldigen Redakteurin bei Penguin Random House, Donna Loffredo, sowie dem ganzen Team dort. Darüber hinaus waren meine Mitarbeiter bei Being Well, Inc., absolut unerlässlich, um dieses Buch zum Leben zu erwecken, darunter Forrest Hanson, Michelle Keane, Sui Oakland, Marion Reynolds, Andrew Schuman, Paul Van de Riet und Stephanie Veillon.

Last, aber alles andere als least hat mich meine wunderbare Frau Jan beim Schreiben dieses Buchs – und, wichtiger, in meinem ganzen Leben – immer wieder ermutigt. Sie hörte mir zu, als ich ihr das Buch nachts vorlas, und gab mir viele hilfreiche Hinweise. Zudem hat sie immer an seinen Wert geglaubt. Mit all meiner Liebe: Ich danke dir.

ANMERKUNGEN

MOTTO

5 **Itivuttaka 1,22:** Aus *Gemstones of the Good Dhamma: Saddhamma-maniratana,* zusammengestellt und übersetzt von Ven. S. Dhammika. Access to Insight (BCBS Edition), 30. November 2013, http://www.accesstoinsight.org/lib/authors/dhammika /wheel342.html.

KAPITEL 1: GEIST UND LEBEN

9 **Geist und Leben:** englisch: Mind in Life. Dies ist auch der Titel von Evan Thompsons exzellentem Buch zum Thema: *Mind in Life: Biology, Phenomenology, and the Sciences of Mind.* Eine Tour de Force, die ich jedem nur wärmstens empfehlen kann. Siehe auch F.J. Varela et al., *The Embodied Mind: Cognitive Science and Human Experience.*

9 **Könnte man durch das Aufgeben:** Übersetzung des Originals ins Englische von Gil Fronsdal in: *The Dhammapada: A New Translation of the Buddhist Classic, with Annotations.* Shambhala, 2006, S. 75.

11 **dem Rest der Menschheit vorenthalten:** Sehr selten gibt es Menschen, die ein solch außergewöhnliches und unerklärliches Transformationserlebnis hatten und anschließend auf einer Ebene der höheren Erkenntnis weiterlebten. Allerdings sind diese Fälle so selten, dass man sie sich im Hinblick auf die eigene Entwicklung kaum zum Vorbild nehmen kann.

11 **sieben Stufen des Erwachens:** Das Modell stammt von mir und ist bei Weitem nicht die einzige Möglichkeit, über das Erwachen und seine Ursachen zu sprechen. Die sieben Stufen – eine Methode, viele Ideen und Herangehensweisen zu strukturieren und zu bündeln – umfassen auch nicht jeden möglichen Aspekt des Erwachens.

11 **Erleuchtung oder volles Erwachen:** Auch Menschen mit »Erfahrungen der Selbsttranszendenz«, die sie auf den Gipfel katapultiert haben, kommen normalerweise wieder vom Berg herunter, wenn auch vielleicht durch das Erlebte in der einen oder anderen Hinsicht verändert. »Volles Erwachen« bedeutet, auf dem Berg zu bleiben. Siehe Yaden et al., »The Varieties of Self-Transcendent Experience«.
Ich greife in erster Linie auf den Bericht des Erwachens im Pali-Kanon und in der verwandten Tradition des Theravada zurück. Die Beschreibungen der verschiedenen Stadien und Ergebnisse des Erwachens sind im Allgemeinen psychologischer und nicht mystischer Natur. Bhikkhu Anālayo etwa bezeichnet das Erwachen als »Zustand der vollständigen und dauerhaften geistigen Freiheit«. Anālayo, *A Meditator's Life of the Buddha,* S. 46.

HOHE ZIELE

12 **Die Neurowissenschaft ist eine junge Wissenschaft:** Zur Vermittlung der Hirnforschung an eine breitere Öffentlichkeit siehe das Interview, das Barry Boyce mit den Neurowissenschaftlern Amishi Jha und Clifford Saron geführt hat: https://www.mindful.org/the-magnificent-mysterious-wild-connected-and-interconnected-brain/.

12 **die es weit den Berg hinauf geschafft haben:** Zahlreiche Wissenschaftler haben sich mit der Schnittmenge von Hirnforschung und tiefkontemplativer Praxis beschäftigt. Siehe z. B. Gellhorn und Kiely, »Mystical States of Consciousness«; Davidson, »The Physiology of Meditation«; McMahan und Braun (Hrsg.), *Meditation, Buddhism, and Science;* Wallace, *Mind in the Balance;* und Wright, *Why Buddhism Is True.*

12 **keine neurologisch definitiven Antworten auf diese Fragen:** Da die Wissenschaft laufend neue Erkenntnisse liefert, kann es gar keine neurologisch definitiven – also finalen – Antworten geben. Doch wenn wir immer erst alles über ein Thema sagen müssten, bevor wir etwas darüber sagen könnten, wären wir nie in der Lage, irgendetwas zu sagen. Dies ist letztlich immer eine Frage des Ermessens: Wie viel müssen wir wissen, um etwas sagen zu können? Wie viel Differenziertheit ist nötig, um etwas im relevanten Kontext angemessen darstellen zu können? Auf diese Fragen wird es immer unterschiedliche Antworten geben. Ich folge dabei drei Prinzipien: die Grenzen wissenschaftlicher Erkenntnisse aufzeigen, auf möglichst viel anderes verweisen und sich auf Ergebnisse konzentrieren, die glaubhaft nützliche Praktiken hervorheben.

13 **in der alles durchdringenden Geistesanalyse Buddhas:** Damit kenne ich mich am besten aus, doch ist sie natürlich nicht der einzige Wegweiser zu den höheren Sphären menschlichen Potenzials.

13 **Pali-Kanon:** Die Lehren Buddhas wurden mehrere Jahrhunderte lang mündlich weitergegeben, bevor es eine schriftliche Aufzeichnung gab, die bis heute überlebt hat. Die Primärquelle seiner Lehren findet sich im Pali-Kanon; Pali ist eine alte Sprache, nahe verwandt mit der Sprache, die in Nordindien zu Buddhas Zeiten gesprochen wurde. Verwandte frühe Versionen der Texte sind auch in chinesischer Sprache und in Sanskrit entdeckt worden. Wer sich näher mit dem Leben Buddhas und scharfsinnigen Vergleichen der frühen noch erhaltenen Texte beschäftigen möchte, dem empfehle ich Anālayo, *A Meditator's Life of the Buddha.* Was Buddha wirklich gesagt hat, werden wir nie mit Sicherheit wissen. Das gilt auch für einige andere, die in diesem Buch zitiert werden, etwa Milarepa, der vor rund 1000 Jahren gelebt hat. Zahlreiche Wissenschaftler, darunter Bhikkhu Bodhi, Thānissaro Bhikkhu, Stephen Batchelor, Richard Gombrich, Leigh Brasington und Bhikkhu Anālayo, haben die zur Verfügung stehenden historischen und textlichen Dokumente gründlich durchkämmt, doch ist das Bild, das sie zeichnen, erhellend und ungenau zugleich.

So könnten wir vor jedes Zitat dieser seit Langem nicht mehr auf Erden wandelnden Lehrer Einleitungen wie die folgenden setzen:»Es heißt, sie sagten, dass...« oder »über die Jahrhunderte hinweg haben viele Menschen die Lehren durch ihre eigenen historisch bedingten Perspektiven geformt, während sich Fehler ebenfalls eingeschlichen haben«. Das aber wäre doch recht ermüdend. Deshalb schreibe ich schlicht:»XY hat das und das gesagt« – in der Hoffnung, dass der Kontext deutlich wird und die Worte für sich sprechen.

13 **adaptiere ich Schlüsselideen und -methoden:** Ich habe meine Auswahl im umfangreichen Pali-Kanon getroffen und gelegentlich auch andere Quellen herangezogen; ich habe mich für bestimmte Übersetzungen entschieden und sie hin und wieder an die Zwecke dieses Buchs angepasst. Details dazu finden Sie in den Anmerkungen. Noch sind sich die Wissenschaftler hinsichtlich der richtigen Deutung dieser alten Texte nicht einig, außerdem hat sich die Tradition über mehr als 2500 Jahre hinweg entwickelt. Was heute rund um den Globus kursiert, sind Auszüge aus einem großen Corpus an Lehren und Kommentaren, Interpretationen dieser Auszüge sowie Anwendungen zu bestimmten Zeiten und an bestimmten Orten. *Den* Buddhismus gibt es nicht – und ich hoffe, Sie lesen meine Worte unter dem Aspekt ihres Inhalts und nicht unter dem Aspekt ihrer »buddhistischen Richtigkeit«.

Wenn Sie mehr über den Buddhismus wissen möchten, können Sie sich auch an Meditationszentren, Lehrer, Webseiten und Bücher wenden. Dürfte ich nur ein Buch zum Thema Einführung in den Buddhismus nennen, wäre dies der Titel *Satipaṭṭhāna* von Bikkhu Anālayo, das sowohl fundamentale als auch weitreichende Übungsanleitungen zum Sutra der Grundlagen der Achtsamkeit enthält.

13 *Komm und sieh selbst:* auf Pali: *Ehipassiko.*
In seinem Buch *Jenseits des Buddhismus* widmet sich Stephen Batchelor dem Unterschied zwischen dogmatischen und pragmatischen Herangehensweisen bei der Beurteilung von Wahrheitsansprüchen.

AUS DER PERSPEKTIVE DES »NEURODHARMA«

14 **Buddha brauchte kein MRT:** Ich glaube, dass Buddha tatsächlich voll erwacht bzw. erleuchtet war, doch wie immer gilt auch hier: Sehen Sie selbst, was für Sie Sinn ergibt. Ich sehe Buddha als menschlichen Lehrer – jemanden, der an sich gearbeitet hat und anderen den Weg weist –, nicht als gleichsam göttliche Gestalt. Für mich ist es seine Menschlichkeit, die seine Lehren glaubhaft und schlüssig macht. Ihm Aussagen zuzuschreiben verleiht ihm Autorität, womit ich in diesem Zusammenhang die Autorität des Sachverstands und persönlichen Vorbilds meine.

14 *neurale* **Grundlage dieser geistigen Faktoren:** Es gibt zahlreiche wissenschaftliche Veröffentlichungen zum neurowissenschaftlichen Studium kontemplativer, spiritueller oder religiöser Erfahrungen und Prak-

tiken – wozu auch die Kritik daran gehört, dass solche Studien überhaupt angestellt werden. Neben spezifischen Erkenntnissen zu den neuralen Entsprechungen von Erfahrungen und Praktiken gibt es auch allgemeine Überlegungen zu Definitionen, Forschungsmethoden und -technologien, zum Gebrauch psychoaktiver Substanzen, zu pathologischen Erfahrungen, klinischen Anwendungen sowie breiter gefassten philosophischen und theologischen Aspekten. Siehe dazu z. B. Newberg, »The Neuroscientific Study of Spiritual Practices«, S. 215, und *Principles of Neurotheology;* Josipovic und Baars, »What Can Neuroscience Learn?«, S. 1731; Dietrich, »Functional Neuroanatomy«; Walach et al., *Neuroscience, Consciousness and Spirituality;* Jastrzebski, »Neuroscience of Spirituality«; Dixon und Wilcox, »The Counseling Implications of Neurotheology«; Weker, »Searching for Neurobiological Foundations«; und Geertz, »When Cognitive Scientists Become Religious«.

14 **Das Dharma – das Bemühen:** Aus: »Your Liberation Is on the Line«, *Buddhadharma,* Frühjahr 2019, S. 77.

14 **akkurate Beschreibungen dieser Dinge:** Das Wort »Dharma« hat in verschiedenen Kontexten vielfältige Bedeutungen. Siehe dazu etwa https://de.wikipedia.org/wiki/Dharma. Zu dem Thema, dass das Pali-Wort für Wahrheit, *sacca,* nicht synonym mit *dharma* ist, siehe auch Stephen Batchelor in *Jenseits des Buddhismus* (Kapitel 5).

14 **Mit dem Begriff »Neurodharma«:** Breiter gefasst könnte man auch von Biodharma sprechen. Außer mir haben sich auch andere damit beschäftigt, was es bedeutet, buddhistische Vorstellungen und Methoden in einen Zusammenhang mit natürlichen Ursachen und Erklärungen zu stellen. In einem allgemeinen Sinn könnte man das auch die »Naturalisierung« – Natürlichmachung – des Dharma nennen. Siehe dazu z. B. Flanagan, *The Bodhisattva's Brain.*
Zu anderen diesbezüglichen Wortneuschöpfungen siehe Loy, *Ecodharma;* ungewisse Urheberschaft, *Recovery Dharma;* Williams et al., *Radical Dharma;* und Gleig, *American Dharma.*

16 **reine Gedankenspiele vermeiden:** Auf bemerkenswerte Weise mit den Grenzen der wissenschaftlichen Erklärung der Erleuchtung und der Wichtigkeit, unterschiedliche Definitionen von Erleuchtung in den verschiedenen Strömungen mit einzubeziehen, auseinandergesetzt haben sich Davis und Vago, »Can Enlightenment Be Traced?«

EIN PFAD, DER VORWÄRTS FÜHRT

17 **jede Person ist mit allem verbunden:** Meiner Ansicht nach existieren Erfahrungen, Informationen und Materie (zu der auch Energie gehört; $E=mc^2$) und die Natur dieser Existenz ist unbeständig, zusammengesetzt, ineinandergreifend und deshalb »leer«. Wie wir auch in Kapitel 7 noch sehen werden, ist die Existenz der Dinge – z. B. die Existenz von Erfahrungen, Informationen und Materie – eine leere Existenz. Doch nur weil

Dinge ausschließlich in Relation zu anderen Dingen existieren, bedeutet das nicht, dass sie gar nicht existieren.

Tun und sein

18 *angeborene* **Vollkommenheit:** Eine ausgezeichnete Darstellung der Schlüsselaspekte dieser beiden Herangehensweisen finden Sie in: Dunne, »Toward an Understanding of Non-dual Mindfulness«.

18 **»Beständiges Üben ... plötzliches Erwachen«:** Nach dem Zen-Meister Chinul. Hören Sie sich auch Joseph Goldsteins Vortrag »Sudden Awakening, Gradual Cultivation« unter www.dharmaseed.org an.

18 *Zuerst kam nichts:* Nach Ricard, *On the Path to Enlightenment.*

18 **Auf dem langen, steinigen Weg:** Aus: *Call Me by My True Names: The Collected Poems of Thich Nhat Hanh,* Parallax Press, 2001.

18 **auf seinen natürlichen Ruhezustand ein:** Vorausgesetzt, das Gehirn ist nicht durch eine Gehirnerschütterung oder durch einen Schlaganfall geschädigt oder neurochemisch gestört.

Sein lassen, loslassen, hereinlassen

19 **bedarf dreierlei Arten der Übung:** Darüber haben Forrest Hanson und ich auch in *Das resiliente Gehirn* geschrieben.

ZUM GEBRAUCH DIESES BUCHS

24 **Lass die Lehren in dich eindringen:** Aus der Einleitung von *Understanding Our Mind: 50 Verses on Buddhist Psychology,* Parallax Press, 2002.

25 **wollen wir das *Unbedingte* erkunden:** Mit dieser Erkundung greife ich in erster Linie – aber nicht ausschließlich – auf die buddhistischen Lehren im Pali-Kanon und in der Tradition des Mahayana zurück. Mit »unbedingt« wird gemeinhin das Pali-Wort *asankhata* wiedergegeben, dessen korrekte Übersetzung allerdings umstritten ist; sie könnte auch so viel wie »unerschaffen« (englisch: *unfabricated;* Thanissaro Bhikkhu; https://www.dhammatalks.org/suttas/KN/Ud/ud8_3.html) oder »unbeeinflusst« (englisch: *uninclined;* Stephen Batchelor in *Jenseits des Buddhismus)* lauten. Wenn ich »unbedingt« schreibe (unabhängig vom Erscheinen des Wortes in einigen der Zitate), meine ich es im Sinn des Kontexts meines Texts, nicht als Verweis auf ein spezifisches Pali-Wort, dessen exakte Bedeutung und angemessene Übersetzung umstritten bleiben.

26 **spiegeln den Pfad wider, den ich beschritten habe:** Ich habe mich z.B. für spezifische englische Wiedergaben wichtiger Pali-Begriffe wie *dukkha (suffering,* Leid oder Leiden) und *piti (bliss,* Glückseligkeit) entschieden, bestimmte Texte in Anlehnung an die Übersetzung anderer zusammengefasst und einige Verzeichnisse neu geordnet. Ich habe mich bemüht, diese Entscheidungen sichtbar zu machen, damit Sie sie entsprechend bewer-

ten können; doch benutzen Sie bitte auch andere Quellen, etwa die in den Anmerkungen angegebenen.

26 **viele andere Möglichkeiten gibt, über den Stoff:** Siehe beispielsweise Gross, *Buddhism After Patriarchy;* die Herbst-2019-Ausgabe der Zeitschrift *Buddhadharma;* und Weingast, *The First Free Women.*

26 **Dinge aus anderen Veröffentlichungen von mir:** Ein Teil des Stoffs aus diesem und dem nächsten Kapitel stammt aus den folgenden Essays: »Positive Neuroplasticity«, in: *Advances in Contemplative Psychotherapy,* hrsg. von Loizzo et al.; »Neurodharma: Practicing with the Brain in Mind«, *Buddhist Meditative Praxis: Traditional Teachings and Modern Applications* (Tagungsprotokolle), hrsg. von K.L. Dhammajoti (Hong Kong: University of Hong Kong, 2015), 227–244; »Mind Changing Brain Changing Mind: The Dharma and Neuroscience«, *Exploring Buddhism and Science,* hrsg. von C. Sheng und K.S. San; und »Seven Facts About the Brain That Incline the Mind to Joy«, *Measuring the Immeasurable: The Scientific Case for Spirituality* (Sounds True, 2008).

28 **geerdet und mit inneren Ressourcen ausgestattet:** Bei einigen intensiv kontemplativen Praktiken, beispielsweise den »Stadien der Erkenntnis«, wie sie im Visuddhimagga beschrieben werden, einem im 5. Jahrhundert n.Chr. von Buddhaghosa verfassten Werk (siehe Buddhaghosa, *Path of Purification),* sind Angst, Traurigkeit, Abscheu und der Wunsch, mit dem Üben aufzuhören, Anzeichen des bevorstehenden tieferen Erwachens. Deshalb sollte man sich auf diese Erfahrungen vorbereiten: zum einen mittels äußerer Ressourcen (geübte Lehrer und stützende Gemeinschaften) und zum anderen mittels innerer Ressourcen wie eines ruhigen Geists, Gelassenheit, des Wissens um die »leere« Natur schmerzhafter Erfahrungen und des Wissens um den Platz der Erfahrungen innerhalb größerer Zusammenhänge (siehe A. Grabovac, »The Stages of Insight«). Nun ist eine intensiv kontemplative Praxis nicht Bestandteil dieses Buchs, doch birgt jeder Prozess der persönlichen Entwicklung seine Risiken, insbesondere für verletzlichere Menschen. (Natürlich birgt es auch Risiken, sich nicht persönlich weiterzuentwickeln – etwa das Nicht-Erlangen lebensbewältigender Fähigkeiten –, doch wird darüber eher selten gesprochen.) Ein Risiko ist zwar noch lange keine Gewissheit, mit inneren und äußeren Ressourcen aber können wir uns Herausforderungen einfach besser stellen. Aus diesem Grund liegt unser Hauptaugenmerk hier auch auf dem Entwickeln innerer Ressourcen. Erleben Sie während des Übens Verstörendes, sollten Sie sich an einen kompetenten Lehrer oder möglicherweise auch an einen Therapeuten wenden. Diesbezügliche Hilfestellungen finden Sie ebenfalls in guten Büchern, etwa in: Culadasa et al., *The Mind Illuminated.*

28 **Depressionen, Traumata, Dissoziationen oder psychotische Prozesse:** Lindahl et al., »The Varieties of Contemplative Experience«. Zu diesem Thema hat Willoughby Britton wegweisend geforscht: siehe https://vivo. brown.edu/display/wbritton#.

KAPITEL 2: DER VERZAUBERTE WEBSTUHL

31 **Unterschätze nicht dein gutes Handeln:** Im amerikanischen Original
nach einer Übersetzung von Acharya Buddharakkhita, https://www.
accesstoinsight.org/tipitaka/kn/dhp/dhp.09.budd.html.

32 **Netzwerk mit mehreren Hundert Billionen Schnittstellen:** Inmitten
weiterer etwa 100 Milliarden unterstützender Zellen.

32 **von einem verzauberten Webstuhl gewebt:** Hansotia,»A Neurologist
Looks at Mind«.

LEIDEN UND GLÜCK

33 **Das Dasein ist leidvoll:** So wird im Allgemeinen das Pali-Wort *dukkha*
übersetzt; andere Übersetzungen lauten Last, Unzufriedenheit und Unzulänglichkeit.

33 **Schmerz ist unvermeidlich, Leiden optional:** Eine spezifische Quelle für
diesen Spruch konnte ich nicht ausmachen. Siehe https://fakebuddhaquo-
tes.com/pain-is-inevitable-suffering-is-optional/.

34 **Es hat einen Ursprung: das »Begehren«:** So wird für gewöhnlich das
Pali-Wort *tanha* übersetzt; andere Übersetzungen lauten Verlangen, Festhalten und Anhaften. Siehe dazu Stephen Batchelor »Turning the Wheel
of Dhamma«, S. 18 oben, unter https://www.stephenbatchelor.org/media/
Stephen/PDF/Stephen_Batchelor-Pali_Canon -Website-02-2012.pdf.
Diese Anthologie von Schlüsseltexten aus dem Pali-Kanon ist auch sonst
ausgesprochen lesenswert.

34 **deren vierte und nun tatsächlich letzte den Übungsweg beschreibt:**
Dieser Übungsweg ist der Edle Achtfache Pfad: rechte Ansicht (manchmal auch als Anschauung übersetzt), rechte Entschlossenheit (manchmal
auch als Gesinnung oder Absicht übersetzt), rechtes Reden, rechtes Handeln, rechte Lebensweise, rechte Anstrengung (manchmal auch als Streben
oder Üben übersetzt), rechte Achtsamkeit, rechte Konzentration (manchmal auch als Sich-Versenken übersetzt).

34 **der aus der Möglichkeit Wirklichkeit werden lässt:** Zur Deutlichma-
chung der Vier Edlen Wahrheiten hat man Buddha auch mit einem Arzt
verglichen, der (1) unsere Krankheit diagnostiziert, das Leiden, (2) die
Ursache dafür herausfindet, das Begehren, (3) das Heilmittel benennt,
das Ablassen vom Begehren, und (4) eine Therapie vorschlägt, den Edlen
Achtfachen Pfad. Siehe Anālayo, *Mindfully Facing Disease and Death*,
S. 9–10.

34 **die Vier Edlen Wahrheiten beginnen:** Die Vier Edlen Wahrheiten werfen
naturgemäß einige Fragen auf, allen voran die, ob »Wahrheit« überhaupt
das richtige Wort ist. Zu provokanten und auseinanderstrebenden Meinungen diesbezüglich siehe https://tricycle.org/magazine/the-far-shore/
und https://tricycle.org/magazine/understand-realize-give-develop/.
Siehe vor allem auch Stephen Batchelors außergewöhnliches Buch *Jenseits
des Buddhismus*.

Sehr nützlich ist es, sich zu fragen, ob Aussagen wie »Begehren führt zu Leiden« als Anspruch auf die Wahrheit am besten abstrakt oder empirisch untersucht werden sollten. Ob etwas wirklich der Fall – also wahr – ist, ist selbstverständlich auch häufig für die Praxis relevant; die »Wahrheit« einer Oase in der Wüste spielt für den, der am Verdursten ist, eine ziemlich große Rolle. Dennoch liegt die Betonung hier auf der Praxis, dem Üben, an sich. Um Wiederholungen zu vermeiden, stelle ich den meisten meiner Behauptungen nicht jedes Mal die Einladung voran, ihren Wahrheitsgehalt empirisch zu testen, doch ist sie implizit immer mitgedacht.

35 der Glückliche: Digha Nikaya 16, an vielen Stellen.

DER NATÜRLICHE GEIST

35 **mehrerer Milliarden Jahre biologischer Evolution:** Aktuellen Schätzungen zufolge gibt es schon seit mindestens dreieinhalb Milliarden Jahren Leben auf der Erde. Siehe https://en.wikipedia.org/wiki/Earliest_known_life_forms.

36 **Gehirnzellen verarbeiten Informationen:** Kandel, *In Search of Memory ((Auf der Suche nach dem Gedächtnis; Übersetzung hier von mir [UK]))*, S. 59. Siehe auch Grossenbacher, »Buddhism and the Brain«, 2006, S. 10: »Das Gehirn funktioniert aufgrund der Kommunikation zwischen den Nervenzellen sowie der dynamischen Informationsverarbeitung innerhalb dieser interzellulären Kommunikation. Die Hauptfunktion einer Nervenzelle besteht darin, Signale zu erzeugen, die die Aktivität anderer Zellen beeinflussen.«

36 **…Die elektrische Signalübertragung repräsentiert:** Kandel, *In Search of Memory*, S. 74.

36 **…Alle Lebewesen besitzen ein:** Ebenda, S. 108.

36 **sein Hauptquartier, das Gehirn:** Dass ich das Hauptaugenmerk auf das Nervensystem und insbesondere das Gehirn lege, soll die Rolle anderer körperlicher Aspekte oder des Lebens im Allgemeinen nicht schmälern. Viele Systeme im Körper beeinflussen das Nervensystem. So können z. B. das Mikrobiom im Darm sowie andere gastrointestinale Faktoren erheblichen Einfluss auf unsere Stimmung und weitere Aspekte des Bewusstseins nehmen. Manche Entzündungsprozesse (etwa solche, die mit bestimmten Zytokinen verknüpft sind) wirken sich ebenfalls auf unsere Stimmung aus. Wie genau der Körper, vor allem das Gehirn, menschliche Erfahrungen – oder die einer Katze – macht, ist noch unklar. Viele schwierige Fragen bleiben unbeantwortet. Siehe Thompson, *Waking, Dreaming, Being.*
Verschiedene Wissenschaftler beschreiben neurale Entsprechungen unserer Erfahrungen, doch selbst die sind noch nicht vollständig erforscht. Die Strukturen des Gehirns sowie die Vorgänge darin etwa sind äußerst komplex, weshalb auch die Verortung bestimmter Funktionen nur eine verschwommene erste Annäherung sein kann. Das ist wie bei einem

fraktalen Bild: Je näher man hinsieht, desto komplexer wird es. Siehe dazu Christoff, »Specifying the Self«.

Zudem geschieht ein Großteil der Informationsverarbeitung im Nervensystem, ohne dass wir uns dessen direkt bewusst wären.

36 **die Informationsmuster repräsentieren:** Tononi et al., »Integrated Information Theory«, S. 450.

36 **eine offene Frage:** Koch et al., »Neural Correlates of Consciousness«, S. 307.

36 **was das Gehirn tut:** Eine Auswahl finden Sie in Panksepp, *Affective Neuroscience*, Porges, *The Polyvagal Theory* sowie Decety und Svetlova, »Putting Together Phylogenetic and Ontogenetic Perspectives«.

36 **hängen all unsere Erfahrungen von der Nervenaktivität ab:** Sicherlich sind die Verknüpfungen zwischen Nervenaktivität und geistiger Aktivität komplex und schwer zu erforschen. Zu den Kernfragen siehe Fazelpour und Thompson, »The Kantian Brain«. Wenn Sie sich bei zwei Pionieren auf dem Gebiet, Francisco Varela und Evan Thompson, belesen möchten, empfehle ich Ihnen Varela, »Neurophenomenology: A Methodological Remedy«, und Thompson, »Neurophenomenology and Contemplative Experience«.

Um die Darstellung der Beziehung zwischen Geist und Gehirn zu vervollständigen, muss wahrscheinlich ebenfalls auf die Quantenphysik zurückgegriffen werden. Dies beinhaltet auch die Möglichkeit, dass sich das Bewusstsein auf Quantenebene auf die Interaktionen zwischen den Nervenzellen auswirkt. Siehe Schwartz et al., »Quantum Physics in Neuroscience and Psychology«, und Tarlaci, »Why We Need Quantum Physics«.

36 **drei Pfund tofuähnlichem Gewebe:** Ich danke dem Neurologen Richard Mendius für dieses schöne Bild.

37 **in einem Nervenaktivitätsstrom:** Tononi et. al., »Integrated Information Theory«, S. 450.

GEIST VERÄNDERT GEHIRN VERÄNDERT GEIST

37 **in Ihr Nervensystem einprogrammiert werden:** Siehe dazu Ott et al., »Brain Structure and Meditation«.

Die Mechanismen der Neuroplastizität

38 **bestehender synaptischer Verbindungen:** Clopath, »Synaptic Consolidation«, und Whitlock et al., »Learning Induces Long-Term Potentiation«.

38 **Erregbarkeit individueller Nervenzellen:** Oh et al., »Watermaze Learning Enhances Excitability«.

38 **(*epigenetische* Effekte):** Day und Sweatt, »Epigenetic Mechanisms in Cognition«; Szyf et al., »Social Environment and the Epigenome«.

38 **Herstellen neuer Verbindungen:** Matsuo et al., »Spine-Type-Specific

Recruitment«, sowie Löwel und Singer,»Selection of Intrinsic Horizontal Connections«.

38 **Produzieren neuer Nervenzellen:** Spalding et al.,»Dynamics of Hippocampal Neurogenesis«; Kempermann,»Youth Culture in the Adult Brain«; und Eriksson et al.,»Neurogenesis in the Adult Human Hippocampus«.

38 **Aktivität in spezifischen Regionen:** Davidson,»Well-Being and Affective Style«.

38 **Umformen bestimmter neuraler Netzwerke:** Martin und Schuman,»Opting In or Out«.

38 **Verändern der *Gliazellen:*** Underwood,»Lifelong Memories May Reside«.

38 **Neurotransmittern wie Serotonin:** Hyman et al.,»Neural Mechanisms of Addiction«.

38 **Erhöhen *neurotropher* Faktoren:** Bramham und Messaoudi,»BDNF Function«.

39 ***Hippocampus* und *Parietalkortex:*** Brodt et al.,»Fast Track to the Neocortex«.

39 **»Wiederholungsereignisse«:** Grosmark und Buzsáki,»Diversity in Neural Firing Dynamics«, sowie Karlsson und Frank,»Awake Replay of Remote Experiences«.

39 **langfristige Lagerstätten in der *Hirnrinde:*** Nadel et al.,»Memory Formation, Consolidation«.

39 **Koordination zwischen Hippocampus und Hirnrinde:** Sneve et al.,»Mechanisms Underlying Encoding«.

39 ***Festigung* der Lerninhalte auf Systemebene in der Hirnrinde:** Paller,»Memory Consolidation: Systems«.

39 **Tief- und REM-Schlafs:** Hu et al.,»Unlearning Implicit Social Biases«, und Cellini et al.,»Sleep Before and After Learning«.

39 **etwas so Simples wie die Aussage: 2 + 2 = 4:** Einige Nervenzellen können dieselben, aber viele werden andere sein.

39 **Der Geist hat seine eigene Kausalkraft:** Tononi et al.,»Integrated Information Theory«, S. 450.

40 **Der Geist nutzt das Gehirn:** Siehe Siegel, *The Mindful Brain.* Dan ist ein brillanter und sehr produktiver Autor und Lehrer. Siehe auch seine jüngsten Bücher, darunter *Aware.*

DAS GEHIRN MIT MEDITATION VERÄNDERN

40 **gehirnverändernden Effekte der Achtsamkeit:** Siehe dazu die neuere Übersichtsarbeit von Brandmeyer et al.,»The Neuroscience of Meditation«.

40 ***posterioren* (hinteren) *zingulären Kortex:*** Creswell et al.,»Alterations in Resting-State Functional Connectivity«.

40 ***Default Mode Network:*** Siehe dazu auch Kapitel 6.

41 **größere Top-down-Kontrolle über die** *Amygdala:* Wie es bei den meisten Teilen des Gehirns oberhalb des Hirnstamms der Fall ist, besitzen wir auch die Amygdala eigentlich zweimal, ebenso den Hippocampus, den zingulären Kortex usw. Es herrscht jedoch die (verwirrende) Übereinkunft, von diesen Teilen des Gehirns in der Einzahl zu sprechen, und dieser Übereinkunft folge auch ich.

41 **löst neural-hormonelle Stressreaktionen aus:** Kral et al., »Impact of Short- and Long-Term Mindfulness Meditation«.

41 **entwickeln auch mehr Gewebe im Hippocampus:** Hölzel et al., »Investigation of Mindfulness Meditation Practitioners«.

41 **weniger** *Kortisol,* **ein Stresshormon:** Tang et al., »Short-Term Meditation Training«.

41 **dickere Schichten von Nervengewebe:** Lazar et al., »Meditation Experience Is Associated«.

41 **mehr Gewebe in der** *Insula:* Ebenda.

41 **rechte und linke Gehirnhälfte:** Richtiger: die linke und rechte Hälfte der Hirnrinde.

41 **Logik und Intuition fördert:** Fox et al., »Is Meditation Associated with Altered Brain Structure?«

42 **erholen sich danach meist auch ungewöhnlich schnell:** Lutz et al., »Altered Anterior Insula Activation«.

42 **Gehirnwellenaktivität im Gammabereich:** Lutz et al., »Long-Term Meditators Self-Induce«. Hier zeigt sich eine erhöhte Gammawellenaktivität sogar im Schlaf; siehe Ferrarelli et al., »Experienced Mindfulness Meditators«.

42 **großer Areale kortikalen Raums:** Der Ausdruck »cortical real estate« (hier wiedergegeben mit kortikaler Raum) stammt, glaube ich, aus Sharon Begleys exzellentem Buch *Neue Gedanken – neues Gehirn.*

42 **mit verstärktem Lernen verbunden:** Uhlhaas et al., »Neural Synchrony«.

42 **Übergang von der absichtlichen Selbstkontrolle:** Josipovic und Baars, »What Can Neuroscience Learn?«

42 **Menschen beschäftigt, die Transzendentale Meditation:** Mahone et al., »fMRI During Transcendental Meditation«.

42 **christliche:** Newberg et al., »Cerebral Blood Flow«.

42 **islamische:** Newberg et al., »A Case Series Study«.

42 **Mitgefühlsmeditationen:** Hofmann et al., »Loving-kindness and Compassion Meditation«.

42 **ähnliche Übungen:** Cahn und Polich, »Meditation States and Traits«.

42 **wird sich auch dieses mit der Zeit verbessern:** Es gibt viele Arten von Meditationen und noch mehr Arten von mentalem Training, die sich in ihren Auswirkungen auf das Gehirn zweifelsohne nuanciert voneinander unterscheiden. Auch andere Faktoren werden eine Rolle spielen, etwa das individuelle Temperament – vielleicht fühlen sich die von Natur aus ohne-

hin ruhigeren Menschen besonders von der Meditation angesprochen –, die umgebende Gemeinschaft, religiöse Aspekte, die Kultur und moralische Werte.

42 **emotionale Selbstregulation und die Selbstwahrnehmung:** Hölzel et al., »How Does Mindfulness Meditation Work?«

42 **Übungen über einen langen Zeitraum hinweg:** Goleman und Davidson, *Altered Traits.*

42 **Dankbarkeit, Entspannung, Güte:** Siehe dazu z. B. Baxter et al., »Caudate Glucose Metabolic Rate Changes«; Nechvatal und Lyons, »Coping Changes the Brain«; Tabibnia und Radecki, »Resilience Training That Can Change the Brain«; Lazar et al., »Functional Brain Mapping«; und Dusek et al., »Genomic Counter-Stress Changes«.

42 **der Geist forme sich:** Das hörte ich bei dem Lehrer James Baraz, der es seinerseits nach Majjhima Nikaya 19 adaptiert hat: »Unser Geist wird davon beeinflusst, was wir häufig denken und worüber wir häufig nachdenken.«

43 **formt sich unser Gehirn:** Auch in den Verbindungen zwischen den Nervenzellen und im Auf und Ab der Neurotransmitter.

43 **worauf unsere Aufmerksamkeit gerichtet ist:** McGaugh, »Memory«.

KAPITEL 3: DEN GEIST BERUHIGEN

51 **Gehst du hinab zu einem Fluss:** Im amerikanischen Original nach Übersetzungen von John Ireland (https://www.accesstoinsight.org/tipitaka/kn/ snp/snp.2.08.irel.html) und Thānissaro Bhikkhu (https://www.dhammatalks.org/suttas/KN/StNp/StNp2_8.html).

51 **Sutta Nipāta 2,8:** Das Pali-Wort *sutta* entspricht dem Sanskrit-Wort *sutra* und meint einen Text, häufig einen Text religiösen Inhalts.

DIE KRAFT DER KONZENTRATION

52 **Tugend:** Manchmal auch als Moral oder Zurückhaltung übersetzt.

52 **Tugend, Weisheit – und Konzentration:** Auf Pali: *sila, panna, samadhi.* Wir stützen uns auf diese Säulen, wenn wir sie brauchen, entwickeln die Eigenschaften und Fähigkeiten aber auch im Laufe der Zeit.

52 **Punkt hin, der die befreiende Erkenntnis fördert:** Mein Augenmerk liegt hier auf einem bestimmten Aspekt des *samadhi;* zu den weiteren Aspekten gehören die Reinigung von problematischen Neigungen, die Intensivierung nützlicher Geisteszualitäten in immer konzentrierteren Formen und außergewöhnliche Bewusstseinszustände.

53 **Schärfe der Rasierklinge für die Einsicht:** *Vipassana* auf Pali.

53 **Kraft des Stocks für die Konzentration:** Auf Pali auch *samatha* genannt, was so viel wie ruhiges Verweilen, das den Geist in die Stille bringt, ihn sammelt und konzentriert, bedeutet.

53 **den sogenannten *jhanas:*** Diese zusammenfassende Beschreibung ist im amerikanischen Original an folgende Übersetzungen angelehnt: Andrew

Olendzki, http://nebula.wsimg.com/bb54f2da6f46e24d191532b9ca8d1
ea1?AccessKeyId=EE605ED40426C654A8C4&disposition=0&allowo
rigin=1), Bhikkhu Bodhi, *In the Buddha's Words,* und H. Gunaratana,
»A Critical Analysis of the Jhānas in Theravāda Buddhist Meditation«,
Doktorarbeit, American University, 1980 (http://www.buddhanet.net/
pdf_file/scrnguna.pdf).

Da die Übersetzung einiger Schlüsselbegriffe umstritten ist, sollten auch
andere Übersetzungen herangezogen werden, etwa die von Leigh Brasington (http://www.leighb.com/jhana_4factors.htm), Shaila Catherine
(http://www.imsb.org/wp-content/uploads/2014/09/FiveJhanaFactors.
pdf) und Bhikkhu Anālayo (Anālayo, *A Meditator's Life of the Buddha).*
Insbesondere Brasington, aber auch andere sind der Meinung, dass der
Ausdruck »gelenkte und gehaltene Aufmerksamkeit« (auf Pali *vitakka*
und *vicara)* treffender mit Nachdenken und Prüfung (»thought and exa-
mination«) wiedergegeben wäre.

53 **werden die Jhanas mit psychologischen:** Als psychologische Phänomene besitzen sie vermutlich auch nervliche Entsprechungen. Dazu hat
z. B. Leigh Brasington verschiedene Hypothesen: http://www.leighb.com/
jhananeuro.htm.

54 **kommt es zum »Erlöschen«:** Leigh Brasington hat mich in einem persönlichen Gespräch freundlicherweise darauf hingewiesen, dass das Wort
»Erlöschen« im Pali-Kanon vielfältige Bedeutungen annimmt. Im vor-
liegenden Zusammenhang meine ich damit das Ende des gewöhnlichen
Bewusstseins, das eine Art von Eingehen ins *nibbana* ermöglicht.

54 **mithilfe kompetenter Lehrer:** Mehr über die Jhanas erfährt man in den
Seminaren und Büchern von Leigh Brasington, Tina Rasmussen und
Stephen Snyder, Shaila Catherine sowie Richard Shankman.

54 **nach vielen Tagen des Übens:** Und auf der Grundlage einer soliden
meditativen Praxis.

ABSCHWEIFENDE AUFMERKSAMKEIT

55 **Wir leben in der Vergesslichkeit:** Thich Nhat Hanh, *Understanding Our
Mind: 50 Verses on Buddhist Psychology.* Parallax Press, 2002, Kapitel 42,
S. 208.

56 **»Affengeist«:** Eine häufig gewählte Metapher, die auch mit »Gedankenkarussell« wiedergegeben werden kann.

DIE KUNST DES KULTIVIERENS

57 **Die Kunst des Kultivierens:** Dieses Unterkapitel fasst Material zusammen, das ausführlich in meinem Buch *Denken wie ein Buddha* erläutert
wird.

57 **was in unserem Inneren fortdauert:** Das Kultivieren innerer Ressourcen, sei es Geduld oder eine feste Verbundenheit, wurde von den alten
Lehrschriften bis zur modernen psychologischen Forschung schon

immer hochgeschätzt. Buddha beispielsweise ermunterte uns dazu, die folgenden Faktoren des Erwachens in uns zu pflegen: Achtsamkeit, Neugier, Energie, Glückseligkeit, Gelassenheit, Konzentration und Gleichmütigkeit. Und keiner dieser Faktoren ist abgehoben oder entstammt dem Bereich der Metaphysik – wir alle können sie mit der Zeit in uns wachsen lassen.

57 **Die systematische Schulung:** Dalai Lama und Cutler, *The Art of Happiness*, S. 44.

Das Lernen im Gehirn

58 **Erfahre oder erlebe, was du gern entwickeln willst:** Der Großteil des Lernens beginnt mit einer Erfahrung wie einem Gedanken, einer Wahrnehmung (darunter auch Empfindungen), einer Emotion, einem Wunsch oder dem Gefühl einer Handlung.

58 **vorübergehende Zustände in dauerhafte *Merkmale* umgewandelt:** Ein Beispiel für diesen Vorgang im Zusammenhang mit der Achtsamkeitsschulung finden Sie in Kiken et al., »From a State to a Trait«.

58 **wenig oder zumindest nicht dauerhaft etwas davon:** Einer Studie zufolge kann die durchschnittliche Reaktion auf eine Intervention zwar erheblich größer ausfallen als die durchschnittliche Veränderung in der Kontrollgruppe – allerdings profitierten auch viele Probanden in der Interventionsgruppe nicht messbar von der Intervention. Oder die Wandlungsrate von Zuständen zu Merkmalen erhöht sich vielleicht nicht wesentlich, selbst wenn sich die Zustände empirisch bessern. In den vergangenen Jahrzehnten etwa gab es auf dem Gebiet der Psychotherapie zwar viele neue Ideen und Methoden, doch haben sich die therapeutischen Ergebnisse nicht eindeutig gebessert – im Gegenteil: Es gibt sogar Hinweise darauf, dass sie sich verschlechtert haben. Siehe dazu Johnsen und Friborg, »The Effects of Cognitive Behavioral Therapy«; und Carey et al., »Improving Professional Psychological Practice«.

Der Negativity Bias

59 **den die Evolution unter harten Bedingungen hervorgebracht hat:** Rozin und Royzman, »Negativity Bias, Negativity Dominance«; Vaish et al., »Not All Emotions«; Hamlin et al., »Three-Month Olds Show«.

59 **emotionalen und somatischen Rückstände:** Baumeister et al., »Bad Is Stronger Than Good«.

59 **sensibilisiert die Amygdala und schwächt den Hippocampus:** Harkness et al., »Stress Sensitivity and Stress Sensitization«, und Load, »Beyond the Stress Concept«.

60 **da Sie sich bereits am anderen Ufer des Flusses befinden:** Dies ist ein zentrales Bild im Buddhismus; siehe Majjhima Nikaya 22.

Sich selbst heilen

60 **»zufällig lernen«:** Wie z. B. in den Arbeiten von Barbara Fredrickson und anderen zur Broaden-and-Build-Theorie der positiven Emotionen dargestellt. Siehe Fredrickson, »The Broaden-and-Build Theory«, sowie Kok und Fredrickson, »Upward Spirals of the Heart«. Die Arbeiten sind bahnbrechend und ausgesprochen hilfreich. Hier nur so viel dazu: Der sogenannte Build-Effekt wird für gewöhnlich als (1) Aufwärtsspirale förderlicher Geisteszustände beschrieben, die zu anderen förderlichen Geisteszuständen und nicht zur Entwicklung dauerhafter psychologischer Merkmale führen, oder (2) als Aneignung von Merkmalen durch nicht absichtliche, zufällige Vorgänge.

61 **von dem negativen Material bisweilen überfordert:** Um sich vollständig von einem Trauma zu erholen, ist es wahrscheinlich notwendig, das negative Material in den vierten Schritt einzubinden. Es empfiehlt sich jedoch, dafür die Hilfe eines professionellen Therapeuten in Anspruch zu nehmen.

61 **ins Langzeitgedächtnis überführt wird:** Ranganath et al., »Working Memory Maintenance Contributes«.

61 **sendet diese verstärkt Signale an den Hippocampus:** Packard und Cahill, »Affective Modulation«.

62 **dauerhafte Veränderung der Nervenstrukturen oder -funktionen:** Talmi, »Enhanced Emotional Memory«, sowie Cahill und McGaugh, »Modulation of Memory Storage«.

62 **das Angenehme oder Bedeutsame der Erfahrung:** Siehe dazu auch Bhikkhu Anālayo: »Meide nicht die heilsamen Formen des Glücks, denn sie können das fortschreitende Erwachen unterstützen... Manche Formen des Vergnügens sind hinderlich, andere nicht. Das entscheidende Kriterium besteht nicht in der affektiven Natur einer bestimmten Erfahrung, sondern in ihren heilsamen oder nicht heilsamen Auswirkungen.« (Anālayo, *A Meditator's Life of the Buddha*, S. 83).

62 **Übergang ins Langzeitgedächtnis:** Madan, »Toward a Common Theory for Learning«; Sara und Segal, »Plasticity of Sensory Responses«; McDonald und Hong, »How Does a Specific Learning?«; Takeuchi et al., »The Synaptic Plasticity and Memory Hypothesis«; und Tully und Bolshakov, »Emotional Enhancement of Memory«.

62 **Positivem gegenüber allgemein empfänglicher:** Manche Menschen sind z. B. besonders empfänglich für positive Umwelteinflüsse. Diese individuellen Unterschiede können teilweise erworben sein – im Gegensatz zu ausschließlich von erblichen, angeborenen, genetischen Faktoren bedingt –, etwa durch mentales Training oder andere Erfahrungen. Siehe dazu auch Moore und Depue, »Neurobehavioral Foundation of Environmental Reactivity«.

62 **Trag einen grünen Zweig:** Der Satz wird im Allgemeinen Laotse zugeschrieben oder als chinesisches Sprichwort zitiert; eine spezifische Quelle dafür konnte ich allerdings nicht finden.

62 **Bhikkhu:** Pali-Ausdruck für Mönch.

62 **Anālayo:** Anālayo, *A Meditator's Life of the Buddha*, S. 29.

DEN EIGENEN PLATZ FINDEN

63 **der über ein *Ortsgedächtnis* verfügte:** Quiroga, »Neural Representations Across Species«.

63 **sichere Basis, von der aus wir uns ins Leben hinaus bewegen können:** Der Ausdruck »sichere Basis« hat im Zusammenhang mit der Bindungstheorie spezielle Bedeutungen; ich gebrauche ihn hier in einem allgemeineren Sinn.

FÜNF ARTEN, DEN GEIST ZU BERUHIGEN
Grundlagen der Übungen

67 **um anderer Menschen willen üben, nicht nur um Ihrer selbst willen:** Sie können auch ganz formell eine »Widmung des Verdienstes« Ihrer Übungen aussprechen. Siehe dazu z. B. https://www.lionsroar.com/how-to-practice-dedicating-merit/.

67 **spezifischen Gegenstand der Aufmerksamkeit:** Manchmal auch als Anker der Aufmerksamkeit bezeichnet.

67 **offenen Gewahrsein:** Manchmal auch als offene Beobachtung bezeichnet.

68 **erleben Sie in erster Linie das Gewahrsein selbst:** Diana Winston bezeichnet dies auch als natürliches Gewahrsein. Siehe Winston, *The Little Book of Being*.

69 **Nervenaktivität in den genannten Bereichen abnehmen:** Siehe dazu auch Kapitel 1 dieses Buchs.

Die Absicht festlegen

70 ***ausatmen, wenn Sie ausatmen:*** Diesen und andere meiner Vorschläge habe ich dem Anapanasati-Sutta entnommen. Das Pali-Wort *anapanasati* bedeutet so viel wie Achtsamkeit dem Atmen gegenüber.

71 **anfällig für die *Ermüdung der Willenskraft:*** Gailliot et al., »Self-Control Relies on Glucose«.

Den Körper lockern

72 **Kortisol und *Adrenalin:*** Benson und Klipper, *The Relaxation Response.*

Warmherzig verweilen

73 **Neurotransmitter *Oxytozin:*** Als Hormon bezeichnet, wenn es seine Wirkung außerhalb des Nervensystems entfaltet.

73 **Liebe und Nähe zu anderen verspüren:** Wie ich im nächsten Kapitel ausführen werde, kann eine erhöhte Oxytozinaktivität auch den Beschützerinstinkt in Bezug auf »uns« wecken und Geringschätzung sowie Aggression den »anderen« gegenüber schüren.

73 **kann einen hemmenden Effekt haben:** Die Auswirkungen der Oxy-

tozinaktivität in der Amygdala sind komplex. Siehe dazu zum einen Meyer-Lindenberg,»Impact of Prosocial Neuropeptides«; Huber et al., »Vasopressin and Oxytocin Excite«; und Liu et al., »Oxytocin Modulates Social Value Representations«. Siehe zum anderen den potenziellen Unterschied zwischen den Auswirkungen bei Kindern und denen bei Erwachsenen: Kritman et al.,»Oxytocin in the Amygdala«.

73 **Erhöht sich der Oxytozinfluss im präfrontalen Kortex:** Kritman et al., »Oxytocin in the Amygdala«.

73 **nimmt das Gefühl der Ängstlichkeit normalerweise ab:** Sobota et al., »Oxytocin Reduces Amygdala Activity«, und Radke et al., »Oxytocin Reduces Amygdala Responses«.

73 *Tend-and-Befriend*-**Reaktion:** Taylor, »Tend and Befriend Theory«.

Dankbar und froh sein

75 **oberen-äußeren Regionen des präfrontalen Kortex:** D'Esposito und Postle, »The Cognitive Neuroscience of Working Memory«.

75 **Sie besitzen eine Art Tor:** Braver und Cohen, »On the Control of Control«, und Braver et al., »The Role of Prefrontal Cortex«.

75 **Dopaminflut, die das Tor öffnen würde, weniger wahrscheinlich macht:** Dieser neurologische Mechanismus könnte ein Grund dafür sein, warum Glück und Glückseligkeit beim ersten und zweiten Jhana auftauchen und das Glück auch im dritten Jhana. Die Jhanas beinhalten die umfassende Ruhe des Geistes. Tatsächlich werden Glück und Glückseligkeit als Faktoren der Jhanas erachtet, die uns Zugang zu ihnen verschaffen. Zu diesen Faktoren gehören auch die gelenkte und gehaltene Aufmerksamkeit sowie die vollkommene Konzentration des Geistes. Wer regelmäßig meditiert, kann das Glücklichsein sowie die gelenkte und gehaltene Aufmerksamkeit sicherlich kultivieren, dazu gesellen sich mit zunehmender Übung vielleicht noch Glückseligkeit und die vollkommene Konzentration des Geistes. Dies ist zwar nicht mit den Jhanas gleichzusetzen; aus eigener Erfahrung aber kann ich sagen, dass es sich sehr gut anfühlt und enorm dabei hilft, den Geist zu beruhigen.

KAPITEL 4: DAS HERZ ERWÄRMEN

79 **Mit Wohlwollen:** Dies ist ein anders ausgedrückter Teil des Metta-Sutta (Sutta Nipāta 1,8), das weiter unten vollständiger wiedergegeben ist.

81 **Nenne nicht denjenigen:** Im amerikanischen Original nach Übersetzungen von Acharya Buddharakkhita (https://www.accesstoinsight.org/tipitaka/kn/dhp/dhp.19.budd.html) und Thanissaro Bhikkhu (https://www.dhammatalks.org/suttas/KN/Ud/ud8_3.html).

81 **Mitgefühl, Güte und das Glück:** Zusammen mit dem Gleichmut bilden sie die vier Brahmaviharas (manchmal auch die Unermesslichen genannt), die »himmlischen Verweilzustände«, die nicht nur erhabenen Wesen, sondern in der Meditation uns allen zur Verfügung stehen.

81 **Mitgefühl sowie Güte uns selbst:** Birnie et al., »Exploring Self-Compassion«; Boellinghaus et al., »The Role of Mindfulness«; und Fredrickson et al., »Positive Emotion Correlates«.

81 **zwar verwandter, aber doch anderer Netzwerke:** Mascaro et al., »The Neural Mediators of Kindness-Based Meditation«, sowie Engen und Singer, »Affect and Motivation Are Critical«.

81 **Gehirnregionen, die dabei helfen, Erfahrungen des körperlichen Wohlbefindens zu machen:** Lieberman und Eisenberger, »Pains and Pleasures of Social Life«, und Eisenberger, »The Neural Bases of Social Pain«.

82 **unsere neuralen Belohnungszentren stimulieren:** Darunter auch den Nucleus caudatus und das ventrale Striatum in den Basalganglien des Subkortex. Einen guten Überblick zum Thema bieten Tabibnia und Lieberman, »Fairness and Cooperation Are Rewarding«. Zu Allgemeinerem siehe Decety und Yoder, »The Emerging Social Neuroscience«.

82 **Netzwerken verknüpft, die körperlichem Schmerz zugrunde liegen:** Lieberman und Eisenberger, »Pains and Pleasures of Social Life«, und Eisenberger, »The Neural Bases of Social Pain«.

82 **entwickeln sie in unserem Nervensystem:** Lippelt et al., »Focused Attention, Open Monitoring«, und Lee et al., »Distinct Neural Activity«.

82 *orbitofrontalen Kortex:* Zu den anderen Bereichen gehört auch das ventrale Striatum. Siehe Engen und Singer, »Compassion-Based Emotion Regulation«.

82 **Gesicht eines Fremden wie auf das eigene:** Trautwein et al., »Decentering the Self?«

82 **für die Empathie anderer gegenüber zuständig sind:** Leung et al., »Increased Gray Matter Volume«.

MITGEFÜHL UND GÜTE

83 **Mitgefühl den Wunsch, dass kein Lebewesen leidet:** Etwas ausführlicher definiert bedeutet Mitgefühl, wie ich es hier meine, Empathie für das Leiden, die Zuwendung zu diesem Leiden und den Wunsch, das Leiden zu lindern, wo man nur kann. Zum Hintergrund dazu siehe Gilbert, »The Origins and Nature of Compassion Focused Therapy«.

83 **den Wunsch, dass jedes Lebewesen glücklich ist:** Salzberg, *Lovingkindness.*

Guter Wille

83 **gesunden Verlangen:** Auf Pali: *chandha.*

83 **Das *Mögen* – Freude an etwas haben:** Berridge und Kringelbach, »Pleasure Systems in the Brain«.

Eine süße Verpflichtung

84 *metta* **mit Güte:** Oft auch als »liebende Güte« wiedergegeben. Eine vollständige englische Übersetzung dieses wichtigen Suttas, des Sutta

Nipāta 1,8, aus 19 (!) verschiedenen von Leigh Brasington gesichteten Quellen finden Sie unter http://www.leighb.com/mettasuttas.htm. Der von mir zitierte Abschnitt des Suttas ist im amerikanischen Original an Übersetzungen auf der genannten Webseite angelehnt, vor allem an jene von Bhikkhu Bodhi und Thanissaro Bhikkhu.

Eine adelnde Entwicklung

85 **Wahrheiten der Edlen:** »Understand, Realize, Give Up, Develop: A Conversation with Stephen Batchelor, Christina Feldman, and Akincano M. Weber«, *Tricycle,* Herbst 2017, https://tricycle.org/magazine/understand-realize-give-develop/.

85 **bewusste Gedanken, Worte und Taten:** Gombrich, *What the Buddha Thought.*

85 **Vier *Adelnden* Wahrheiten:** Bhikkhu Anālayo weist ebenfalls auf das »adelnde« Potenzial dieser Wahrheiten hin. Siehe Anālayo, *A Meditator's Life of the Buddha,* S. 143.

86 **Resilienz, gesunden Beziehungen und spiritueller Praxis:** Siehe dazu z. B. Sin und Lyubomirsky,»Enhancing Well-Being«. Natürlich ist das »Schubsen« des Geistes – in unserem Zusammenhang das Loslassen von Schmerzhaftem und Schädlichem und das Hereinlassen von Erfreulichem und Förderlichem – nur ein Teil der Übungen. Meist lassen wir einfach sein.

Gute Wünsche für jeden

87 **jemand, mit dem man so seine Schwierigkeiten hat:** Manchmal auch als »schwieriger« Mensch bezeichnet. Eine Freundin wies mich darauf hin, dass Letzteres auch implizieren könnte, jemand sei von Natur aus schwierig, und riet mir deshalb dazu, die Formulierung zu vermeiden.

87 **Glücklich leben wir allerdings:** Im amerikanischen Original nach einer Übersetzung von Acharya Buddharakkhita, https://www.accesstoinsight.org/tiptaka/KN/dhp.15.budd.html.

DER SEGEN DER TADELLOSIGKEIT

90 **sein Sohn, Rahula, übte als junger Mönch:** Dazu gibt es noch eine wichtige Hintergrundgeschichte. Soweit wir wissen, wuchs der Mann, der Buddha wurde, vor rund 2500 Jahren in Nordindien auf. Als er etwa 29 war, bekam seine Frau Yasodhara ihr erstes Kind; gleichzeitig verließ ihr Mann ihr gemeinsames Zuhause und wanderte als Asket durchs Land. Man muss es also einmal ganz klar sagen: Buddhas Übungsweg begann mit dem Verlassen seiner Familie. Das kann man nun aus heutiger oder damaliger Sicht sehen – ich persönlich sehe Buddha als jemanden, der mit sich rang und Entscheidungen traf, was ihn in meinen Augen nur menschlicher und seine Lehren reicher macht.

90 **Wie es im Sutta steht:** Majjhima Nikaya, 61.

90 **Um zu … tiefer Einsicht:** Palmo, *Reflections on a Mountain Lake,* S. 45.

91 **Lass mich liebend:** Larry Yang, aus »In the Moments of Non-Awakening«, *Buddhadharma,* Frühjahr 2019, S. 95. Ich habe der Hervorhebung wegen Zeichensetzung und Zeilenumbruch verändert.

91 **Vagusnerv-Komplex:** Porges und Carter, »Polyvagal Theory and the Social Engagement System«.

91 **haben ihren Ursprung im *Hirnstamm:*** Genauer: in der Medulla oblongata.

92 **uns besser unter Kontrolle haben:** Und wie wir im vorherigen Kapitel gesehen haben, erhöht Warmherzigkeit auch die Oxytozinaktivität, die angstbasierte Reaktionen abschwächt.

93 **Da gibt es jene, die nicht erkennen:** Im amerikanischen Original nach einer Übersetzung von Acharya Buddharakkhita, https://www.accesstoinsight.org/tipitaka/kn/dhp/dhp.01.budd.html.

Anderen – und sich selbst – keinen Schaden zufügen

93 **praktischen Richtlinien des Edlen Achtfachen Pfads:** Diese habe ich verschiedenen Passagen des Pali-Kanons entnommen und sie zusammengefasst. Sie sind eher als beständige Übungen gemeint denn als Gebote einer höheren Instanz, deren Nichteinhaltung Sünde wäre.

Wie wir uns selbst verletzen

94 **beginnen Sie dann mit der ersten Frage unten:** Die Fragen kreisen alle um das rechte Handeln, gemäß den Fünf Silas mit der zusätzlichen Ermahnung, nicht zu lügen.

Ein gebendes Herz

95 **barschen Ton durch Lob und Anerkennung:** Dem hat sich Thich Nhat Hanh auf ganz wundervolle Weise mit seinen »Five Mindfulness Trainings« (Fünf Achtsamkeitsübungen) gewidmet. Siehe https://www.learnreligions.com/thich-nhat-hanhs-five-mindfulness-trainings-449601.

95 **deren Spuren uns heute in die DNA programmiert sind:** Siehe dazu z. B. Trivers, »Evolution of Reciprocal Altruism«, und Bowles, »Group Competition, Reproductive Leveling«.

95 **Würden die Menschen:** Übersetzung des Originals ins Englische von John Ireland, https://www.accesstoinsight.org/tipitaka/kn/iti/iti.1.024-027.irel.html.

96 **ein wenig großzügiger:** Das heißt natürlich nicht, dass Sie sich ab sofort dem pathologischen Altruismus hingeben sollten, sich mit dem Geben also selbst schaden oder andere abhängig machen sollten. Siehe dazu z. B. Oakley et al., *Pathological Altruism.*

SELBSTMITGEFÜHL

96 **Neues auszuprobieren, erhöht und ein gesunder Ehrgeiz gefördert:** Zu Theorie und Praxis dazu siehe Bluth und Neff, »New Frontiers«; Neff und Dahm, »Self-Compassion: What It Is«; Neff, *Self-Compassion: The Proven Power;* Germer, *The Mindful Path to Self-Compassion;* Allen und Leary, »Self-Compassion, Stress, and Coping«; sowie Germer und Neff, »Self-Compassion in Clinical Practice«.

97 **nimmt nun einmal vieles ausgesprochen persönlich:** Siehe dazu die bemerkenswerten Arbeiten von Professor Paul Gilbert, Begründer der Compassion-Focused Therapy, etwa: »Introducing Compassion-Focused Therapy« und *Compassion-Focused Therapy: Distinctive Features.*

97 **Gefühl der *gemeinsamen Menschlichkeit:*** das Chris Germer und Kristin Neff besonders betonen.

97 **There is a crack:** Leonard Cohen, »Anthem«, *The Future*, Columbia Records, 1992.

Eine Übung zum Selbstmitgefühl

98 **»Mindful Self-Compassion«-Programm:** Siehe https://centerformsc. org/.

NIEMANDEN AUSLASSEN

100 **die in der Regel mehrere Dutzend Mitglieder umfassten:** Hill et al., »Co-residence Patterns in Hunter-Gatherer Societies«, und Boyd et al., »Hunter-Gatherer Population Structure«.

100 **gaben auch ihre Gene erfolgreicher weiter:** Zum Thema natürliche Auslese und soziale Verbände siehe Wilson und Wilson, »Rethinking the Theoretical Foundation of Sociobiology«.

100 **in den letzten paar Millionen Jahren:** Dunbar, »The Social Brain Hypothesis«, und Lieberman, *Social.*

Zwei Wölfe

101 **um eine Parabel zu paraphrasieren:** Eine Quelle finden Sie z. B. unter https://www.firstpeople.us/FP-Html-Legends/TwoWolves-Cherokee. html. Siehe andererseits aber auch https://crossingenres.com/you-know-that-charming-story-about-the-two-wolves-its-a-lie-d0d93ea4ebff. Da ich keine eindeutige Quelle finden konnte, habe ich die Parabel in einfacherer Form umschrieben und sie niemandem zugeschrieben.

101 **Eigenschaften, die uns manchmal recht nützlich sind:** Siehe dazu z. B. den Essay des Dalai Lama »Don't Let Hatred Destroy Your Practice«, in *Buddhadharma*, Frühjahr 2019, S. 58–71, exzerpiert aus: Dalai Lama, *Perfecting Patience: Buddhist Techniques to Overcome Anger,* ins Englische übertragen von Thubten Jinpa. Shambhala, 2018.

101 **auch von systemimmanenten gesellschaftlichen Kräften:** Siehe Owens und Syedullah, *Radical Dharma.*

101 **und Noradrenalin verbunden:** Angus et al., »Anger Is Associated«, sowie Bersani und Pasquini, »The ›Outer Dimensions‹«.

101 **dabei werden beide verbrannt:** Nach Buddhaghosa, Path of Purification, IX 21.

102 **Ich-Du-Beziehungen und Ich-Es-Beziehungen:** Martin Buber, *Ich und Du.*

Den Kreis des »Wir« erweitern

102 **das Misstrauen und die Feindseligkeit »den anderen« gegenüber:** De Dreu et al., »The Neuropeptide Oxytocin Regulates Parochial Altruism«; De Dreu et al., »Oxytocin Motivates Non-cooperation«; und De Dreu, »Oxytocin Modulates Cooperation«.

103 **Während die Erde uns Nahrung:** »Journeys: What About My Retreat?« *Buddhadharma,* Winter 2013. Siehe auch https://www.lionsroar.com/ journeys-what-about-my-retreat/.

103 **desto besser behandeln wir die anderen:** Siehe Preston, »The Rewarding Nature of Social Contact«, und Hung et al., »Gating of Social Reward«.

KAPITEL 5: IN FÜLLE VERWEILEN

107 **Wenn die Umstände des Lebens:** Im amerikanischen Original nach Übersetzungen von Thānissaro Bhikkhu (https://www.dhammatalks.org/suttas/KN/StNp/StNp2_4.html) und Piyadassi Thera (https://www.accesstoinsight.org/tipitaka/KN/snp/snp.2.04.piya.html). Die »Umstände des Lebens« beziehen sich auf Gewinn und Verlust, Lob und Kritik, Freude und Schmerz sowie auf Status und Statusverlust (auch die »Acht Weltlichen Winde« oder die »Acht Weltgesetze« genannt).

108 **der Ursache des Leidens:** Stephen Batchelor hat darauf hingewiesen, dass auch Leiden Begehren hervorbringen kann. (Siehe dazu *Jenseits des Buddhismus.*) Leide ich beispielsweise unter der Verletzung einer Zurückweisung, begehre ich (sehne ich mich) verständlicherweise (nach) Trost und Liebe. Emotional belastende Erfahrungen als Ursache für Sehnsüchte und Wünsche in Betracht zu ziehen ist sehr wichtig. Begehren und Leiden beeinflussen einander wechselseitig. Dieses Kapitel konzentriert sich allerdings darauf, wie Begehren zu Leiden führt.

108 **vier *Aufgaben:*** Ich schöpfe hier aus drei Quellen: dem Samyutta Nikaya 56,11, Thānissaro Bhikkhu (https://www.accesstoinsight.org/lib/study/ truths.html) und Stephen Batchelor *(Jenseits des Buddhismus).*

IM KELLER DES GEISTES

In jüngeren Jahren

108 **bei den meisten Menschen bereits vor der Geburt voll ausgebildet ist:** Die Amygdala (korrekter: die beiden Amygdalae) ist im achten Entwicklungsmonat des Fötus anatomisch ausgereift. Siehe dazu Ulfig et al., »Ontogeny of the Human Amygdala«.

109 **um unseren dritten Geburtstag herum:** Siehe dazu vor allem Semple et al., »Brain Development in Rodents and Humans«.

109 *episodische Gedächtnis:* Auch als autobiografisches Gedächtnis bezeichnet.

109 **Vermeidungsverhalten (Rückzug, Sich-tot-Stellen):** Bei vielen Linkshändern findet dies zwar in der linken Hemisphäre statt, die Auswirkungen aber sind dieselben. Siehe Schore, *Affect Regulation and the Origin of the Self.*

109 **mit einem besonders anfälligen Nervensystem verknüpft:** Semple et al., »Brain Development in Rodents and Humans«.

110 **der Körper erinnert sich:** Siehe Rothschild, *Der Körper erinnert sich.*

110 *spirituelle Umgehung:* Welwood, »Principles of Inner Work«.

110 **Psychotherapie und Selbsthilfe:** Zu den klinischen Herangehensweisen an die Bewältigung seelischen Schmerzes gehören das von Francine Shapiro entwickelte Verfahren »Eye Movement Desensitization and Reprocessing« (EMDR) sowie andere Formen der bilateralen Stimulation, die »Compassion-Focused Therapy« von Paul Gilbert, das »Somatic Experiencing« von Peter Levine und die »Coherence Therapy« von Bruce Ecker. Die American Psychological Association hat »klinische Praxisrichtlinien« für die Behandlung der posttraumatischen Belastungsstörung (PTBS) entwickelt, die Sie mitsamt Links für Einzelpersonen und Familien unter https://www.apa.org/ptsd-guideline/ einsehen können. Zu den weiteren Methoden, die teilweise an die Arbeit in Kliniken angepasst sind, gehören das »Focusing« von Eugene Gendlin, die »Trauma-sensitive Mindfulness« von David Treleaven und das »TIMBo Yoga« von Sue Jones.

Leiden mildern und ersetzen

110 **Schritt 4 der in Kapitel 3 erläuterten Selbstheilungsmethode:** Die allgemeine Methode, die ich in diesem Schritt zusammenfasse, wird sowohl im klinischen Rahmen als auch in Übungen zur Persönlichkeitsentwicklung genutzt; sie kann an verschiedene Bedürfnisse und Situationen angepasst werden.

111 *Rekonsolidierungsfenster:* Dieses Fenster scheint auf jeden Fall weniger als sechs Stunden lang geöffnet zu sein. Siehe Nader et al., »Fear Memories«, sowie Alberini und LeDoux, »Memory Reconsolidation«. Zur klinischen Anwendung siehe Ecker, »Memory Reconsolidation Understood«.

111 **indem Sie sich hin und wieder ausschließlich auf das positive Material konzentrieren:** Dies ist verkürzt dargestellt; zu den Details siehe die Verweise in der vorherigen Anmerkung sowie die entsprechenden Passagen in meinem Buch *Denken wie ein Buddha.*

BEDEUTET LEBEN LEIDEN?

114 »**Alles Bedingte ist leidvoll«:** Auf Pali: *Sabbe sankhara dukkha.*

115 »**Alle menschliche Erfahrung ist leidvoll«:** Wir können das auch so verallgemeinern, dass es alle Lebewesen mit einem Nervensystem umfasst.

117 **den Gewinn des neuen Augenblicks, der folgt:** Auch Bhikkhu Anālayo kritisiert Pauschalaussagen wie die Behauptung, alle Elemente des Bewusstseins seien ausnahmslos leidvoll. Siehe Anālayo, *A Meditator's Life of the Buddha*, Kapitel 16.

DIE URSACHEN DES BEGEHRENS

119 **So, wie ein gefällter Baum wieder wächst:** Übersetzung des Originals ins Englische von Gil Fronsdal in: *The Dhammapada: A New Translation of the Buddhist Classic, with Annotations.* Shambhala, 2006, S. 88.

Drei Ursachen des Begehrens

119 **Bindungsunsicherheit:** Siehe https://de.wikipedia.org/wiki/Bindungstheorie.

120 **der Sprache des frühen Buddhismus:** Zu Details siehe https://de.wikipedia.org/wiki/Pali.

Drei Arten von Übungen

121 **Geschlecht, Klassenzugehörigkeit und historischen Umständen:** Ich versuche hier keineswegs, die Rolle des Mönchstums im Buddhismus per se zu kritisieren. Im Gegenteil: Ich bin den Ordinationslinien, die den Buddhismus 25 Jahrhunderte lang am Leben gehalten haben, sowie den Mönchen und Nonnen, die mich unterwiesen haben, zu tiefem Dank verpflichtet.

121 **Beim Üben nichts auslassen:** Ich glaube, dieser Satz stammt aus dem Zen-Buddhismus; eine genaue Quelle konnte ich jedoch nicht ausfindig machen.

122 **Keine sinnliche Glückseligkeit der Welt:** Übersetzung des Originals ins Englische von Thānissaro Bhikkhu, https://www.dhammatalks.org/suttas/KN/Ud/ud2_2.html.

VERKÖRPERTES BEGEHREN

122 **Affen, Mäusen und Echsen:** Ich fasse hier viel an Material zusammen. Zu den Hintergründen empfehle ich die Arbeiten von Kent Berridge, Terry Robinson und Morten Kringelbach. Siehe z.B. Berridge und Robinson, »What Is the Role of Dopamine?«; Berridge et al., »Dissecting Components of Reward«; sowie Kringelbach und Berridge, »Neuroscience of Reward, Motivation, and Drive«.

122 **Die fundamentalsten Ursachen des Begehrens:** Natürlich sind Übungen zum Erkennen außerordentlich hilfreich; um sie wird es in späteren Kapiteln noch ausführlich gehen.

122 Schaden *vermeiden,* Belohnungen *suchen* und sich an andere *binden:* Die drei Arten der Bedürfniserfüllung – Vermeidung, Suchen, Bindung – könnte man auch als Rückzug, Vorstoß und Verweilen, als Verhindern, Fördern und Beharren oder als Zerstören, Erschaffen und Erhalten bezeichnen.

123 *»Reptiliengehirn«* – dem *Hirnstamm* –, dem *»Säugetiergehirn«* – dem *Subkortex:* Die anatomischen und funktionellen Grenzen zwischen diesen drei Teilen des Gehirns sind fließend; wo sie gezogen werden, ist recht willkürlich und umstritten. Der Subkortex in dem Sinn, in dem ich das Wort gebrauche, umfasst Amygdala, Hippocampus, Basalganglien, Thalamus und Hypothalamus. Abgesehen vom Hypothalamus treten die anderen Teile des Subkortex immer paarig auf, jeweils einer in jeder Hemisphäre. Zu den verwandten Hirnteilen gehören der Pons (Hirnbrücke) im oberen Teil des Hirnstamms und das ventrale tegmentale Areal auf dem Pons. Der Subkortex wird manchmal auch anders genannt, doch ist diese Bezeichnung immer noch weitverbreitet; siehe z. B. Keuken et al., »Large Scale Structure-Function Mappings«.

123 *»Primaten-/Menschengehirn«* – dem *Neokortex:* Siehe dazu Kapitel 3 meines Buchs *Denken wie ein Buddha.*

Gesundes Gleichgewicht

123 *Salienznetzwerk:* Zu den Hauptelementen des Salienznetzwerks gehören die anteriore Insula (Inselrinde) und der dorsale anteriore zinguläre Kortex im Neokortex, die Amygdala und der Nucleus accumbens im Subkortex sowie das ventrale tegmentale Areal auf dem Hirnstamm. Zur Orientierung: anterior = vorderer, posterior = hinterer, dorsal = oberer, ventral = unterer, medial = mittlerer und lateral = seitlicher. Siehe Seeley et al., »Dissociable Intrinsic Connectivity Networks«, und Menon, »Salience Network«.

123 *Ruhezustandsnetzwerk:* Die Hauptelemente des Ruhezustandsnetzwerks liegen im medialen präfrontalen Kortex, im posterioren zingulären Kortex, im Precuneus und im Hippocampus. Siehe dazu Raichle et al., »Default Mode of Brain Function«, sowie Vago und Zeidan, »The Brain on Silent«. Das Ruhezustandsnetzwerk wird mitunter auch als intrinsisches Netzwerk bezeichnet.

123 *Durchführungskontrollnetzwerk:* Zu den Hauptelementen des Durchführungskontrollnetzwerks gehören der dorsolaterale präfrontale Kortex sowie der laterale posteriore Parietalkortex. Siehe dazu auch Habas et al., »Distinct Cerebellar Contribution«.

Hedonische Qualität

124 *hedonische Qualität:* Auf Pali: *vedana,* gemeinhin übersetzt mit Gefühl oder Empfindung; allerdings ist damit nicht die Emotion als solche gemeint.

124 **in der modernen Psychologie:** Siehe dazu z. B. Laricchiuta und Petrosini, »Individual Differences in Response to Positive and Negative Stimuli«.

124 **Nervengrundlage von Schmerz und Vergnügen:** Boll et al., »Oxytocin and Pain Perception«, und Shiota et al., »Beyond Happiness«.

Bedürfnisse durch Begehren handhaben

126 *reaktiven* **Modus oder den roten Bereich:** In *Jenseits des Buddhismus* (S. 121) benutzt Stephen Batchelor den Begriff »Reaktivität« synonym mit Begehren.

126 **so oder so:** So hat es Robert Sapolsky in seinem Klassiker über Stress, *Warum Zebras keine Migräne kriegen,* ausgedrückt.

126 **uns Sorgen über die Zukunft zu machen:** Siehe dazu im nächsten Kapitel die Ausführungen über die Mittelliniencortices und den »Tun-Modus«.

126 **erschöpft Körper und Geist:** Und kann durch die Schwächung von Verbindungen im präfrontalen Kortex allmählich Urteilsvermögen sowie Selbstregulierung beeinträchtigen. Siehe Datta und Arnsten, »Loss of Prefrontal Cortical Higher Cognition«.

Bedürfnisse *nicht* durch Begehren handhaben

127 **bei der Vorbereitung auf sein eigenes Erwachen:** Eine großartige Zusammenfassung von Buddhas Leben, die auf gut übersetzten Auszügen aus dem Pali-Kanon basiert und auch die hier zitierte Passage (Majjhima Nikaya 36) enthält, finden Sie unter https://www.accesstoinsight.org/ptf/buddha.html.

128 **Leidens, wie es in der dritten der Vier Edlen Wahrheiten beschrieben wird:** Siehe https://www.stephenbatchelor.org/media/Stephen/PDF/Stephen_Batchelor-Pali_Canon-Website-02-2012.pdf, S. 18.

128 **Derjenige, dessen Geist wie ein Fels in der Brandung steht:** Übersetzung des Originals ins Englische von Thānissaro Bhikkhu, https://www.dhammatalks.org/suttas/KN/Ud/ud4_4.html.

EIN LEBEN IM GRÜNEN BEREICH

128 **Lob und Kritik, Status und Statusverlust:** Aus: Anguttara Nikaya 8,6.

128 **»ersten Pfeilen«:** Aus: Samyutta Nikaya 36,6.

Allgemeine Stärken entwickeln

129 **Freiheit, unsere Reaktion zu *wählen:*** Dies ist locker an einen Ausspruch angelehnt, der Viktor Frankl zugeschrieben wird: »Zwischen Reiz und Reaktion liegt ein Raum. In diesem Raum liegt unsere Macht zur Wahl unserer Reaktion. In unserer Reaktion liegen unsere Entwicklung und unsere Freiheit.« Tatsächlich stammt der Ausspruch aber von Stephen Covey, der glaubte, ihn in einem Buch Frankls gelesen zu haben. Siehe https://quoteinvestigator.com/2018/02/18/response/#note-17978-8.

129 »Grundlagen der Achtsamkeit«: Das Satipatthana-Sutta, Majjhima Nikaya 10; man könnte es auch mit »wo die Achtsamkeit begründet wird« übersetzen.

130 beobachten Sie den Schmerz achtsam: Achtsamkeit gegenüber physischem Schmerz ist kein Wunderheilmittel, sie kann aber oft helfen, vor allem hinsichtlich der emotionalen Nebenwirkungen. Siehe dazu Hilton et al., »Mindfulness Meditation for Chronic Pain«. Praktische Anleitungen finden Sie in den Arbeiten von Vidyamala Burch und Toni Bernhard.

130 Erfahrungen schlicht zu benennen: Auch verzeichnen genannt.

130 die Amygdala beruhigen: Creswell et al., »Neural Correlates of Dispositional Mindfulness«; Burklund et al., »The Common and Distinct Neural Bases«; und Torrisi et al., »Advancing Understanding of Affect Labeling«.

Bedürfnisbezogene Stärken entwickeln

130 spezifische Ressourcen für bestimmte Bedürfnisse: Dies ist nur eine kurze Zusammenfassung. Eine systematischere, auf verschiedene Situationen angewandte Herangehensweise finden Sie in meinen Büchern *Denken wie ein Buddha* und *Das resiliente Gehirn*.

Sich bereits erfüllt fühlen

132 Reptilien-: Ich verwende diesen Begriff locker. Die Entwicklung des Hirnstamms hat vor dem Auftauchen der ersten Reptilien begonnen.

132 Säugetier-: Auch diesen Begriff verwende ich locker. Manche Reptilien verfügen über Nervenstrukturen, die denjenigen im Subkortex von Säugetieren ähneln. Siehe Naumann et al., »The Reptilian Brain«, und Pritz, »Crocodilian Forebrain«.

133 Es gibt keinen größeren Kummer: Übersetzung des Originals ins Englische von Xiankuan (Donald Sloane), im persönlichen Gespräch. Siehe dazu sein hervorragendes Buch *Six Pathways to Happiness: Mindfulness and Psychology in Chinese Buddhism*, Band 1, Outskirts Press, 2019.

133 sehr positiv auswirken können: Siehe dazu Fredrickson, »What Good Are Positive Emotions?«

133 auf Kampf oder Flucht ausgerichteten sympathischen Nervensystems: Zu den Vorteilen für das autonome Nervensystem, auch die Stressbewältigung, siehe Kreibig, »Autonomic Nervous System«.

133 *natürliche Opioide:* Shiota et al., »Beyond Happiness«.

133 die schmerzlindernd wirken: Sneddon, »Evolution of Nociception in Vertebrates«.

133 Sehnsüchte nach zukünftigen Vergnügen: Berridge und Kringelbach, »Pleasure Stems in the Brain«.

133 Trennendes zu überwinden: Burkett et al., »Activation of μ-Opioid Receptors«; Schweiger et al., »Opioid Receptor Blockade«; und Eisenberger, »Attachment Figures Activate«.

134 was unsere Bindungsfähigkeit stärkt: Shiota et al., »Beyond Happiness«.

134 **beruhigt und uns Zuversicht schenkt, Ängste löst:** Siehe die Erörterung des Oxytozins in Kapitel 3, »Fünf Arten, den Geist zu beruhigen«, sowie Sobota et al., »Oxytocin Reduces Amygdala Activity«, und Radke et al., »Oxytocin Reduces Amygdala Responses«.

134 **Ergreifen von Gelegenheiten:** De Dreu et al., »Oxytocin Enables Novelty Seeking«.

KAPITEL 6: GANZHEIT SEIN

141 **Die Blumen im Frühling:** Wumen Huikai, englische Übersetzung aus: Judy Roitman, »Six Facts About Kong-ans«, *Buddhadharma,* Herbst 2018, S. 85.

IM KOPFKINO
Kortikale Mittelliniennetzwerke

143 **lose in zwei Abschnitte einteilen:** Die beiden Netzwerke unterscheiden sich deutlich voneinander und stehen in einer inversen Beziehung zueinander: Erhöht sich die Aktivität in einem Netzwerk, nimmt sie in dem anderen ab, und umgekehrt. Siehe Josipovic, »Neural Correlates of Nondual Awareness«.

143 **das Lösen von Problemen, das Ausführen von Aufgaben und das Pläneschmieden:** Mullette-Gillman und Huettel, »Neural Substrates of Contingency Learning«, und Corbetta et al., »The Reorienting System of the Human Brain«. Der vordere Teil des Mittelliniennetzwerks greift auch auf Aspekte des Durchführungskontrollnetzwerks (siehe vorheriges Kapitel) zurück, die sich seitlich des präfrontalen Kortex finden.

143 **ausgeprägten Ich-Erleben:** Farb et al., »The Mindful Brain and Emotion Regulation«; Northoff und Bermpohl, »Cortical Midline Structures and the Self«; Brewer et al., »What About the ›Self‹ Is Processed?« Zusätzlich zu seiner Aktivierung in den hinteren Ruhezustandsanteilen des Mittellinienkortex entsteht das Ich-Erleben auch, wenn die vorderen, aufgabenorientierten Anteile des Mittellinienkortex aktiv sind. Siehe Christoff et al., »Specifying the Self«.

143 **auf Stimmungen, Gefühle sowie Einstellungen bezogen:** https://www.lexico.com/en/definition/affective.

144 **sich selbst zu organisieren:** Raichle, »The Restless Brain«.

144 **kreative Verbindungen sowie hoffnungsvolle Möglichkeiten:** Smallwood und Andrews-Hanna, »Not All Minds That Wander Are Lost«.

144 **hat auch sie ihren Preis:** Beispielsweise die »fieberhafte Unruhe mentaler Zeitreisen, eine typische Aktivität in unserem postmodernen Alltag«. (Siehe dazu den ersten Abschnitt des Diskussionskapitels in: Vago und Zeidan, »The Brain on Silent«.)

144 **Warum bin ich nur so dumm/hässlich/wenig liebenswert?:** Farb et al., »Minding One's Emotions«, und Cooney et al., »Neural Correlates of Rumination«.

144 **kann der Geist völlig frei irgendwohin schweifen:** Christoff et al.,
»Experience Sampling During fMRI«.

144 **dass wir unseren Geist durchschnittlich die Hälfte der Zeit wandern
lassen:** Killingsworth und Gilbert, »A Wandering Mind«.

144 **desto mehr neigt er zum Negativen:** Ebenda sowie Vago und Zeidan,
»The Brain on Silent«.

Laterale kortikale Netzwerke

144 **während sie sich in den *lateralen* kortikalen Netzwerken seitlich am
Kopf erhöht:** Farb et al., »Attending to the Present«, und Brewer et al.,
»Meditation Experience Is Associated«.

144 **inneren Körpergefühlen und »Bauchgefühlen«:** Craig, »How Do You
Feel?«

DAS GEFÜHL DES GESPALTENSEINS

146 *radikale Akzeptanz:* Brach, *Radical Acceptance.*

TUN UND SEIN

148 **sind die Mittelliniennetzwerke fürs Tun zuständig:** Der Begriff »tun«
ist besonders passend, wenn die vorderen Mittelliniennetzwerke aktiv
sind, da sie beteiligt sind, wenn wir an Aufgaben arbeiten. Siehe Josipovic,
»Neural Correlates of Nondual Awareness«. Auf die hinteren Netzwerke,
die Ruhezustandsnetzwerke, wird der Begriff lockerer angewendet –
obwohl wir natürlich auch beim Tagträumen oder Grübeln »tätig« sind.

148 **mit der Mittellinie oder mit der Seite des Gehirns:** Beispielsweise ent-
sprechen die geistigen Aktivitäten in der Tun-Spalte der Tabelle nicht
vollständig den nervlichen Aktivitäten in der Nähe der Mittellinie. Siehe
Christoff et al., »Specifying the Self«.

148 **zwei deutlich voneinander unterschiedene Gruppen:** Die Unterschei-
dung zwischen Sein und Tun haben auch viele andere schon getroffen, von
Lehrern aus der Antike wie z. B. Laotse (siehe Xiankuan, *Six Pathways to
Happiness)* bis zu zeitgenössischen Wissenschaftlern und Therapeuten wie
John Teasdale und Zindel Segal *(The Mindful Way Through Depression),*
Marsha Linehan *(Cognitive-Behavioral Treatment of Borderline Persona-
lity Disorder)* und Stephen Hayes *(The Act in Context).*

149 **Erleben des Ichs als Objekt bzw. Subjekt:** Das scheinbare Ich erkunden
wir ausführlich in Kapitel 8.

DAS GEFÜHL DER GANZHEIT
Konzentration auf die Sinne

151 *linken* **Seite des Gehirns:** Bei vielen Linkshändern ist dies genau umgekehrt.

151 **Die Konzentration auf innere Empfindungen:** Farb et al., »The Mindful
Brain«.

151 **dass sowohl emotionale Reaktivität als auch depressive Stimmungen gemindert werden:** Farb et al., »Minding One's Emotions«.

Nicht wissen

151 **allein im Sehen zu verweilen?:** Dies erinnert an das Bahiya-Sutta, in dem steht: »Übe dich darin: Im Gesehenen ist nur, was gesehen wird.« (Udana 1,10; Original ins Englische übersetzt von John Ireland, https://www. accesstoinsight.org/tipitaka/kn/ud/ud.1.10.irel.html). Mit diesem Sutta werden wir uns in Kapitel 8 noch beschäftigen.

152 **»Geist, der nicht weiß«:** Dieser wird vor allem in der koreanischen Zen-Tradition betont. Siehe Sahn und Sŏnsa, *Only Don't Know,* sowie Shrobe, *Don't-Know Mind.*

Den Geist sein lassen

153 **miteinander »verleimen« wollen:** Das habe ich bei einem Freund gehört, der es seinerseits bei Tsoknyi Rinpoche gehört hat, aber leider erinnere ich mich nicht mehr an die Einzelheiten.

153 **lass deinen Geist in Ruhe:** Diese Anweisung wird im Allgemeinen tibetischen Quellen zugeschrieben.

Ganzheitsgewahrsein

153 **Verlagert sich bei diesem Gewahrsein Ihr Geisteszustand?:** Im Achtsames-Atmen-Sutta (Majjhima Nikaya 118) z. B. finden sich Verweise auf »achtsam den ganzen Körper beim Einatmen erfahren ... achtsam den ganzen Körper beim Ausatmen erfahren« (im amerikanischen Original nach der Übersetzung in Anālayo, *Meditator's Life of the Buddha,* S. 64). Die Anweisung hier stammt von Richard Miller.

154 **Du bist der Himmel:** Dieses Zitat wird häufig der Lehrerin Pema Chödrön zugeschrieben, eine spezifische Quelle dafür konnte ich allerdings nicht finden.

Gelassenheit

154 **einer der sieben Faktoren des Erwachens:** Die anderen sind Achtsamkeit, Wirklichkeitsergründung, Energie/Bemühen, Freude, Sammlung/Konzentration und Ruhe/Gestilltheit. Eine wunderbare Zusammenfassung der Kernlehren des Buddhismus inklusive der Faktoren des Erwachens finden Sie in B. Thānissaro, *The Wings to Awakening.*

154 **einatmen und Gelassenheit in den Körper strömen lassen:** Majjhima Nikaya, nach Bodhi und Nanamoli, *The Middle Length Discourses.*

UNGEHINDERT
Die fünf Hindernisse

157 *Müdigkeit und Trägheit:* Die hier zugrunde liegenden Pali-Wörter werden häufig auch mit Dumpfheit und Faulheit übersetzt.

Übungen zu spezifischen Hindernissen

158 **Schlüsselressourcen:** Mein Dank gilt Leigh Brasington für seine exzellenten Vorschläge zu diesen Punkten.

159 **lassen Sie sich von frischer Luft beleben:** Eine umfassende (und in meinen Augen reizende) Liste der Dinge, die Buddha bei Schläfrigkeit während der Meditation empfiehlt, findet sich im »Schlaf-Sutta«, Anguttara Nikaya 7,58 (https://www.accesstoinsight.org/tipitaka/an/an07/an07.058. than.html).

159 **Fragen aus der tibetischen Tradition:** Leider kenne ich die genaue Quelle nicht.

160 **neue, gute Angewohnheiten zu entwickeln:** Sehen Sie sich dazu auch die Kapitel »Motivation« und »Bestreben« in *Das resiliente Gehirn* an.

160 **was hast du vor:** Aus: »The Summer Day«, in M. Oliver, *Devotions: The Selected Poems of Mary Oliver.* Penguin Press, 2017, S. 316.

161 **Das sind große Themen:** Darüber habe ich gemeinsam mit Forrest Hanson in *Das resiliente Gehirn* geschrieben; siehe dazu auch andere Bücher wie z. B. Tara Brachs Juwel *Radical Acceptance.*

161 *geistige Wucherungen:* Auf Pali: *papanca.*

DER GEIST ALS GANZER SEIN

163 **als Geist als ganzer präsent zu sein:** Normalerweise meine ich mit dem Begriff »Geist« alle Informationen im Nervensystem, von denen die meisten unbewusst sind. Bei der Formulierung »den Geist als ganzen erleben« meine ich allerdings im Wesentlichen den Teil des Geistes, der bewusst zugänglich ist.

Das Gewahrsein und das Gehirn

164 **offenen Gewahrsein:** Manchmal auch offene Beobachtung *(open monitoring)* genannt.

164 **des Gewahrseins gewahr sein:** Dan Siegel bietet mit seiner Meditation »Rad des Gewahrseins« (Wheel of Awareness) diesbezüglich eine wunderbare Übung an, die alle vier Arten des Gewahrseins umfasst. Siehe Siegel, *Aware.*

164 **als Gewahrsein verweilen:** Wie in Kapitel 3 erwähnt, bezeichnet Diana Winston dies als natürliches Gewahrsein.

164 **schlicht Gewahrsein zu sein:** Das Verweilen als Gewahrsein kann in vielfältiger Weise beschrieben werden, etwa auch als nichtduales Gewahrsein. Siehe dazu z. B. Josipovic, »Neural Correlates of Nondual Awareness«. Übungen dazu finden Sie in John Prendergasts Meisterwerk *The Deep Heart.*

164 **Verweilen als Gewahrsein:** Ausgesprochen klar beschreibt Diana Winston diesen Prozess in *The Little Book of Being: Practices and Guidance for Uncovering Your Natural Awareness.*

164 **mit einem einfachen Nervensystem:** Zu den Funktionen des Gewahr-

seins auch bei einfachen Tieren siehe Earl, »The Biological Function of Consciousness«.

164 **die Fliege wiederum ist sich des Lichts und des Schattens gewahr:** Da Fliegen nicht über ihre Erfahrungen berichten können, ist es vorstellbar, dass das, was ein primitives Gewahrsein ihrer Umgebung zu sein scheint, vollkommen reflexartig und unbewusst abläuft. Voneinander abweichende Meinungen zu diesem Thema finden Sie in Barron und Klein, »What Insects Can Tell Us«, sowie in Key et al., »Insects Cannot Tell Us«. Und Frösche? Alligatoren? Eichhörnchen? Hunde? Gorillas? Auf der Leiter der Evolution ist sowohl hinsichtlich der nervlichen Basis des Gewahrseins als auch hinsichtlich der Verhaltensdemonstrationen desselben eine Kontinuität vom Menschen über Katzen und Frösche potenziell hin zu Fliegen erkennbar. Einen interessanten diesbezüglichen Forschungsüberblick zu menschlichen und nichtmenschlichen Lebewesen finden Sie in Boly et al., »Consciousness in Humans and Non-human Animals«. Wer sich näher mit dem Bewusstsein von Kopffüßern (Oktopusse) beschäftigen möchte, dem empfehle ich Mather, »Cephalopod Consciousness«.

165 *globalen Arbeitsbereich des Bewusstseins:* Baars, »Global Workspace Theory«. Zufall und Glück wollten es, dass Dr. Baars meinem Dissertationsgremium angehörte.
Zur neuralen Architektur des Bewusstseins siehe Damasio, *The Feeling of What Happens.* Zu den »Höhere-Ordnung«-Theorien des Bewusstseins siehe Wikipedia, https://en.wikipedia.org/wiki/Higher-order_theories_of_consciousness. Einen eleganten Überblick über die Schwierigkeiten, eine wissenschaftliche Theorie zum Bewusstsein aufzustellen, bietet Harris, *Conscious.*

165 *neuralen Entsprechungen des Bewusstseins:* Koch et al., »Neural Correlates of Consciousness«.

165 **die wiederum Erfahrungswirbel ermöglichen:** Die Metapher der Wirbel erkunden wir näher in den Kapiteln 8 und 9.

166 **eigene absolute, unbedingte Existenz:** John Prendergast hat mich im persönlichen Gespräch darauf hingewiesen, dass in manchen Traditionen, etwa im Advaita Vedanta oder im Kaschmirischen Shivaismus, das Gewahrsein (auf jeden Fall das menschliche Gewahrsein) auch unbedingte Aspekte umfassen soll, die sich über die gewöhnliche Realität hinaus erstrecken. Diese Möglichkeit erkunden wir näher in Kapitel 9.

166 **Die Haltung der offenen Empfänglichkeit:** Nach: »True Meditation«, https://www.adyashanti.org/teachings/library/writing/subject/16#true-meditation.

Als Gewahrsein verweilen

167 **überpersönlich:** Jenseits der persönlichen Identität; siehe https://en.wikipedia.org/wiki/Transpersonal.

KAPITEL 7: JETZTHEIT EMPFANGEN

171 **Kann dir jemand ein größeres Geschenk machen:** William Stafford, aus: »You Reading This, Be Ready«, in: Stafford, *The Way It Is.*

172 **lernen, die Gedanken entstehen und ziehen zu lassen:** https://www. theatlantic.com/international/archive/2017/12/buddhism-and-neuroscience/548120/; die Stelle findet sich nach etwa einem Viertel des Artikels. Der Artikel basiert auf: M. Ricard und W. Singer, *Beyond the Self: Conversations Between Buddhism and Neuroscience.* MIT Press, 2017. Siehe auch Ricard, *Glück.*

DIE ENTSTEHUNG DIESES AUGENBLICKS

172 **unseres Nervensystems in diesem Augenblick:** Das Erleben des gegenwärtigen Augenblicks wird auch von anderen Faktoren beeinflusst, etwa von anderen Systemen im Körper sowie von den Auswirkungen von Beziehungen, Ereignissen, Kultur, Natur etc.

Die Physik des Jetzt

173 **Der Urknall:** Muller, *Now,* S. 293, 294 und 304.

173 **die Entstehung neuen Raums:** Beispielsweise indem Astronomen die Geschwindigkeit messen, mit der sich ferne Galaxien alle voneinander wegbewegen.

174 **Für den Augenblick:** Der große japanische Zen-Meister Dōgen lebte in der ersten Hälfte des 13. Jahrhunderts. Die Passage stammt aus seinem Essay »The Time Being« und basiert auf der Übersetzung ins Englische von Norman Fischer, »For the Time Being«, *New York Times,* 7. August 2009, https://opinionator.blogs.nytimes.com/2009/08/07/for-the-time-being/. Eine weitere Übersetzung ins Englische findet sich unter https://www.thezensite.com/ZenTeachings/Dogen_Teachings/Uji_Welch.htm.

Wachheit

174 **einen Zustand der *Wachsamkeit* generieren:** Langner und Eickhoff, »Sustaining Attention to Simple Tasks«.

174 **Noradrenalin durch Ihr Gehirn:** Siehe Posner und Petersen, »The Attention System of the Human Brain«, sowie Petersen und Posner, »The Attention System of the Human Brain: 20 Years After«. Sie verwenden den Begriff »Alarmierung« für das, was ich Wachsamkeit nenne. Beachten Sie auch, dass bei vielen Linkshändern statt der rechten Hirnhälfte die linke beteiligt ist.

175 ***obere Aufmerksamkeitsnetzwerk:*** Zu dessen Elementen die frontalen Augenfelder sowie die intraparietale Gehirnfurche gehören.

175 **auf beiden Seiten des Gehirns:** Corbetta et al., »The Reorienting System«.

Orientierung

175 **wissen Sie dann auch allmählich, *was:*** Zur Vereinfachung habe ich zwei separate Funktionen – das Lokalisieren und das Identifizieren – unter einer Überschrift (»Orientierung«) zusammengefasst.

175 *unteres Aufmerksamkeitsnetzwerk:* Im präfrontalen Kortex, in der Insula (Inselrinde) und im temporoparietalen Übergang.

176 **schaltet es gleichzeitig das Ruhezustandsnetzwerk ab:** Austin, »Zen and the Brain«.

176 **Sie trauern nicht um die Vergangenheit:** Nach einer Übersetzung ins Englische von Andrew Olendzki (https://www.accesstoinsight.org/tipitaka/sn/sn01/sn01.010.olen.html).

JETZT HIER SEIN
Wachheit

178 **Netzwerke auf der rechten Seite des Gehirns:** Bei vielen Linkshändern auf der linken Seite. Ab jetzt werde ich auf diesen Aspekt nicht mehr gesondert hinweisen.

179 **Wer das Jetzt nicht hat:** Das war der Kommentar meiner Frau beim Lesen dieses Kapitels, der es ganz gut zusammenfasst.

Alarmierung

180 **das empfangende allumfassende Gewahrsein:** Austin, »Zen and the Brain«.

180 **zweier wichtiger Meditationszentren:** Die Insight Meditation Society und das Barre Center for Buddhist Studies.

Orientierung

181 **Manchmal müssen wir:** Corbetta et al., »The Reorienting System«.

DIE TEILE DER ERFAHRUNG

183 **ein Rahmenkonzept aus dem Pali-Kanon:** Siehe z.B. Majjhima Nikaya 18, das Honigkugel-Sutta (https://www.accesstoinsight.org/tipitaka/mn/mn.018.than.html). Dieses Rahmenkonzept wird oft als fünf »Aggregate« bezeichnet, eine Übersetzung des Pali-Wortes *khandas,* das auch Anhäufungen bedeuten kann. Ich lehne mich mit meinem Modell an dieses Rahmenkonzept an, weiche aber auch ein wenig davon ab. Beispielsweise verwende ich Formen und Wahrnehmungen im Plural, da sich das meiner Ansicht nach besser liest.

183 *1. Formen:* Manche Beschreibungen des Formaggregats beinhalten sowohl den Körper als auch seine Sinneswahrnehmungen. In meinem Modell geht es ausschließlich um unsere sinnlichen Erfahrungen.

183 *2. Hedonische Qualität:* Wie in Kapitel 5 erwähnt, werden diese häufig auch als Gefühl oder Empfindung bezeichnet, wenngleich es bei ihnen nicht um die Emotion als solche geht.

183 **3.** *Wahrnehmungen:* In frühen Entwürfen dieses Buchs standen die Wahrnehmungen in dieser Auflistung an zweiter Stelle, da die hedonische Qualität eines Reizes oft von der Wahrnehmung dessen, was dieser Reiz ist, geformt wird – die halb bewusst und automatisch ablaufen kann. Ist das da eine Schlange auf dem Weg... oder ein Ast? Es gibt zahlreiche Studien darüber, wie die Bahnung (Priming) und das anderweitige Beeinflussen unserer Wahrnehmungen unsere hedonischen Reaktionen auf einen Reiz formen können. Außerdem ist der erste Augenblick der Wahrnehmung weniger hedonisch – und emotional – aufgeladen, sodass die Platzierung der Wahrnehmungen gleich nach den Formen auch zu den folgenden Übungen passen würde, bei denen wir uns in erster Linie auf Formen und Wahrnehmungen am vorderen Ende des neuropsychologischen Verarbeitungsstroms konzentrieren, bevor zu viel Leid die Zeit hatte, sich festzusetzen.

Andererseits folgt eine hedonische Qualität, die schmerzhaft oder erfreulich ist, manchmal klar und unmittelbar auf einen neuen Reiz, bevor Wahrnehmungen ins Spiel gekommen sind; ein Beispiel dafür wäre der erste Impuls des Schmerzes beim Berühren einer heißen Herdplatte. Zudem lehrte Buddha, dass hedonische Qualität vor den Wahrnehmungen kommt, und Lehrer wie Leigh Brasington führen starke Argumente für die Richtigkeit dieser Lehre an; darüber hinaus argumentieren sie, dass dies auch fürs Üben hilfreicher ist. Kurzum: Ich habe mich hinsichtlich der Reihenfolge der Aufzählung an den Pali-Kanon gehalten.

183 **5.** *Gewahrsein:* Häufig als Bewusstsein übersetzt (auf Pali: *vinnana*). Ich bevorzuge den Begriff »Gewahrsein«, weil Bewusstsein zwei verschiedene Bedeutungen hat. 1. Schlicht »Gewahrsein«. »Wessen bist du dir bewusst?« hat z. B. die gleiche Bedeutung wie: »Wessen bist du dir gewahr?« 2. »Bewusstsein« kann sich sowohl auf das Gewahrsein als auch auf dessen Inhalte (z. B. den Bewusstseinsstrom) beziehen. Da sich die vorhergehenden vier Teile der Erfahrung vom »Feld«, in dem sie auftreten, unterscheiden, scheint mir »Gewahrsein« deutlicher und passender. Außerdem kann »Bewusstsein« als ein Aspekt eines ewigen »kosmischen Bewusstseins« metaphysische Konnotationen besitzen, doch bezeichnete Buddha wie im vorigen Kapitel erwähnt das *vinnana* als abhängig entstehend, nicht außerhalb des Rahmens bedingter Phänomene. Und schließlich wird Bewusstsein häufig als etwas Besonderes und nur dem Menschen Eigenes interpretiert, wohingegen Gewahrsein ein natürlicher Vorgang ist, den wir mit anderen Lebewesen gemein haben. Wenn ich den Begriff »Bewusstsein« benutze, beziehe ich mich ausschließlich auf seine zweite Bedeutung, also sowohl auf das Gewahrsein als auch auf dessen Inhalte.

Teile und noch mehr Teile

184 **»Alles Bedingte ist unbeständig.«:** Übersetzung ins Englische von Gil Fronsdal in: *The Dhammapada: A New Translation of the Buddhist Classic with Annotations.* Shambhala, 2006, S. 72.

Vor dem Leiden

185 *kein Begehren, kein Ich-Erleben und kein Leiden:* Schmerz und andere Aspekte der hedonischen Qualität »unangenehm« mag es zwar geben, die komplex emotionalen und selbstbezogenen Dimensionen der Erfahrung, die das Leiden hauptsächlich ausmachen, jedoch noch nicht.

185 **»Begehren des Werdens«:** Itivuttaka 58.

185 **die neurologische Grundlage dieser Tatsache:** Bar, »The Proactive Brain«; Manuello et al., »Mindfulness Meditation and Consciousness«; und Friston, »The History of the Future of the Bayesian Brain«.

185 **etwa im *Kleinhirn:*** Sokolov et al., »The Cerebellum«.

186 **Konstruieren des Ich-Erlebens:** Seth et al., »An Interoceptive Predictive Coding Model«.

186 **Es gibt keine Vergangenheit:** Das habe ich von Roshi Hogen Bays selbst gehört, im Juli 2019.

186 *motorische Planung:* Der Vorgang, bei dem sich das Gehirn auf eine Bewegung vorbereitet.

IN DER ZUFLUCHT RUHEN

188 **sich alles in Staub verwandelt:** Grabovac, »The Stages of Insight«.

188 **»weiterhin sind«:** Winnicott, »Primary Maternal Preoccupation«. Mehr zu Winnicott finden Sie unter http://www.mythosandlogos.com/Winnicott.html.

189 **und Trost und Kraft gefunden:** Siehe z. B. B. O'Brien, »The Enlightenment of the Buddha: The Great Awakening«, https://www.learnreligions.com/the-enlightenment-of-the-buddha-449789.

189 **körpereigenen Stressreaktionssysteme:** Esch und Stefano, »The Neurobiology of Stress Management«.

189 **In Wirklichkeit sind wir immer gegenwärtig:** Dieses Zitat wird dem Lehrer Howard Cohn zugeschrieben, eine spezifische Quelle konnte ich jedoch nicht ausmachen. Mehr zu Cohn finden Sie unter http://www.missiondharma.org/our-teacher-howard-cohn.html.

190 **förderlichen Eigenschaften, die Sie in sich kultiviert haben:** Beispielsweise ermutigte Buddha in einer seiner letzten Lehrreden die Menschen dazu, zur Zuflucht für sich selbst zu werden: durch die Entwicklung der vier Grundlagen der Achtsamkeit. Siehe Anālayo, *A Meditator's Life of the Buddha,* S. 168–169.

190 **die folgenden Schlüsselzufluchten:** Ich lehne mich hier an das buddhistische Konzept der Drei Juwelen an: Buddha, *dharma, sangha.*

190 *Diejenigen, die gelehrt wurden:* In einer berührenden Sutta-Passage

(Samyutta Nikaya 45,2) ruft der erste Diener Buddhas, Ananda, beim Anblick von Mönchen aus, dass gemeinsames Üben »das halbe heilige Leben« sei. Und Buddha entgegnet:»Nein, Ananda, nein: Es ist das ganze heilige Leben.«

DIE NATUR VON GEIST UND MATERIE
193 **In den klarsten Augenblicken:** Siehe https://tricycle.org/magazine/perfect-balance/. Mehr zu Gil Fronsdal unter https://en.wikipedia.org/wiki/Gil_Fronsdal. Zum Gedenken an U Pandita siehe https://www.spiritrock.org/the-teachings/article-archive/article-sayadaw-u-pandita.

193 **In der buddhistischen Praxis:** Dies trifft auch auf viele Übungswege und Praktiken außerhalb der buddhistischen Tradition zu.

Worin besteht die Natur des Geistes?
194 **Informationen hinsichtlich anderer Sachen:** So müssen z. B. Informationen über das Herz von Informationen über die Ohren getrennt werden, sonst würde das Chaos regieren.

195 **eine Mücke gerade auf Ihrem Nacken gelandet ist:** Wie es mir während eines Meditationsretreats passiert ist.

195 **dauerhaften, einheitlichen, sich selbst erzeugenden Essenz:** Siehe zu diesem wichtigen Thema auch https://de.wikipedia.org/wiki/Shunyata.

195 **Gedanken, Freude, Kummer:** Nur weil sich etwas aus Teilen innerhalb von Teilen usw. zusammensetzt, bedeutet das nicht, dass es nicht existiert. Der Anblick einer Wiese z. B. existiert, er hat nur keine Essenz. In ganz ähnlicher Weise existiert die Wiese auch physisch, obwohl sie sich aus Molekülen zusammensetzt, die sich aus Atomen zusammensetzen, die sich aus Protonen zusammensetzen usw. Siehe dazu auch die Anmerkungen zu Kapitel 1.

195 **ist die Natur jeder Erfahrung:** Aus der Perspektive der sogenannten *4E Cognition* ist der Geist *embodied* (verkörpert), *embedded* (eingebettet), *extended* (ausgedehnt) und *enacted* (inszeniert). Siehe A. Newen, L. De Bruin und S. Gallagher (Hrsg.), *The Oxford Handbook of 4E Cognition.* Oxford University Press. Ein verkörperter, eingebetteter, ausgedehnter und inszenierter Geist ist auch unbeständig, zusammengesetzt, abhängig und leer.

Worin besteht die Natur des Gehirns?
195 *Neurogenese:* Kempermann et al., »Human Adult Neurogenesis«.
195 **andere Zellen des Gehirns ganz natürlich absterben:** Yuan et al., »Diversity in the Mechanisms of Neuronal Cell Death«.
195 **Neue Synapsen bilden sich:** Shors, »Memory Traces of Trace Memories«.
195 **weniger benutzte verkümmern:** Paolicelli et al., »Synaptic Pruning«.
196 **Die einzelnen Nervenzellen feuern für gewöhnlich:** Roxin et al., »On the Distribution of Firing Rates«.

196 **100 Milliarden unterstützende Gliazellen:** Die Schätzungen entwickeln sich noch. Siehe Herculano-Houzel, »The Remarkable, Yet Not Extraordinary«, und Lent et al., »How Many Neurons«.

196 **Abhängigkeit in diesem Zusammenhang:** *Buddhadharma,* Sommer 2019, S. 52; aus: Thich Nhat Hanh, *Understanding Our Mind.* ReadHow-YouWant.com, 2008.

196 **Die Aktivität der Nervenzellen interagiert mit:** Dzyubenko et al., »Neuron-Glia Interactions in Neural Plasticity«.

Der Geist-Körper-Prozess
197 **Alles ist mit allem verbunden:** Lew Richmond, *Tricycle,* Herbst 2018, S. 10.

Wirbelndes Strömen
199 **Wenn du ein wenig loslässt:** Aus: *No Ajahn Chah – Reflections, Dhamma Garden, #101.* Siehe http://ajahnchah.org/pdf/no_ajahn_chah. pdf und https://www.abhayagiri.org/reflections/83-quotes-from-no-ajahn-chah.

KAPITEL 8: SICH DER ALLHEIT ÖFFNEN

203 **Den Buddhaweg kennenzulernen:** Nach einer berühmten Passage, die vielfach ins Englische übersetzt wurde. Ich habe die Übersetzung von Kosen Nishiyama und John Stevens benutzt (K. Nishiyama und J. Stevens, 1975. *Dogen Zenji's Shobogenzo: The Eye and Treasury of the True Law),* siehe www.thezensite.com, und aus »buddhistischem Weg« »Buddhaweg« gemacht, einen allgemeineren Ausdruck, den auch andere Übersetzer verwenden. Siehe auch https://buddhismnow. com/2015/02/15/study-the-self-by-maezumi-roshi/ und http://www.thezensite.com/ZenTeachings/Dogen_Teachings/GenjoKoan8.htm#mas4. Was die Übersetzung der letzten Zeile angeht, so findet sich statt »sich selbst als alles wahrzunehmen« häufig auch »von allem erleuchtet zu werden«. Mir persönlich gefällt auch die Formulierung: »Sich selbst zu vergessen bedeutet, von allem gelebt zu werden«.

DER ICH-PROZESS

204 **»So übe dich denn darin, Bahiya:** Udana 1,10, nach Übersetzungen ins Englische von Thānissaro Bhikkhu – https://www.dhammatalks.org/KN/ Ud/ud1_10.html – und John Ireland (www.leighb.com/ud1_10.htm), mit zusätzlichem Input von Leigh Brasington. Er wies darauf hin, dass es im Pali keine bestimmten Artikel gibt. Folglich müsste man präziserweise übersetzen: »im Hinblick auf Sehen nur Sehen«, was allerdings holprig klingt. Brasington empfahl im Englischen die Verwendung der Verlaufsform *(seeing),* die den zusätzlichen Vorteil hat, uns in den Erfahrungsfluss der Übung zu bringen.

Gibt es so etwas wie Personen?

205 **Die Existenz individueller *Personen:*** Wie in Kapitel 2 und 7 erwähnt, glaube ich, dass wir existieren ... wenn auch leer. Hinsichtlich dieses Punkts gibt es wichtige Unterscheidungen und Feinheiten, und ich lehne mich hier nicht an den orthodoxen Buddhismus an. Siehe dazu auch http://leighb.com/sn12_15.htm; dort findet sich ein Sutta, in dem Buddha sagt, wir sollten uns vollständig von Vorstellungen der Existenz oder Nichtexistenz lösen.

205 **Die Abschaffung der Täuschung:** Nach einer Übersetzung ins Englische von John Ireland (https://www.accesstoinsight.org/tipitaka/kn/ud/ud.2.01.irel.html).

Gibt es so etwas wie ein Selbst?

206 ***entzaubert:*** Auf Pali: *nibbida.*

206 **aus den Zaubern zu erwachen, die Mutter Natur gewirkt hat:** In Form der biologischen Evolution.

207 **das angebliche psychologische Selbst:** Viele andere Lehrer und Traditionen geben ähnliche Empfehlungen. Siehe z. B. Dahl et al., »Reconstructing and Deconstructing the Self«, vor allem den Abschnitt über die »dekonstruktive Familie« meditativer Praktiken.

207 **ein Selbst zu sein, viel Leid verursacht:** Leary, *The Curse of the Self.*

207 **uns defensiv und besitzergreifend verhalten:** Dambrun und Ricard, »Self-Centeredness and Selflessness«.

207 **Kein Selbst, kein Problem:** Thubten, *No Self, No Problem.* Ich habe das auch schon von anderen gehört.

207 **in verschiedenen Kulturen unterschiedlich beschrieben:** Baumeister, *Meanings of Life,* und Mosig, »Conceptions of the Self«.

207 **Das Selbst ist selbst und von selbst nichts:** J. Goldstein: »Dreaming Ourselves into Existence«, *Buddhadharma,* Herbst 2018, S. 69.

Das »Selbst« im Geist

209 **vollständige Selbst nie in Ihrer tatsächlichen Erfahrung:** In *Beyond Buddhism* (S. 95) spricht Stephen Batchelor von der »Unauffindbarkeit eines Kernselbsts in uns drin«.

Das »Selbst« im Gehirn

210 **die selbstbezogenen Erfahrungen zugrunde liegen, sind:** Gillihan und Farah, »Is Self Special?«, sowie Legrand und Ruby, »What Is Self-Specific?«.

Das »Selbst« – ein Einhorn

212 **Das tiefe Erkennen:** Anālayo, *A Meditator's Life of the Buddha,* S. 50.

Mit dem Selbstgefühl üben

212 *Taboo Against Knowing Who You Are:* Watts, *The Book*.

212 **Ängste vor Auslöschung, Tod und Leere:** Eine ausgezeichnete Quelle, mit der man anderen mit solchen Problemen helfen und vielleicht auch Einsichten für sich selbst gewinnen kann, ist Vieten und Scammell, *Spiritual and Religious Competencies*.

213 **»Man muss erst jemand sein:** Engler, »Being Somebody and Being Nobody«. Siehe auch http://blogs.warwick.ac.uk/zoebrigley/entry/being_somebody_and/.

213 **Es fällt uns auch leichter, mit Zurückweisungen:** In diesem begrenzten Rahmen können wir uns einigen wichtigen Themen nicht widmen, etwa der Frage, wie man in der Kindheit sichere Bindungen und ein gesundes Selbstwertgefühl (»Personenwertgefühl«?!) entwickeln, Unzulänglichkeitsgefühle heilen und für sich und andere als Person eintreten kann, ohne dabei selbstgerecht oder niederträchtig zu sein.

ALLOZENTRISCHE ERFAHRUNGEN

215 **James Austin:** Siehe Austin, *Selfless Insight* und »Zen and the Brain«. Professor Austin hat sich freundlicherweise bereit erklärt, das Kapitel zu lesen, und mir einige wertvolle Hinweis gegeben, die ich eingebaut habe.

215 **die Welt in strahlender Vollkommenheit aufleuchtet:** Diese Erfahrungen des »Einsseins« oder der »Nichtdualität« können zwar innerhalb eines religiösen oder spirituellen Rahmens auftreten, etwa als Kensho oder Satori im Zen-Buddhismus, doch beziehe ich mich hier nicht auf diesen Kontext.

215 **ohne das Feuerwerk dieser höchsten:** Maslow, *Religions, Values, and Peak-Experiences*.

216 **mystischen, nichtdualen Erfahrungen:** Siehe dazu vor allem Yaden et al., »The Varieties of Self-Transcendent Experience«.

216 **Verwobensein:** Der wunderschöne englische Ausdruck dafür – *interbeing* – stammt von Thich Nhat Hanh.

Egozentrische und allozentrische Perspektiven

216 **unserer physischen Umgebung verbunden:** Zaehle et al., »The Neural Basis of the Egocentric and Allocentric«.

216 **Verständnis der gesamten Umgebung:** Galati et al., »Multiple Reference Frames«.

217 **verläuft der egozentrische Verarbeitungsstrom oben auf dem Gehirn:** Der Terminus technicus für weiter oben im Gehirn gelegen lautet »dorsal«.

217 **durch die Parietallappen in Richtung präfrontaler Kortex:** Ich vereinfache hier; zu den Details siehe Austin.

217 **das somatische Empfinden, ein bestimmter Körper zu sein:** Austin, »Zen and the Brain«.

217 **Der allozentrische Verarbeitungsstrom hingegen verläuft:** Der Terminus technicus für weiter unten im Gehirn gelegen lautet »ventral«.

217 **Aufmerksamkeitsnetzwerk der Alarmierung und Orientierung:** Siehe Kapitel 7.

218 **»Sein«-Modus, das ebenfalls in der rechten Hemisphäre:** Siehe Kapitel 6.

Allmähliche Kultivierung, plötzliches Erwachen

218 **mit geringem oder keinem Selbstgefühl in die Realität eingetaucht:** Hood et al., *The Psychology of Religion,* S. 4. Siehe auch Kornfield, *After the Ecstasy, the Laundry;* Boyle, *Realizing Awakened Consciousness;* und Vieten et al., »Future Directions in Meditation Research«.

219 **Es gibt nichts, gar nichts, wovor wir Angst haben müssten:** Siehe https://en.wikipedia.org/wiki/James_H._Austin. Die Originalquelle ist: J.H. Austin, *Zen and the Brain: Toward an Understanding of Meditation and Consciousness.* MIT Press, 1999, S. 537.

219 **im Gehirn anderer Menschen mit ähnlichen Erfahrungen:** Yaden et al., »The Varieties of Self-Transcendent Experience«. Die Nuancen dieser Erfahrungen können von Mensch zu Mensch variieren, und ihre Ausprägungen und Interpretationen können auch durch kulturelle und religiöse Kontexte geformt sein. Die Nichtdualität ist von viel Philosophie und Theologie umweht, darunter auch von den hier zusammengefassten Aspekten: https://en.wikipedia.org/wiki/Nondualism.

219 **kann die allozentrische Perspektive vorpreschen:** Austin, *Zen-Brain Reflections.*

219 **»scheinen alle ursprünglichen Quellen«:** Austin, »Zen and the Brain«, S. 7.

219 **Austin weist auf eine plausible Art:** Ebenda, insbesondere S. 4–5.

219 *Thalamus:* Eigentlich gibt es zwei davon, einen auf jeder Seite des Gehirns.

219 **die zum Selbstgefühl beitragen:** Insbesondere mit dem medialen und dorsolateralen präfrontalen Kortex, dem posterioren zingulären Kortex und dem retrosplenialen Kortex.

220 **Gewebe in der Nähe:** Nämlich Nucleus reticularis, Zona incerta und Nucleus pretectalis anterior.

220 **GABA:** GABA ist die Abkürzung für *gamma-aminobutyric acid,* auf Deutsch: Gamma-Aminobuttersäure. Sie ist ein wichtiger inhibitorischer (hemmender) Neurotransmitter. Siehe https://de.wikipedia.org/wiki/Γ-Aminobuttersäure.

220 **oberen Regionen des Thalamus:** Austin, »How Does Meditation Train Attention?«

220 **egozentrische Strom im Bewusstseinsstrom:** Ähnliche Hinweise finden sich in Newberg und Iversen, »Neural Basis«, sowie Newberg et al., »The Measurement of Regional Cerebral Blood Flow«.

220 **Einheitsgefühl und verwandten mystischen Erfahrungen:** Dies bezieht sich auf Teile der Parietallappen. Zu den Details siehe Newberg et al., »The Measurement of Regional Cerebral Blood Flow«; Farrer und Frith, »Experiencing Oneself Versus Another Person«; Azari et al., »Neural Correlates of Religious Experience«; Beauregard und Paquette, »Neural Correlates of a Mystical Experience«; und Johnstone et al., »Right Parietal Lobe-Related ›Selflessness‹«.

220 **Eines Tages saß ich:** Von A.B., im persönlichen Gespräch.

220 **Während einer Meditation:** Gil Fronsdal, in: *Realizing Awakened Consciousness*, Boyle (Hrsg.), S. 124.

221 **In dem Augenblick, in dem ich mich:** Shinzen Young, in: ebenda, S. 25. Shinzen ist ein ungeheuer geübter Lehrer, der zahlreiche innovative und effektive Herangehensweisen an das Erlernen und Üben von Achtsamkeit entwickelt hat. Siehe https://www.shinzen.org/ sowie seine vielfältigen Bücher, darunter S. Young, *The Science of Enlightenment: How Meditation Works*. Sounds True, 2016.

221 **Koan:** In der Zen-Tradition eine häufig provokante und paradoxe Frage oder Geschichte mit Lehrzweck.

Sich in die Allheit lehnen

221 **müssen Nervenprozesse zugrunde liegen:** Was die Möglichkeit anderer Faktoren außerhalb der gewöhnlichen Realität nicht ausschließt. Ich konzentriere mich in diesem Kapitel allerdings auf die neuropsychologischen Faktoren innerhalb des »natürlichen Rahmens«.

221 **Netzwerke der Ganzheit, der Jetztheit und der Allheit:** Ähnliche mögliche neuropsychologische Erklärungen, die meinen nicht grundsätzlich widersprechen und sich mit ihnen sogar teilweise überschneiden, finden Sie z. B. bei Boyle, »Cracking the Buddhist Code«. Ebenfalls in Betracht zu ziehen sind mögliche Unterbrechungen der Aktivierungen des »narrativen Selbst« im medialen präfrontalen Kortex sowie im posterioren zingulären Kortex (Elementen des Ruhezustandsnetzwerks). Siehe Denny et al., »A Meta-analysis of Functional Neuroimaging Studies«. Dies könnte es dem »minimalen phänomenalen Selbst« ermöglichen, hinsichtlich unserer Erfahrungen am präsentesten zu sein, und zwar auf der Grundlage von Aktivierungen in der anterioren Insula (Inselrinde), im temporoparietalen Übergang und im Hypothalamus (sowie in anderen Regionen, die das grundlegende homöostatische Funktionieren aufrechterhalten). Siehe Gallagher, »Philosophical Conceptions of the Self«, und Damasio, *Self Comes to Mind*.

Ich vermute, dass an prototypischen nichtdualen oder »selbsttranszendenten« Erfahrungen all diese Systeme beteiligt sind. Unklar bleibt indes, wie eine drastische neurologische Veränderung, die mit einer so drastischen psychologischen Veränderung einhergeht, ausgelöst wird.

221 **beispielsweise ein Meditationsretreat:** Zu den Faktoren, die solche Erfah-

rungen herbeiführen können, gehören auch Psychedelika, Visionssuchen, Rituale und intensive körperliche Praktiken wie z. B. Yoga. Siehe dazu auch Pollan, *How to Change Your Mind.*

222 **berichten Menschen auch von einem Gefühl des Willkommenseins:** Ich danke Jan Ogren für diesen Hinweis.

222 **Wir leben in der Illusion:** Eine Version davon wird in der Gratitude Hut im Spirit Rock Meditation Center zitiert. Der Lehrer James Baraz wies mich auf die etwas andere und weithin akzeptierte Form dieses Zitats, die online zu finden ist, hin – sie habe ich hier verwendet –, doch die Originalquelle konnte ich nicht ausfindig machen. Lama Palden schlug vor (im persönlichen Gespräch), es könnten paraphrasierte Texte aus Kalu Rinpoche und der Dalai Lama, *Luminous Mind,* sein.

222 **hemmenden Knoten des Thalamus:** Sowie in anderen Teilen des Nervensystems, mit ähnlichen förderlichen Erfahrungen der Beruhigung.

223 **da dies ganz natürlich die allozentrische visuelle Verarbeitung aktiviert:** Austin, *Selfless Insight.*

Der Kipppunkt

223 **mit innerreferenziellen Vorgängen:** Fazelpour und Thompson, »The Kantian Brain«.

224 **mit irgendeiner Form von äußerer Überraschung:** Austin, *Selfless Insight.*

224 **die Zen-Nonne Mugai Nyodai:** Auch bekannt als Chiyono; siehe https:// en.wikipedia.org/wiki/Mugai_Nyodai. Eine wunderbare Sammlung anderer Geschichten über erwachte Frauen finden Sie in: Caplow und Moon, *The Hidden Lamp.*

224 **Mit diesem und jenem versuchte ich:** Ins Englische übertragen von Mary Swigonski. Siehe »Chiyone and the Bottomless Bucket«, https://justalchemy.com/2014/03/17/chiyono-and-the-bottomless-bucket/.

224 **Ganzheitsnetzwerke des Gehirns:** So der Neurowissenschaftler Wil Cunningham, im persönlichen Gespräch.

225 **ein Himmel des Geistes:** Ich habe diesen Ausdruck das erste Mal von dem Lehrer Adi Da gehört und mag auch das gleichnamige *(The Sky of Mind)* Album von Ray Lynch. Jack Kornfields geführte Meditation dazu finden Sie unter https://jackkornfield.com/a-mind-like-sky/.

UMFASSENDE SICHTWEISEN

226 **die Natur in all ihrer Fülle und das gesamte Universum:** Leary et al., »Allo-inclusive Identity«.

226 **»Versuchen wir, daraus etwas Einzelnes«:** Muir, *My First Summer in the Sierra,* S. 110. Zum Hintergrund, auch zu Falschzitaten, siehe https:// vault.sierraclub.org/john_muir_exhibit/writings/misquotes.aspx#1.

Aus der Sicht der Leere

226 **Nahezu alles:** Das »Nahezu« deshalb, weil bestimmte Aspekte unseres Universums beständig zu sein scheinen, darunter etwa die Planck-Konstante. Doch zumindest ist alles durch den Urknall bedingt.

226 **ein Sturm auf dem Jupiter:** Siehe https://de.wikipedia.org/wiki/Jupiter_ (Planet)#Großer_Roter_Fleck.

Aus der Sicht der Kultur

227 **Du bist ein fließender Strom:** Hanh, *Inside the Now.*

Aus der Sicht des Lebens

228 **Es gibt kein Phänomen:** Hanh, *The World We Have.*

228 **Sangha:** Gemeinschaft.

Aus der Sicht des Universums

229 **In der modernen Physik:** http://www.fritjofcapra.net/werner-heisenberg-explorer-of-the-limits-of-human-imagination/.

229 **und schließlich ein großes, asteroidenähnliches Geschoss:** Eine bemerkenswerte Beschreibung dieses Ereignisses finden Sie bei D. Preston, »The Day the Dinosaurs Died«, *New Yorker*, 8. April 2019, https://www.newyorker.com/magazine/2019/04/08/the-day-the-dinosaurs-died.

229 **»All unsere Wellen sind Wasser«:** Siehe Yogis, *All Our Waves Are Water.*

KAPITEL 9: ZEITLOSIGKEIT ENTDECKEN

235 **Dinge erscheinen und verschwinden:** Nach Thich Nhat Hanh, »Becoming Truly Alive«, *Buddhadharma*, Winter 2009. In seinem Artikel bezieht sich Thich Nhat Hanh auf eine Passage im Pali-Kanon (Majjhima Nikaya 143), in der es um eine Lehrrede für einen sterbenden Mann geht. Ich nehme die Worte Thich Nhat Hanhs in diesem Zitat praktisch für bare Münze: Sie stehen hier für sich, unabhängig vom Zusammenhang mit der Stelle im Pali-Kanon.

GEIST, MATERIE – UND MYSTERIUM
Nibbana

236 **Buddhas Bestreben:** Es gibt viele Berichte über Buddhas Leben und seine Motive. Eine sehr wichtige Zusammenfassung findet sich in Majjhima Nikaya 26, die Edle Suche. Siehe https://www.accesstoinsight.org/tipitaka/mn/mn.026.than.html.

237 **Jenseits der stetigen Wiedergeburten:** Bodhi, *In the Buddha's Words*, S. 183.

237 *In den Worten des Buddha:* Bodhi, *In den Worten des Buddha.*

237 **denke dabei manchmal über das eine oder andere Wort nach:** Eine weitere Zusammenstellung finden Sie unter https://www.accesstoinsight.org/ptf/dhamma/sacca/sacca3/nibbana.html. Die Übersetzung von Schlüssel-

begriffen aus dem Pali kann tatsächlich ihre augenscheinliche Bedeutung beeinflussen. Zahlreiche Beispiele dafür finden Sie in: Batchelor, *Jenseits des Buddhismus,* Kapitel 5.

238 **höchste Sicherheit vor der Unfreiheit:** Bodhi, *In the Buddha's Words,* S. 55.

238 **der Lust, des Hasses und der Täuschung:** Ebenda, S. 364.

238 **der Pfad, der zum Bestimmungsort führt:** Ebenda, S. 365.

238 **Hausbauer:** Nach einer Übersetzung ins Englische von Acharya Buddharakkhita. In alternativen englischen Übersetzungen dieser wichtigen Passage taucht der Begriff »the unconditioned«, hier auf Deutsch wiedergegeben als »Formlosigkeit«, nicht auf. Siehe z. B. die Übersetzung von Thānissaro Bhikkhu (https://www.accesstoinsight.org/lib/authors/Thānissaro/dhammapada.pdf): »House-builder, you're seen! You will not build a house again. All your rafters broken, the ridgepole dismantled, immersed in dismantling, the mind has attained to the end of craving.« Oder die von Gil Fronsdal: »House-builder, you are seen! You will not build a house again! All the rafters are broken, The ridgepole destroyed; The mind, gone to the Unconstructed, Has reached the end of craving!«

238 **Dies ist friedvoll:** Nach einer Übersetzung ins Englische von Piyadassi Thera: https://www.accesstoinsight.org/tipitaka/an/an10/an10.060.piya.html.

238 **Das Geborene, Gestalt Gewordene, Hergestellte:** Nach Übersetzungen ins Englische von Thānissaro Bhikkhu und John Ireland, https://www.accesstoinsight.org/tipitaka/kn/iti/iti.2.028-049.than.html#iti-043 und https://www.accesstoinsight.org/tipitaka/kn/iti/iti.2.042-049x.irel.html.

Außerhalb des natürlichen Rahmens

240 **Gerade weil:** Nach Thānissaro Bhikkhus Übersetzung ins Englische: https://www.dhammatalks.org/suttas/KN/Ud/ud8_3.html.

240 **Ich weiß, dass es Menschen gibt:** Siehe z. B. Stephen Batchelors Bücher, darunter *Jenseits des Buddhismus, Buddhism Without Beliefs* und *Confession of a Buddhist Atheist.* Siehe auch die Arbeiten von Sam Harris, etwa *Waking Up.*

240 *ohne* **Bezug zu etwas Transzendentalem:** Ich meine »etwas« hier im weitesten und vagsten Sinn und versuche nicht zu implizieren, dass das, was auch immer jenseits der gewöhnlichen Realität liegen könnte, dinghaft, substantivhaft oder irgendetwasbestimmteshaft ist.

240 **im Hinblick auf ihn zu üben:** Eine Version davon ist die Pascalsche Wette; siehe https://de.wikipedia.org/wiki/Pascalsche_Wette.

240 **Meine Lehrer stammen aus beiden Lagern:** Und wenn es ein Thema gibt, das in buddhistischen Kreisen äh… leidenschaftlich diskutiert wird, dann das. Die Diskussion findet ihr Echo in anderen Debatten zwischen Atheisten und jenen, die an etwas Transzendentales glauben. Siehe z. B. Dawkins, *The God Delusion,* und Crean, *God Is No Delusion.*

Wie könnte das Transzendentale aussehen?

241 **zwischen dem, was vielleicht *übernatürlich* ist:** Hinweise auf übernatürliche Dinge wie Geister (z. B. *devas)* oder frühere Leben durchziehen den gesamten Pali-Kanon. Sie finden sich auch in religiösen Texten und spirituellen Praktiken auf der ganzen Welt. Viele Menschen berichten von unheimlichen Erfahrungen, die ihrer Meinung nach die Existenz des Übernatürlichen beweisen. Meg Madden etwa schreibt (in der persönlichen Kommunikation mit mir): »Eine nicht örtlich begrenzte Intelligenz [ist] Teil der gesamten Natur. Diese können wir ganz direkt in der Meditation erfahren. Sie ist voller Liebe und bewusst und wohnt in allen fühlenden Wesen, auch in Steinen und Bäumen, in allem, das wir uns nur vorstellen können. Meiner Erfahrung nach sind manche Tiere, Pflanzen und sogar Berge manchen Menschen darin überlegen, mit dieser Weisheit in Kontakt zu treten. Man könnte sie als erwacht bezeichnen.« Siehe auch Vieten et al., »Future Directions in Meditation Research«.

Dennoch können wir uns fragen, ob das Übernatürliche tatsächlich existiert und ob eine solche Annahme für das Üben nützlich ist. Darüber haben schon viele kluge Köpfe hitzig debattiert, darunter auch Stephen Batchelor und Robert Thurman: Batchelor und Thurman, »Reincarnation: A Debate«.

241 **Zunächst einmal könnte das Transzendentale: Ein Wort zum** »das«. Das Pali enthält weder bestimmte noch unbestimmte Artikel, weshalb »der«, »die«, »das« sowie »ein« und »eine« in Übersetzungen meist hinzugefügt werden. (Das bringt auch Schwierigkeiten mit sich; siehe https://palistudies.blogspot.com/2018/05/pali-pronouns.html.) Die Verwendung des bestimmten Artikels in Ausdrücken wie »das Unbedingte« ist unpräzise, aber weitverbreitet. Zudem riskiert man es mit »das Unbedingte« oder »das Transzendentale« zu implizieren, diese seien dinghaft. Das »das« allerdings wegzulassen klingt häufig holprig. Deshalb verwende ich den bestimmten Artikel so selten wie möglich und bin mir der (!) Probleme, die das lästige kleine Wort mit sich bringt, durchaus bewusst.

241 ***unbedingt* sein, ein zeitloser:** Eine ausgesprochen coole Idee hatte der Neurologe und Autor Richard Mendius. Er wies mich darauf hin, dass sich die Zeit verlangsamt, wenn man sich der Lichtgeschwindigkeit nähert. Folglich könnte es für ein Photon, das sich in Lichtgeschwindigkeit fortbewegt, buchstäblich keine Zeit geben. In gewissem Sinne könnte man das Licht deshalb als zeitlos bezeichnen … und die Zeitlosigkeit als voller Licht!

241 **Was auch immer transzendental unbedingt ist:** Im Unterschied zu außergewöhnlich unbedingten – unfabrizierten, unkonstruierten, unbeeinflussten – Geisteszuständen innerhalb der gewöhnlichen Realität. Dies ist die zweite Weise, in der wir uns dem möglicherweise »Unbedingten« nähern können.

241 **Bewege meinen Geist:** Berry, »Sabbaths – 1982«, *A Timbered Choir.* Siehe https://www.goodreads.com/work/quotes/141101-a-timbered-choir-the-sabbath-poems-1979-1997.

242 **Wer bist du?:** Thomas Merton war Trappist mit großem Interesse für den Buddhismus (https://de.wikipedia.org/wiki/Thomas_Merton). Die hier zitierten Zeilen stammen aus seinem Gedicht »In Silence«, Merton und Szabo, *In the Dark Before Dawn.* Das ganze Gedicht sowie eine berührende Porträtaufnahme von ihm finden Sie unter https://www.innerdirections.org/the-poetry-of-thomas-merton/.

242 **Wirklichkeit (zum Beispiel »oben«):** Muller, *Now;* siehe auch Schwartz et al., »Quantum Physics in Neuroscience and Psychology«.

243 **Wir leben dieses heilige Leben:** Nach Übersetzungen ins Englische von Bhikkhu Bodhi (https://suttacentral.net/mn29/en/bodhi), Bhikkhu Sujato (https://suttacentral.net/mn29/en/sujato), Thānissaro Bhikkhu (https://www.dhammatalks.org/suttas/MN/MN30.html) und I.B. Horner (https://suttacentral.net/mn30/en/horner). Das Bild des Kernholzes findet sich in mehr als einem Sutta.

HINWENDUNG ZUM TRANSZENDENTALEN
Das Bedingte beruhigen

245 **In der Tat ruht der Weise:** In dieser Passage finden sich Verweise auf Metaphern des Feuers und des Brennstoffs, beides Dinge, die damals sowohl in religiösen Zeremonien als auch im Alltag zum Einsatz kamen. Buddha bediente sich häufig auch einer verwandten Metapher, der der »Nahrung« (weitverbreitete Übersetzung des Pali-Wortes *ahara),* die den Ackerbau und die Schafzucht betreibende Gesellschaft seiner Zeit heraufbeschwört. Die Bedeutung des Wortes *nibbana* lässt sich in seiner Wurzel auf »ausblasen« – wie in »eine Kerze ausblasen« – zurückführen, daher »gelöscht«. Zum Leben Buddhas sowie zu seinen Lehren und den Bedeutungen der Wörter, die er benutzte, siehe Gombrich, *What the Buddha Thought.*

245 **da der Geist seinen Weg zum Frieden gefunden hat:** Ins Englische übersetzt von Andrew Olendzki, https://tricycle.org/magazine/modest-awakening/.

Ein Gewahrsein, tiefer als das unsere

247 **des Verweilens als Gewahrsein:** Siehe Kapitel 3 und 6.

247 *Tat tvam asi:* Siehe https://de.wikipedia.org/wiki/Tat_Tvam_Asi.

Von der Liebe gelebt

249 **Lass von der Vergangenheit ab:** Übersetzung ins Englische von Gil Fronsdal, in: *The Dhammapada: A New Translation of the Buddhist Classic with Annotations.* Shambhala, 2006, S. 90.

Momente des Erwachens

249 **Momente des Erwachens –:** Der Lehrer Mark Coleman schreibt den Spruch Tulku Urgyen Rinpoche zu.

WIRBEL IM STROM

251 **Quantenschaum:** Siehe Wikipedia, https://de.wikipedia.org/wiki/Quantenschaum.

256 **die mit radikal eindringlichen Einsichten verbunden sind:** Siehe z. B. Kraft, *Buddha's Map*.

256 **neurale Entsprechungen haben:** Die allerdings unklar sind. Siehe z. B.: »Die nichtkörperlichen Zustände … sind in der kognitiven Neurowissenschaft noch [nicht] klar definiert.« Vago und Zeidan, »The Brain on Silent«.

256 **Um die Schritte noch einmal zusammenzufassen:** Nach Bodhi, *In the Buddha's Words*, S. 397–398. Eine vollständige Beschreibung findet sich in Kapitel 2.

256 **… im Erlöschen:** Siehe z. B. Anguttara Nikaya 9,34, Sutta des Loslösens (https://www.accesstoinsight.org/tipitaka/an/an09/an09.034.than.html). Mehr dazu unter http://leighb.com/epractices.htm.

257 **Durch das Voranschreiten auf dem Buddhaweg:** Aus der Einleitung zu Bodhis Samyutta-Nikaya-Übersetzung, in Bodhi, *Connected Discourses of the Buddha*.

257 **und vielleicht in die Realität selbst:** Ein Beispiel: »Der Augenblick der Erfüllung, der auf den Augenblick des Pfads [also aufs Nibbana] folgt, besteht in der verstandenen Erfahrung und führt zu einer völlig veränderten Sicht auf das Dasein.« A. Khema (1994), in Abschnitt 12, »Path and Fruit«, in: »All of Us: Beset by Birth, Decay, and Death«, 1994, https://www.accesstoinsight.org/lib/authors/khema/allofus.html. Der gesamte Essay ist außerordentlich lesenswert, nicht nur die vielen Kommentare zum Nibbana in Abschnitt 12.

258 **Zeige direkt auf den Geist:** Dies stammt von einer Schriftrolle, die Hakuin mit der japanischen Inschrift *Jikishi ninshin, Kensho jobutsu* versehen hat. Im Wikipedia-Eintrag für Hakuin (https://de.wikipedia.org/wiki/Hakuin_Ekaku) ist dies folgendermaßen übersetzt: »Erleuchtung durch direktes Aufzeigen der menschlichen Seele und Erkennen des eigenen Ichs«.

KAPITEL 10: FRUCHT UND PFAD

265 **Schwinden muss jede Erscheinung:** Dies waren angeblich die letzten Worte Buddhas (siehe https://de.wikipedia.org/wiki/Siddhartha_Gautama). Eine Übersetzung ins Englische von Stephen Batchelor (in: *Jenseits des Buddhismus*) lautet: »Things fall apart. Tread the path with care.« (»Alles zerfällt. Beschreite den Pfad mit Sorgfalt.«), eine andere von Bhikkhu Bodhi (im persönlichen Gespräch) lautet: »Conditioned

things are subject to vanish. Achieve the goal by means of heedfulness.«
(»Bedingte Dinge sind dem Verfall unterworfen. Erreicht euer Ziel mit
Achtsamkeit.«) Siehe auch https://www.buddhistinquiry.org/article/the-
buddhas-last-word-care/.

266 **Was man jedoch gesehen hat, verändert einen für immer:** Mehr über
Steve Armstrong unter http://vipassanametta.org/.

266 **Wir können die Frucht als Pfad nehmen:** Ich glaube, dass dieses Sprichwort aus Tibet stammt – eine genaue Quelle habe ich jedoch nicht gefunden.

DAS ANGEBOT MACHEN
Mitgefühl und Gleichmut

270 **sicher auf unsicherem Grund zu wandeln:** Siehe z. B. Samyutta Nikaya
1,7: »Diejenigen, denen das Dhamma klar ist... wandeln sicher über das
Unsichere.«

270 **wie Howard Thurman es ausgedrückt hat:** Schaper, *40-Day Journey
with Howard Thurman.*

270 **was ist und was sein wird:** Man könnte dies als engagierte Praxis bezeichnen (siehe z. B. »Engagierter Buddhismus«). Ihr widmen sich viele Menschen und Organisationen auf der ganzen Welt; sie umfasst schlichte
Taten auf der individuellen Ebene ebenso wie große gesellschaftliche
Bewegungen.

271 **Lehr uns zu sorgen:** Aus: »Ash Wednesday« (»Aschermittwoch«), Eliot,
Collected Poems 1909–1962.

Sich um die Ursachen kümmern

271 **Sie hätten Lust darauf Obst anzubauen:** Dieses Beispiel entstammt
den Lehren Ajahn Chahs; es kommt auch in meinem Buch *Das resiliente
Gehirn* vor.

272 **»feurig, entschlossen und eifrig«:** Udana 3,2.

273 **habe ich es nicht mehr in der Hand:** Auch diese Geschichte habe ich
bereits in meinem Buch *Das resiliente Gehirn* erzählt.

Unsere kollektiven Angebote

273 **Traditionen des Theravada, des tibetischen Buddhismus, des Zen-Buddhismus und des Amitabha-Buddhismus:** Die ihrerseits wieder verschiedene Schulen umfassen. Außerdem gibt es wohl mehr als vier Hauptformen, berücksichtigt man z.B. auch den Chan-Buddhismus (siehe
Wikipedia, https://de.wikipedia.org/wiki/Chan).

274 **Wissenschaft inklusive verwandter Praktiken:** Siehe z.B. Wallace und
Shapiro, »Mental Balance and Well-Being«.

274 **Praktiken auf nicht-buddhistischen Gebieten:** Z.B. der Achtsamkeitsbasierten Kognitiven Therapie bei Depressionen. Siehe Segal et al., *Mindfulness-Based Cognitive Therapy.*

VORANSCHREITEN

275 »**vorangeschritten«:** Siehe Sutta Nipata 3,1; der Ausdruck wird auch für Menschen verwendet, die ins Kloster eintreten.

Halten Sie es einfach

277 **Ich weiß nicht genau:** Zitiert in: D. Penick, »Love Passing Beneath Shadows«, *Tricycle,* Frühjahr 2019. Der Artikel bezieht sich auf *Letters from Max: A Book of Friendship by Sarah Ruhl and Max Ritvo.* Milkweed Editions, 2018. Das Zitat selbst soll durch den Dichter und Zen-Priester Philip Whalen überliefert sein.

Mit Blick auf das Ganze

278 **Weltliche Winde:** Lob und Kritik, Freude und Schmerz, Gewinn und Verlust, Status und Statusverlust.

Genießen Sie die Fahrt

279 **nur eine von ein paar Billionen anderen:** Siehe E. Siegel, »This Is How We Know There Are Two Trillion Galaxies in the Universe«, Forbes. com, 18. Oktober 2018, https://www.forbes.com/sites/startswitha-bang/2018/10/18/this-is-how-we-know-there-are-two-trillion-galaxies-in-the-universe/#f512d625a67b.

279 »**Mach weiter.«:** Diese Anekdote habe ich ebenfalls in meinem Buch *Das resiliente Gehirn* erzählt.

LITERATURVERZEICHNIS

Adyashanti, *The Deep Heart: Our Portal to Presence,* J. J. Prendergast, Boulder, CO: Sounds True, 2019.

Alberini, C. M. und J. E. LeDoux. »Memory Reconsolidation.« *Current Biology* 23, Nr. 17 (2013): R746–50.

Allen, A. B. und M. R. Leary. »Self-Compassion, Stress, and Coping.« *Social and Personality Psychology Compass* 4, Nr. 2 (2010): 107–18.

Anālayo. *A Meditator's Life of the Buddha: Based on the Early Discourses.* Cambridge, UK: Windhorse Publications, 2017.

— — —. *Mindfully Facing Disease and Death: Compassionate Advice from Early Buddhist Texts.* Cambridge, UK: Windhorse Publications, 2016.

— — —. *Satipaṭṭhāna: The Direct Path to Realization.* Cambridge, UK: Windhorse Publications, 2004.

Angus, D. J. et al. »Anger Is Associated with Reward-Related Electrocortical Activity: Evidence from the Reward Positivity.« *Psychophysiology* 52, Nr. 10 (2015): 1271–80.

Armstrong, G. *Emptiness: A Practical Guide for Meditators.* New York: Simon & Schuster, 2017.

Austin, J. H. »How Does Meditation Train Attention?« *Insight Journal* 32 (2009): 16–22.

— — —. *Selfless Insight: Zen and the Meditative Transformations of Consciousness.* Cambridge, MA: MIT Press, 2011.

— — —. »Zen and the Brain: Mutually Illuminating Topics.« *Frontiers in Psychology* 4 (2013): 784.

— — —. *Zen-Brain Reflections: Reviewing Recent Developments in Meditation and States of Consciousness.* Cambridge, MA: MIT Press, 2006.

Azari, N. P. et al. »Neural Correlates of Religious Experience.« *European Journal of Neuroscience* 13, Nr. 8 (2001): 1649–52.

Baars, B. J. »Global Workspace Theory of Consciousness: Toward a Cognitive Neuroscience of Human Experience.« *Progress in Brain Research* 150 (2005): 45–53.

Bar, M. »The Proactive Brain: Using Analogies and Associations to Generate Predictions.« *Trends in Cognitive Sciences* 11, Nr. 7 (2007): 280–9.

Baraz, J. *Awakening Joy: 10 Steps That Will Put You on the Road to Real Happiness.* New York: Bantam, 2010.

Barron, A. B. und C. Klein. »What Insects Can Tell Us About the Origins of Consciousness.« *Proceedings of the National Academy of Sciences* 113, Nr. 18 (2016): 4900–08.

Batchelor, S. *After Buddhism: Rethinking the Dharma for a Secular Age.* New Haven, CT: Yale University Press, 2015.

— — —. *Buddhism Without Beliefs: A Contemporary Guide to Awakening.* New York: Penguin, 1998.

— — —. *Confession of a Buddhist Atheist.* New York: Random House, 2010.

— — — und R. Thurman. »Reincarnation: A Debate.« *Tricycle: The Buddhist Review,* summer 1997: http://www. tricycle. com/feature/reincarnationdebate.

Baumeister, R. F. *Meanings of Life.* New York: Guilford Press, 1991.

— — — et al. »Bad Is Stronger Than Good.« *Review of General Psychology* 5, Nr. 4 (2001): 323–70.

Baxter, L. R. et al. »Caudate Glucose Metabolic Rate Changes with Both Drug and Behavior Therapy for Obsessive-Compulsive Disorder.« *Archives of General Psychiatry* 49, Nr. 9 (1992): 681–9.

Beauregard, M. und V. Paquette. »Neural Correlates of a Mystical Experience in Carmelite Nuns.« *Neuroscience Letters* 405, Nr. 3 (2006): 186–90.

Begley, S. *Train Your Mind, Change Your Brain: How a New Science Reveals Our Extraordinary Potential to Transform Ourselves.* New York: Random House, 2007.

Benson, H. und M. Z. Klipper. *The Relaxation Response.* New York: William Morrow, 1975.

Berridge, K. C. et al. »Dissecting Components of Reward: ›Liking,‹ ›Wanting,‹ and ›Learning.‹« *Current Opinion in Pharmacology* 9, Nr. 1 (2009): 65–73.

Berridge, K. C. und M. L. Kringelbach. »Pleasure Systems in the Brain.« *Neuron* 86, Nr. 3 (2015): 646–4.

Berridge, K. C. und T. E. Robinson. »What Is the Role of Dopamine in Reward: Hedonic Impact, Reward Learning, or Incentive Salience?« *Brain Research Reviews* 28, Nr. 3 (1998): 309–69.

Berry, W. *A Timbered Choir: The Sabbath Poems, 1979–1997.* Washington, DC: Counterpoint, 1998.

Bersani, F. S. und M. Pasquini. »The ›Outer Dimensions‹: Impulsivity, Anger/ Aggressiveness, Activation.« In *Dimensional Psychopathology*, M. Biondi et al. (Hrsg.), Basel: Springer, 2018, pp. 211–32.

Birnie, K. et al. »Exploring Self-Compassion and Empathy in the Context of Mindfulness-Based Stress Reduction (MBSR).« *Stress and Health* 26, Nr. 5 (2010): 359–71.

Bluth, K. und K. D. Neff. »New Frontiers in Understanding the Benefits of Self-Compassion.« *Self and Identity* 17, Nr. 6 (2018): 605–8.

Bodhi, B. *In the Buddha's Words: An Anthology of Discourses from the Pali Canon.* New York: Simon & Schuster, 2005

— — — und B. Nanamoli. *The Middle Length Discourses of the Buddha: A Translation of the Majjhima Nikaya.* Sommerville, MA: Wisdom Publications, 2009.

Boellinghaus, I. F. et al. »The Role of Mindfulness and Loving-Kindness Meditation in Cultivating Self-Compassion and Other-Focused Concern in Health Care Professionals.« *Mindfulness* 5, Nr. 2 (2014): 129–38.

Boll, S. et al. »Oxytocin and Pain Perception: From Animal Models to Human Research.« *Neuroscience* 387 (2018): 149–61.

Boly, M. et al. »Consciousness in Humans and Non-human Animals: Recent Advances and Future Directions.« *Frontiers in Psychology* 4 (2013): 625.

Bowles, S. »Group Competition, Reproductive Leveling, and the Evolution of Human Altruism.« *Science* 314, Nr. 5805 (2006): 1569–72.

Boyd, R. et al. »Hunter-Gatherer Population Structure and the Evolution of Contingent Cooperation.« *Evolution and Human Behavior* 35, Nr. 3 (2014): 219–27.

Boyle, R. P. »Cracking the Buddhist Code: A Contemporary Theory of First-Stage Awakening.« *Journal of Consciousness Studies* 24, Nr. 9–10 (2017): 156–80.

— — —. *Realizing Awakened Consciousness: Interviews with Buddhist Teachers and a New Perspective on the Mind.* New York: Columbia University Press, 2015.

Brach, T. *Radical Acceptance: Embracing Your Life with the Heart of a Buddha.* New York: Bantam, 2004.

— — —. *Radical Compassion: Learning to Love Yourself and the World with the Practice of RAIN.* New York: Viking Press, 2019.

— — —. *True Refuge: Finding Peace and Freedom in Your Own Awakened Heart.* New York: Bantam, 2012.

Brahm, A. *Mindfulness, Bliss, and Beyond: A Meditator's Handbook.* New York: Simon & Schuster, 2006.

Bramham, C. R. und E. Messaoudi. »BDNF Function in Adult Synaptic Plasticity: The Synaptic Consolidation Hypothesis.« *Progress in Neurobiology* 76, Nr. 2 (2005): 99–125.

Brandmeyer, T. et al. »The Neuroscience of Meditation: Classification, Phenomenology, Correlates, and Mechanisms.« *Progress in Brain Research* 244 (2019), 1–29.

Braver, T. und J. Cohen. »On the Control of Control: The Role of Dopamine in Regulating Prefrontal Function and Working Memory.« In *Control of Cognitive Processes: Attention and Performance* 18, S. Monsel and J. Driver (Hrsg.). Cambridge, MA: MIT Press, 2000.

Braver, T. et al. »The Role of Prefrontal Cortex in Normal and Disordered Cognitive Control: A Cognitive Neuroscience Perspective.« In *Principles of Frontal Lobe Function*, D. T. Stuss und R. T. Knight (Hrsg.). New York: Oxford University Press, 2002.

Brewer, J. *The Craving Mind: From Cigarettes to Smartphones to Love? Why We Get Hooked and How We Can Break Bad Habits.* New Haven, CT: Yale University Press, 2017.

Brewer, J. et al. »Meditation Experience Is Associated with Differences in Default Mode Network Activity and Connectivity.« *Proceedings of the National Academy of Sciences* 108, Nr. 50 (2011): 20254–59.

— — — et al. »What About the ›Self‹ Is Processed in the Posterior Cingulate Cortex?« *Frontiers in Human Neuroscience* 7 (2013): 647.

Brodt et al. »Fast Track to the Neocortex: A Memory Engram in the Posterior Parietal Cortex.« *Science* 362, Nr. 6418 (2018): 1045–48.

Buddharakkhita, A., Übersetzung *The Dhammapada: The Buddha's Path of Wisdom.* Kandy, Sri Lanka: Buddhist Publication Society, 1985.

Burkett, J. P. et al. »Activation of μ-Opioid Receptors in the Dorsal Striatum Is Necessary for Adult Social Attachment in Monogamous Prairie Voles.« *Neuropsychopharmacology* 36, Nr. 11 (2011): 2200.

Burklund, L. J. et al. »The Common and Distinct Neural Bases of Affect Labeling and Reappraisal in Healthy Adults.« *Frontiers in Psychology* 5 (2014): 221.

Cahill, L. und J. L. McGaugh. »Modulation of Memory Storage.« *Current Opinion in Neurobiology* 6, Nr. 2 (1996): 237–42.

Cahn, B. R. und J. Polich. »Meditation States and Traits: EEG, ERP, and Neuroimaging Studies.« *Psychological Bulletin* 132, Nr. 2 (2006): 180.

Caplow, F. und S. Moon (Hrsg.), *The Hidden Lamp: Stories from Twenty-Five Centuries of Awakened Women.* Somerville, MA: Wisdom Publications, 2013.

Carey, T. A. et al. »Improving Professional Psychological Practice Through an Increased Repertoire of Research Methodologies: Illustrated by the Development of MOL.« *Professional Psychology: Research and Practice* 48, Nr. 3 (2017): 175.

Cellini, N. et al. »Sleep Before and After Learning Promotes the Consolidation of Both Neutral and Emotional Information Regardless of REM Presence.« *Neurobiology of Learning and Memory* 133 (2016): 136–44.

Chödrön, P. *When Things Fall Apart: Heart Advice for Difficult Times.* Boulder, CO: Shambhala Publications, 2000.

Christoff, K. et al. »Experience Sampling During fMRI Reveals Default Network and Executive System Contributions to Mind Wandering.« *Proceedings of the National Academy of Sciences* 106, Nr. 21 (2009): 8719–24.

— — — et al. »Specifying the Self for Cognitive Neuroscience.« *Trends in Cognitive Sciences* 15, Nr. 3 (2011): 104–12.

Clopath, C. »Synaptic Consolidation: An Approach to Long-Term Learning.« *Cognitive Neurodynamics* 6, Nr. 3 (2011): 251–7.

Cooney, R. E. et al. »Neural Correlates of Rumination in Depression.« *Cognitive, Affective, & Behavioral Neuroscience* 10, Nr. 4 (2010): 470–8.

Corbetta et al. »The Reorienting System of the Human Brain: From Environment to Theory of Mind.« *Neuron* 58, Nr. 3 (2008): 306–24.

Craig, A. D. »How Do You Feel? Interoception: The Sense of the Physiological Condition of the Body.« *Nature Reviews Neuroscience* 3, Nr. 8 (2002): 655.

Crean, T. *God Is No Delusion: A Refutation of Richard Dawkins.* San Francisco: Ignatius Press, 2007.

Creswell, J. D. et al. »Alterations in Resting-State Functional Connectivity Link Mindfulness Meditation with Reduced Interleukin-6: A Randomized Controlled Trial.« *Biological Psychiatry* 80, Nr. 1, (2016): 53–61.

— — — et al. »Neural Correlates of Dispositional Mindfulness During Affect Labeling.« *Psychosomatic Medicine* 69, Nr. 6 (2007): 560–65.

Culadasa et al. *The Mind Illuminated: A Complete Meditation Guide Integrating Buddhist Wisdom and Brain Science for Greater Mindfulness.* New York: Atria Books, 2017.

Dahl, C. J. et al. »Reconstructing and Deconstructing the Self: Cognitive Mechanisms in Meditation Practice.« *Trends in Cognitive Sciences* 19, Nr. 9 (2015): 515–23.

Dalai Lama und H. Cutler. *The Art of Happiness: A Handbook for Living.* New York: Riverhead Books, 2009.

Damasio, A. R. *The Feeling of What Happens: Body and Emotion in the Making of Consciousness.* Boston: Houghton Mifflin Harcourt, 1999.

— — —. *Self Comes to Mind: Constructing the Conscious Brain.* New York: Vintage Books, 2012.

Dambrun, M. und M. Ricard. »Self-Centeredness and Selflessness: A Theory of Self-Based Psychological Functioning and Its Consequences for Happiness.« *Review of General Psychology* 15, Nr. 2 (2011): 138–57.

Dass, R. *Be Here Now.* New York: Harmony Books, 2010.

Datta, D. und A. F. Arnsten. »Loss of Prefrontal Cortical Higher Cognition with Uncontrollable Stress: Molecular Mechanisms, Changes with Age, and Relevance to Treatment.« *Brain Sciences* 9, Nr. 5 (2019): 113.

Davidson, J. M. »The Physiology of Meditation and Mystical States of Consciousness.« *Perspectives in Biology and Medicine* 19, Nr. 3 (1976): 345–80.

Davidson, R. J. »Well-Being and Affective Style: Neural Substrates and Biobehavioural Correlates.« *Philosophical Transactions: Biological Sciences* 359, Nr. 1449 (2004): 1395–1411.

Davis, J. H. und D. R. Vago. »Can Enlightenment Be Traced to Specific Neural Correlates, Cognition, or Behavior? No, and (a Qualified) Yes.« *Frontiers in Psychology* 4 (2013): 870.

Dawkins, R. *The God Delusion.* New York: Random House, 2016.

Day, J. J. und J. D. Sweatt. »Epigenetic Mechanisms in Cognition.« *Neuron* 70, Nr. 5 (2015): 813–29.

Decety, J. und M. Svetlova. »Putting Together Phylogenetic and Ontogenetic Perspectives on Empathy.« *Developmental Cognitive Neuroscience* 2, Nr. 1 (2011): 1–24.

Decety, J. und K. J. Yoder. »The Emerging Social Neuroscience of Justice Motivation.« *Trends in Cognitive Sciences* 21, Nr. 1 (2017): 6–14.

De Dreu, C. K. »Oxytocin Modulates Cooperation Within and Competition Between Groups: An Integrative Review and Research Agenda.« *Hormones and Behavior* 61, Nr. 3 (2012): 419–28.

— — — et al. »The Neuropeptide Oxytocin Regulates Parochial Altruism in Intergroup Conflict Among Humans.« *Science* 328, Nr. 5984 (2010): 1408–11.

— — — et al. »Oxytocin Enables Novelty Seeking and Creative Performance Through Upregulated Approach: Evidence and Avenues for Future Research.« *Wiley Interdisciplinary Reviews: Cognitive Science* 6, Nr. 5 (2015): 409–17.

— — — et al. »Oxytocin Motivates Non-cooperation in Intergroup Conflict to Protect Vulnerable In-Group Members.« *PLoS One* 7, Nr. 11 (2012): e46751.

Denny, B. T. et al. »A Meta-analysis of Functional Neuroimaging Studies of Self- and Other Judgments Reveals a Spatial Gradient for Mentalizing in Medial Prefrontal Cortex.« *Journal of Cognitive Neuroscience* 24, Nr. 8 (2012): 1742–52.

D'Esposito, M. und B. R. Postle. »The Cognitive Neuroscience of Working Memory.« *Annual Review of Psychology* 66 (2015): 115–42.

Dietrich, A. »Functional Neuroanatomy of Altered States of Consciousness: The Transient Hypofrontality Hypothesis.« *Consciousness and Cognition* 12, Nr. 2 (2004): 231–56.

Dixon, S. und G. Wilcox. »The Counseling Implications of Neurotheology: A Critical Review.« *Journal of Spirituality in Mental Health* 18, Nr. 2 (2016): 91–107.

Dunbar, R. I. »The Social Brain Hypothesis.« *Evolutionary Anthropology: Issues, News, and Reviews* 6, Nr. 5 (1998): 178–90.

Dunne, J. »Toward an Understanding of Non-dual Mindfulness.« *Contemporary Buddhism* 12, Nr. 1 (2011): 71–88.

Dusek, J. A. et al. »Genomic Counter-Stress Changes Induced by the Relaxation Response.« *PLoS One* 3, Nr. 7 (2008): e2576.

Dzyubenko, E. et al. »Neuron-Glia Interactions in Neural Plasticity: Contributions of Neural Extracellular Matrix and Perineuronal Nets.« *Neural Plasticity* (2016): 5214961.

Earl, B. »The Biological Function of Consciousness.« *Frontiers in Psychology* 5, (2014): 697.

Ecker, B. »Memory Reconsolidation Understood and Misunderstood.« *International Journal of Neuropsychotherapy* 3, Nr. 1 (2015): 2–46.

— — — et al. *Unlocking the Emotional Brain: Eliminating Symptoms at Their Roots Using Memory Reconsolidation*. London: Routledge, 2012.

Eisenberger, N. I. »The Neural Bases of Social Pain: Evidence for Shared Representations with Physical Pain.« *Psychosomatic Medicine* 74, Nr. 2 (2012): 126.

— — — et al., »Attachment Figures Activate a Safety Signal-Related Neural Region and Reduce Pain Experience.« *Proceedings of the National Academy of Sciences* 108, Nr. 28 (2011): 11721–26.

Eliot, T. S. *Collected Poems 1909–1962*. London: Faber & Faber, 2009.

Engen, H. G. und T. Singer. »Affect and Motivation Are Critical in Constructive Meditation.« *Trends in Cognitive Sciences* 20, Nr. 3 (2016): 159–60.

— — —. »Compassion-Based Emotion Regulation Up-regulates Experienced Positive Affect and Associated Neural Networks.« *Social Cognitive and Affective Neuroscience* 10, Nr. 9 (2015): 1291–301.

Engler, J. »Being Somebody and Being Nobody: A Re-examination of the Understanding of Self in Psychoanalysis and Buddhism.« In *Psychoanalysis and Buddhism: An Unfolding Dialogue*, J. D. Safran (Hrsg.). Boston: Wisdom Publications, 2003, pp. 35–79.

Eriksson, P. S. et al. »Neurogenesis in the Adult Human Hippocampus.« *Nature Medicine* 4, Nr. 11 (1998): 1313–17.

Esch, T. und G. B. StefaNr. »The Neurobiology of Stress Management.« *Neuroendocrinology Letters* 31, Nr. 1 (2010): 19–39.

Farb, N. A. et al. »Attending to the Present: Mindfulness Meditation Reveals Distinct Neural Modes of Self-reference.« *Social Cognitive and Affective Neuroscience* 2, Nr. 4 (2007): 313–22.

— — — et al. »The Mindful Brain and Emotion Regulation in Mood Disorders.« *Canadian Journal of Psychiatry* 57, Nr. 2 (2012): 70–77.

— — — et al. »Minding One's Emotions: Mindfulness Training Alters the Neural Expression of Sadness.« *Emotion* 10, Nr. 1 (2010): 25.

Farrer, C. und C. D. Frith. »Experiencing Oneself Versus Another Person as Being the Cause of an Action: The Neural Correlates of the Experience of Agency.« *NeuroImage* 15, Nr. 3 (2002): 596–603.

Fazelpour, S. und E. Thompson. »The Kantian Brain: Brain Dynamics from a Neurophenomenological Perspective.« *Current Opinion in Neurobiology* 31 (2014): 223–29.

Ferrarelli, F. et al. »Experienced Mindfulness Meditators Exhibit Higher Parietal-Occipital EEG Gamma Activity During NREM Sleep.« *PLoS One*, Nr. 8 (2013): e73417.

Flanagan, O. *The Bodhisattva's Brain: Buddhism Naturalized*. Cambridge, MA: MIT Press, 2011.

Fox, K. C. et al. »Is Meditation Associated with Altered Brain Structure? A Systematic Review and Meta-analysis of Morphometric Neuroimaging in Meditation Practitioners.« *Neuroscience & Biobehavioral Reviews* 43 (2014): 48–73.

Fredrickson, B. L. »The Broaden-and-Build Theory of Positive Emotions.« *Philosophical Transactions of the Royal Society of London, Series B: Biological Sciences*, 359, Nr. 1449 (2004): 1367–77.

— — —. »What Good Are Positive Emotions?« *Review of General Psychology* 2, Nr. 3 (1998): 300–19.

— — — et al. »Positive Emotion Correlates of Meditation Practice: A Comparison of Mindfulness Meditation and Loving-kindness Meditation.« *Mindfulness* 8, Nr. 6 (2017): 1623–33.

Friston, K. »The History of the Future of the Bayesian Brain.« *NeuroImage* 62, Nr. 2 (2012): 1230–33.

Fronsdal, G. *The Dhammapada: A New Translation of the Buddhist Classic with Annotations*. Boulder, CO: Shambhala Publications, 2006.

Gailliot, M. T. et al. »Self-Control Relies on Glucose as a Limited Energy Source: Willpower Is More Than a Metaphor.« *Journal of Personality and Social Psychology* 92, Nr. 2 (2007): 325.

Galati et al. »Multiple Reference Frames Used by the Human Brain for Spatial Perception and Memory.« *Experimental Brain Research* 206, Nr. 2 (2010), 109–20.

Gallagher, S. »Philosophical Conceptions of the Self: Implications for Cognitive Science.« *Trends in Cognitive Sciences* 4, Nr. 1 (2000): 14–21.

Geertz, A. W. »When Cognitive Scientists Become Religious, Science Is in Trouble: On Neurotheology from a Philosophy of Science Perspective.« *Religion* 39, Nr. 4 (2009): 319–24.

Gellhorn, E. und W. F. Kiely. »Mystical States of Consciousness: Neurophysiological and Clinical Aspects.« *Journal of Nervous and Mental Disease* 154, Nr. 6 (1972): 399–405.

Germer, C. *The Mindful Path to Self-Compassion: Freeing Yourself from Destructive Thoughts and Emotions*. New York: Guilford Press, 2009.

— — — und K. D. Neff. »Self-Compassion in Clinical Practice.« *Journal of Clinical Psychology* 69, Nr. 8 (2013): 856–67.

Gilbert, P. *Compassion Focused Therapy: Distinctive Features*. London: Routledge, 2010.

— — —. »Introducing Compassion-Focused Therapy.« *Advances in Psychiatric Treatment* 15, Nr. 3 (2009): 199–208.

— — —. »The Origins and Nature of Compassion Focused Therapy.« *British Journal of Clinical Psychology* 53, Nr. 1 (2014): 6–41.

Gillihan, S. J. und M. J. Farah. »Is Self Special? A Critical Review of Evidence from Experimental Psychology and Cognitive Neuroscience.« *Psychological Bulletin* 131, Nr. 1 (2005): 76.

Gleig, A. *American Dharma: Buddhism Beyond Modernity*. New Haven, CT: Yale University Press, 2019.

Goldstein, J. *The Experience of Insight: A Simple and Direct Guide to Buddhist Meditation*. Boulder, CO: Shambhala Publications, 2017.

— — —. *Mindfulness: A Practical Guide to Awakening*. Boulder, CO: Sounds True, 2013.

Goleman, D. und R. J. Davidson. *Altered Traits: Science Reveals How Meditation Changes Your Mind, Brain, and Body*. New York: Penguin, 2017.

Gombrich, R. F. *What the Buddha Thought*. Sheffield, UK: Equinox, 2009.

Grabovac, A. »The Stages of Insight: Clinical Relevance for Mindfulness-Based Interventions.« *Mindfulness* 6, Nr. 3 (2015): 589–600.

Grosmark, A. D. und G. Buzsáki. »Diversity in Neural Firing Dynamics Supports Both Rigid and Learned Hippocampal Sequences.« *Science* 351, Nr. 6280 (2016): 1440–43.

Grossenbacher, P. »Buddhism and the Brain: An Empirical Approach to Spirituality.« Aufsatz erstellt für »Continuity + Change: Perspectives on Science and Religion,« June 3–7, 2006, in Philadelphia, PA. https://www.scribd.com/document/283480254 /Buddhism-and-the-Brain.

Gross, R. M. *Buddhism After Patriarchy: A Feminist History, Analysis, and Reconstruction of Buddhism*. Albany: SUNY Press, 1993.

Habas, C. et al. »Distinct Cerebellar Contributions to Intrinsic Connectivity Networks.« *Journal of Neuroscience* 29, Nr. 26 (2009): 8586–94.

Halifax, J. *Standing at the Edge: Finding Freedom Where Fear and Courage Meet*. New York: Flatiron Books, 2018.

Hamlin, J. K. et al. »Three-Month-Olds Show a Negativity Bias in Their Social Evaluations.« *Developmental Science* 13, Nr. 6 (2010): 923–29.

Hanh, T. N. *Being Peace*. Berkeley, CA: Parallax Press, 2008.

— — —. *Inside the Now: Meditations on Time*. Berkeley, CA: Parallax Press, 2015.

— — —. *The World We Have: A Buddhist Approach to Peace and Ecology*. Berkeley, CA: Parallax Press, 2004.

Hanson, R. *Buddha's Brain: The Practical Neuroscience of Happiness, Love, and Wisdom*. Oakland, CA: New Harbinger Publications, 2009.

— — —. *Hardwiring Happiness: The New Brain Science of Contentment, Calm, and Confidence*. New York: Harmony Books, 2013.

— — — and F. Hanson. *Resilient: How to Grow an Unshakable Core of Calm, Strength, and Happiness*. New York: Harmony Books, 2018.

Hansotia, P. »A Neurologist Looks at Mind and Brain: ›The Enchanted Loom.‹ « *Clinical Medicine & Research* 1, Nr. 4 (2003): 327–32.

Harkness, K. L. et al. »Stress Sensitivity and Stress Sensitization in Psychopathology: An Introduction to the Special Section.« *Journal of Abnormal Psychology* 124 (2015): 1.

Harris, A. *Conscious: A Brief Guide to the Fundamental Mystery of the Mind*. New York: Harper, 2019.

Harris, S. *Waking Up: A Guide to Spirituality Without Religion*. New York: Simon & Schuster, 2014.

Hayes, S. *The Act in Context: The Canonical Papers of Steven C. Hayes*. New York: Routledge, 2015.

Herculano-Houzel, S. »The Remarkable, Yet Not Extraordinary, Human Brain as a Scaled-Up Primate Brain and Its Associated Cost.« *Proceedings of the National Academy of Sciences* 109, Supplement 1 (2012): 10661–68.

Hill, K. R. et al. »Co-residence Patterns in Hunter-Gatherer Societies Show Unique Human Social Structure.« *Science* 331, Nr. 6022 (2011): 1286–89.

Hilton, L. et al. »Mindfulness Meditation for Chronic Pain: Systematic Review and Meta-analysis.« *Annals of Behavioral Medicine* 51, Nr. 2 (2016): 199–213.

Hofmann, S. et al. »Loving-kindness and Compassion Meditation« *Clinical Psychology Review* 31, Nr. 7 (2011): 1126–32.

Hölzel, B. K. et al. »How Does Mindfulness Meditation Work? Proposing Mechanisms of Action from a Conceptual and Neural Perspective.« *Perspectives on Psychological Science* 6, Nr. 6 (2011): 537–59.

— — — et al. »Investigation of Mindfulness Meditation Practitioners with Voxel-Based Morphometry.« *Social Cognitive and Affective Neuroscience* 3 (2008): 55–61.

Hood R. W. et al. *The Psychology of Religion: An Empirical Approach*, 5. Auflage. New York: Guilford Press, 2018.

Hu, X. et al. »Unlearning Implicit Social Biases During Sleep.« *Science* 348, Nr. 6238 (2015): 1013–15.

Huber, D. et al. »Vasopressin and Oxytocin Excite Distinct Neuronal Populations in the Central Amygdala.« *Science* 308, Nr. 5719 (2005): 245–48.

Hung, L. W. et al. »Gating of Social Reward by Oxytocin in the Ventral Tegmental Area.« *Science* 357, Nr. 6358 (2017): 1406–11.

Huxley, A. *The Perennial Philosophy*. Toronto: McClelland & Stewart, 2014.

Hyman, S. E. et al. »Neural Mechanisms of Addiction: The Role of Reward-Related Learning and Memory.« *Annual Review of Neuroscience* 29, Nr. 1 (2006): 565–98.

Jastrzebski, A. K. »The Neuroscience of Spirituality.« *Pastoral Psychology* 67 (2018): 515–24.

Johnsen, T. J. und O. Friborg. »The Effects of Cognitive Behavioral Therapy as an Anti-depressive Treatment Is [*sic*] Falling: A Meta-analysis.« *Psychological Bulletin* 141, Nr. 4 (2015): 747.

Johnstone, B. et al. »Right Parietal Lobe-Related ›Selflessness‹ as the Neuropsychological Basis of Spiritual Transcendence.« *International Journal for the Psychology of Religion* 22, Nr. 4 (2012): 267–84.

Jones, S. *There Is Nothing to Fix: Becoming Whole Through Radical Self-Acceptance*. Somerville, MA: LAKE Publications, 2019.

Josipovic, Z. »Neural Correlates of Nondual Awareness in Meditation.« *Annals of the New York Academy of Sciences* 1307, Nr. 1 (2014): 9–18.

— — — und B. J. Baars. »What Can Neuroscience Learn from Contemplative Practices?« *Frontiers in Psychology* 6 (2015): 1731.

Kalu Rinpoche und der Dalai Lama. *Luminous Mind: The Way of the Buddha*. Somerville, MA: Wisdom Publications, 1993.

Kandel, E. R. *In Search of Memory: The Emergence of a New Science of Mind*. New York: W. W. Norton, 2007.

Karlsson, M. P. und L. M. Frank. »Awake Replay of Remote Experiences in the Hippocampus.« *Nature Neuroscience* 12, Nr. 7 (2009): 913–18.

Keltner, D. *Born to Be Good: The Science of a Meaningful Life*. New York: W. W. Norton, 2009.

Kempermann, G. »Youth Culture in the Adult Brain.« *Science* 335, Nr. 6073 (2012): 1175–76.

— — — et al. »Human Adult Neurogenesis: Evidence and Remaining Questions.« *Cell Stem Cell* 23, Nr. 1 (2018): 25–30.

Keuken, M. C. et al. »Large Scale Structure-Function Mappings of the Human Subcortex.« *Scientific Reports* 8, Nr. 1 (2018): 15854.

Key, B. et al. »Insects Cannot Tell Us Anything About Subjective Experience or the Origin of Consciousness.« *Proceedings of the National Academy of Sciences* 113, Nr. 27 (2016): E3813.

Kiken, L. G. et al. »From a State to a Trait: Trajectories of State Mindfulness in Meditation During Intervention Predict Changes in Trait Mindfulness.« *Personality and Individual Differences* 81 (2015): 41–46.

Killingsworth, M. A. und D. T. Gilbert. »A Wandering Mind Is an Unhappy Mind.« *Science* 330, Nr. 6006 (2010): 932.

Koch, C. et al. »Neural Correlates of Consciousness: Progress and Problems.« *Nature Reviews Neuroscience* 17, Nr. 5 (2016): 307–21.

Kok, B. E. und B. L. Fredrickson. »Upward Spirals of the Heart: Autonomic Flexibility, as Indexed by Vagal Tone, Reciprocally and Prospectively Predicts Positive Emotions and Social Connectedness.« *Biological Psychology* 85, Nr. 3 (2010): 432–36.

Kornfield, J. *After the Ecstasy, the Laundry*. New York: Bantam, 2000.

— — —. *A Path with Heart: A Guide Through the Perils and Promises of Spiritual Life*. New York: Bantam, 2009.

Kraft, D. *Buddha's Map: His Original Teachings on Awakening, Ease, and Insight in the Heart of Meditation*. Grass Valley, CA: Blue Dolphin Publishing, 2013.

Kral, T. R. A. et al. »Impact of Short- and Long-Term Mindfulness Meditation Training on Amygdala Reactivity to Emotional Stimuli.« *NeuroImage* 181 (2018): 301–13.

Kreibig, S. D. »Autonomic Nervous System Activity in Emotion: A Review.« *Biological Psychology* 84, Nr. 3 (2010): 394–421.

Kringelbach, M. L. und K. C. Berridge. »Neuroscience of Reward, Motivation, and Drive.« In *Recent Developments in Neuroscience Research on Human Motivation*, K. Sung-il et al. (Hrsg.). Bingley, UK: Emerald Group Publishing, 2016, pp. 23–35.

Kritman, M. et al. »Oxytocin in the Amygdala and Not the Prefrontal Cortex Enhances Fear and Impairs Extinction in the Juvenile Rat.« *Neurobiology of Learning and Memory* 141 (2017): 179–88.

Langner, R. und S. B. Eickhoff. »Sustaining Attention to Simple Tasks: A Meta-analytic Review of the Neural Mechanisms of Vigilant Attention.« *Psychological Bulletin* 139, Nr. 4 (2013): 870.

Laricchiuta, D. und L. Petrosini. »Individual Differences in Response to Positive and Negative Stimuli: Endocannabinoid-Based Insight on Approach and Avoidance Behaviors.« *Frontiers in Systems Neuroscience* 8 (2014): 238.

Lazar, S. W. et al. »Functional Brain Mapping of the Relaxation Response and Meditation.« *Neuroreport* 11, Nr. 7 (2000): 1581–85.

— — — et al. »Meditation Experience Is Associated with Increased Cortical Thickness.« *Neuroreport* 16 (2005): 1893–97.

Leary, M. R. *The Curse of the Self: Self-Awareness, Egotism, and the Quality of Human Life.* New York: Oxford University Press, 2007.

— — — et al. »Allo-inclusive Identity: Incorporating the Social and Natural Worlds into One's Sense of Self.« In *Decade of Behavior. Transcending Self-Interest: Psychological Explorations of the Quiet Ego*, H. A. Wayment und J. J. Bauer (Hrsg.). Washington, DC: American Psychological Association, 2008, pp. 137–47.

Lee, T. M. et al. »Distinct Neural Activity Associated with Focused-Attention Meditation and Loving-kindness Meditation.« *PLoS One* 7, Nr. 8 (2012): e40054.

Legrand, D. und P. Ruby. »What Is Self-Specific? Theoretical Investigation and Critical Review of Neuroimaging Results.« *Psychological Review* 116 (2009): 252.

Lent, R. et al. »How Many Neurons Do You Have? Some Dogmas of Quantitative Neuroscience Under Revision.« *European Journal of Neuroscience* 35, Nr. 1 (2012): 1–9.

Leung, M. K. et al. »Increased Gray Matter Volume in the Right Angular and Posterior Parahippocampal Gyri in Loving-kindness Meditators.« *Social Cognitive and Affective Neuroscience* 8, Nr. 1 (2012): 34–39.

Lieberman, M. D. *Social: Why Our Brains Are Wired to Connect.* New York: Oxford University Press, 2013.

— — — und N. I. Eisenberger. »Pains and Pleasures of Social Life.« *Science* 323, Nr. 5916 (2009): 890–91.

Lindahl, J. R. et al. »The Varieties of Contemplative Experience: A Mixed-Methods Study of Meditation-Related Challenges in Western Buddhists.« *PLoS One* 12, Nr. 5 (2017): e0176239.

Linehan, M. *Cognitive-Behavioral Treatment of Borderline Personality Disorder.* New York: Guilford Press, 2018.

Lippelt, D. P. et al. »Focused Attention, Open Monitoring and Loving Kindness Meditation: Effects on Attention, Conflict Monitoring, and Creativity — A Review.« *Frontiers in Psychology* 5 (2014): 1083.

Liu, Y. et al. »Oxytocin Modulates Social Value Representations in the Amygdala.« *Nature Neuroscience* 22, Nr. 4 (2019): 633.

Loizzo, J. J. et al. (Hrsg.). *Advances in Contemplative Psychotherapy: Accelerating Healing and Transformation.* New York: Routledge, 2017.

Löwel, S. und W. Singer. »Selection of Intrinsic Horizontal Connections in the Visual Cortex by Correlated Neuronal Activity.« *Science* 255, Nr. 5041 (1992): 209–12.

Loy, D. *Ecodharma: Buddhist Teachings for the Ecological Crisis.* Somerville, MA: Wisdom Publications, 2019.

Lupien, S. J. et al. »Beyond the Stress Concept: Allostatic Load — A Developmental Biological and Cognitive Perspective.« In *Developmental Psycho-*

pathology, Band 2: *Developmental Neuroscience*, 2. Auflage., D. Cicchetti und D. Cohen (Hrsg.). Hoboken, NJ: Wiley, 2006, pp. 578–628.

Lutz, A. et al. »Altered Anterior Insula Activation During Anticipation and Experience of Painful Stimuli in Expert Meditators.« *NeuroImage* 64 (2013): 538–46.

— — — et al. »Long-Term Meditators Self-Induce High-Amplitude Gamma Synchrony During Mental Practice.« *PNAS* 101 (2004): 16369–73.

Madan, C. R. »Toward a Common Theory for Learning from Reward, Affect, and Motivation: The SIMON Framework.« *Frontiers in Systems Neuroscience* 7 (2013): 59.

Maharaj, N. et al. *I Am That: Talks with Sri Nisargadatta Maharaj*, übersetzt von M. Frydman. Durham, NC: Acorn Press, 1973.

Mahone, M. C. et al. »fMRI During Transcendental Meditation Practice.« *Brain and Cognition* 123 (2018): 30–33.

Manuello, J. et al. »Mindfulness Meditation and Consciousness: An Integrative Neuroscientific Perspective.« *Consciousness and Cognition* 40 (2016): 67–78.

Martin, K. C. und E. M. Schuman. »Opting In or Out of the Network.« *Science* 350, Nr. 6267 (2015): 1477–78.

Mascaro, J. S. et al. »The Neural Mediators of Kindness-Based Meditation: A Theoretical Model.« *Frontiers in Psychology* 6 (2015): 109.

Maslow, A. H. *Religions, Values, and Peak-Experiences*, Band 35. Columbus: Ohio State University Press, 1964.

Mather, J. A. »Cephalopod Consciousness: Behavioural Evidence.« *Consciousness and Cognition* 17, Nr. 1 (2008): 37–48.

Matsuo, N. et al. »Spine-Type-Specific Recruitment of Newly Synthesized AMPA Receptors with Learning.« *Science* 319, Nr. 5866 (2008): 1104–7.

McDonald, R. J. und N. S. Hong. »How Does a Specific Learning and Memory System in the Mammalian Brain Gain Control of Behavior?« *Hippocampus* 23, Nr. 11 (2013): 1084–102.

McGaugh, J. L. »Memory: A Century of Consolidation.« *Science* 287, Nr. 5451 (2000): 248–51.

McMahan, D. L. und E. Braun (Hrsg.). *Meditation, Buddhism, and Science.* New York: Oxford University Press, 2017.

Menon, V. »Salience Network.« In *Brain Mapping: An Encyclopedic Reference*, Band 2, A. W. Toga (Hrsg.). Cambridge, MA: Academic Press, 2015, pp. 597–611.

Merton, T. *In the Dark Before Dawn: New Selected Poems*, L. R. Szabo (Hrsg.). New York: New Directions Publishing, 2005.

Meyer-Lindenberg, A. »Impact of Prosocial Neuropeptides on Human Brain Function.« *Progress in Brain Research* 170 (2008): 463–70.

Mitchell, S. *Tao Te Ching: A New English Version.* New York: Harper Perennial Modern Classics, 1988.

Moore, S. R. und R. A. Depue. »Neurobehavioral Foundation of Environmental Reactivity.« *Psychological Bulletin* 142, Nr. 2 (2016): 107.

Mosig, Y. D. »Conceptions of the Self in Western and Eastern Psychology.« *Journal of Theoretical and Philosophical Psychology* 26, Nr. 1–2 (2006): 3.

Muir, J. *My First Summer in the Sierra*. Illustrated Anniversary Edition. Boston: Houghton Mifflin Harcourt, 2011.

Muller, R. A. *Now: The Physics of Time*. New York: W. W. Norton, 2016.

Mullette-Gillman, O. und S. A. Huettel. »Neural Substrates of Contingency Learning and Executive Control: Dissociating Physical, Valuative, and Behavioral Changes.« *Frontiers in Human Neuroscience* 3 (2009): 23.

Nadel, L. et al. »Memory Formation, Consolidation and Transformation.« *Neuroscience & Biobehavioral Reviews* 36, Nr. 7 (2012): 1640–45.

Nader, K. et al. »Fear Memories Require Protein Synthesis in the Amygdala for Reconsolidation After Retrieval.« *Nature* 406, Nr. 6797 (2000): 722.

Nanamoli, B. *The Path of Purification: The Classic Manual of Buddhist Doctrine and Meditation*. Kandy, Sri Lanka: Buddhist Publication Society, 1991.

Naumann, R. K. et al. »The Reptilian Brain.« *Current Biology* 25, Nr. 8 (2015): R317–21.

Nechvatal, J. M. und D. M. Lyons. »Coping Changes the Brain.« *Frontiers in Behavioral Neuroscience* 7 (2013): 13.

Neff, K. *Self-Compassion: The Proven Power of Being Kind to Yourself*. New York: William Morrow, 2011.

— — — und K. A. Dahm. »Self-Compassion: What It Is, What It Does, and How It Relates to Mindfulness.« In *Handbook of Mindfulness and Self-Regulation*, B. D. Ostafin et al. (Hrsg.). New York: Springer, 2015, pp. 121–37.

Newberg, A. B. »The Neuroscientific Study of Spiritual Practices.« *Frontiers in Psychology* 5 (2014): 215.

— — —. *Principles of Neurotheology*. Farnham, UK: Ashgate Publishing, 2010.

— — — et al. »A Case Series Study of the Neurophysiological Effects of Altered States of Mind During Intense Islamic Prayer.« *Journal of Physiology–Paris* 109, Nr. 4–6 (2015): 214–20.

— — — et al. »Cerebral Blood Flow During Meditative Prayer: Preliminary Findings and Methodological Issues.« *Perceptual and Motor Skills* 97, Nr. 2 (2003): 625–30.

— — — et al. »The Measurement of Regional Cerebral Blood Flow During the Complex Cognitive Task of Meditation: A Preliminary SPECT Study.« *Psychiatry Research: Neuroimaging* 106, Nr. 2 (2001): 113–22.

— — — und J. Iversen. »The Neural Basis of the Complex Mental Task of Meditation: Neurotransmitter and Neurochemical Considerations.« *Medical Hypotheses* 61, Nr. 2 (2003): 282–91.

Newen, A. et al. (Hrsg.). *The Oxford Handbook of 4E Cognition*. New York: Oxford University Press, 2018.

Northoff, G. und F. Bermpohl. »Cortical Midline Structures and the Self.« *Trends in Cognitive Sciences* 8, Nr. 3 (2004): 102–7.

Oakley, B. et al. (Hrsg.). *Pathological Altruism*. New York: Oxford University Press, 2011.

Oh, M. et al. »Watermaze Learning Enhances Excitability of CA1 Pyramidal Neurons.« *Journal of Neurophysiology* 90, Nr. 4 (2003): 2171–79.

Ott, U. et al. »Brain Structure and Meditation: How Spiritual Practice Shapes the Brain.« In *Neuroscience, Consciousness and Spirituality*, H. Walach et al. (Hrsg.). Berlin: Springer, Dordrecht, 2011, pp. 119–28.

Owens, L. R. und J. Syedullah. *Radical Dharma: Talking Race, Love, and Liberation*. Berkeley, CA: North Atlantic Books, 2016.

Packard, M. G. und L. Cahill. »Affective Modulation of Multiple Memory Systems.« *Current Opinion in Neurobiology* 11, Nr. 6 (2001): 752–56.

Paller, K. A. »Memory Consolidation: Systems.« *Encyclopedia of Neuroscience* 1 (2009): 741–49.

Palmo, A. T. *Reflections on a Mountain Lake: Teachings on Practical Buddhism*. Boulder, CO: Shambhala Publications, 2002.

Panksepp, J. *Affective Neuroscience: The Foundations of Human and Animal Emotions*. New York: Oxford University Press, 1998.

Paolicelli, R. C. et al. »Synaptic Pruning by Microglia Is Necessary for Normal Brain Development.« *Science* 333, Nr. 6048 (2011), 1456–58.

Pasanno, A. und A. Amaro. *The Island*. Redwood Valley, CA: Abhayagiri Monastic Foundation, 2009.

Petersen, S. E. und M. I. Posner. »The Attention System of the Human Brain: 20 Years After.« *Annual Review of Neuroscience* 35 (2012): 73–89.

Pollan, M. *How to Change Your Mind: What the New Science of Psychedelics Teaches Us About Consciousness, Dying, Addiction, Depression, and Transcendence*. New York: Penguin Books, 2018.

Porges, S. W. *The Polyvagal Theory: Neurophysiological Foundations of Emotions, Attachment, Communication, and Self-Regulation*. New York: W. W. Norton, 2011.

— — — und C. S. Carter. »Polyvagal Theory and the Social Engagement System.« In *Complementary and Integrative Treatments in Psychiatric Practice*, P. L. Gerbarg et al. (Hrsg.). New York: American Psychiatric Association Publishing, 2017, pp. 221–39.

Posner, M. I. und S. E. Petersen. »The Attention System of the Human Brain.« *Annual Review of Neuroscience* 13, Nr. 1 (1990): 25–42.

Prendergast, J. *The Deep Heart*. Boulder, CO: Sounds True, 2019.

Preston, S. D. »The Rewarding Nature of Social Contact.« *Science* 357, Nr. 6358 (2017): 1353–54.

Pritz, M. B. »Crocodilian Forebrain: Evolution and Development.« *Integrative and Comparative Biology* 55, Nr. 6 (2015): 949–61.

Quiroga, R. Q. »Neural Representations Across Species.« *Science* 363, Nr. 6434 (2019): 1388–89.

Radke, S. et al. »Oxytocin Reduces Amygdala Responses During Threat Approach.« *Psychoneuroendocrinology* 79 (2017): 160–6.

Raichle, M. E. »The Restless Brain: How Intrinsic Activity Organizes Brain Function.« *Philosophical Transactions of the Royal Society of London, Series B: Biological Sciences* 370, Nr. 1668 (2015): 20140172.

— — et al. »A Default Mode of Brain Function.« *Proceedings of the National Academy of Sciences* 98, Nr. 2 (2001): 676–82.

Ranganath, C. et al. »Working Memory Maintenance Contributes to Long-Term Memory Formation: Neural and Behavioral Evidence.« *Journal of Cognitive Neuroscience* 17, Nr. 7 (2005): 994–1010.

RecoveryDharma.org. *Recovery Dharma: How to Use Buddhist Practices and Principles to Heal the Suffering of Addiction.* 2019.

Ricard, M. *Happiness: A Guide to Developing Life's Most Important Skill.* London: Atlantic Books, 2015.

— — —. *On the Path to Enlightenment: Heart Advice from the Great Tibetan Masters.* Boulder, CO: Shambhala Publications, 2013.

— — et al. *The Quantum and the Lotus: A Journey to the Frontiers Where Science and Buddhism Meet.* New York: Three Rivers Press, 2001.

Rothschild, B. *The Body Remembers: The Psychophysiology of Trauma and Trauma Treatment.* New York: W. W. Norton, 2000.

Roxin, A. et al. »On the Distribution of Firing Rates in Networks of Cortical Neurons.« *Journal of Neuroscience* 31, Nr. 45 (2011): 16217–26.

Rozin, P. und E. B. Royzman. »Negativity Bias, Negativity Dominance, and Contagion.« *Personality and Social Psychology Review* 5, Nr. (2001): 296–320.

Sahn, S. und S. T. Sŏnsa. *Only Don't Know: Selected Teaching Letters of Zen Master Seung Sahn.* Boulder, CO: Shambhala Publications, 1999.

Salzberg, S. *Lovingkindness: The Revolutionary Art of Happiness.* Boulder, CO: Shambhala Publications, 2004.

— — —. *Real Love: The Art of Mindful Connection.* New York: Flatiron Books, 2017.

Sapolsky, R. M. *Why Zebras Don't Get Ulcers: The Acclaimed Guide to Stress, Stress-Related Diseases, and Coping.* New York: Holt Paperbacks, 2004.

Sara, S. J. und M. Segal. »Plasticity of Sensory Responses of Locus Coeruleus Neurons in the Behaving Rat: Implications for Cognition.« *Progress in Brain Research* 88 (1991): 571–85.

Schaper, D. (Hrsg.). *40-Day Journey with Howard Thurman.* Minneapolis: Augsburg Books, 2009.

Schore, A. N. *Affect Regulation and the Origin of the Self: The Neurobiology of Emotional Development.* New York: Routledge, 2015.

Schwartz, J. M. et al. »Quantum Physics in Neuroscience and Psychology: A Neurophysical Model of Mind-Brain Interaction.« *Philosophical Transactions of the Royal Society of London, Series B: Biological Sciences* 360, Nr. 1458 (2005): 1309–27.

Schweiger, D. et al. »Opioid Receptor Blockade and Warmth-Liking.« *Social Cognitive and Affective Neuroscience* 9, Nr. 10 (2013): 1608–15.

Seeley, W. W. et al. »Dissociable Intrinsic Connectivity Networks for Salience Processing and Executive Control.« *Journal of Neuroscience* 27, Nr. 9 (2007): 2349–56.

Segal, Z. et al. *Mindfulness-Based Cognitive Therapy for Depression*, 2. Auflage. New York: Guilford Press, 2018.

Semple, B. D. et al. »Brain Development in Rodents and Humans: Identifying Benchmarks of Maturation and Vulnerability to Injury Across Species.« *Progress in Neurobiology* 106 (2013): 1–16.

Seth, A. K. et al. »An Interoceptive Predictive Coding Model of Conscious Presence.« *Frontiers in Psychology* 2 (2012): 395.

Shiota, M. N. et al. »Beyond Happiness: Building a Science of Discrete Positive Emotions.« *American Psychologist* 72, Nr. 7 (2017): 617.

Shors, T. J. »Memory Traces of Trace Memories: Neurogenesis, Synaptogenesis and Awareness.« *Trends in Neurosciences* 27, Nr. 5 (2004): 250–56.

Shrobe, R. und K. Wu. *Don't-Know Mind: The Spirit of Korean Zen.* Boulder, CO: Shambhala Publications, 2004.

Siegel, D. *Aware: The Science and Practice of Presence, The Groundbreaking Meditation Practice.* New York: Penguin, 2018.

———. *The Mindful Brain.* New York: W. W. Norton, 2007.

Sin, N. L. und S. Lyubomirsky. »Enhancing Well-Being and Alleviating Depressive Symptoms with Positive Psychology Interventions: A Practice-Friendly Meta-analysis.« *Journal of Clinical Psychology* 65, Nr. 5 (2009): 467–87.

Smallwood, J. und J. Andrews-Hanna. »Not All Minds That Wander Are Lost: The Importance of a Balanced Perspective on the Mind-Wandering State.« *Frontiers in Psychology* 4 (2013): 441.

Smith, H. »Is There a Perennial Philosophy?« *Journal of the American Academy of Religion* 55, Nr. 3 (1987): 553–66.

Sneddon, L. U. »Evolution of Nociception in Vertebrates: Comparative Analysis of Lower Vertebrates.« *Brain Research Reviews* 46, Nr. 2 (2004): 123–30.

Sneve, M. H. et al. »Mechanisms Underlying Encoding of Short-Lived Versus Durable Episodic Memories.« *Journal of Neuroscience* 35, Nr. 13 (2015): 5202–12.

Snyder, S. und T. Rasmussen. *Practicing the Jhānas: Traditional Concentration Meditation as Presented by the Venerable Pa Auk Sayada.* Boulder, CO: Shambhala Publications, 2009.

Sobota, R. et al. »Oxytocin Reduces Amygdala Activity, Increases Social Interactions, and Reduces Anxiety-Like Behavior Irrespective of NMDAR Antagonism.« *Behavioral Neuroscience* 129, Nr. 4 (2015): 389.

Soeng, M. *The Heart of the Universe: Exploring the Heart Sutra.* New York: Simon & Schuster, 2010.

Sofer, O. J. *Say What You Mean: A Mindful Approach to Nonviolent Communication.* Boulder, CO: Shambhala Publications, 2018.

Sokolov, A. et al. »The Cerebellum: Adaptive Prediction for Movement and Cognition.« *Trends in Cognitive Sciences* 21, Nr. 5 (2017): 313–32.

Spalding, K. L. et al. »Dynamics of Hippocampal Neurogenesis in Adult Humans.« *Cell* 153, Nr. 6 (2013): 1219–27.

Stafford, W. *The Way It Is: New and Selected Poems.* Minneapolis: Graywolf Press, 1999.

Szyf, M. et al. »The Social Environment and the Epigenome.« *Environmental and Molecular Mutagenesis* 49, Nr. 1 (2008), 46–60.

Tabibnia, G. und M. D. Lieberman. »Fairness and Cooperation Are Rewarding: Evidence from Social Cognitive Neuroscience.« *Annals of the New York Academy of Sciences* 1118, Nr. 1 (2007): 90–101.

Tabibnia, G. und D. Radecki. »Resilience Training That Can Change the Brain.« *Consulting Psychology Journal: Practice and Research* 70 (2018): 59.

Taft, M. *The Mindful Geek: Secular Meditation for Smart Skeptics.* Oakland, CA: Cephalopod Rex, 2015.

Takeuchi, T. et al. »The Synaptic Plasticity and Memory Hypothesis: Encoding, Storage and Persistence.« *Philosophical Transactions of the Royal Society of London, Series B, Biological Sciences* 369, Nr. 1633 (2014): 1–14.

Talmi, D. »Enhanced Emotional Memory: Cognitive and Neural Mechanisms.« *Current Directions in Psychological Science* 22, Nr. 6 (2013): 430–36.

Tang, Y. et al. »Short-Term Meditation Training Improves Attention and Self-Regulation.« *Proceedings of the National Academy of Sciences* 104, Nr. 43 (2007): 17152–56.

Tannen, D. *You Just Don't Understand: Women and Men in Conversation.* New York: William Morrow, 1990.

Tarlaci, S. »Why We Need Quantum Physics for Cognitive Neuroscience.« *NeuroQuantology* 8, Nr. 1 (2010): 66–76.

Taylor, S. E. »Tend and Befriend Theory.« Kapitel 2 *Handbook of Theories of Social Psychology*, Band 1, P. A. M. Van Lange et al. (Hrsg.). London: Sage Publications, 2011.

Teasdale, J. und S. Zindel. *The Mindful Way Through Depression: Freeing Yourself from Chronic Unhappiness.* New York: Guilford Press, 2007.

Thānissaro, B. *The Wings to Awakening.* Barre, MA: Dhamma Dana Publications, 1996.

Thompson, E. *Mind in Life: Biology, Phenomenology, and the Sciences of Mind.* Cambridge, MA: Harvard University Press, 2010.

———. »Neurophenomenology and Contemplative Experience.« In *The Oxford Handbook of Religion and Science*, Philip Clayton (Hrsg.). New York: Oxford University Press, 2006.

———. *Waking, Dreaming, Being: Self and Consciousness in Neuroscience, Meditation, and Philosophy.* New York: Columbia University Press, 2014.

Thubten, A. *No Self, No Problem: Awakening to Our True Nature.* Boulder, CO: Shambhala Publications, 2013.

Tononi, G. et al. »Integrated Information Theory: From Consciousness to Its Physical Substrate.« *Nature Reviews Neuroscience* 17 (2016): 450–61.

Torrisi, S. J. et al. »Advancing Understanding of Affect Labeling with Dynamic Causal Modeling.« *NeuroImage* 82 (2013): 481–88.

Trautwein, F. M. et al. »Decentering the Self? Reduced Bias in Self- Versus Other-Related Processing in Long-Term Practitioners of Loving-Kindness Meditation.« *Frontiers in Psychology* 7 (2016): 1785.

Treleaven, D. A. *Trauma-Sensitive Mindfulness: Practices for Safe and Transformative Healing*. New York: W. W. Norton, 2018.

Trivers, R. L. »The Evolution of Reciprocal Altruism.« *Quarterly Review of Biology* 46, Nr. 1 (1971): 35–57.

Tully, K. und V. Y. Bolshakov. »Emotional Enhancement of Memory: How Norepinephrine Enables Synaptic Plasticity.« *Molecular Brain* 3, Nr. 1 (2010): 15.

Uhlhaas, P. J. et al. »Neural Synchrony and the Development of Cortical Networks.« *Trends in Cognitive Sciences* 14, Nr. 2 (2010): 72–80.

Ulfig, N. et al. »Ontogeny of the Human Amygdala.« *Annals of the New York Academy of Sciences* 985, Nr. 1 (2003): 22–33.

Underwood, E. »Lifelong Memories May Reside in Nets Around Brain Cells.« *Science* 350, Nr. 6260 (2015): 491–92.

Vago, D. R. und F. Zeidan. »The Brain on Silent: Mind Wandering, Mindful Awareness, and States of Mental Tranquility.« *Annals of the New York Academy of Sciences* 1373, Nr. 1 (2016): 96–113.

Vaish, A. et al. »Not All Emotions Are Created Equal: The Negativity Bias in Social-Emotional Development.« *Psychological Bulletin* 134, Nr. 3 (2008): 383.

Varela, F. J. »Neurophenomenology: A Methodological Remedy for the Hard Problem.« *Journal of Consciousness Studies* 3, Nr. 4 (1996): 330–49.

— — — et al. *The Embodied Mind: Cognitive Science and Human Experience*. Cambridge, MA: MIT Press, 2017.

Vieten, C. und S. Scammell. *Spiritual and Religious Competencies in Clinical Practice: Guidelines for Psychotherapists and Mental Health Professionals*. New York: New Harbinger Publications, 2015.

— — — et al. »Future Directions in Meditation Research: Recommendations for Expanding the Field of Contemplative Science.« *PLoS One* 13, Nr. 11 (2018): e0205740.

Walach, H. et al. *Neuroscience, Consciousness and Spirituality*, Band 1. Berlin: Springer Science & Business Media, 2011.

Wallace, B. A. *Mind in the Balance: Meditation in Science, Buddhism, and Christianity*. New York: Columbia University Press, 2014.

— — — and S. L. Shapiro. »Mental Balance and Well-Being: Building Bridges Between Buddhism and Western Psychology.« *American Psychologist* 61, Nr. 7 (2006): 690.

Watson, G. *Buddhism AND*. Oxford, UK: Mud Pie Books, 2019.

Watts, A. W. *The Book: On the Taboo Against Knowing Who You Are*. New York: Vintage Books, 2011.

Weingast, M. *The First Free Women: Poems of the Early Buddhist Nuns*. Boulder, CO: Shambhala Publications, 2020.

Weker, M. »Searching for Neurobiological Foundations of Faith and Religion.« *Studia Humana* 5, Nr. 4 (2016): 57–63.

Welwood, J. »Principles of Inner Work: Psychological and Spiritual.« *Journal of Transpersonal Psychology* 16, Nr. 1 (1984): 63–73.

Whitlock, J. R. et al., »Learning Induces Long-Term Potentiation in the Hippocampus.« *Science* 313, Nr. 5790 (2006): 1093–97.

Williams, A. K. et al. *Radical Dharma: Talking Race, Love, and Liberation*. Berkeley, CA: North Atlantic Books, 2016.

Wilson, D. S. und E. O. Wilson. »Rethinking the Theoretical Foundation of Sociobiology.« *Quarterly Review of Biology* 82, Nr. 4 (2007): 327–48.

Winnicott, D. W. »Primary Maternal Preoccupation.« In *The Maternal Lineage: Identification, Desire, and Transgenerational Issues*, P. Mariotti (Hrsg.). New York: Routledge, 2012, pp. 59–66.

Winston, D. *The Little Book of Being: Practices and Guidance for Uncovering Your Natural Awareness*. Boulder, CO: Sounds True, 2019.

Wright, R. *Why Buddhism Is True: The Science and Philosophy of Meditation and Enlightenment*. New York: Simon & Schuster, 2017.

Xiankuan (Donald Sloane). *Six Pathways to Happiness: Mindfulness and Psychology in Chinese Buddhism*, Band 1. Parker, CO: Outskirts Press, 2019.

Yaden, D. et al. »The Varieties of Self-Transcendent Experience.« *Review of General Psychology* 21, Nr. 2 (2017): 143–60.

Yogis, J. *All Our Waves Are Water: Stumbling Toward Enlightenment and the Perfect Ride*. New York: Harper Wave, 2017.

– – –. *Saltwater Buddha: A Surfer's Quest to Find Zen on the Sea*. Somerville, MA: Wisdom Publications, 2009.

Yuan, J. et al. »Diversity in the Mechanisms of Neuronal Cell Death.« *Neuron* 40, Nr. 2 (2003): 401–13.

Zaehle, T. et al. »The Neural Basis of the Egocentric and Allocentric Spatial Frame of Reference.« *Brain Research* 1137 (2007): 92–103.